U0026422

左傳注疏

四部備要

經部

上海中華書局據阮刻本

校刊

桐鄉 陸費逵 總勘

杭縣 高時顯 吳汝霖 輯校

杭縣 丁輔之 監造

欽定四庫全書總目春秋左傳正義六十卷

周左丘明傳晉杜預注唐孔穎達疏自劉向劉歆桓譚班固皆以春秋傳出左丘明左丘明受經於孔子魏晉以來儒者更無異議至唐趙匡始謂左氏非丘明蓋欲攻傳之不合經必先攻作傳之人非受經於孔子與王柏欲攻毛詩先攻毛詩不傳於子夏其智一也宋元諸儒相繼並起王安石有春秋解一卷證左氏非丘明者十一事陳振孫書錄解題謂出依託今未見其書不知十一事者何據其餘辨論惟朱子謂虞不臘矣爲秦人之語葉夢得謂紀事終於智伯當爲六國時人似爲近理然考史記秦本紀稱惠文君十二年始臘張守節正義稱秦惠文王始效中國爲之明古有臘祭秦至是始用非至是始創閻若璩古文尚書疏證亦駁此說曰史稱秦文公始有史以記事秦宣公初志閏月豈亦中國所無待秦獨創哉則臘爲秦禮之說未可據也左傳載預斷禍福無不徵驗蓋不免從後傳合之惟哀公九年稱趙氏其世有亂後竟不然是未見後事之證也經止

獲麟而弟子續至孔子卒傳載智伯之亡殆亦後人所續史記司馬相如
傳中有揚雄之語不能執是一事指司馬遷爲後漢人也則載及智伯之
說不足疑也今仍定爲左丘明作以袪衆惑至其作傳之由則劉知幾躬
爲國史之言最爲確論疏稱大事書於策者經之所書小事書於簡者傳
之所載觀晉史之書趙盾齊史之書崔杼及甯殖所謂載在諸侯之籍者
其文體皆與經合墨子稱周春秋載杜伯燕春秋載莊子儀宋春秋載祏
觀辜齊春秋載王里國中里徼其文體皆與傳合經傳同因國史而修斯
爲顯證知說經去傳爲舍近而求諸遠矣漢志載春秋古經十二篇經十
一卷注曰公羊穀梁二氏則左氏經文不著於錄然杜預集解序稱分經
之年與傳之年相附比其義類各隨而解之陸德明經典釋文曰舊夫子
之經與丘明之傳各異杜氏合而釋之則左傳又自有經考漢志之文旣
曰古經十二篇矣不應復云經十一卷觀公穀二傳皆十一卷與經十一
卷相配知十一卷爲二傳之經故有是注徐彥公羊傳疏曰左氏先著竹

帛故漢儒謂之古學則所謂古經十二篇卽左傳之經故謂之古刻漢書者誤連二條爲一耳今以左傳經文與二傳校勘皆左氏義長知手錄之本確於口授之經也言左傳者孔奇孔嘉之說久佚不傳賈逵服虔之說亦僅偶見他書今世所傳惟杜注孔疏爲最古杜注多強經以就傳孔疏亦多左杜而右劉（案劉炫作規過以攻杜解凡所駁正孔疏皆以爲非）是皆篤信專門之過不能不謂之一失然有注疏而後左氏之義明左氏之義明而後二百四十二年內善惡之跡一一有徵後儒妄作聰明以私臆談褒貶者猶得據傳文以知其謬則漢晉以來藉左氏以知經義宋元以後更藉左氏以杜臆說矣傳與注疏均謂有大功於春秋可也

春秋正義序

國子祭酒上護軍曲阜縣開國子臣孔穎達奉

勑撰

夫春秋者紀人君動作之務是左史所職之書王者統三才而宅九有順四時而治萬物四時序則玉燭調於上三才協則寶命昌於下故可以享國永年令聞長世然則有爲之務可不慎與國之大事在祀與戎祀則必盡其敬戎則不加無罪盟會協於禮興動順其節失則貶其惡得則褒其善此春秋之大旨爲皇王之明鑒也若夫五始之目章於帝軒六經之道光於禮記然則此書之發其來尚矣但年祀緜邈無得而言暨乎周室東遷王綱不振楚子北伐神器將移鄭伯敗王於前晉侯請隧於後竊僭名號者何國不然專行征伐者諸侯皆是下陵上替內叛外侵九域騷然三綱遂絕夫子內韞大聖逢時若此欲垂之以法則無位正之以武則無兵賞之以利則無財說之以道則不用虛歎銜書之鳳乃似喪家之狗既不救於已往冀垂訓於後昆因魯史之有得失據周經

以正褒貶一字所嘉有同華袞之贈一言所黜無異蕭斧之誅所謂不怒而人威不賞而人勸實永世而作則歷百王而不朽者也至於秦滅典籍鴻猷遂寢。漢德既興儒風不泯其前漢傳左氏者有張蒼賈誼尹咸劉歆後漢有鄭衆賈逵服虔許惠卿之等各爲詁訓然雜取公羊穀梁以釋左氏此乃以冠雙屨將絲綜麻方鑿圓枘其可入乎晉世杜元凱又爲左氏集解專取丘明之傳以釋孔氏之經所謂子應乎母以膠投漆。雖欲勿合其可離乎。今校先儒優劣杜爲甲矣故晉宋傳授以至于。今其爲義疏者則有沈文何。蘇寬劉炫然沈氏於義例粗可於經傳極踈蘇氏則全不體本文唯旁攻賈服。使後之學者鑽仰無成劉炫於數君之內實爲翹楚然聰惠辯博固亦罕儔而探賾鉤深未能致遠其經。注易者必具飾以文辭其理致難者乃不入其根節又意在矜伐性好非毀規杜氏之失凡一百五十餘條習杜義而攻杜氏猶蠹生於木而還食其木非其理也雖規杜過義又淺近所謂捕鳴蟬於前不知黃雀在其後。案僖公三十三年經云晉人敗狄于箕杜注云。郤缺稱人者未爲卿劉炫規云晉侯稱人與殽戰同案殽戰在葬晉文公之前可得云背喪用兵以賤者告箕戰在葬晉文公之後非是背喪用兵何得云與殽戰同此則一年之經數行而已曾不勘省上下妄規得失又襄公二十一年傳云邾庶其以漆閭丘來奔以公姑姊妻之杜注云蓋寡者二人劉炫規云是襄公之姑成公之姊只一人而已案成公二年成公之子公衡爲質及宋逃歸案家語本命云男子十六而化生公衡已能逃歸則十六七矣公衡之年如此則於時成公三十三四矣計至襄二十一年成公七十餘矣何得有姊而妻庶其此等皆其事歷然猶尚妄說況其餘錯亂良可悲矣然比諸義疏猶有可觀今奉

勑刪定據以爲本其有疎漏以沈氏補焉若兩義俱違則特申短見雖課率庸鄙仍不敢自專謹與朝請大夫國子博士臣谷那律故四門博士臣楊士勛四門博士臣朱長才等對共參定至十六年又奉

勑與前脩疏人及朝散大夫行大學博士上騎都尉臣馬嘉運朝散大夫行大學博士上騎都尉臣王德韶給事郎守四門博士上騎都尉臣蘇德融登仕郎

守大學助教雲騎尉臣隨德素等對

勑使趙弘智覆更詳審爲之正義凡三十六卷冀貽諸學者以禆萬一焉

春秋正義序

中書門下

牒奉

勑國家欽崇儒術啓迪化源眷六籍之垂文實百王之取法著於緗素皎若丹青乃有前脩詮其奧義爲之疏釋播厥方來頗索隱於微言用擊蒙於後學流傳既久譌舛遂多爰命校讎俾從刊正歷歲時而盡瘁探簡策以惟精載嘉稽古之功允助好文之理宜從雕印以廣頒行牒至准

勑故牒

景德二年六月　　日牒

工部侍郎參知政事馮

兵部侍郎參知政事王

兵部侍郎平章事寇

吏部侍郎平章事畢

珍倣宋版印

春秋左傳注疏校勘記序

春秋左氏傳漢初未審獻於何時漢藝文志說孔壁事祇云得古文尚書及禮記論語孝經不言左氏經傳也景十三王傳亦但云得古文經傳所謂傳者卽禮之記及論語亦未言有左氏也楚元王傳劉歆讓太常博士亦以逸禮三十有九書十六篇系之魯恭王所得孔安國所獻而於春秋左氏所修二十餘通則但云藏於祕府不言獻自何人惟說文解字序分別言之曰魯恭王壞孔子宅得禮記尚書春秋論語孝經又北平侯張倉獻春秋左氏傳然後左氏經傳所自出始大白於世顧許言恭王所得有春秋豈孔壁中有春秋經文爲孔子手定者與北平侯所獻蓋必有經有傳度其經必與孔壁經大同然則班志所云古經十二篇者指恭王所得與抑指北平所獻與左氏傳之學與於賈逵服虔董遇鄭衆頴容諸家杜預因之分經比傳爲之集解今諸家全書不可見而流傳閒見者往往與杜本乖異古有吳皇象所書本宋臧榮緒梁岑之敬所校本今皆不可得蓋傳文異同可考者亦僅矣唐人專宗杜注惟蜀石經兼刻經

傳杜注文而蜀石盡亡世間搨本僅存數百字後唐詔儒臣田敏等校九經鏤本於國子監此亦經傳注兼刻者而今多不存至於孔穎達等依經傳杜注爲正義三十六卷本自單行宋淳化元年有刻本至慶元間吳興沈中賓分系諸經注本合刻之其跋云踵給事中汪公之後取國子監春秋經傳集解正義精校萃爲一書蓋田敏等所鏤淳化元年所頒皆最爲善本而畢集於是後此附以釋文之本未有能及此者元和陳樹華卽以此本徧考諸書凡與左氏經傳文有異同可備參考者撰成春秋內傳考證一書考證所載之同異雖與正義本夐然不同然亦閒有可采者元更病今日各本之踳駁思爲諟正錢塘監生嚴杰熟於經疏因授以舊日手校本又慶元間所刻之本幷陳樹華考證及唐石經以下各本及釋文各本精詳捃摭共爲校勘記四十二卷雖班孟堅所謂多古字古言許叔重所謂述春秋傳用古文者年代緜邈不可究悉亦庶幾網羅放佚彙成注疏善本用裨學者矣阮元記

引據各本目錄

唐石經春秋三十卷首載杜氏序每卷篇首題春秋經傳集解某公第幾第二行題左氏盡某年每行十字有後經勘定處或九字一行十一字一行間有十二字一行者唐人改刊多剷磨重鐫後人即加於本字之上隱公第一盡十一年桓公第二盡十八年莊公第三盡卅二年閔公第四盡二年僖上第五盡十五年僖中第六盡廿六年僖下第七盡卅三年文上第八盡十年文下第九盡十八年宣上第十盡十一年宣下第十一盡十八年成上第十二盡十年成下第十三盡十八年襄元第十四盡九年襄二第十五盡十五年襄三第十六盡二十二年襄四第十七盡廿五年襄五第十八盡廿八年襄六第十九盡卅一年昭元第廿盡三年昭二第廿一盡七年昭三第廿二盡十二年昭四第廿三盡十七年昭五第廿四盡廿二年昭六第廿五盡廿六年昭七第廿六盡卅二年定上第廿七盡七年定下第廿八盡十五年哀上第廿九盡十三年哀下第卅盡廿七年末載後序宣公上下俱經後梁重刻上卷原刻僅存五六行丁卷僅三之一僖公篇亦有數段出自後人重刊然字迹遠勝後梁所鐫崑山顧炎武標舉誤字此經獨多皆非唐本之舊也

不全宋刻春秋經傳集解三冊分卷與唐石經同上冊題襄五第十八闕二十二二十三兩頁中冊題昭三第二十二闕三至八六頁又闕十三一頁及二十一二十二兩頁昭四第二十三闕一頁下冊題昭五第二十四闕二十二二十三二十四三頁每半頁十行注文雙行每行字數不一卷末載經注若干字無附釋音宋刻經注本之最善者書內構字闕筆此避宋高宗諱錢塘何元錫云板心有直學王某等字亦南渡官名也

不全北宋刻小字本春秋經傳集解二卷此本惟廿四廿五兩卷每半板十一行行廿三四五字不一注文雙行約多幾字卷末無附釋音惜不知何人所刊也

淳熙小字本春秋經傳集解三十卷分卷與唐石經同每半頁十行行十八字注文雙行行廿二字附釋音此宋時坊刻

有訛字俗體大致不失其爲舊本卷末題淳熙柔兆涒灘中夏初吉閩山阮仲猷種德堂刊柔兆涒灘乃宋孝宗淳熙三年丙申也末附春秋名號歸一圖二卷蜀馮繼先所作

南宋相臺岳氏春秋經傳集解三十卷 宋岳珂刊分卷與唐石經同缺十九二十兩卷每半頁八行行十七字注文雙行附釋音每卷之後皆有木刻亞形相臺岳氏刻梓荊溪家塾印大小篆隸文楷書不一每頁之末上刻篇識如隱某年桓某年等明代以來翻刻有四皆不若此本之精審末附春秋年表一卷春秋名號歸一圖二卷年表不著撰人名氏

宋纂圖本春秋經傳集解三十卷 每半頁十行注文雙行每行字數不一注後附音釋音釋後有似句互注重言等條此宋時坊刻所加

足利本春秋經傳集解 見七經孟子考文案山井鼎云左傳考文稱足利本者宋板經傳集解本也今以活字板驗之是爲其原本也

宋本春秋正義三十六卷 宋慶元間吳興沈中賓所刊案新唐書經籍志載春秋正義三十六卷與此合宋王堯臣崇文總目晁公武郡齋讀書志陳振孫書錄解題並同分卷行款與俗本亦異卷一序卷二隱元年卷三隱二年至五年卷四隱六年至十一年卷五桓元年二年卷六桓三年至六年卷七桓七年至十八年卷八莊元年至十五年卷九莊十六年至三十二年卷十閔元年二年卷十一僖元年至十五年卷十二僖十六年至二十六年卷十三僖二十七年至三十三年卷十四文元年至十年卷十五文十一年至十八年卷十六宣元年至十一年卷十七宣十二年至十八年卷十八成元年至十年卷十九成十一年至十八年卷二十襄元年至八年卷二十一襄九年至十二年卷二十二襄十三年至二十二年卷二十三襄二十三年至二

十五年卷二十四襄二十六年至二十八年卷二十五襄二十九年至三十一年卷二十六昭元年至三年卷二十七昭四年至七年卷二十八昭八年至十一二年卷二十九昭十三年至十七年卷三十昭十八年至二十二年卷三十一昭二十三年至二十六年卷三十二昭二十七年至三十二年卷三十三定元年至七年卷三十四定八年至十五年卷三十五哀元年至十一年卷三十六哀十二年至二十七年又會於夷儀之歲云云在襄二十六年之首與唐石經合無附釋音字無俗體是宋刻正義中之第一善本每半頁八行經傳每行十六字注及正義每格雙行行廿二字經傳下載注不標注字正義總歸篇末真舊式也今校勘記依此分卷

附釋音春秋左傳注疏六十卷此本雖板南宋遞有修補下至明末其板猶存在注疏中六十卷本之最善者卷一序卷二隱元年盡二年卷三隱三年盡五年卷四隱六年盡十一年卷五桓元年盡二年卷六桓三年盡六年卷七桓七年盡十八年卷八莊元年盡十年卷九莊十一年盡二十二年卷十莊二十三年盡三十二年卷十一閔元年盡二年卷十二僖元年盡五年卷十三僖六年盡十四年卷十四僖十五年盡廿一年卷十五僖二十二年盡二十四年卷十六僖二十五年盡二十八年卷十七僖二十九年盡三十三年卷十八文元年盡四年卷十九上文五年盡十年卷十九下文十一年盡十五年卷二十文十六年盡十八年卷二十一宣元年盡四年卷二十二宣五年盡十一年卷二十三宣十二年卷二十四宣十三年盡十八年卷二十五成元年盡二年卷二十六成三年盡十年卷二十七成十一年盡十五年卷二十八成十六年盡十八年卷二十九襄元年盡四年卷三十襄五年盡九年卷三十一襄十年盡十二年卷三十二襄十三年盡十五年卷三十三襄十六年盡十八年卷三十四襄十九年盡二十一年卷三十五襄二十二年盡二十四年卷三十六襄二十五年卷三十七襄二十六年卷三十八襄二十七年盡二十八年卷三十九襄二十九年卷四十襄三十年盡三十一年卷四十

一昭元年卷四十二昭二年盡四年卷四十三昭五年盡六年卷四十四昭七年盡八年卷四十五昭九年盡十二年卷四十六昭十三年卷四十七昭十四年盡十六年卷四十八昭十七年盡十九年卷四十九昭二十年卷五十昭二十一年盡二十三年卷五十一昭二十四年盡二十五年卷五十二昭二十六年盡二十八年卷五十三昭二十九年盡三十二年卷五十四定元年盡四年卷五十五定五年盡九年卷五十六定十年盡十五年卷五十七哀元年盡五年卷五十八哀六年盡十一年卷五十九哀十二年盡十五年卷六十哀十六年盡二十七年每半頁十行每行十七字注疏每格雙行行二十三字經傳下載注不標注字正義冠大疏字於上今校正義以此本為據也又案七經孟子考文補遺云毛詩春秋編入陸德明經典釋文共題曰附釋音蓋與正德刊本略似矣其實一也考文所謂正德本即指此本修版處而言

閩本春秋左傳注疏六十卷明嘉靖閩中御史李元陽僉事江以達校刊分卷與附釋音本同每半頁九行行二十一字傳注正義低一格每行二十字正義雙行以注文改作中號字冠注字於上始於李氏非宋板舊式其佳處多與附釋音本相合有監本毛本脫錯而此本不誤較監毛為優云

監本春秋左傳注疏六十卷明萬曆十九年刊每卷第二三行題皇明朝列大夫國子監祭酒盛訥等奉勅重校刊勅字提行分卷與附釋音本同行款與閩本合惟注文用小字空左卷末載後序錯字較少非毛本可及也

重脩監本春秋左傳注疏六十卷此本惟每卷第三行擠刊皇明朝列大夫國子監祭酒臣吳士元承德郎司業仍加俸一級臣黃錦等奉旨重脩將盛訥銜改列第二行譌字較原本為多記中所引凡與原本同者則總偁監本其異者則偁重脩監本

毛本春秋左傳注疏六十卷明崇禎戊寅常熟汲古閣毛晉所刊分卷與附釋音本同行款與閩本合此本世所通行而亥豕之

譌觸處皆是

附釋音春秋左傳注疏卷第一

國子祭酒上護軍曲阜縣開國子臣孔穎達等奉

勑撰

國子博士兼太子中允贈齊州刺史吳縣開國男臣陸德明釋文

春秋序題○陸曰此元凱所作既以釋經故依例音之本或為春秋左傳序者沈文何以為釋例序今不用【疏】正義曰此序題目文多不同或云春秋序或云左氏傳序或云春秋經傳集解序或云春秋左氏傳序案晉宋古本及今定本並云春秋左氏傳序今依用之南人多云此本釋例序後人移之於此且有題曰春秋釋例序置之釋例之端今所不用晉大尉劉寔與杜同時人也宋大學博士賀道養去杜亦近俱為此序作注題並不言釋例序明非釋例序也又晉宋古本序在集解之端徐邈以晉世言五經音訓為此序作音且此序稱分年相附隨而解之名曰經傳集解是言為集解作序也又別集諸例從而釋之名曰釋例異同之說釋例詳之是其據集解而指釋例安得為釋例序也序與敘音義同爾雅釋詁云敘緒也然則舉其綱要若繭之抽緒孔子為書作序為易作序卦子夏為詩作序故杜亦稱序序春秋名義經傳體例及已為解之意也此序大略凡有十一段明義以春秋是此書大名先解立名之由自春秋至所記之名也明史官記事之書名曰春秋之義自周禮有史官至其實一也明天子諸侯皆有史官必須記事之義自韓宣子適魯至舊典禮經也言周史記事褒貶得失本有大法之意自周德既衰至從而明之言典禮廢缺善惡無章故仲尼所以脩此經之意自左丘明受經於仲尼至所脩之要故也言丘明作傳務在解經而有無傳之意自身為國史至然後為得也言經旨之表不應須傳有通經之意自其發凡以言例至非例也言丘明傳有三等之體自

故發傳之體有三至三叛人名之類是也言仲尼脩經有五種之例自推此五體至人倫之紀備矣總言聖賢大趣足以周悉人道所說經傳理畢故以此言結之自或曰春秋以錯文見義至釋例詳之也言已異於先儒自明作集解釋例之意自或曰春秋之作下盡亦無取焉大明春秋之早晚始隱終麟先儒錯繆之意賈逵。大史公十二諸侯年表序云魯君子左丘明作傳據劉向別錄云左丘明授曾申申授吳起起授其子期期授楚人鐸椒鐸椒作抄撮八卷授虞卿虞卿作抄撮九卷授荀卿荀卿授張蒼此經既遭焚書而亦廢滅及魯共王壞孔子舊宅於壁中得古文逸禮有三十九篇書十六篇天漢之後孔安國獻之遭巫蠱倉卒之難未及施行及春秋左氏丘明所修皆古文舊書多者二十餘通藏於祕府伏而未發漢武帝時河間獻左氏及古文周官光武之世議立左氏學公羊之徒上書訟公羊抵左氏左氏之學不立成帝時劉歆校祕書見府中古文春秋左氏傳歆大好之時丞相尹咸以能治左氏與歆共校傳歆略從咸及丞相翟方進受質問大義初左氏傳多古字古言學者傳訓詁而已及歆治左氏引傳文以釋經轉相發明由是章句義理備焉歆以為左丘明好惡與聖人同親見夫子而公羊穀梁在七十二弟子後傳聞之與親見其詳略不同歆數以問向向不能非也及歆親近欲建立左氏春秋及毛詩逸禮古文尚書皆列於學官哀帝令歆與五經博士講論其義諸儒博士或不肯置對歆因移書於大常博士責讓之和帝元興十一年鄭興父子及歆創通大義奏上左氏始得立學遂行於世至章帝時賈逵上春秋大義四十條以抵公羊穀梁帝賜布五百匹又與左氏作長義至鄭康成箴左氏膏肓發公羊墨守起穀梁廢疾自此以後二傳遂微左氏學顯矣

春秋者魯史記之名也【疏】春秋至名也○人臣奉主品目不同掌事曰司掌書曰史史官記事為書立名以春秋二字為記事之書名也○正義曰從此以下至所記之名也明史官記事之書名曰春秋之意春秋之名經無所見唯傳記有之昭二年韓起聘魯稱見魯春秋外傳晉語司馬

侯對晉悼公云羊舌肸習於春秋楚語申叔時論傅太子之法云教之以春秋禮坊記云魯春秋記晉喪曰殺其君之子奚齊又經解曰屬辭比事春秋教也凡此諸文所說皆在孔子之前則知未修之時舊有春秋之目其名起遠亦難得而詳禮記內則稱五帝有史官既有史官必應記事但未必名爲春秋耳據周世法則每國有史記當同名春秋獨言魯史記者仲尼脩魯史所記以爲春秋止解仲尼所修春秋故指言魯史言修魯史春秋以爲褒貶之法也

記事者以事繫日○繫工帝反以日繫月以月繫時以時繫年所以紀遠近別同異也○別彼列反

疏 記事至異也既辨春秋之名又言記事之法繫者以下綴上以末連本之辭言於此日而有此事故以事繫日月統日故以日繫月時統月故以月繫時年統時故以時繫年所以紀理年月遠近分別事之同異也若隱三年春王二月己巳日有食之二年秋八月庚辰公及戎盟于唐之類是事之所繫年時月日四者皆具文也史之所記皆應具文而春秋之經文多不具或時而不月月而不日亦有日不繫月月而無時者史之所記日必繫月月必繫時春秋二百四十二年之閒有日無月者十四有月無時者二或史文先闕而仲尼不改或仲尼備文而後人脫誤四時必具乃得成年桓十七年五月無夏昭十年十二月無冬二者皆有月而無時既得其月時則可知仲尼不應故闕其時獨書其月當是仲尼之後寫者脫漏其日不繫於月或是史先闕文若僖二十八年冬下無月而有壬申丁丑計一時之閒再有此日雖欲改正何以可知仲尼無以復知當是本文自闕不得不因其闕文使有日而無月如此之類蓋是史文先闕未必後人脫誤其時而不月月而不日者史官立文亦互自有詳略何則案經朝聘侵伐執殺大夫土功之屬或時或月未有書日者其要盟戰敗崩薨卒葬之屬雖不盡書日而書日者多是其本有詳略也計記事之初日月應備但國史總集其事書之於策簡其精麤合其同異量事而制法率意以約文史非一人辭無定式故日月參差不可齊等及仲尼脩故因魯史成文史有詳略日有具否不得不即因而用之案經傳書日者凡六百八十一事

自文公以上書日者二百四十九宣公以下亦俱六公書日者四百三十二計年數略同而日數向倍此則久遠遺落不與近同且他國之告有詳有略若告不以日魯史無由得其日而書之如是則當時之史亦不能使日月皆具當時已自不具仲尼從後脩之舊典參差日月不等仲尼安能盡得知其日月皆使齊同去其日月則或害事之先後備其日月則古史有所不載自然須舊有日者因而詳之舊無日者因而略之亦既自有詳略不可以為褒貶故春秋諸事皆不以日月為例其以日月為義例者唯卿卒日食二事而已故隱元年冬十有二月公子益師卒傳曰公不與小斂故不書日桓十七年冬十月朔日有食之傳曰不書日官失之也丘明發傳唯此二條明二條以外皆無義例既不以日為例獨於此二條見義者君之卿佐是謂股肱股肱或虧何痛如之病則親問斂則親與卿佐之喪公不與小斂則知君之恩薄但是事之小失不足以貶人君君自不臨臣喪亦非死者之罪意欲垂戒於後無辭可以寄文而人臣輕賤死日可略故特假日以見義也日食者天之變甲乙者曆之紀朔是日月之會其食必在朔日是故史書日食必記月朔朔有甲乙乃可推求故日有食之須書朔日日與不日唯此而已月與不月傳本無義公羊穀梁之書道聽塗說之學或日或月妄生褒貶先儒溺於二傳橫為左氏造日月褒貶之例故杜於大夫卒例備詳說之仲尼刊定日無褒貶而此序言史官記事必繫日月時年者自言記事之體須有所繫不言繫之具否皆有義例也春秋感精符曰日者陽之精耀魄光明所以察下也淮南子曰積陽之熱氣生火火氣之精者為日劉熙釋名曰日實也光明盛實是說日之義也日之在天隨天轉運出則為晝入則為夜故每一出謂之一日日之先後無所分別故聖人作甲乙以紀之世本云容成造曆大橈作甲子宋忠注云皆黃帝史官也感精符曰月者陰之精地之理也淮南子曰積陰之寒氣久者為水水氣之精者為月劉熙釋名曰月闕也滿而闕缺是說月之義也月之行天其疾於日十三倍有餘積二十九日過半而行及日與月相會張衡靈憲曰日譬火月譬水水火外光水含景故月光生於日之所照魄生於日之所蔽當日則光盈就日則明盡然則以明一盡

謂之一月所以總紀諸。月也三月乃爲一時四時乃爲一年故遞相統攝紀理庶事紀遠近者前年遠於後年後月近於前月異其年月則遠近明也別同異者共在月下則同月之事各繫其月則異月之事觀其月則異同別矣若然言正月二月則知是春四月五月則知是夏不須以月繫時。足明遠近同異必須以月繫時者但以日月時年各有統屬史官記事唯須順敍一時既管月不得不以月繫時案經未有重書月者日則有之桓十二年冬十有一月丙戌公會鄭伯盟于武父丙戌衞侯晉卒一日再書者史本異文仲尼從而不改故杜云重書丙戌非義例因史成文也

故史之所記必表年以首事年有四時故錯舉以爲所記之名也○錯七各反下皆同

疏故。史。至。名。也。○將解名曰春秋之意先說記事主記當時之事事有先後須顯有事之年表顯也首始也事繫日下年是事端故史之所記必先顯其年以爲事之初始也年有四時不可偏舉四字以爲書號故交錯互舉取春秋二字以爲所記之名也春先於夏秋先於冬舉先可以及後言春足以兼夏言秋足以見冬故舉二字以包四時也春秋二字是此書之總名雖舉春秋二字其實包冬夏四時之義四時之內一切萬物生植孕育盡在其中春秋之書無物不包無。事不記與四時義同故謂此書爲春秋孝經云春秋祭祀以時思之詩魯頌云春秋匪解享祀不忒鄭箋云春秋猶言四時也是舉春秋足包四時之義年歲載祀異代殊名而其實一也爾雅釋天云載歲也夏曰歲。商曰祀周曰年唐虞曰載李巡曰夏歲商祀周年唐虞載各自紀事堯舜三代示不相襲也孫炎曰載始也取物終更始也歲取歲星行一次也祀取四時祭祀一訖也。年取。年穀一熟。也是其名別而實同也此四者雖代有所尚而名與自遠非夏代始有歲名周時始有年稱何則堯典云期三百有六旬有六日以閏月定四時成歲禹貢作十有三載乃同是於唐虞之世已有年歲之言記事者則各從所尚常語者則通以爲言故虞亦稱年周亦稱歲周詩唐風稱百歲之後是周之稱歲也四時之名春夏秋冬皆以時物爲之號也禮記鄉飲酒義曰春之爲言蠢也夏之爲言假也秋之爲言揫也冬之爲言中也

中者藏也漢書律曆志云春蠢也物蠢生也夏假也物假大也秋。龝即由反也物。龝斂也冬終也物終藏之也是解四時異名之義也史之記事一月無事不空舉月一時無事必空舉時者蓋以四時不具不成爲歲故時雖無事必虛錄首月其或不錄皆是史之闕文隱六年空書秋七月注云雖無事而書首月具四時以成歲桓四年不書秋冬注云國史之記必書年以集此公之事書首時以成此年之歲故春秋有空時而無事者今不書秋冬首月史闕文是其說也然一時無事則書首月莊二十二年書夏五月者杜雖於彼無注釋例以爲闕謬春秋之名錯舉而已後代儒者妄爲華葉賈逵云取法陰陽之中春爲陽中萬物以生秋爲陰中萬物以成欲使人君動作不失中也賀道養云春貴陽之始秋取陰之初計春秋之名理包三統據周以建子爲正言之則春非陽中秋非陰中據夏以建寅爲正言之則春非陽始秋非陰初乃是竅混沌而畫蛇足必將夭性命而失危酒

周禮有史官掌邦國四方之事達四方之志諸侯亦各有國史。【疏】周禮至國史○既解名曰春秋之意又顯記事之人春官宗伯之屬有大史下大夫二人小史中士八人內史中大夫一人外史上士四人御史中士八人雖復各有所職俱是掌書之官○正義曰周禮春官小史職曰掌邦國之志內史職曰凡四方之事書內史讀之外史職曰掌四方之志掌達書名于四方今杜氏序云掌邦國四方之事者掌邦國取小史職文四方之事取內史職文杜總括兩史共成此語諸侯官屬雖難備知要傳記每說諸侯之史知諸侯亦各有國史也周禮言邦國者乃謂畿外諸侯之國也國。在四表故言四方云凡四方之事書內史讀之者謂四方有書來告內史讀以白王也告王之後則小史主掌之故云掌邦國之志內史雖云讀四方之事書其實國內史策皆內史所掌故其職掌八柄及策命之事也然則內史小史既主國內。又主四方來告之事故僖二十三年杜。注云國史承告而書是也杜此字又云達四方之志取外史職文案外史職云掌四方之志掌達書名四方今移達字於四方之志上如杜之意外史達此國內之志以告四方故僖二十三年杜注云同盟然後告名赴

者之禮是也然則掌邦國四方之事者據此承受他國之赴也達四方之志者據己國有事赴告他國也春秋既有內外二種故杜揔撮天子之史取外史內史兩文周禮諸史雖皆掌書仍不知所記春秋定是何史蓋天子則內史主之外史佐之諸侯蓋亦不異但春秋之時不能依禮諸侯史官多有廢闕或不置內史其策命之事多是大史則大史主之小史佐之劉炫以爲尙書周公封康叔戒之酒誥其經曰大史友內史友如彼言之似諸侯有大史內史矣但徧。檢記傳諸侯無內史之文何則周禮內史職曰凡命諸侯及孤卿大夫則策命之僖二十八年傳說襄王使內史叔與父策命晉侯爲侯伯是天子命臣內史掌之襄三十年傳稱鄭使大史命伯石爲卿是諸侯命臣大史掌之諸侯大史當天子內史之職以諸侯兼官無內史故也鄭公孫黑。強與薰隧之盟使大史書其名齊大史書崔杼弑其君晉大史書趙盾弑其君是知諸侯大史主記事也南史聞大史盡死執簡以往明南史是佐大史者當是小史也若然襄二十三年傳稱季孫召外史掌惡臣言外史則似有內史矣必言諸侯。無內史者閔二年傳稱史華龍滑與禮孔曰我大史也文十八年傳稱魯有大史克哀十四年傳稱齊有大史子餘諸國皆言大史安得有內史也季孫召外史者蓋史官身居在外季孫從內召之故曰外史猶史居在南謂之南史耳南史外史非官名也藝文志云古之王者世有史官君舉必書所以愼言行昭法戒左史記言右史記事事爲春秋言爲尙書帝王靡不同之禮記玉藻云動則左史書之言則右史書之雖左右所記二文相反要此二者皆言左史右史周禮無左右之名得稱左右者直是時君之意處之左右則史掌之事因爲立名故傳有左史倚相掌記左事謂之左史左右非史官之名也左是陽道陽氣施生故令之記動右是陰道陰氣安靜故使之記言藝文志稱左史記言右史記動誤耳上言魯史記則諸侯各有史可知又言諸侯各有國史者方說諸侯各有春秋重詳其文也

大事書之於策。○策本又作冊亦作筴同初革反小事簡牘而已○牘徒木反

疏。大。事。至。而已○既言尊。卑皆有史官又論所記簡策之異釋器云簡謂之畢郭璞云今簡札也許愼說文曰簡

牒也牘書版也蔡邕獨斷曰策者簡也其制長二尺短者半之其次一長一短兩編下附鄭玄注中庸亦云策簡也由此言之則簡札牒畢同物而異名單執一札謂之爲簡連編諸簡乃名爲策故於文策或作冊象其編簡之形以其簡爲策故言策者簡也鄭玄注論語序以鉤命決云春秋二尺四寸書之孝經一尺二寸書之故知六經之策皆稱長二尺四寸蔡邕言二尺者謂漢世天子策書所用故與六經異也簡之所容一行字耳牘乃方版版廣於簡可以並容數行凡爲書字有多有少一行可盡者書之於簡數行乃盡者書之於方方所不容者乃書於策聘禮記曰若有故則加書將命百名以上書於策不及百名書於方鄭玄云名書文也今謂之字策簡也方版也是其字少則書簡字多則書策此言大事小事乃謂事有大小非言字有多少也大事者謂君舉告廟及鄰國赴告經之所書皆是也小事者謂物不爲災及言語文辭傳之所載皆是也大事後雖在策其初亦記於簡何則弒君大事南史欲書崔杼執簡而往董狐既書趙盾以示於朝是執簡而示之非舉策以示之明大事皆先書於簡後乃定之於策也其有小事文辭或多如呂相絕秦聲子說楚字過數百非一牘一簡所能容者則於衆簡牘以次存錄也杜所以知其然者以隱十一年傳例云滅不告敗勝不告克不書于策明是大事來告載之策書也策書不載丘明得之明是小事傳聞記於簡牘也以此知仲尼脩經皆約策書成文丘明作傳皆博采簡牘衆記故隱十一年注云承其告辭史乃書之于策若所傳聞行言非將君命則記在簡牘而已不得記於典策此蓋周禮之舊制也又莊二十六年經皆無傳傳不解經注云此年經傳各自言其事者或策書雖存而簡牘散落不究其本末故傳不復申解是言經據策書傳馮簡牘經之所言其事大傳之所言其事小故知小事在簡大事在策也

孟子曰楚謂之檮杌晉謂之乘而魯謂之春秋其實一也○孟子書名姓孟名軻字子輿鄒邑人與齊宣王同時人著此書檮徒刀反杌五忽反檮杌四凶之一杜云頑凶無儔匹之貌乘繩證反車乘也一云兵乘

疏○孟子曰至一也○既言簡策之異又說諸國別名孟子姓孟名軻字

子輿。鄒邑人也當六國之時師事孔子之孫子思脩儒術之道著書七篇其第四離婁篇云王者之迹息而詩亡詩亡然後春。秋作晉謂之乘楚謂之檮杌魯謂之春秋一也其言與此小異是杜足其實二字使成文也彼趙岐注云乘者興於田賦乘馬之事因以爲名檮杌者嚚凶之類興於記惡。之戒因以爲名春秋以二始舉四時記萬事之名是三者立名雖異記事則同故云其實一也序發首云春秋者魯史記之名也故引此以爲證且明諸侯之國各有史記故魯有春秋仲尼得因而脩之也案外傳申叔時司馬侯乃是晉楚之人其言皆云春秋不言乘與檮杌然則春秋是其大名晉楚私立別號魯無別號故守其本名賈逵云周禮盡在魯矣史法最備故史記與周禮同名然則晉楚豈當自知不備故別立惡名韓宣子適魯○宣子名起晉大夫適魯在昭二年見易象與魯春秋曰周禮盡在魯矣○盡津忍反後放此吾乃今知周公之德與周之所以王。○王于況反又如字疏韓。宣。至。以。王。○既言諸國有書欲明魯最兼備故云此。○正義曰此昭二年傳文也宣子晉卿名起食邑於韓因以爲氏。謚曰宣子者有德之稱爲昭公新立身新爲政故來聘魯因觀書於大史氏見此書而發言杜注彼以爲易象卽今周易上下經之象辭也魯春秋謂魯史記之策書也春秋遵周公之典以序事故曰周禮盡在魯矣易象春秋是文王周公之所制故見春秋知周公之德見易象知周之所以王也文王能制此典卽是身有聖德聖不空生必王天下周室之王文王之功故觀其書知周之所以得王天下之由也文王身處王位故以王言之周公不王故以德屬之人異故文異傳言觀書大史則所觀非一而獨言易象魯春秋者韓子主美文王周公故特言之易象魯無增改故不言魯易象春秋雖是周法所記乃是魯事故言魯春秋也春秋易象晉應有之韓子至魯方乃發歎者味其義善其人以其舊所未悟故云今始知示其歎美之深非是素不見也易下繫辭云易之興也其當殷之末世周之盛德當文王與紂之事則謂易象爻象之辭也鄭玄案據此文以爲易是文王所作鄭衆賈逵虞翻陸績之徒以易有箕子之明夷東鄭殺牛皆以爲易之爻辭周公所作杜雖無明解似同鄭說韓子所見。蓋周之舊典禮經也疏韓子至經也○序言史官所書舊有成法故引韓子之事以此言結之韓子所見魯春秋者蓋是周之舊日正典禮之大經也韓子之言幷歎易象此之所見唯謂春秋者指說春秋不須易象故也知是舊典禮經者傳於隱七年書名例云謂之禮經十一年不告例云不書于策明書於策必有常禮未脩之前舊有此法韓子所見而說之即是周之舊典以無正文故言蓋爲疑辭也制禮作樂周公所爲明策書禮經亦周公所制故下句每云周公正謂五十發凡是周公舊制也必知史官所記有周公舊制者以聖人所爲動皆有法以能立官。紀事豈得全無憲章定四年傳稱備物典策以賜伯禽典策則史官記事之法也若其所記無法何足以賜諸侯諸侯得之何足以爲光榮而子魚稱爲美談也且仲尼脩此春秋以爲一經若周公無法史官妄說仲尼何所可馮斯文何。足爲典得與諸書禮樂詩易並稱經哉以此知周公舊有定制韓子所見是也周德既衰官失其守上之人不能使春秋昭明赴告策書○告古毒反一音古報反○崩薨曰赴禍福曰告諸所記注。○注張住反字或作註多違舊章疏周德至舊章○正義曰此明仲尼脩春秋之由先論史策失宜之意計周公之垂法典策具存豈假仲尼更加筆削但爲官失其守褒貶失中赴告策書多違舊典是故仲尼脩成此法垂示後昆襄三十一年傳稱鄭大夫能守其官職昭。二十年傳曰守道不如守官是言人臣爲官各有所守周德既衰邦國無法羣小在位故官人失其所守也雖廣言衆官失職要其本意是言史官失其所掌也昭三十一年傳曰春秋之稱微而顯婉而辨上之人能使春秋昭明注云上之人謂在。位者也彼謂賢德之人在天子諸侯之位能使春秋褒貶勸戒昭明周德既衰主掌之官已失其守在上之人又非賢聖故不能使春秋褒貶勸戒昭明致令赴告記注多違舊章也文十四年傳曰崩薨不赴禍福不告然則鄭國相命凶事謂之赴他事謂之告對文則別散文則通昭七年傳衞齊惡告喪于周則是凶亦稱告也赴告之中違舊章者若隱三年平王以壬戌崩赴以庚戌桓五年陳侯鮑卒再赴以甲戌己丑及不同盟者而赴以名同盟而赴不以名之類是也策書記注多違舊章者仲尼既已脩改不可復知正以仲尼脩之故知其多違也仲尼因魯史策書成文考其真僞而志其典禮上以遵周公之遺制下以明將來之法疏仲。尼。至。之。法○此明仲尼所因幷制作之意所脩之經以魯爲主是因魯史策書成定之舊文也考謂校勘志謂記識考其真僞真者因之僞者改之志其典禮合典法者襃之違禮度者貶之上以遵周公之遺制使舊典更興下以明將來之法令後世有則以此故備春秋也前代後代事終一揆所賞所罰理必相符仲尼定春秋之文制治國之法文之所襃是可賞之徒文之所貶是可罰之類後代人主誠能觀春秋之文揆當代之事辟所惡而行所善順襃貶而施賞罰則法必明而國必治故云下以明將來之法也不教當時而爲將來制法者孔子之時道不見用既知被屈冀範將來將來之與今時其法亦何以異但爲時不見用故指之將來其實亦以教當代也其教之所存文之所害則刊而正之○刊苦干反削也以示勸戒疏其。教。至。勸。戒○此說仲尼改舊史之意教之所存謂名教善惡義存於此事若文無襃貶無以懲勸則是文之害教若僖二十八年天王狩于河陽傳云晉侯召王以諸侯見且使王狩仲尼曰以臣召君不可以訓故書曰天王狩于河陽杜以晉文之意本欲尊周將率諸侯共朝天子自嫌彊大不敢至周喻王出狩得盡臣禮尋其蹤緒心是跡非又昭十九年許世子止弑其君買傳云許悼公瘧五月戊辰飲大子止之藥卒書曰弑其君君子曰盡心力以事君舍藥物可也許止進藥不由於醫其父飲之因茲而卒名教善惡須存於此。者也不罪許止不沒晉文無以息篡逆之端勸事君之禮故隱其召王之名顯稱弑君之惡如此之例皆是文之害教則刊削本策改而正之以示後人使聞善而知勸見惡而自戒。諸仲尼所改新意皆是刊而正之也其餘則皆即用舊史史有文質辭有詳略不必改也疏。其。餘。至。改。也。○此說仲尼不改舊史之意其餘謂新意之外皆即用舊史也始隱終麟二百餘載史官遷代其數甚多人心不同屬辭必異自然史官有文有質致使其辭有詳有略既無所害故不必改也史有又質謂居官之人辭有詳略謂書策之文史文則辭華史質則辭直華則多詳直則多略故春秋之文詳略不等也螟螽蜚蜮皆害物之蟲蜚蜮言有螟螽不言有諸侯反國或言自某歸或言歸自某晉伐鮮虞吳入郢直舉國名不言將帥及郊與用郊皆無所發諸侯出奔或名或不名明是立文乖異是其史舊有詳略義例不存於此故不必皆改也故傳曰其善志又曰非聖人孰能脩之疏故傳至脩之○上傳昭三十一年言春秋之書其是善志記也下傳成十四年言若非聖人誰能脩春秋使成五例也下傳既非同年而云又者言又重上事之辭止又其傳非又其年也蓋周公之志仲尼從而明之疏。蓋。周。至。明。之。○既以蓋為疑辭而知事必然者案傳君子論春秋之美而云善志春秋既是舊名明稱舊記為善故知上傳之言蓋言周公之志也脩者治舊之名傳善聖人而言脩舊明脩前聖之道故知下傳之言蓋仲尼之明周公也上已言蓋周之舊典禮經此復重云蓋周公之志者上明春秋記事之法舊史之遵周公也此明仲尼因舊史之文還脩周公之法故重言蓋敘此以上論經以下論傳左丘明受經於仲尼以為經者不刊之書也故傳或先經以始事○先悉薦反或後經以終義○後戶豆反或依經以辯。理或錯經以合異隨義而發疏。左。丘。至。而。發。正義曰丘明為經作傳故言受經於仲尼未必面授受使之作傳也此說作傳解經而傳文不同之意丘明以為經者聖人之所制是不可刊削之書也非傳所能亂之假使傳有先後不畏經因錯亂故傳或先經為文以始後經之事或後經為文以終前經之義或依經之言以辨此經之理或錯經為文以合此經之異皆隨義所在而為之。發傳期於釋盡經意而已是故立文不同也大史公十二諸侯年表序云自孔子論史記次春秋七十子之徒口受其傳旨君子左丘明懼弟子各。有。妄其意失其真故具論其語成左氏春秋沈氏云嚴氏春秋引觀周篇云孔子將脩春秋與左丘明乘如周觀書於周史歸而脩春秋之經丘明爲之傳共爲表裏藝文志云左丘明魯。史也是言丘明爲傳以其姓左故號爲左氏傳也先經者若隱公不書即位先發仲子歸于我衞州吁弒其君完先發莊公娶于齊如此之類是先經以始事也後經者昭二十二年王室亂定八年乃言劉子伐盂以定王室哀二年晉納蒯聵于戚哀十五年乃言蒯聵自戚入衞如此之類是後經以終義也依經者經有其事傳辯其由隱公不書即位而求好於邾故爲蔑之盟案其經文明其歸趣如此之類是依經以辯理也錯經者若地有兩名經傳互舉及經侵傳伐經伐傳侵於文雖異於理則合如此之類是錯經以合。異也傳文雖多不出四體故以此四句明之也

其例之所重○重直用反又直龍反舊史遺文略不盡舉非聖人所脩之要故也疏。其。例。至。故。也○此說有經無傳之意例之所重者若桓元年秋大水傳云凡平原出水爲大水莊七年秋大水此則例之所重皆是舊史遺餘策書之文丘明略之不復發傳非聖人所脩之要故也言遺者。舊。史已沒策書遺留故曰遺文

身爲國史躬覽載籍必廣記而備言之其文緩其旨遠將令學者原始要終。○令力呈反下令學者同要於遙反尋其枝葉。究其所窮○究久又反疏。身。爲。至。所。窮○此說無經有傳之意。○正義曰說文云籍。部書也張衡東京賦曰多識前世之載載亦書也躬覽載籍所見者博以義有所取必廣記而備言之非直解經故其文緩遠明聖意故其旨遠將令學者本。原其事之始要截其事之終尋其枝葉盡其根本則聖人之趣雖遠其賾可得而見是故經無其事而傳亦言之爲此也原始要終及其旨遠並易下繫辭文也尋其枝葉以樹木喻也究亦窮也言窮盡其所窮之處也

優而柔之使自求之饜而飫之○饜於豔反飫於預反使自趨之○趨七住反又七俱反若江海之

浸子鴆反○浸膏澤之潤○膏古刀反渙然冰釋○渙呼亂反怡然理順○怡以之反然後爲得也

疏優而柔之至然後爲得也○此又申說無經之傳有利益之意優而柔之使自求之大戴禮子張問入官學之篇有此文也其饜而飫之則未知所出優柔俱訓爲安寬舒之意也饜飫俱訓爲飽饒裕之意也謂丘明富博其文優游學者之心使自求索其高意精華其大義飽足學者之好使自奔趨其深致言其廣記備言欲令使樂翫不倦也江海以水深之故所浸者遠膏澤以雨多之故所潤者博以喻傳之廣記備言亦欲浸潤經文使義理通洽如是而求之然後渙然解散如春冰之釋怡然心說而衆理皆順然後爲得其所也江海水之大者故舉以爲喻脂之釋者爲膏雨之爲潤若脂膏然故稱膏澤也

其發凡以言例皆經國之常制周公之垂法史書之舊章仲尼從而脩之以成一經之通體

疏其發至通體○正義曰自此至非例也辯說傳之三體此一段說舊發例也言發凡五十皆是周公舊法先儒之說春秋者多矣皆云丘明以意作傳說仲尼之經凡與不凡無新舊之例杜所以知發凡言例是周公垂法史書舊章者以諸所發凡皆是國之大典非獨經文之例隱七年始發凡例特云謂之禮經十一年又云不書于策建此二句於諸例之端明書於策者皆是經國之常制非仲尼始造策書自制此禮也何則夫災無牲卒哭作主諸侯薨于朝會加一等夫人不薨于寢則不致豈是仲尼始造此言也公行告廟侯伯分災二凡之末皆云禮也豈是丘明自制禮乎又公女嫁之送人尊卑哭諸侯之親疎等級王喪之稱小童分至之書雲物皆經無其事傳亦發凡若丘明以意作傳主說仲尼之經此既無經何須發傳以是故知發凡言例皆是周公垂法史書舊章仲尼從而脩之以成一經之通體也國之有史在於前代非獨周公立法史始有章而指言周公垂法者以三代異物節文不同周公必因其常文而作以正其變者非是盡變其常也但以一世大典周公所定故春秋之義史必主於常法而以周公正之然凡是周公之禮經今案周禮竟無

凡例爲當禮外別自有凡爲當凡在禮內今者所據禮內有凡知者案周禮大宰職於八法之內有官成官法鄭衆注云官成者謂官府之有成事品式官法者謂職所主之法度然則此凡者是史官之策書成事法式也釋例終篇云稱凡者五十其別四十有九蓋以母弟二凡其義不異故也計周公垂典應每事設法而據經有例於傳無凡多矣釋例四十部無凡者十五然則周公之立凡例非徒五十而已蓋作傳之時已有遺落丘明采而不得故也且凡雖舊例亦非全語丘明采合而用之耳終篇云諸凡雖是周公之舊典丘明撮其體義約以爲言非純寫故典之文也蓋據古文覆逆而見之此丘明會意之微致是其說也然丘明撮凡爲言體例不一於一凡之內事義不同亦有因經所有連釋經之所無如王曰小童公侯曰子是也亦有略其經之所無直釋經之所有如凡祀啓蟄而郊龍見而雩不言礿祀以經無故也如此之類是也所以然者蓋以舊凡語少經雖無事則亦連文引之所以兼引王曰小童若舊凡語多經無者則略之經有者則載之所以略其礿祀獨舉郊雩故莊十一年王師敗績于某杜注云事經列於經則不得不因申其義是舊凡多者唯舉經文也發凡之體凡有二條一是特爲策書一是兼載國事特爲策書者凡告以名則書之類是也兼載國事者凡嫁女于敵國之類是也雖爲國事但他書有者亦不在凡例是如天子七月而葬既於禮文備有故丘明作傳不在凡例也。此。諸凡者自是天下大例其言非獨爲魯故哭諸侯之條既發凡例乃云故魯爲諸姬明知正凡所言非止魯事且送女例云於天子則諸卿皆行魯無嫁女於天子之理祭祀例云啓蟄而郊自非魯國不得有郊天之事明是采合故典裁約爲文也

其微顯闡幽裁成義類者○闡昌善反明也皆據舊例而發義指行事以正襃貶○襃保刀反貶彼檢字林方犯反

疏。其。微。至。襃。貶○此下盡曲而暢之說新意也微顯闡幽易下繫辭文也微謂纖隱闡謂著明舊說云下云經無義例此釋經有義例謂孔子脩經微其顯事闡其幽理裁節經之上下以成義之般類其善事顯者若秦穆悔過貶四國大夫以例稱人觀文與常文無異惡事顯者若諸侯城緣

陵叔孫豹違命城緣陵依例稱諸侯與無罪文同叔孫豹去氏與未賜族者文同皆是微其顯事闡幽者謂闡其幽理使之宣著若晉趙盾鄭歸生楚比陳乞及許大子止皆非親弒其君是其罪幽隱孔子脩經加弒使罪狀宣露是闡幽也。諸春秋襃貶之例並是也蓋以為皆據舊例而發義以下論丘明之傳微顯闡幽乃是經事故賀沈諸儒皆悉同此劉炫以微顯闡幽皆說作傳之意經文顯者作傳本其纖微經文幽者作傳闡使明著顯者若天王狩于河陽觀經文足知王是天子狩是出獵但不知天子何故出畿外狩耳故傳發晉侯召王是其微顯也幽者若鄭伯克段于鄢觀經不知段是何人何故稱克故傳發武姜愛段是闡其幽也丘明作傳其有微經之顯闡經之幽以裁制成其義理此類者皆據舊典凡例而起發經義指其人行事是非以正經之襃貶例稱得儁曰克傳言如二君故曰克是其據舊例發義也晉侯召王使狩鄭伯不教其弟仲尼沒其召王顯稱鄭伯丘明正述其事先解經文是指其行事以正襃貶也此二事尤明者耳其餘皆是新意也此序主論作傳而賀沈諸儒皆以為經解之是不識文勢而謬失杜旨

諸稱書不書先書故書不言不稱書曰之類皆所以起新舊發大義謂之變例

疏。諸。稱。至。變。例。○上既言據舊例而發義故更指發義之條諸傳之所稱書不書先書故書不言不稱及書曰七者之類皆所以起新舊之例令人知發凡是舊七者是新發明經之大義謂之變例以凡是正例故謂此為變例猶詩之有變風變雅也自杜以前不知有新舊之異今言謂之變例是杜自明之以曉人也稱書者若文二年書士穀堪其事襄二十七年書先晉晉有信如此之類是也不書者若隱元年春正月不書即位攝也邾子克未王命故不書爵如此之類是也先書者若桓二年君子以督為有無君之心故先書弒其君僖二年虞師晉師滅下陽先書虞賄故也如此之類是也故書者。隱三年壬戌平王崩赴以庚戌故書之成八年杞叔姬卒來歸自杞故書如此之類是也不言者若隱元年鄭伯克段于鄢不言出奔難之也莊十八年公追戎于濟西不言其來諱之也如此之類是也不稱者若僖元年不稱即位

公出故也莊元年不稱姜氏絕不爲親如此之類是也書曰者若隱元年書曰鄭伯克段于鄢隱四年書曰衞人立晉衆也如此之類是也案襄元年圍宋彭城非宋地追書也隱元年稱鄭伯譏失教也昭三十一年公在乾侯言不能外內也先書故書既是新意則追書亦是新意書與不書俱是新意則稱與不稱言與不言亦俱是新意豈得不言不稱獨爲新意言也稱也便即非乎釋例終篇云諸雜稱二百八十有五止有其數不言其目就文而數又復參差竊謂追書也言也稱也亦是新意序不言者蓋諸類之中足以包之故也有田僧紹者亦注此序以爲序言諸稱稱亦即是新意與下七者合爲八名斯不然矣案書與不書其文相次若稱字即是新意但當言稱與不稱相次何以分爲別文明知杜言諸稱自謂諸傳所稱不以稱爲新意但以理而論之稱亦當是新意耳

然亦有史所不書即以爲義者此蓋春秋新意故傳不言凡曲而暢之也○暢勑亮反

疏 然○亦○至○之○也○此說因舊爲新也仲尼脩春秋者欲以上遵周制下明世教其舊史錯失則得刊而正之以爲變例其舊史不書則無可刊正故此又辯之亦有史所不書正合仲尼意者仲尼即以爲義改其舊史及史所不書此二者蓋是春秋新意故傳亦不言凡每事別釋曲而通暢之也此蓋春秋新意其言總上通變例與不別書也舉一凡而事同者諸理盡見是其直也不言凡而每事發傳是其曲暢暢訓通故言一曲而暢之也若然隱公實不即位史無由得書即位邾克實未有爵史無由得書其爵然則傳言不書自是舊史不書而以不書爲仲尼新意者釋例終篇杜自問而釋之云丘明之爲傳所以釋仲尼春秋仲尼春秋皆因舊史之策書義之所在則時加增損或仍舊史之無亦或改舊史之有雖因舊文固是仲尼之書也丘明所發固是仲尼之意也雖是舊文不書而事合仲尼之意仲尼因而用之即是仲尼新意若宣十年崔氏出奔衞傳稱書曰崔氏非其罪也且告以族不以名是告不以名故知舊史無名及仲尼脩經無罪見逐例不書名此舊史之文適當孔子之意不得不因而用之因舊爲新皆此類也然杜唯言史所不書即以爲義不云史所書爲義者但

夫子約史記而脩春秋史記之文皆是舊史所書因而褒貶理在可見不須更言但恐舊史不書而夫子不用故特言之

其經無義例因行事而言則傳直言其歸趣而已○趣七住反非例也

疏其。經。至。例。也。○此一段說經無義例者國有大事史必書之其事既無得失其文不著善惡故傳直言其指歸趣向而已非褒貶之例也春秋此類最多故隱元年及宋人盟于宿傳曰始通也杜注云經無義例故傳直言其歸。而已他皆放此是如。彼之類皆非例也

故發傳之體有三而爲例之情有五○爲音于僞反又如字

疏故發至有五○正義曰傳體有三卽上文發凡正例新意變例歸趣非例是也爲例之情有五則下文五曰是也書經有此五情緣經以求義爲例言傳爲經發例其體有此五事下文五句成十四年傳也案彼傳上文云春秋之稱下云非聖人誰能脩之聖人指謂孔子美孔子所脩成此五事五事所攝諸例皆盡下句釋其顯者以屬之耳此發傳之體有三上文三言其以別之觀文足可知耳劉。實分變例新意以爲二事釋例終篇曰丘明之傳有稱周禮以正常者諸稱凡以發例者是也有明經所立新意者諸顯義例而不稱凡者是也稱古典則立凡以顯之釋變例則隨辭以讚之杜言甚明尙不能悟其爲暗也不亦甚乎

一曰微而顯文見於此而起義在彼○見賢遍反下同稱族尊君命舍族尊夫人梁亡城緣陵之類是也○舍音捨

疏一。曰。至。是。也。○文見於此謂彼注云辭微而義顯也稱族尊君命舍族尊夫人成十四年傳爲叔孫僑如發也經曰秋叔孫僑如如齊逆女九月僑如以夫人婦姜氏至自齊叔孫是其族也褒賞稱其族貶責去其氏銜君命出使稱其族所以爲榮與夫人俱還去其氏所以爲辱出稱叔孫舉其榮名所以尊君命也入舍叔孫。替其尊稱所以尊夫人也族自卿家之族稱舍別有所尊是文見於此而起義在彼僖十九年經書梁亡是秦亡之也傳曰不書其。主自取之也僖十四年經書諸侯城緣陵是齊率諸侯城之以遷杞也傳曰。不書其人有闕也秦人滅梁而曰梁亡

文見於此梁亡見取者之無罪齊桓城杞而書諸侯城緣陵文見於此城緣陵見諸侯之有闕亦是文見於此而起義在彼皆是辭微而義顯故以此三事屬之

二曰志而晦約言示制推以知例參會不地與謀曰及之類是也○參士南反又音三與音預

疏二曰至是也○彼注云志記也晦亦微也謂約言以記事事敘而文微桓二年秋公及戎盟于唐冬公至自唐傳例曰特相會往來稱地讓事也自參以上則往稱地來稱會成事也其意言會必有主二人共會則莫肯為主兩相推讓會事不成故以地致三國以上則一人為主二人聽命會事有成故以會致宣七年公會齊侯伐萊傳例曰凡師出與謀曰及不與謀曰會其意言同志之國共行征伐彼與我同謀計議議成而後出師則以相連及為文彼不與我謀不得已而往應命則以相會合為文此二事者義之所異在於一字約少其言以示法制推尋其事以知其例是所記事有敘而其文晦微也

三曰婉而成章○婉於阮反曲從義訓以示大順諸所諱辟。璧假許田之類是也○辟本亦作避音同後放此假古雅反後不音者同

疏三曰至是也彼注云婉曲也謂屈曲其辭有所辟諱以示大順而成篇章言諸所諱辟者其事非一故言諸以總之也若僖十六年公會諸侯于淮未歸而取項齊人以為討而止公十七年九月得釋始歸諱執止之恥辟而不言經乃書公至自會諸如此類是諱辟之事也諸侯有大功者於京師受邑為將朝而宿焉謂之朝宿之邑方岳之下亦受田邑為從巡守備湯水以共沐浴焉謂之湯沐之邑魯以周公之故受朝宿之邑於京師許田是也鄭以武公之勳受湯沐之邑於泰山祊田是也隱桓之世周德既衰魯不朝周王不巡守二邑皆無所用因地勢之便欲相與易祊薄不足以當許鄭人加璧以易許田諸侯不得專易天子之田文諱其事桓元年經書鄭伯以璧假許田言若進璧以假田非久易也掩惡揚善臣子之義可以垂訓於後故此二事皆屈曲其辭從其義訓以示大順之道是其辭婉曲而成其篇章也

四曰盡而不汙○汙於俱反曲也直書其

事具文見意丹楹刻桷天王求車齊侯獻捷之類是也○楹音盈刻音克桷音角捷在妾反

疏四曰至是也○彼注云謂直言其事盡其事實無所汙曲禮制宮廟之飾楹不丹桷不刻莊二十三年秋丹桓宮楹二十四年春刻桓宮桷禮諸侯不貢車服天子不私求財桓十五年天王使家父來求車禮諸侯不相遺俘莊三十一年齊侯來獻戎捷三者皆非禮而動直書其事不爲之隱具爲其文以見譏意是其事實盡而不有汙曲也

五曰懲惡而勸善○懲直升反求名而亡欲蓋而章書齊豹盜三叛人名之類是也

疏五曰至是也○彼注云善名必書惡名不滅所以爲懲勸昭二十年盜殺衛侯之兄縶襄二十一年邾庶其以漆閭丘來奔昭五年莒牟夷以牟婁及防茲來奔昭三十一年邾黑肱以濫來奔是謂盜與三叛人名也齊豹衛國之卿春秋之例卿皆書其名氏齊豹忿衛侯之兄起而殺之欲求不畏彊禦之名春秋抑之書曰盜盜者賤人有罪之稱也邾庶其黑肱莒牟夷三人皆小國之臣並非命卿其名於例不合見經竊地出奔求食而已不欲求其名聞春秋故書其名使惡名不滅若其爲惡求名而有名章徹則作難之士誰或不爲若竊邑求利而名不聞則貪冒之人誰不盜竊故書齊豹曰盜三叛人名使其求名而名亡欲蓋而名章所以懲創惡人勸獎善人昭三十一年傳具說此事其意然也盜與三叛俱是惡人書此二事唯得懲惡耳而言勸善者惡懲則善勸故連言之

推此五體以尋經傳觸類而長之○長丁丈反附于二百四十二年行事王道之正人倫之紀備矣

疏推此至備矣○正義曰上云情有五此言五體者言其意謂之情指其狀謂之體體情一也故互見之一曰微而顯者是夫子脩改舊文以成新意所修春秋以新意爲主故爲五例之首二曰志而晦者是周公舊凡經國常制三曰婉而成章者夫子因舊史大順義存君親揚善掩惡夫子因而不改四曰盡而不汙者夫子亦因舊史有正直之士直言極諫不掩君惡欲成其美夫子因而用之此婉而成章盡

而不汙雖因舊史夫子卽以爲義總而言之亦是新意之限故傳或言書曰或云不書五曰懲惡而勸善者與上微而顯不異但勸戒緩者在微而顯之條貶責切者在懲惡勸善之例故微而顯居五例之首懲惡勸善在五例之末五者春秋之要故推此以尋經傳觸類而增長之附於二百四十二年時人所行之事觀其善惡用其褒貶則王道之正法人理之紀綱皆得所備矣從。首至此說經傳理畢故以此言結之觸類而長之易上繫辭文也二百四十二年謂獲麟以前也以後經。則魯史舊文傳終說前事辭無褒貶故不數之也觸類而長之者若隱四年經書暈帥師傳稱羽父固請故書曰暈帥師疾之也十年經亦書暈帥師傳雖不言書曰故書。是知與上同爲新意又隱元年傳曰儀父貴之也則桓十七年云儀父亦是貴之是也

或曰春秋以錯文見義若如。所論則經當有事同文異而無其義也先儒所傳皆不其然○傳直專反

疏 或。曰。至。其。然。○正義曰自此至釋例詳之言已爲作注解之意論經傳之下郎是自述己懷於文不次。言無由發故假稱或問而荅以釋之春秋之經侵伐會盟及戰敗克取之類文異而義殊錯文以見義先儒知其如是因謂苟有異文莫不著義杜以爲仲尼所述據史舊文文害者則刊而正之不害者因其詳略此其異於先儒故或人據上文杜之異旨執先儒以問曰春秋以錯文見義其文異者必應有義。存焉若如所論辭有詳略不必改也則經當有事同文異而無其義意者也先儒所傳皆不其然今何以獨異欲令杜自辯之

荅曰春秋雖以一字爲褒貶然皆須數句以成言○數色主反下同非如八卦之爻可錯綜爲六十四也○綜宗宋反固當依傳以爲斷○斷丁亂反

疏 荅。曰。至。爲。斷。○莊二十五年陳侯使女叔來聘傳曰嘉之故不名僖二十五年衞侯燬滅邢傳曰同姓也故名褒則書字貶則稱名褒貶在於一字褒貶雖在一字不可單書一字以見褒貶故荅或人曰春秋雖以一字爲褒貶皆須數句以成言語非如八卦之爻可錯綜爲六十四也卦之爻也

一爻變則成爲一卦經之字也一字異不得成爲一義故經必須數句以成言義則待傳而後曉不可錯綜經文以求義理故當依傳以爲斷文異者丘明不爲發傳仲尼必無其義安得傳旨之表妄說經文以此知經有事同文異而無其義者也數句者謂若隱元年秋七月天王使宰咺來歸惠公仲子之賵及昭十三年夏四月楚公子比自晉歸于楚弑其君虔于乾谿此皆三句以上春秋一部未必皆然杜欲盛破賈服一字故舉多言之或以爲數其文句義亦得通錯綜其數易上繫辭文謂交錯綜理之

古今言左氏春秋者多矣今其遺文可見者十數家

疏古今至。數。家○漢書儒林傳云漢興北平侯張蒼及梁大傅賈誼京兆尹張敞大中大夫劉公子皆脩左氏傳誼爲左氏傳訓。詁授趙人貫公公傳子長卿長卿傳清河張禹禹授尹更始更始傳子咸及丞相翟方進方進授清河胡常常授黎陽賈護護授蒼梧陳欽而劉歆從尹咸及翟方進受由是言左氏者本之賈護劉歆是前漢言左氏者也漢武帝置五經博士左氏不得立於學官至平帝時王莽輔政方始立之後漢復廢雖然學者浸多矣中興以後陳元鄭衆賈逵馬融延篤彭仲博許惠卿服虔穎容之徒皆傳左氏春秋魏世則王肅董遇爲之注此等比至杜時或在或滅不知杜之所見十數家定是何人也

大體轉相祖述進不成爲錯綜經文以盡其變退不守丘明之傳於丘明之傳有所不通皆沒而不說而更膚引公羊穀梁。○膚芳于反適足自亂

疏。大。體。至。自。亂○禮記中庸云仲尼祖述堯舜祖始也謂前人爲始而述脩之也經之詳略本不著義強爲之說理不可通故進不成爲錯綜經文以盡其變於傳之外別立異端故退不守丘明之傳傳有不通則沒而不說謂諸家之注多有此事但諸注既亡不可指摘若觀服虔賈。誼之注皆沒而不說者衆矣謂若文二年作僖公主傳於僖三十三年云作主非禮也凡君薨卒哭而祔祔而。作主及襄九年閏月戊寅濟于陰阪之類是也膚謂皮膚言淺近引之也公羊穀梁口相傳授因事起問意與左氏不

同故引之以解左氏適足以自錯亂也預今所以為異專脩丘明之傳以釋經經之條貫必出於

傳○貫古亂反傳之義例揔歸諸凡推變例以正襃貶簡二傳而去異端○去起呂反蓋

丘明之志也【疏】◦預◦今◦所◦以◦至◦之◦志◦也○丘明與聖同耻為經作傳經有他義無容不盡故專修丘明之傳以釋經也作傳解經則經義在傳故經之條貫必出於傳也發凡言例則例必在凡故傳之義例揔歸諸凡也若有例無凡則傳有變例如是則推尋變例以正襃貶若左氏不解二傳有說有是有非可去可取如是則簡選二傳取其合義而去其異端杜自言以此立說蓋是丘明之本意也昭三年北燕伯款出奔齊傳云書曰北燕伯款出奔齊罪之也則知昭二十一年蔡侯朱出奔楚亦是罪之也釋例曰朱雖無罪據失位而出奔亦其咎也宣十年崔氏出奔衛傳云書曰崔氏非其罪也不書名者非其罪則書名者是罪也襄二十一年晉欒盈出奔楚杜注云稱名罪之如此之類是推變例以正襃貶也莊十九年公子結媵陳人之婦于鄄杜注云公羊穀梁皆以為魯女媵陳侯之婦僖九年伯姬卒杜注云公羊穀梁曰未適人故不稱國如此之類是簡二傳也先儒取二傳多矣杜不取者是去異端也其有

疑錯則備論而闕之以俟後賢【疏】◦其◦有◦至◦後◦賢○集解與釋例每有論錯闕疑之事非一二也釋例終篇云去聖久遠古文篆隸歷代相變自然當有錯誤亦不可拘文以害意故聖人貴聞一而知二賢史之闕文也今左氏有無傳之經亦有無經之傳無經之傳或可廣文無傳之經則不知其事又有事由於魯魯君親之而復不書者先儒或強為之說或沒而不說疑在闕文誠難以意理推之是備論闕之之事也然劉子駿

創通大義○駿音俊子駿劉歆字賈景伯父子許惠卿皆先儒之美者也末有

潁子嚴者雖淺近亦復名家○復扶又反下同故特舉劉賈許潁之違以見同異○見賢遍

反下同【疏】然劉至同異○漢書楚元王傳稱劉歆字子駿劉德孫劉向少子也哀帝時歆校祕書見古文春秋左氏傳大好之初左氏傳多古字古言學者傳訓詁而已及歆治左氏引傳文以解經經傳相發明由是章句義理備焉是其創通大義也後漢賈逵字景伯扶風人也父徽字元伯授業於歆作春秋條例逵傳父業作左氏傳訓詁許惠卿名淑魏郡人也穎子嚴名容陳郡人也比於劉賈之徒學識雖復淺近然亦注述春秋名為一家之學杜以為先儒之內四家差長故特舉其違以見異同自餘服虔之徒殊劣於此輩故棄而不論也

分經之年與傳之年相附比其義類○比毗志反各隨而解之名曰經傳集解【疏】分經至集解○丘明作傳不敢與聖言相亂故與經別行何止丘明公羊穀梁及毛公韓嬰之為詩作傳莫不皆爾經傳異處於省覽為煩故杜分年相附別其經傳聚集而解之杜言集解謂聚集經傳為之作解何晏論語集解乃聚集諸家義理以解論語言同而意異也

又別集諸例及地名譜第曆數○譜本又作譜同布古反數所具反後不音者皆同相與為部凡四十部十五卷皆顯其異同從而釋之名曰釋例將令學者觀其所聚異同之說釋例詳之也【疏】又別至之也○春秋記事之書前人後人行事相類書其行事不得不有比例而散在他年非相比校則善惡不章褒貶不明故杜別集諸例從而釋之將令學者觀其所聚察其同異則於其學易明故也言諸例及地名譜第曆數三者雖春秋之事於經傳無例者繁多以特為篇卷不與諸例相同故言及也事同則為部小異則附出孤經不及例者聚於終篇故言相與為部也其四十部次第從隱即位為首先有其事則先次之唯世族土地事既非例故退之於後終篇宜最處末故次終篇之前終篇處其終耳土地之名起於宋衛遇于垂世族譜起於無駭卒無駭卒在遇垂之後故地名在世族之前也

或曰春秋之作左傳及穀梁無明文說者以仲尼自衛反

魯脩春秋立素王○王于況反下王魯素王同丘明爲素臣言公羊者亦云黜周而王魯○黜勑律反危行言孫○行下孟反孫音遜本亦作遜以辟當時之害故微其文隱其義公羊經止獲麟而左氏經終孔丘卒敢問所安疏或曰至所安○正義曰上一問一荅說作注理畢而更問春秋作之早晚及仲尼述作大意先儒所說並皆辟諱須於此明之亦以於文不次故更假問荅以明之一問之間凡有四意其一問作之早晚其二問先儒言孔子自爲素王其事虛實其三問公羊說孔子黜周王魯其言是非其四問左氏獲麟之後乃有餘經問杜於意安否據杜云左傳及穀梁無明文則指公羊有其顯說今驗何休所注公羊亦無作春秋之事案孔舒元公羊傳本云十有四年春西狩獲麟何以書記異也今麟非常之獸其爲非常之獸奈何有王者則至無王者則不至然則孰爲而至爲孔子之作春秋是有成文也左傳及穀梁則無明文故說左氏者言孔子自衛反魯則便撰述春秋三年文成乃致得麟孔子既作此書麟則爲書來應言麟爲孔子至也麟是帝王之瑞故有素王之說言孔子自以身爲素王故作春秋立素王之法丘明自以身爲素臣故爲素王作左氏之傳漢魏諸儒皆爲此說董仲舒對策云孔子作春秋先正王而繫以萬事是素王之文焉賈逵春秋序云孔子覽史記就是非之說立素王之法鄭玄六藝論云孔子既西狩獲麟自號素王爲後世受命之君制明王之法盧欽公羊序云孔子自因魯史記而脩春秋制素王之道是先儒皆言孔子立素王也孔子家語稱齊大史子餘歎美孔子言云天其素王之乎素空也言無位而空王之也彼子餘美孔子之深原上天之意故爲此言耳非是孔子自號爲素王先儒蓋因此而謬遂言春秋立素王之法左丘明述仲尼之道故復以爲素臣其言丘明爲素臣未知誰所說也言公羊者謂何休之輩黜周王魯非公羊正文說者推其意而致理耳以杞是二王之後本爵爲上公而經稱杞伯以爲孔子黜之宣十六年成周宣榭火公羊傳曰外災不書此何以書新周也其意言周爲王者之後

比宋爲新緣此故謂春秋託王於魯以周宋爲二王之後黜杞同於庶國何休
隱元年注云唯王者然後改。元立號春秋託新王受命於魯宣十六年注云孔
子以春秋當新王上黜杞下新周而故宋黜周爲王者之後是黜周王魯之說
也定元年公羊傳曰定哀多微辭主人習其讀而問其傳則未知己之有罪焉
爾何休云此假。設而言之主人謂定哀也習其經而讀之問其傳解詁則不知
己之有罪於是此孔子畏時君上以諱尊隆恩下以辟害容身慎之至也是其
孫言辟害微文隱義之說自衞反魯危行言孫皆論語文也鄭玄以爲據時高
言高行者皆見危謂高行爲危行也何晏以危爲厲厲言行不隨俗也未知二
者誰當杜㫖公羊之經獲麟卽止而左氏之經終於孔子卒
先儒或以爲麟後之經亦是孔子所書故問其意之所安也荅曰異乎余所聞

仲尼曰文王既沒文不在茲乎。此制作之本意也歎曰鳳鳥不至河不出圖出〇如字又尺遂反吾已矣夫〇夫音扶下荅夫同蓋傷時王之政也

疏荅。曰。至。政。也〇此盡末以來荅上問四意但所荅或先或後而其文不次欲令先有案據乃得遞相發明故不得以次而荅問者先問作之早晚杜意定以獲麟乃作故從仲尼曰至所以爲終明作之時節兼明白本意自欲制作感麟方始爲之非是先作春秋乃後致麟也既言止麟之意須說始隱之由且欲取平王周正驗其非黜周王魯之證但既言其終倒言其始則於文不次故荅前義未了更起一問自曰然則以下盡此其義也明春秋始隱之意荅黜周王魯之言既言王魯爲非遂幷辯公羊之謬自若夫制作盡非隱之也荅微文隱義之爲非也自聖人包周身之防盡非所聞也荅孫言辟害之爲虛也先儒以爲未獲麟而已作春秋過獲麟而經猶未止故既荅公羊之謬然後。却。辯素王爲虛幷說引經爲妄自子路欲使門人盡又非通論也荅素王素臣之問自先儒以爲盡得其寶荅經止獲麟之意至於反袂以下言其不可采用此章。分段大意其文㫖如此問者以所聞而問其異乎余所聞一句歎其所據非理故言異乎余所聞仲尼曰與歎曰二者皆論語文也孔子過匡匡人

以兵遮而脅之從者驚怖故設此言以強之文王雖身既沒其爲文王之道豈不在玆身乎孔子自比其身言已有文王之道也其下文又云天之將喪斯文也後死者不得與於斯文也天之未喪斯文也匡人其如予何其意言天若未喪文王之道必將使我制作匡人不能違天以害己此言是有制作之本意也聖人受命而王則鳳鳥至河出圖仲尼歎曰鳳鳥不至河不出圖吾已矣夫此言蓋傷時王之政不能致此瑞也先有制作之意而恨時無嘉瑞明是既得。嘉瑞即便制作杜欲明得麟乃作故先表此二句鄭玄以爲河圖洛書龜龍銜負而出如。中候所說龍馬銜甲赤文綠色甲似龜背袤廣九尺上有列宿斗正之度帝王錄紀興亡之數是也孔安國以爲河圖即八卦是也未知二者誰當杜旨

麟鳳五靈王者之嘉瑞也○瑞垂僞反今麟出非其時虛其應而失其歸○應應對之應此聖人所以爲感也絕。筆於獲麟之一句者所感而起固所以爲終也

疏麟。鳳。至。終。也○麟鳳與龜龍白虎五者神靈之鳥獸王者之嘉瑞也今麟出於衰亂之世是非其時也上無明王是虛其應也爲人所獲是失其歸也夫此聖人而生非其時道無所行功無所濟與麟相類故所以爲感也先有制作之意復爲外物所感既知道屈當時欲使功被來世由是所以作春秋絕筆於獲麟之一句者麟是仲尼所感而書爲感麟而作既以所感而起固所以爲終也荅上春秋之作左傳無明文之問又言已所以爲獲麟乃作之意獨舉麟鳳而云五靈知二獸以外爲龜龍白虎者以鳥獸而爲瑞不出五者經傳讖緯莫不盡然禮記禮器曰升中于天而鳳皇降龜龍假詩序曰麟趾關雎之應騶虞鵲巢之應騶虞即白虎也是龜龍白虎並爲瑞應只言麟鳳便言五靈者舉鳳配麟足以成句略其三者故曰五靈其五靈之文出尚書緯也禮記禮運曰麟鳳龜龍謂之四靈不言五者彼稱四靈以爲畜則飲食有由也其意言四靈與羞物爲羣四靈既擾則羞物皆備龍是魚鮪之長鳳是飛鳥之長麟是走獸之長龜是甲蟲之長飲食所須唯此四物四物之內各舉一長虎麟皆是走獸故略云四靈杜欲

徧舉諸瑞故備言五靈也直云絕筆獲麟則文勢已足而言之一句者以春秋編年之書必應盡年乃止人年唯此一句故顯言之以明一句是其所感也

曰然則春秋何始於魯隱公荅曰周平王東周之始王也隱公讓國之賢君也考乎其時則相接言乎其位則列國本乎其始則周公之祚胤也○祚才路反胤以刃反若平王能祈天永命紹開中興○中丁仲反隱公能弘宣祖業光啓王室則西周之美可尋文武之迹不隊。○隊直類反是故因其曆數附其行事采周之舊以會成王義○王如字又于況反垂法將來

疏曰。然。至。將。來。○上既解終麟之意未辯始隱之由故又假問以釋之不言或問而直言曰者以荅前未了須更起此問若言問者猶是前人且既解絕筆即因問初起以此不復言或欲示二問共是一人故也然者然上語則者陳下事乘前起後之勢問者言絕筆於獲麟既如前解然則春秋初起何獨始於魯隱公不始於他國餘公何也荅曰周平王東周之始王也遷居洛邑平王為首是始王也隱公讓國之賢君也於第當立委位讓桓是賢君也老乎其時則相接隱公之初當平王之末是相接也言乎其位則列國其爵為侯其土則廣是大國也本乎其始則周公之祚胤也魯承周公之後是其福祚之胤也若使平王能撫養下民求天長命紹先王之烈開中興之功隱公能大宣聖祖之業光啓周王之室君臣同心服臨天下如是則西周之美猶或可尋文武之迹不墜於地而平王隱公居得致之地有得致之資而。竟不能然只為無法故也仲尼愍其如是為之作法其意言若能用我道豈致此乎是故因其年月之曆數附其時人之行事采周公之舊典以會合成一王之大義雖前事已往不可復追冀得垂法將來使後人放習以是之故作此春秋此序一段大明作春秋之深意問者不直云隱公而言魯隱公者言魯。決其不始於他國言隱決其不始於餘公挾此二意故并魯言之也

其荅直言隱公不云魯者以魯之春秋已爲韓起所說可知故也周自武王伐紂定天下恆居鎬地是爲西都周公攝政營洛邑於土中謂之東都成王雖暫至洛邑還歸鎬京爲西周平王始居東周故云東周之始王也平王四十九年而隱公即位隱公三年而平王崩是其相接也詩旣醉云永錫祚胤言福祚及後胤也尚書召誥云用供王能祈天永命言用善德治民得長命也襄十年傳曰而以偪陽光啓寡君論語曰文武之道未墜於地是杜所用之文也春秋據魯而作即是諸侯之法而云會成王義者春秋所書尊卑盡備王使來聘錫命賵含有天子撫邦國之義公如京師拜賜會葬有諸侯事王者之法雖據魯史爲文足成王者之義也以其會成王義故得垂法將來將使天子法而用之非獨遺將來諸侯也

所書之王即平王也所用之曆即周正也○正音政讀者多音征後皆放此所稱之公即魯隱也安在其黜周而王魯乎子曰如有用我者吾其爲東周乎此其義也【疏】所書至義也○旣言作春秋之意然後荅黜周王魯之言經書春王正月王即周平王也月即周正也公及邾儀父公即魯隱公也魯用周正則魯事周矣天子稱王諸侯稱公魯尚稱公則號不改矣春秋之文安在黜周王魯乎若黜周王魯則魯宜稱王周宜稱公此言周王而魯公知非黜周而王魯也孔子之作春秋本欲興周非黜周也故引論語以明之公山弗擾召孔子孔子欲往子路不說夫子設此言以解之其意言彼召我者而豈空然哉必謂我有賢能之德故也旣謂我有賢德或將能用我言如其能用我言者吾其爲東方之周乎言將欲興周道於東方也原其此意知非黜周故云此其興周之義也注論語者其意多然唯鄭玄獨異以東周爲成周則非杜所用也

若夫制作之文所以章往考來情見乎辭言高則旨遠辭約則義微此理之常非隱之也【疏】若夫至之也○此一段荅說公羊者言微其文隱其義之意若夫者發端之辭旣荅王魯更起言端故云若夫聖人制作之文所以章明已往

考校方來欲使將來之人鑒見既往之事聖人之情見乎文辭若使發語卑雜則情趣瑣近立言高簡則旨意遠大章句煩多則事情易顯文辭約少則義趣微略此乃理之常事非故隱之也文王演易則亦文高旨遠辭約義微豈復孫辭辟害以彼無所辟其文亦微知理之常非。爲。所隱也其意往考來情見乎辭皆易下繫辭之文彼作彰往而察來意不異耳**聖人包周身之防**○包必交反防扶放反又音房**既作之後方復隱諱**

以辟患非所聞也【疏】○聖。人。至。聞。也○此一段荅孫言辟害之意若成湯繫於夏臺文王囚於姜里周公留滯於東都孔子絕糧於陳蔡自古聖人幽囚困厄則嘗有之未聞有被殺害者也包周身之防者謂聖人防慮必周於身自知無患方始作之既作之後方復隱諱以辟患害此事實非所聞也云非所聞者言前訓未之有也**子路欲使門人爲臣孔子以爲欺天而云仲尼素王丘明素**

臣又非通論也○論力頓反【疏】○子。路。至。論。也○此一段荅素王素臣爲非也案論語稱孔子疾病子路使門人爲臣病間曰久矣哉由之行詐也無臣而爲有臣吾誰欺欺天乎其意言子路以孔子將死使門人爲臣吾欲令以臣禮葬君冀其顯榮夫子夫子瘳而責之我實無臣何故而爲有臣吾之於人也於誰嘗欺我尚不敢欺人何故使吾欺天乎子路使門人爲臣纔僭大夫禮耳孔子尚以爲欺天況神器之重非人臣所議而云仲尼爲素王丘明爲素臣又非通理之論也聖人之生與運隆替運通則功濟當時運閉則道存身後雖復富有天下無益於堯舜賤爲匹庶何損於仲尼道爲升降自由聖與不聖言之立否乃關賢與不賢非復假大位以宣風藉虛名以範世稱王稱臣復何所取若使無位無人虛稱王號不爵不祿妄竊臣名是則羨富貴而耻貧賤長僭踰而開亂逆聖人立教直當爾也臧文仲山節藻梲謂之不知管仲鏤簋朱。紘稱其器小見季氏舞八佾云孰不可忍若仲尼之竊王號則罪不容誅而言素王素臣是誣大賢而負聖人也嗚呼孔子被誣久矣賴杜預方始雪之**先儒以爲制作三年文成致麟既已妖**

妄又引經以至仲尼卒亦又近誣〇近誣如字近舊音附近之近誣音無疏〇先儒至近誣〇此下至爲得其實皆明麟後之經非仲尼所脩之意直言先儒無可尋檢未審是誰先生此意案今左氏之經仍終孔丘之卒雖杜氏之注此經亦存而尤責先儒引經至仲尼卒者蓋先儒以爲夫子自衛反魯即作春秋作三年而後致麟雖得麟而猶不止比至孔丘之卒皆是仲尼所脩以是辨之謂之近誣明先儒有此說也服虔云夫子以哀十一年自衛反魯而作春秋約之以禮故有麟應而至是其宗舊說也服虔又云春秋終於獲麟故小邾射不在三叛人中也弟子欲明夫子作春秋以顯其師故書小邾射以下至孔子卒案杜於此下及哀十四年注皆取服義爲說則服氏於此一事已改先儒矣麟是王者之瑞非爲制作而來而云仲尼致之是其妖且妄也經是魯史之文非仲尼之所述而云仲尼脩之是其近誣罔也言近誣者心所不悟非故誣之故云近誣也據公羊經止獲麟而左氏小邾射不在三叛之數〇邾張俱反射音亦故余以爲感麟而作作起獲麟則文止於所起爲得其實疏〇據公至其實〇穀梁之經亦止獲麟而獨據公羊者春秋之作穀梁無明文杜以獲麟乃作義取公羊故獨據之耳小邾射以句繹來奔與黑肱之徒義無以異傳稱書三叛人名不通數此人以爲四叛知其不入傳例麟下之經傳不入例足知此經非復孔旨故余以爲感麟而作春秋其意起於獲麟則文止於所起自此而談爲得其實重明經止獲麟弁自成己說起麟之意也至於反袂拭面〇袂綿世反拭音式稱吾道窮亦無取焉疏〇至於至取焉〇公羊傳稱孔子聞獲麟反袂拭面涕沾袍曰吾道窮矣杜既取公羊經止獲麟而公羊獲麟之下即有此傳嫌其弁亦取之故云亦無取焉不取之者以聖人盡性窮神樂天知命生而不喜死而不感困於陳蔡則援琴而歌夢奠兩楹則負杖而詠寧復畏懼死亡下沾衿之泣愛惜性命發道窮之歎若實如是何異凡夫俗人而得稱爲聖也公羊之書鄉曲小辯致遠則泥故無取焉此則上文

所謂簡二傳而去異端豈有反袂拭
面涕下沾袍以虛而不經故不取也

附釋音春秋左傳注疏卷第一

春秋左傳注疏卷一校勘記

阮元撰盧宣旬摘錄

春秋正義序 嘉善浦鏜注疏正誤春秋下增左氏傳三字

國子祭酒上護軍曲阜縣開國子臣孔穎達等奉

勑撰 此本前著銜名如此上空一格勑字提行南宋慶元刊本奉上有等字閩本脫臣字毛本刪臣奉勑三字以下凡慶元刊本則偁宋本

若夫五始之目 閩本監本毛本五誤三

但年祀綿邈 餘姚盧文弨校本祀改紀案盧文弨書多本之浦鏜正誤及七經孟子考文補遺後凡與二書同者不錄

欲垂之以法則無位 宋本法作灋

所謂不怒而人威 毛本謂誤畏

鴻猷遂寖 寖當作寑宋本作寢

以膠投漆 宋本監本漆字並誤作漆後凡監本不誤而重脩本誤者稱重脩監本二本俱誤者則偁監本不分列也

今校先儒優劣 毛本校作挍避明熹宗諱全書皆然

以至于今 宋本毛本于作於按經多作于傳注正義多作於此正義當用於字後人因簡省改作于也

則有沈文何 按隋書經籍志作文阿

言後之學者 宋本監本毛本言作使

而探賾鉤深 宋本賾作賾

其經注易者 監本毛本注改作註非案賈公彥儀禮疏云言注者注義於經下若水之注物是也下準此

案僖公三十三年經云 毛本案作按宋本以下皆作案

郤缺稱人者 監本毛本郤誤郤

以公姑姊妻之 宋本姊作姉下同唐宋人从朿是也

計至襄二十一年 浦鏜正誤襄下增公字非

何得有姊而妻庶其 宋本姊誤子

況其餘錯亂 閩本監本況作况下放此按況俗况字

謹與朝請大夫國子博士臣谷那律 浦鏜正誤據文苑英華大夫下增守字

與前脩疏人 毛本脩作修案經典修字多作脩宋本以下皆作脩下準此

春秋正義序終

附釋音春秋左傳注疏卷第一 閩本監本毛本刪附釋音三字後同分卷與此相合監本此行下有晉杜氏注唐孔穎達疏陸

德明釋文十四字閩本毛本晉杜氏注在第二行唐孔穎達疏在第三行每卷同上空八九字不一監本因刻校刊官銜擠刻每卷第幾之下陸德明釋文五字閩本在第二行之末以下不著監本以下亦不著○宋本作春秋正義卷第一

國子祭酒上護軍曲阜縣開國子臣孔穎達等奉

勑撰 是銜在第二行第三行此本以下不著宋本每卷同上空二字

國子博士兼大子中允贈齊州刺史吳縣開國男臣陸德明釋文 是銜在第四行此本以下不著淳熙本纂圖本國上有唐字無臣字釋文同文下釋文有撰字淳熙本作附字分二行首行十五字次行吳縣字提行上空三字纂圖本此銜在第三行上空一字半

春秋序 此本三字頂格在第五行淳熙本岳本纂圖本亦頂格在第一行閩本監本毛本在第四行低二格唐石經及宋本並作春秋左氏傳序石經此行初書今體改書八分宋本亦頂格在第四行案孔氏正義云晉宋古本及今定本並云春秋左氏傳序今依用之是正義本有左氏傳三字此作春秋序承陸氏釋文所題也

且有題曰春秋釋例序 宋本且誤具

徐邈以晉世言五經音訓 宋本言作定音誤奇

此序大畧 宋本監本毛本畧作略是也案唐宋人略畧字皆田在左○今依訂正

名義以春秋是此書大名宋本名義作明義是也與下文明史官記事之書明天子諸侯皆有史官三明字一例○今訂正

襃貶得失監本襃作褒案褒俗襃字下準此

先儒錯繆之意閩本監本毛本亦作繆按古錯謬字多作繆

賈逵大史公十二諸侯年表序云浦鏜正誤云逵下脫云字後凡浦鏜正誤以己意增改字句及據俗本以校正義者不錄

藏於祕府閩本監本毛本祕字並作秘案秘俗祕字下準此

時丞相尹咸以能治左氏天台齊召南云尹咸爲丞相史未嘗爲丞相也相下脫史字

與歆共校傳浦鏜正誤校下增經字

歆略從咸日本西條掌書記山井鼎七經孟子考文無略字今按山井鼎所云宋本即附釋音本也凡與是本相符者不錄所云古本異本即釋文正義及唐宋人類書中之同異雖錄其說鮮致是非

及毛氏逸禮古文尚書宋本氏作詩不誤

和帝元興十一年案宋王應麟困學紀聞云愚考和帝元興止一年安得有十一年一誤也鄭興子衆終於章帝建初八年不及

和帝時二誤也章帝之子爲和帝先後失序三誤也盧文弨云此七字改作建武初元便可通

起穀梁廢疾 按廢疾之廢當作癈說詳襄七年校勘記

春秋至名也 凡序中某至某也宋本無下並同

申叔時論傳大子之法 宋本閩本監本毛本傳作傅是也

教之以春秋 按明道本國語無以字

禮坊記云 毛本云改曰非

以未連本之辭 宋本閩本監本毛本未作末是也○今依訂正

亦互自有詳略 毛本互誤或

及仲尼脩故因魯史成文 宋本監本毛本故作改

公不與小斂 監本斂作歛案斂正歛字○此本斂多誤从欠今並訂正後不悉出

日無褒貶 段玉裁云日下有月字

大橈作甲子 宋本監本毛本橈作撓

宋忠注云 浦鏜正誤作衷

滿而闕缺 浦鏜正誤缺作也

積二十九日過半而行及日與月相會 宋本閩本監本毛本月作日非也

月譬水水火外光 宋本閩本監本毛本無次水字

所以總紀諸月也 浦鏜正誤月作日

足明遠近同異 毛本足誤則考文作是

是此書之總名 毛本書誤事

一切萬物生植孕育 宋本植作殖

無事不記 監本毛本事誤物

商曰祀 宋本監本毛本商作商是也此別一字○今訂正

年取年穀一熟也 按詩補傳引孫炎云秊取禾穀一熟

作十有三載乃同 浦鏜正誤云釋文馬鄭書注載作年故下云唐虞之世已有年歲之言

秋穮也物穮斂也 按穮字書所無漢書律曆志作秋龝也物龝斂乃成說文韋部龝收束也玉篇龝亦作穮諸本作穮疑龝之訛

此本穮也之間有卽由反三字細注分作二行正義作音例多如是與宋本同

諸侯亦各有國史纂圖本毛本亦誤不

○正義曰周禮春官宋本○作陰文大疏字下並同

國在四表閩本監本毛本在作有非

又主四方來告之事閩本監本毛本又誤及

故僖二十三年杜注云監本杜字模糊重脩監本誤杜

故杜預撮天子之史監本撮作據非

但偏檢記傳毛本檢作舉避明莊烈諱

鄭公孫黑強宋本閩本強作强按說文作彊下準此

必言諸侯無內史者監本毛本無誤爲

大事書之於策釋文亦作策宋本淳熙本岳本纂圖本閩本監本毛本策作筴釋文云本又作冊亦作筴案筴策古通用國語魯語使書以爲三筴莊子駢拇篇挾筴讀書管子海上篇謹正鹽筴皆爲書策之策顏氏家訓云簡策字竹下施朿末代隸書似杞宋之宋亦有竹下遂爲夾者徐仙民春秋禮音以筴爲正字以策爲音殊爲顛倒石經凡策字皆作筞

既言尊卑監本毛本卑作幼

以鉤命決云 浦鏜正誤以疑引非

傳馮簡牘 宋本馮作憑案五經文字云馮義與憑同

鄹邑人也 宋本鄹作郰

詩亡然後春作 宋本閩本監本毛本春下有秋字此本誤脫○今補正

與於記惡之戒 閩本監本毛本之作垂

與周之所以王 按文選王下有也字與昭二年傳合

故云此○ 宋本○作疏

謚曰宣子者 宋本毛本謚作諡誤說詳隱八年傳

韓子所見 盧文弨校本見下據疏增魯春秋三字非也

周公所爲 監本毛本爲誤以

以能立官紀事 監本毛本能改爲紀事閩本監本毛本作記事

斯文何足爲典 毛本足誤則

諸所記注 閩本監本毛本注作註釋文云字或作註按記註字當從言通俗文云記物曰註方言廣雅皆有註字乃俗字之冣古者也

昭二十年傳曰 監本二誤三

上之人謂在位者也 毛本位誤外

然則鄰國相命 毛本鄰作隣唐唐元度九經字樣云作隣者訛下準此

自嫌彊大 宋本監本毛本彊作疆誤

須存於此若也 閩本監本毛本若作者○案十行本初刻若後剜改作者不誤

其餘則皆卽用舊史 按文選無則字

或依經以辯理 文選辯作辨五經文字云辯理也辨別也經典通用

皆隨義所在而爲之發傳 閩本監本毛本發作法非也

懼弟子各有妄其意 按史記十二諸侯年表序妄作安無有字盧文弨校本有作自字按如今本史記作安其意爲善

左邱明魯史也 按漢書藝文志魯下有大字

是錯經以合異也 宋本監本毛本異誤義

言遺者舊史已沒 正德本閩本監本舊史誤倒毛本作史記亦非

其旨遠 纂圖本毛本作㫖石經旨作㫖宋本岳本閩本監本作旨說文云旨從匕從甘下凡作㫖者準說文改也

尋其枝葉監本葉作葉唐石經淳熙本作菜毛本作葉亦誤顧炎武金石文字記云唐石經避大宗諱凡從世字作云

○正義曰宋本○作疏

說文云籍部書也按今本說文作籍簿書也

將令學者本原其事之始監本毛本原誤始

渙然冰釋閩本監本毛本冰誤冰淳熙本作冰亦非下準此

子張問入官學之篇盧文弨校本云學字衍

脂之釋者爲膏閩本監本毛本釋作澤

周公之垂法宋本法作灋按灋法古今字鄭氏注禮箋詩皆以今字證古字如周禮經文灋字注文多作法蓋一代有一代之字陳樹華云淳化本左傳灋字尚存一二此勝於石經處其實非也○元和陳樹華有春秋內傳考證後凡稱陳樹華者是

夫灾無牲宋本夫作天灾作災按災與灾同

此諸凡者閩本監本毛本諸作書非

是闡幽也按也下浦鏜正誤云當脫其裁成義類五字

故書者隱三年宋本者下有若字

故傳直言其歸而已按杜序歸下有趣字宋本不脫

是如被之類監本毛本被作彼不誤閩本作彼亦非

劉實分變例新意宋本實作寔按晉劉寔字子真平原人浦鏜實疑炫字誤非

替其尊稱毛本替作聽誤

不書其主閩本監本毛本主作亡非

不書其人有闕也閩本監本不誤彼

共行征伐閩本監本共誤其

諸所諱辟璧假許田之類是也釋文云辟本亦作避音同文選作避石經璧作辟釋文同按避正字辟假借字

丹楹刻桷淳熙本桷誤桶

禮制宮廟之飾閩本監本毛本飾作節非

此言五體者毛本言誤有

從首至此毛本首誤者

以後經則魯史舊文毛本則誤作

是知與上同爲新意 盧文弨校本是作足

若如所論 案文選如作此

言無由發 監本毛本言作爲

必應有義存焉 監本存誤在

誼爲左氏傳訓詁 按漢書儒林傳詁作故說文云詁訓故言凡傳注之書有以故名者如漢藝文志書有大小夏侯解故詩有魯故齊后氏故齊孫氏故韓故毛詩故訓傳後漢賈逵作周官解故故卽詁也

方進授清河胡常 按漢書儒林傳云更始傳子咸及翟方進胡常

而更膚引公羊穀梁 石經作穀五經文字云凡穀穀之類皆從殼省

若觀服虔賈誼之注 齊召南云賈誼解詁晉時未必尚有其書杜於服虔賈逵時多駁正此當作賈逵

祔而作主 毛本作誤則

揔歸諸凡 監本毛本揔作總案九經字樣云揔說文作總經典相承通用監本毛本作總轉寫之異下放此石經誤作惣

邱明與聖同恥 宋本監本毛本恥作時

北燕伯款出奔齊 毛本款作欵是俗字

末有頼子嚴者石經初刻作頼改作頼是也

學者傳訓詁而已按漢書楚元王傳詁作故

父徽字元伯授業於歆浦鏜正誤云授當受誤按後漢書賈逵傳云父徽從劉歆受左氏春秋

逵傳父業作左氏傳訓詁按逵傳云逵尤明左氏傳爲之解詁此本訓當作解

又別集諸例及地名譜第曆數諸本作譜釋文云本又作䜿

說者以仲尼自衞反魯石經宋本淳熙本岳本足利本以下有爲字文選引同

危行言孫諸本作孫釋文云本亦作遜字按愻順字當从心孫者叚借也

是素王之文焉山井鼎云漢書元文是作見

自聽素王宋本閩本監本毛本聽作號不誤

唯王者然後改元立號毛本元作王誤

此假設而言之監本毛本設作說非

文不在茲乎石經岳本監本茲作兹按說文有兹無茲

然後却辯素王爲虛監本毛本辯作辨按却當作卻諸本作却五經文字云却俗字或作郄乃郤字與此不同也

此章分段大意 監本分作各非

明是既得嘉瑞 監本毛本嘉誤佳

如中候所說 閩本監本中誤申

絶筆於獲麟之一句者 石經監本同諸本絶作絶按說文云絶斷絲也从糸从刀从卩

文武之迹不隊 石經此處殘闕釋文亦作隊宋本淳熙本纂圖本作墜按墜俗隊字

而意不能然 宋本閩本監本毛本意作竟不誤

言魯史其不始於他國言隱決其不始於餘公 宋本史作決不誤閩本監本毛本作决俗決字隱決宋毛作隱決諸本亦誤作决

成王雖暫至洛邑 閩本監本毛本成誤武

還歸鎬京 宋本鎬京下有爲幽王滅於西周平王東遷洛邑因謂洛邑爲東周謂鎬京廾三字乃是完本

而以偪陽光啓寡君 閩本偪作福案二字古多通用漢書古今人表有福陽子即偪陽也說詳襄十年

非爲所隱也 浦鏜正誤疑爲所二字誤倒盧文弨云所字衍

孔子絶粮於陳蔡 宋本閩本監本毛本粮作糧案五經文字云作粮訛

乃聞賢與不賢宋本聞作闕是也

非復假夫位以宣風宋本夫作大是也

直當爾也宋本直作豈

管仲鏤簋朱紘閩本監本毛本紘誤紘

無可尋檢毛本檢作撿避明莊烈諱下同

比至孔丘之卒宋本作比此本及諸本誤此今改正山井鼎亦云此作比

據公至其實閩本監本毛本實下有圈○補案此本正義標起止下多脫○今並增補校不悉出

與黑肱之徒與下浦鏜正誤增邾字之徒毛本誤作徒之

弃自成己說起麟之意也起下浦鏜正誤增獲字

公羊傳稱孔子聞獲麟監本毛本脫傳字

以聖人盡聖窮神宋本閩本監本毛本盡聖作盡性

則紘琴而歌閩本監本毛本紘作援

春秋左傳注疏卷一校勘記

附釋音春秋左傳注疏卷第二 隱元年盡二年

杜氏注　孔穎達疏

春秋經傳集解隱第一 ○陸曰解佳買反舊夫子之經與丘明之傳各卷杜氏合而釋之故曰經傳集解隱公名息姑惠公之子母聲子謚法不尸其位曰隱第一此不題左氏傳公羊穀梁二傳既顯姓別之此不言自見 疏 正義曰五經題篇皆出注者之意人各有心故題無常準此本經傳別行則經傳各自有題注者以意裁定其本難可復知據今服虔所注題云隱公左氏傳解誼第一不題春秋二字然則春秋二字蓋是經之題也服言左氏傳三字蓋本傳之題也杜既集解經傳春秋此書之大名故以春秋冠其上序說左氏言已備悉故略去左氏而為此題焉經傳集解四字是杜所加其餘皆舊本也經者常也言事有典法可常遵用也傳者傳也博釋經意傳示後人分年相附集而解之故謂之經傳集解隱公魯君侯爵杜君采大史公書世本旁引傳記以為世族譜略記國之興滅譜云魯姬姓文王子周公旦之後也周公股肱周室成王封其子伯禽於曲阜為魯侯今魯國是也自哀以下九世二百一十七年而楚滅魯依魯世家伯禽至隱公凡十三君兄弟相及者五人隱公名息姑伯禽七世孫惠公弗皇子聲子所生平王四十九年即位是歲歲在豕韋禮記檀弓曰死謚周道也周法天子至於大夫既死則累其德行而為之謚周書謚法云隱拂不成曰隱魯實侯爵而稱公者五等之爵雖尊卑殊號臣子尊其君父皆稱為公是禮之常也字書云第訓次也一者數之始此卷於次第當其一也

杜氏 疏 正義曰杜氏名預字元凱畿之孫恕之子也陳壽魏志云杜畿字伯侯京兆杜陵人也漢御史大夫杜延年之後文帝時為尚書僕射封樂亭侯試船溺死追贈太僕謚戴侯也恕字務伯官至幽州刺史預司馬宣王女壻也王隱晉書云預知謀深博明於治亂常稱德者非所企及立言立功預所庶幾也大觀羣典謂公羊穀梁詭辯之言又非先儒說左氏未究

丘明之意橫以二傳亂之乃錯綜微言著春秋左氏經傳集解又參考衆家。爲
之釋例又作盟會圖春秋長曆備成一家之學至老乃成預有大功名於晉室
位至征南大將軍開府封當陽侯荊州刺史食邑八千戸時人號爲武庫不言
名而言氏者注述之人義在謙退不欲自言其名故但言杜氏毛君孔安國馬
融王肅之徒其所注書皆稱爲傳鄭玄則謂之爲注而此於杜氏之下更無稱
謂者以集解之名已題在上故止云杜氏而已劉炫云不言名而云氏者漢承
焚書之後諸儒各載學名不敢布於天下但欲傳之私族自題其氏爲謙之辭

傳惠公元妃。孟子言元妃明始。適夫人也子宋姓○惠公名不皇諡法愛人好
與曰惠其子隱公讓國之君元妃芳非反傳曰嘉耦曰妃適
本又作嫡
同丁歷反【疏】傳。惠公元妃孟子○正義曰惠公名弗皇孝公之子也諡法愛民
好與曰惠釋詁云元始也妃匹也始匹者言以前未曾娶而此人
始爲匹故注云言元妃明始適夫人也妃者名通適妾故傳云陳哀公元妃鄭
姬生悼大子偃師二妃生公子留下妃生公子勝元者始也長也一元。元。之字兼
始適兩義故云始適夫人也然則有始而非適若孟任之類是也亦有適而非
始若哀姜之類是也妃者配匹之言非有尊卑之異其尊卑殊稱則曲禮所云
天子之妃曰后諸侯曰夫人大夫曰孺人士曰婦人庶人曰妻是也鄭玄以爲
后之言後蓋執治內事在夫之後也夫之言扶言能扶成人君之德也孺之言
屬言其繫屬人也婦之言服言其服事人也妻之言齊言與夫齊等也庶人之
賤見其齊等也以上因其爵之尊卑爲立別號其實皆配夫通以妃爲稱少牢
饋食禮云以某妃配某氏是大夫之妻亦稱妃也孟仲叔季兄弟姊妹長幼之
別字也孟伯俱長也禮緯云庶長稱孟然則適妻之子長者稱伯妾子長於妻
子則稱爲孟所以別適庶也故杜注。文十五年及釋例皆云慶父爲長庶故或
稱孟氏沈氏亦然案傳趙莊子之妻晉景公之姊則趙武適妻子也而武稱趙
孟荀偃之卒也士匄請後曰鄭甥可則荀吳妾子也而吳稱知伯豈知氏常爲
適而稱伯趙氏恆爲庶而稱孟者也蓋以趙氏趙盾之後盾爲庶長故子孫恆

以孟言之與慶父同也推此言之知知氏荀首之後傳云中行伯之季弟則俱是適妻之子但林父荀首並得立家故荀首子孫亦從適長稱伯也或可春秋之時不能如禮孟伯之字無適庶之異蓋從心所欲而自稱之耳契姓子宋是殷後故子爲宋姓婦人以字配姓故稱孟子

孟子卒不稱薨不成喪也無謚先夫死不得從夫謚○謚實至反

疏注不稱至夫謚○正義曰魯之夫人皆稱薨舉謚此獨無謚公卒故特解之定十五年姒氏卒傳曰不成喪則知此不稱薨亦不成喪也案傳例不赴則不稱薨然則此云不成喪者正謂不赴於諸侯也周禮小史卿大夫之喪賜謚讀誄止賜卿大夫不賜婦人則婦人法不當謚故號當繫夫釋例曰謚者興於周之始王變質從文於是有諱焉傳曰周人以諱事神名終將諱之故易之以謚末世滋蔓降及匹夫爰暨婦人婦人無外行於禮當繫夫之謚以明所屬詩稱莊姜宣姜卽其義也是言婦人於法無謚故取其夫謚冠於姓之上生以夫國冠之韓姞秦姬是也死以夫謚冠之莊姜定姒是也直見此人是某公之妻故從夫謚此謚非婦人之行也夫謚已定妻卽從而稱之先夫而死則夫未有謚或隨宜稱字故云無謚言婦人法無謚也先夫死不得從夫謚解其不稱惠也此言其正法耳其末世滋蔓則爲之作謚景王未崩妻稱穆后如此之類皆非禮也重言孟子者服虔云嫌與惠公俱卒故重言之下仲子亦然

繼室以聲子生隱公聲謚也蓋孟子之姪娣也諸侯始娶則同姓之國以姪娣媵元妃死則次妃攝治內事猶不得稱夫人故謂之繼室○姪直結反字林丈一反兄女也娣大計反女弟也娶七住反媵以證反又繩證反

疏注聲謚至繼室○正義曰謚法不生其國曰聲是聲爲謚也襄二十三年傳稱臧宣叔娶于鑄生賈及爲而死繼室以其姪則姪之與娣皆得繼室此既無文故設疑辭云蓋孟子之姪娣也成八年傳曰凡諸侯嫁女同姓媵之異姓則否莊十九年公羊傳曰諸侯娶一國則二國往媵之以姪娣從姪者何兄之子也娣者何弟也諸侯壹聘九女然則諸侯娶於三國國別各有三女此言諸侯始娶則同姓之國以姪娣媵者欲言媵者亦有姪娣省略爲文耳其實夫人與媵皆有姪娣但聲子或是孟子姪娣或

是同姓之國媵者姪娣以其難明故杜兩解之初云孟子之姪娣又云同姓之國以姪娣之媵是也故釋例曰古者諸侯之娶適夫人及左右媵各有姪娣皆同姓之國國三人凡九女參骨肉至親所以息陰訟陰訟息所以廣繼嗣是其義也然宋之同姓國依世本子姓殷時來宋空同黎比髦自夷蕭但春秋不載其國未知宋之同姓者是何釋言云媵送也言妾送適行故夫人姪娣亦稱媵也經傳之說諸侯唯有繼室之文皆無重娶之禮故知元妃死則次妃攝治內事次妃謂姪娣與媵諸妾之最貴者釋例曰夫人薨不更聘必以姪娣媵繼室是夫人之姪娣與二媵皆可以繼室也適庶交爭禍之大者禮所以別嫌明疑防微杜漸故雖攝治內事猶不得。稱夫人又異於餘妾故謂之繼室妻處夫之室故書傳通謂妻爲室言繼續元妃在夫之室

宋武公生仲子

仲子生而有文在其手曰爲魯夫人故仲子歸于我。婦人謂嫁曰歸以手理自然成字有若天命故嫁之於魯○婦人謂嫁曰歸本或無曰字此依公羊傳

【疏】宋武至于我○正義曰宋國公爵譜云宋子姓其先契佐唐虞爲司徒封於商成湯受命王有天下及紂無道周武王滅之而封其子武庚以紹殷後武庚作亂周公伐而誅之更封紂兄帝乙之元子微子啓爲宋公都商丘今梁國睢陽縣是也微子卒其弟微仲代立穆公七年魯隱公之元年也景公三十六年魯哀公之十四年獲麟之歲也昭公得之元年春秋之傳終矣其後五世百七十年而齊魏楚共滅宋依宋世家微子至武公凡十二君兄弟相及者二人武公是微仲九世孫謚法克定禍亂曰武○注婦人至於魯○正義曰婦人謂嫁曰歸隱二年公羊傳文也以其手之文理自然成字有若天之所命使爲魯夫人然故嫁之於魯也成季唐叔亦有文在其手曰友曰虞曰下不言爲此傳言爲魯夫人者以宋女而作他國之妻故傳加爲以示異耳非爲手文有爲字故魯夫人之上有爲字也仲子手有此文自然成字似其天命使然故云有若天命也隸書起於秦末手文必非隸書石經古文虞作炏魯作装手文容或似之其。友及夫人固當有似之者也傳重言仲子生者詳言之與上重言孟子卒其義同也舊說云若河圖

洛書天神言語真是天命此雖手有文理更無靈驗又非夢天故言有若生桓公而惠公薨言歸魯而生男惠公不以桓生之年薨【疏】注言歸至年薨○正義曰杜以桓生之年薨者以元年傳曰惠公之薨也有宋師大子少葬故有闕少者未成人之辭非新始生之稱又改葬惠公而隱公不臨使桓爲主若薨年生則纔二歲未堪爲喪主又羽父弒隱與桓同謀若年始十二亦未堪定弒君之謀以此知桓公之生非惠公薨之年也年之長幼理無所異杜言此者欲明慶父爲莊公庶兄故顯言此以張本也釋例曰今推案傳之上下羽父之弒隱公皆諮謀於桓。然則桓公已成人也傳云生桓公而惠公薨指明仲子唯有此男非謂生在薨年也桓。已成人而弒隱卽位乃娶於齊自應有長庶長庶故氏。曰孟是杜張本之意也是以隱公立而奉之隱公繼室之子當嗣。世以禎祥之故追成父志爲桓尚少是以立爲。太子帥國人奉之爲經元年春不書卽位傳○禎音貞爲桓于僞反少詩照反大音泰舊泰字皆作大後大字皆放此爲經于僞反後凡爲經爲傳張本起本之例皆放此更不音【疏】注隱公至位傳○正義曰繼室雖非夫人而貴於諸妾惠公不立大子母貴則宜爲君隱公當嗣父世正以禎祥之故仲子手有夫人之文其父愛之有以仲子爲夫人之意故追成父志以位讓桓但爲桓年少未堪多難是以立桓爲大子帥國人而奉之已則且攝君位待其年長故於歲首不卽君位傳於元年之前預發此語者爲經不書公卽位傳是謂先經以始事也凡稱傳者皆是爲經。唯文五年翟伯。曰季等卒注云爲六年蒐於夷傳以者以蒐於夷與此文次相接故不得言張本也或言張本或言起本或言起檢其上下事同文異疑杜隨便而言也鄭衆以爲隱公攝立爲君奉桓爲大子案傳言立而奉之是先立後奉之也若隱公先立乃後奉桓則隱立奉之時未有大子隱之爲君復何所攝若先奉大子乃後攝立不得云立而奉之是鄭之謬也賈逵以爲隱立桓爲大子奉以爲君隱雖不卽位稱公改元號令於臣子朝正於宗廟言立桓爲大子可矣安在其奉以爲君乎是賈之妄也襄二十五年齊景公立傳云崔杼立而相之以此知立而奉之謂立爲大子帥國人奉之正謂奉之以爲大子也元年傳曰大子少是立爲大子之文也大子者父在之稱今惠公已薨而言立爲太子者以其未堪爲君仍處大子之位故也禮記曾子問曰君薨而世子生是君薨之後仍。可以稱大子也

經元年春王正月隱公之始年周王之正月也凡人君即位欲其體元以居正故不言一年一月也隱雖不即位然攝行君事故亦朝廟告正朔也告朔朝正例在襄二十九年即位例在隱莊閔僖元年○朝直遙反下同

【疏】經元年春王正月○正義曰此經字并下傳字亦杜氏所題以分年相附若不有經字何以異傳不有傳字何以別經又公羊穀梁二傳年上皆無經傳字故知杜所題也釋詁云元始也正長也此公之始年故稱元年此年之長月故稱正月言王正月者王者革前代馭天下必改正朔易服色以變人視聽夏以建寅之月爲正殷以建丑之月爲正周以建子之月爲正三代異制正朔不同故禮記檀弓云夏后氏尚黑殷人尚白周人尚赤鄭康成依據緯候以正朔三而改自古皆相變如孔安國以自古皆用建寅爲正唯殷革夏命而用建丑周革殷命而用建子杜無明說未知所從正是時王所建故以王字冠之言是今王之正月也王不在春上者月改則春移春非王所改故王不先春王之必連月故王處春下周以建子爲正則周之二月三月皆是前世之正月也故於春每月書王王二月者言是我王之二月乃殷之正月也王三月者言是我王之三月乃夏之正月也既有正朔之異故每月稱王以別之何休云二月三月皆有王者二月殷之正月也三月夏之正月也王者存二王之後使統其正朔服其服色行其禮樂所以尊先聖通三統師法之義恭讓之禮服虔亦云孔子作春秋於春每月書王以統三王之正其意以爲王二月王三月王是夏殷之王謂大禹成湯也。爲周室之臣民尊夏殷之舊主每月書王敬奉前代揆之人情未見其可杞宋二王之後各行己祖正朔宋不行夏杞不行殷而使天下諸侯偏。視二代考諸典籍未之或聞杞宋不奉周正周人悉尊夏殷則是重過去而忽當今尊。亡國而慢時主其爲顛倒不亦甚乎且經之所言王二月王三月若

是夏殷之王當自皆言正月何以言王二月王三月乎謂之二月三月其王必是周王安得以爲夏殷王也若如公羊之說春秋黜周王魯則杞非王後夏無可尊復通夏正何也但春之三月不必月皆有事若入年已有正月者則二月不復書王若已有王二月者則三月不復書王以其上月已是此王之月則下月從而可知故每年之春唯一言王耳春秋之例竟時無事乃書首月以記時此下。二月有會盟之事則不得空書首月也正月無事而空書首月者以人君於始年初月必朝廟告朔因卽人君之位以。繼臣子之心故君之始年必書曰元年春王正月公卽位史策之正法也隱公攝行君事雖不卽位亦改元朝廟與人更始異於常年之正月故史特書其事見此月公宜卽位而不卽位莊閔僖元年皆書春王正月與此同也定公元年不書正月者正月之時定公未立卽位在於六月歲首未得朝正公之卽位別見下文正月無所可見故不書也然則定以六月卽位卽位乃可改元正月已稱元年者未改之日必乘前君之年旣改之後方以元年紀事及其史官定策雖有一統不可半年從前半年從後雖。非年初亦統此歲故入年卽稱元也釋例曰癸亥公之喪至自乾侯戊辰。公卽位。喪在外。踰年乃入故因五日改殯之節國史用元年卽位之禮因以此年爲元年也古法旣然故漢魏以來雖秋冬改元史於春夏卽以元年冠之是有因於古也受命之王必改正朔繼世之王奉而行之每歲頒於諸侯諸侯受王正朔故言春王正月王卽當時之王序云所書之王卽平王是其事也公羊傳曰王者孰謂謂文王也始改正朔自是文王所爲頒於諸侯非復文王之曆受今王之曆稱文王之正非其義也○注隱公至元年○正義曰傳云王周正月知是周王之正月也說公羊者云元者氣之始春者四時之始王者受命之始正月者政教之始公卽位者一國之始春秋緯稱黃帝受圖有五始謂此五事也杜於左氏之義雖無此文而五始之理亦於杜無害此非左氏褒貶之要自是史官記事之體故晉宋諸史皆言元年春王正月帝卽位是也元年正月實是一年一月而別立名故解之云凡人君卽位欲其體元以居正故不言一年一月也言欲其體元以居正者元正實是始長之義但因名以廣之元者氣之本也善之長也人君執大本長庶物欲其與元同體故年稱元。年正者直方之間語也直其行方其義人君當執直心。杖大義欲其常居正道故月稱正也以其君之始年歲之始月故特假此名以示義其餘皆卽從其數不復改也書稱月正元日意同於此又解無事而書正月之意隱雖不卽位然攝行君事而亦朝廟告朔改元布政故書首年始月以明其應卽位而不爲也天子之封諸侯也割其土壤分之臣民使之專爲己有故諸侯於其封內各得改元傳說鄭國之事云傳之元年朝於晉簡之元年士子孔卒是諸侯皆改元非獨魯也劉炫爲規過云元正爲取始長之義不爲體元居正規釋杜云欲其體元以居正謂人君體是元長以居正位不欲在下陵奪處位不終是劉妄解杜意不爲體其元善居於正道以規杜氏其理非也劉炫又難何休云唯王者然後改元立號春秋託新王受命於魯故因以錄卽位若然新王受命正朔必改是魯得稱元亦應改其正朔仍用周正何也旣託王於魯則是不事文王仍奉王正何也諸侯改元自是常法而云託王改元是妄說也說公羊者云元者氣之始春者四時之始王者受命之始正月者政教之始公卽位者一國之始春秋緯云黃帝坐於。扆閣鳳皇。銜書。致帝前其中得五始之文謂此五事何休。又云公卽位者一國之始政莫大於正始故春秋以元之氣正天之端以天之端正王之政以王之政正諸侯之卽位以諸侯之卽位正。竟內之治諸侯不上奉王之政則不得卽位故先言正月而後言卽位政不由王出則不得爲政故先言王而後言正月王者不。奉天以制號令則無法故先言春而後言王天不深正其元則不能成其化故先言元而後言春五者同日並見相須成體非比辭也何休自云諸侯不得改元則。元者王之元年非公之元年公卽位不在王之元年安得同日並見其成體也卽以託王於魯。史之改元元旣爲魯所改則政不由王出安得以王之政正諸侯元尊而王卑年大而月小年之有元改而無忌王之立政必云須奉舍其大而事其細敬所卑而慢所尊以此立教必不可行聖人有作豈當爾也黃帝之作五始者爲天子法乎爲諸侯法乎諸侯不得改元必非諸侯法若非諸侯法安得有公卽位乎無公卽位則闕一始何得爲五

始也若是天子法不得言王正月王即位何休云以王之政正諸侯之即位然
王者豈復以己之政正己即位不通若此何以行之言左氏者或取爲說是逐
狂東走也隱莊閔僖四公元年傳皆說不書即位之由故指以爲例隱不行即
位又謙不告至而歲首告朔朝正所以尊敬祖考也若不行即位又不朝正則
與臣子無別不成爲君故告朔朝廟也

○三月公及邾儀父盟于蔑。附庸之君未王命例稱名能自通。于大國繼好息民故書字貴之名例在莊五年邾今魯國鄒縣也蔑姑蔑魯地魯國卞縣南有姑城○父音甫邾子之字凡人名字皆做此蔑亡結反好呼報反鄒側留反卞皮彥反本或作弁

【疏】三月至于蔑○正義曰公隱公也及與也與彼邾君字儀父者盟于蔑地譜云邾曹姓顓頊之後有六終產六子其弟五子曰安邾即安之後
也周武王封其苗裔邾俠爲附庸居邾今魯國鄒縣是也自安至儀父十二世
始見春秋齊桓行霸儀父附從進爵稱子文公徙於繹桓公以下春秋後八世
而楚滅之諸侯俱受王命各有寰宇上事天子旁交鄰國天子不信諸侯諸侯
自不相信則盟以要之凡盟禮殺牲歃血告誓神明若有背違欲令神加殃咎
使如此牲也曲禮曰約信曰誓涖牲曰盟周禮天官玉府職曰若合諸侯則共
珠槃玉敦夏官戎右職曰盟則以玉敦辟盟遂役之贊牛耳桃茢秋官司盟職
曰掌盟載之法。曰邦國有疑會同則掌其盟約之載及其禮儀北面詔明神鄭
玄以爲槃敦皆器名也珠玉以爲飾合諸侯者必割牛耳取其血歃之以盟敦
以盛血槃以盛耳將歃則戎右執其器爲衆陳其載辭使心皆開辟司盟之官
乃北面讀其載書以告日月山川之神既告乃尊卑以次歃戎右傳敦血以授
當歃者令含其血既歃乃坎其牲加書於上而埋之此則天子會諸侯使諸侯
聚盟之禮也凡天子之盟諸侯十二歲於方岳之下故傳云再會而盟以顯昭
明若王不巡守及諸侯有事朝王即時見曰會殷見曰同亦爲盟禮其盟之法
案覲禮爲壇十有二尋深四尺加方明于其上方明者木也方四尺設六玉上
圭下璧南方璋西方琥北方璜東方圭朝諸侯於壇訖乃加方明於壇而。祀之
列諸侯於庭玉府共珠槃玉敦戎右以玉敦辟盟遂役之贊牛耳桃茢司盟北

面詔告明神諸侯以次歃血鄭注覲禮云王之盟其神主日王官之伯盟其神主月諸侯之盟其神主山川是盟禮之略也若諸侯之盟亦有壇知者故柯之盟公羊傳稱曹子以手劍劫桓公于壇是也其盟神則無復定限故襄十一年傳稱司慎司盟名山名川羣神羣祀先王先公七姓十二國之祖是也其盟用牛牲故襄二十六年傳云歃用牲又哀十七年傳云諸侯盟誰執牛耳是也其殺牛必取血及耳以手執玉敦之血進之於口知者定八年涉佗捘衛侯之手及捥又襄九年傳云與大國盟口血未乾是也既盟之後牲及餘血幷盟載之書加於牲上坎而埋之故僖二十五年傳云宵坎血加書是也春秋之世不由天子之命諸侯自相與盟則大國制其言小國尸其事官雖小異禮則大同故釋例曰盟者殺牲載書大國制其言小國尸其事珠槃玉敦以奉流血而同歃是其事也其盟載之辭則傳多有之此時公求好於邾邾君來至蔑地公出與之盟史書魯事以公爲主言公及及者言自此及彼據魯爲文也桓十七年公會邾儀父盟于趡彼言會此言及者彼行會禮此不行會禮故也故劉炫云策書之例先會後盟者上言會下言盟唯盟不會者直言及此爲不行會禮故言及也或可史異辭非先會而盟則稱會知者文七年公會諸侯晉大夫盟于扈傳云公後至則是不及其會而經稱會故知盟稱會者未必先行會禮也○注附庸至姑城○正義曰傳言未王命知是附庸也莊五年郳犂來來朝傳曰未王命解其稱名之意是知附庸之君例稱名也禮記王制云不合於天子附於諸侯曰附庸鄭玄云不合謂不朝會也小城曰附庸附庸者以國附於大國未能以其名通是說附庸之義也王制又云天子之元士視附庸然則附庸貴賤與天子之元士同也其禮則四命知者天子大夫視子男卿視伯三公視公侯所視皆多一命明知附庸多於元士一命又諸侯世子未誓執皮帛視小國之君公之孤四命亦執皮帛及附庸亦執皮帛故知四命也然則天子大夫四命稱字附庸稱名者以王朝之臣故特尊之而稱字釋例曰名重於字故君父之前自名朋友之接自字是以春秋之義貶責書其名斥所重也褒厚顯其字辟所諱也然則應字而名則是貶應名而字則是貴故宰咺書名以貶之儀父書

字以貴之傳文唯言貴之不說可貴之狀賈服以爲儀父嘉隱公有至孝謙讓
之義而與結好故貴而字之善其慕賢說讓知不然者案傳云公攝位而欲求
好於邾邾是公先求邾非邾先慕公復何足貴且書曰儀父乃是新意仲尼以事
有可善乃得書字善之不是緣魯之意以爲襃貶安得以其慕賢便足貴之又
桓十七年公及邾儀父盟于趡桓公不賢不讓彼經亦書儀父故知貴之之言
不爲慕賢說讓也附庸不能自通不與盟會今能自通大國繼好息民故知爲
此貴而字之不貴來朝而貴其盟者朝事大國則附庸
常道齊盟結好非附庸所能故盟則貴之朝從常法 ○夏五月鄭伯克段于
鄢不稱國討而言鄭伯譏失教也段不弟故不言弟明鄭伯雖失教而段亦凶
逆以君討臣而用二君之例者言段強大儁傑據大都以耦國所謂得儁曰
克也國討例在莊二十二年得儁例在莊十一年母弟例在宣十七年鄭在滎
陽宛陵縣西南鄢今潁川鄢陵縣○段徒亂反鄭伯弟名鄢於晚反又於建反
又於然反弟音悌又如字儁音俊傑音桀滎
戶扃反本或作熒非宛於阮反又於元反 疏 夏五月至于鄢○正義曰鄭國
伯爵譜云鄭姬姓周厲王子宣
王母弟桓公友之後也宣王封友於鄭今京兆鄭縣是也及幽王無道方遷其
民於虢鄶虢鄶之君分其地遂國焉今河南新鄭縣是也莊公二十二年魯隱
公之元年也聲公二十年獲麟之歲也二十三年而春秋之傳終矣聲公三十
七年卒自聲以下五世八十七年而韓滅鄭此鄭伯莊公也謚法勝敵克壯曰
莊○注不稱至陵縣○正義曰國討者謂稱國若人稱國稱人則明其爲賊言
一國之人所欲討也今稱鄭伯指言君自殺弟若弟無罪然譏其失兄之教不
肯早爲之所乃是養成其惡及其作亂則必欲殺之故稱鄭伯所以罪鄭伯也
傳例母弟稱弟段實母弟以其不爲弟行故去弟以罪段也兩罪之者明兄雖
失教而段亦凶逆也釋例曰兄而害弟者稱弟以章兄罪弟又害兄則去弟以
罪弟身統論其義兄弟二人交相殺害各有曲直存弟則示兄曲也鄭伯既失
教若依例存弟則嫌善段故特去弟兩見其義是其說也襄三十年天王殺其
弟佞夫傳曰罪在王則與鄭伯同譏而佞夫不去弟者釋例曰佞夫稱弟不聞

反謀也鄭段去弟身為謀首也然則佞夫不與反謀罪王而不罪佞夫故稱弟也傳例戰敗克取兩國之文段實鄭臣而言克段故申明傳意以解之得儁曰克莊十一年傳例也國討例在莊二十二年者彼經書陳人殺其公子御寇實君殺大子而稱陳人者陳人惡其殺大子之名故不稱君父以國討公子告也傳稱陳人殺其大子御寇以實言之明經所書國討之例也彼無凡例而言例者正以此傳云稱鄭伯譏失教也言稱是仲尼之變例也稱君為罪君則知稱人為國討序云推變例以正襃貶即此類也推以為例故言例在彼年諸注言例在者未必皆有凡例也地理志河南郡有苑陵新鄭各自為縣晉世分河南而立滎陽廢新鄭而入苑陵故鄭在苑陵西南也又地理志潁川郡有鄢陵縣

○秋七月天王使宰咺來歸惠公仲子之賵

宰官咺名也咺賵死不及尸弔生不及哀豫凶事故貶而名之此天子大夫稱字之例仲子者桓公之母婦人無謚故以字配姓來者自外之文歸者不反之辭○咺吁阮反賵芳鳳反

疏 秋七月至之賵○正義曰天王周平王也譜云周黃帝之苗裔姬姓后稷之後也后稷封於邰及夏之衰后稷之子不窋失其官竄於西戎至大王為狄所逼去邠居岐文王受命武王克殷而王有天下幽王為犬戎所殺平王遷都王城今河南縣是也平王四十九年魯隱公之元年也敬王又遷成周今洛陽是也敬王三十九年獲麟之歲也四十三年而敬王崩敬王子元王元王九年春秋之傳終矣元王以下十一世二百二十六一年而周亡也周本紀武王至平王凡十三王兄弟相及者一人平王是武王十一世孫也惠公薨在往年明年仲子始薨蓋於時有疾王聞其疾謂之已薨故使大宰大夫名咺者來至於魯并歸惠公仲子之賵賵者助喪之物文五年注云車馬曰賵士喪既夕禮云公賵玄纁束帛兩馬士之制只得駕兩馬故云賵兩馬大夫以上皆駕四馬此宰咺來賵蓋用四馬也公羊傳曰喪事有賵賵者蓋以馬以乘馬束帛車馬曰賵穀梁傳曰乘馬曰賵皆謂宰咺用乘馬來也惠公仲子不言及者是并致二賵或是史異辭蓋二者各以乘馬不宜以一乘之馬賵二人也服虔云賵覆也天王所以覆被臣子案士喪既夕禮兄弟所知悉

皆致賵非獨君之賵臣以賵爲覆則可安其言覆被臣子則非也何休亦云賵猶覆也蓋謂覆被亡者耳○注宰官至之辭○正義曰傳言緩且子氏未薨故名是不應名而名之也貶乃書名知法應書字故云此天子大夫稱字之例傳無明例故推此以爲例也周禮天官大宰卿一人小宰中大夫二人宰夫下大夫四人宰夫小宰皆是大夫未知宰咺是何宰也宰夫職曰凡邦之弔事掌其戒令與其幣器財用鄭玄云弔事弔諸侯諸臣幣所用賻也既掌弔之事或卽充使此蓋宰夫也仲子乃惠公妾耳王使賵之者隱立桓爲大子成桓母爲夫人天王知其然故遣賵惠公因卽賵之杜言仲子者桓公之母正見此意不然仲子爲桓母傳有明文不須解也男子之有謚者人君則配王配公大夫或配子或配字皆不以字配姓婦人於法無謚故以字配姓言其正法然也釋例曰婦人無外行於禮當繫夫之謚以明所屬是言婦人不合謚也繫夫謚者夫人而已衆妾不合繫夫正當以字配姓也其聲子戴嬀有謚者皆越禮妄作也○

九月及宋人盟于宿客主無名皆微者也宿小國東平無鹽縣也凡盟以國地者國主亦與盟例在僖十九年宋今梁國睢陽縣○與音預下同睢音雖

疏注客主至陽縣○正義曰春秋之例若是命卿則名書於經此盟客主無名故知皆是微者公羊傳曰孰及之內之微者也穀梁傳曰及者何內卑者也宋人外卑者也卑微言非卿也客謂宋主謂魯直言及者他國可言某人魯史不得自言魯人直言及彼是魯及可知其微人與他國聚會亦直言會與此同也會盟之地地必有主舉地者地主之國或與或否故地主之國亦序於列其經舉國名以爲盟地者國主與在其中不復序之於列以其可知故也例在僖十九年者彼經書會陳人蔡人楚人鄭人盟于齊傳曰陳穆公請脩好於諸侯以無忘齊桓之德冬盟于齊脩桓公之好也言脩桓公之好齊人必與可知也齊人不序於列而以齊爲盟地是其盟以國地者國主與盟之例此亦推以爲例非凡例也然則桓十四年公會鄭伯于曹卽亦是例而遠指僖十九年者此既是盟故取盟爲例其實會亦然也故彼注云以曹地曹與會是也僖二十七年楚人陳侯蔡侯鄭伯許男圍宋公會諸侯盟于宋宋不與盟

亦地以宋者彼注云宋方見圍無嫌於與盟故直以宋地然則宣十四年楚子圍宋十五年公孫歸父會楚子于宋亦是不嫌宋與故地以宋也地理志梁國睢陽縣故宋國微子所封也

○冬十有二月祭伯來

祭伯諸侯為王卿士者祭國伯爵也傳曰非王命也釋其不稱使○祭側界反國名傳祭仲同使如字又所吏反

疏注祭伯至稱使○正義曰僖二十四年傳富辰說周公封建親戚以蕃屏周○而云邢茅胙祭則祭之初封畿外之國也穆王之時有祭公謀父今有祭伯世仕王朝蓋本封絕滅食采於王畿也莊二十三年祭叔來聘注以為祭叔為祭公來聘魯天子內臣不得外交是祭於此時為畿內之國仍有封爵故言諸侯為王卿○士也釋例曰王之公卿皆書爵祭伯凡伯是也大夫稱字南季榮叔是也元士中士稱名劉夏石尚是也下士稱人公會王人于洮是也其或稱祭公舉官而言之此其定例也然春秋之世有王之卿士無采地者若王叔陳生伯輿之屬是也但未知書經其稱云何杜既云公卿稱爵而王子虎及劉卷卒稱名者彼是天王為赴以名告魯如諸侯之例薨則稱名此云公卿稱爵者謂聘使往還與彼為異也又襄十五年注云天子卿書字者以傳云劉夏逆王后于齊卿不行非禮也以劉夏非卿書名若卿則應書字以名字相對故舉以言焉其實卿書爵也此祭伯若王使來當云天王使祭伯來聘亦如天王使凡伯來聘今以自來為文明非王命而私行也劉炫云卿而無爵或亦書字大夫有爵或亦書爵傳稱王叔陳生與伯輿爭政俱是卿士並不言爵又滕侯之先為周卜正書稱齊侯呂伋為虎賁氏則大夫或有爵也然則大夫有爵不可舍爵而書○字卿而無爵不可越字而書名蓋有卿士亦書字大夫亦書爵也王臣之見經者衆祭伯凡伯毛伯單伯召伯尹子單子劉子其間未必無大夫榮叔南季家父叔服其間未必無卿但無明證故依例解之襄十五年注云天子卿書字是言天子卿有書字之理

○公子益師卒

傳例曰公不與小斂故不書日所以示厚薄也春秋不以日月為例唯卿佐之喪獨○記日以見義者事之得失既未足以褒貶人君然亦非死者之罪無辭可以寄文而人臣輕賤死日可略故特假日以見義○君斂力

驗反見賢遍反下同疏正注傳例至見義○正義曰傳文與上下作例者注皆謂之傳例釋例曰君之卿佐是謂股肱股肱或虧何痛如之疾則親問焉。喪則親。與小斂大斂慎終歸厚之義也故仲尼脩春秋卿佐之喪公不與小斂則不書日示厚薄戒將來也卽。以新死小斂爲文則但臨大斂及不臨其喪亦同不書日也襄五年冬十二月辛未季孫行父卒傳曰大夫入斂公在位是公與小斂則書日之事也其彊柔溺等生見經傳死而不書卒者皆不以卿禮終也文十四年秋九月甲申公孫敖卒于齊已絕卿位公不與小斂而書日卒者釋例曰公孫敖縱情棄命既已絕位非大夫也而備書於。經者惠叔毀請於朝感子以赦父教公族之恩崇仁孝之教故傳曰爲孟氏且國故也是言雖不與斂恩實過厚故書日也莊三十二年秋七月癸巳公子牙卒時公有疾昭二十五年冬十月戊辰叔孫婼卒二十九年夏四月庚子叔詣卒時公孫在外成十七年冬十一月壬申公孫嬰齊卒于貍脤在外而卒皆公不與斂而書日者釋例曰其或公疾在外大夫不卒於國而猶存其日者君子不責人以所不得備非不欲臨也然則爲其有故不得以責公故皆書日也公孫嬰齊書所卒之地餘皆不書地者釋例曰魯大夫卒其竟內則不書地傳稱季平子行東野卒于房是也而先儒以爲雖以卿禮終而不臨其喪皆沒而不書杜知不臨其喪亦同不書日者案慶父之死不以卿禮終而經不書足知唯據不以卿禮終者經始不書明以卿禮終雖全不臨喪亦同書卒但不書日耳春秋諸事日與不日傳皆不發唯此發傳故特解之云春秋不以日月爲例唯卿佐之喪獨託日以見義也言事之得失未足以褒貶人君者春秋之文褒爲厚賞貶爲大罰君之於臣有恩則常事不足以加賞無恩則小失不足以致罰故云未足以褒貶也止欲貶責死者君自無恩然亦非死者之罪意欲以爲勸戒無辭可以寄文而人臣對君爲輕賤死日可略去故於此一條特假日以見義其餘則不以日月爲例故無傳也

傳元年春王周正月言周以別夏殷○別彼列反夏戶雅反三代之號可以意求不書卽位攝也假攝君政不脩卽位

之禮故史不書於策傳所以見異於常○見賢遍反

疏。不書即位攝也○正義曰攝訓持也隱以桓公幼少且攝持國政待其年長所以不行即位之禮史官不書即位仲尼因而不改故發傳以解之公實不即位史本無可書莊閔僖不書即位義亦然也舊說賈服之徒以為四公皆實即位孔子脩經乃有不書故杜詳辨之釋例曰遭喪繼位者每新年正月必改元正位百官以序故國史皆書即位於策以表之隱既繼室之子於第應立而尋父娶仲子之意委位以讓桓天子既已定之諸侯既已正之國人既已君之而隱終有推國授桓之心所以不行即位之禮也隱莊閔僖雖居君位皆有故而不脩即位之禮或讓而不為或痛而不忍或亂而不得禮廢事異國史固無所書非行其禮而不書於文也。顏氏說以為魯十二公國史盡書即位仲尼脩之乃有所不書若實即位則為隱公無讓若實有讓則史無緣虛書是言實不即位故史不書也傳於隱閔云不書即位於莊僖云不稱即位者釋例曰丘明於四公發傳以不書不稱起文其義一也劉賈。潁為傳文生例云恩深不忍則傳言不稱恩淺可忍則傳言不書博據傳辭殊多不通案殺欒盈則云不言大夫殺良霄則云不稱大夫君氏卒則云不曰薨不言葬不書姓鄭伯克段則云稱鄭伯此皆同意而別文之驗也傳本意在解經非曲文以生例是言不書不稱義同之意也膏肓何休以為古制諸侯幼弱天子命賢大夫輔相為政無攝代之義昔周公居攝死不記崩今隱公生稱侯死稱薨何因得為攝者周公攝政仍以成王為主直攝其政事而已所有大事稟王命以行之致政之後乃死故卒稱薨不稱崩隱公所攝則位亦攝之以桓為大子所有大事皆專命以行攝位被殺在君位而死故生稱公死稱薨是與周公異也且。公羊以為諸侯無攝鄭康成引公羊難云宋繆公云吾立乎此攝也以此言之何得非左氏是鄭意亦不從何說也下傳曰公攝位而欲求好於邾是位亦攝也又曰惠公之薨也大子少是以桓為大子也所以異於正君者元年不即位行還不告廟不臨惠公之葬不成聲子之喪尊仲子為夫人薨則赴於諸侯又為之立廟此是謙之實也隱公讓位賢君故為春秋之首所以不入頌者魯僖公之時周王歲二月東巡守至于岱宗柴季孫行父爲之請於周大史克爲之作頌故得入頌隱公無人爲請故不入頌也○三月公及邾儀父盟于蔑邾子克也克儀父名未王命故不書爵曰儀父貴之也。王未賜命以爲諸侯其後儀父服事齊桓以。獎王室王命以爲邾子故莊十六年經書邾子克卒○故不書爵一本無故字獎將丈反疏。注王未至克卒○正義曰莊十三年齊桓會諸國于北杏邾人在焉及十六年而書邾子克卒故知由事齊桓乃得王命也賈服以爲北杏之會時已得王命蓋以北杏之會邾人在列故謂其已得命也列與不列在於主會之意不由有爵與否襄二十七年宋之盟齊人請邾宋人請滕邾滕不列於會故不書邾滕襄五年戚之會穆叔以屬鄫爲不利使鄫大夫聽命于會故經書鄫人然則爲人私屬則不列於會不爲人私屬則列於會不可據列會。以否以明有爵也昭四年申之會淮夷列焉未必有爵也邾今無爵得與魯盟北杏會齊何須有爵莊十五年會于鄄傳曰齊始霸則齊桓爲霸自鄄會始耳北杏之時諸侯未從霸功未立桓尚未有殊勳儀父何足可紀且齊桓未有功於王焉能使王命之其得王命必在北杏之後但未知定是何年耳服虔云爵者醮也所以醮盡其材也公攝位而欲求好於邾故爲蔑之盟解所以與盟也○好呼報反　與如字又音預○夏四月費伯帥師城郎不書非公命也。費伯魯大夫郎魯邑高平方與縣東南有郁郎亭傳曰君舉。必書然則史之策書皆君命也今不書於經亦因史之舊法故傳釋之諸魯事傳釋不書他皆。倣此○費音祕郁於六反倣甫往反後此例皆同疏注費伯至倣此○正義曰史之策書皆君命者謂君所命爲之事乃得書之於策非謂君命遣書方始書也又解史策不書經亦不書之意仲尼書於經者亦因史之舊法舊史不書則亦不書故傳發此事釋經不書之意諸魯事傳釋不書他皆倣此謂下盟于翼作南門之類是也○初鄭武公娶于申。曰武姜申國今南陽宛縣○宛於元反娶取住反疏。初鄭武公娶于申曰武姜○正義曰杜以爲凡。倒本其事者皆言初也賈逵云凡言初者隨其年後有禍福將終之乃言初也○注申國今南陽宛縣正義曰外傳說伯夷之後曰申呂雖衰齊許猶在則申呂與齊許俱出伯夷同爲姜姓也國語曰齊許申呂由大姜言由大姜而得封也然則申之始封亦在周興之初其後中絶至宣王之時申伯以王舅改封於謝詩大雅崧高之篇美宣王褒賞申伯云王命召伯定申伯之宅是其事也地理志南陽郡宛縣故申伯國宛縣者謂宣王改封之後也以前則不知其地

生莊公及共叔段段出奔共故曰共叔猶晉侯在鄂謂之鄂侯○共音恭共地名凡國名地名人名字氏族皆不重音疑者復出後做此鄂五各反

疏注段出奔共故曰共叔猶晉侯至之鄂侯○正義曰賈服以共爲謚謚法敬長事上曰共作亂而出非有共德可稱餬口四方無人與之爲謚故知段出奔共故稱共猶下晉侯之稱鄂侯也

莊公寤生驚姜氏故名曰寤生遂惡之寐寤而莊公已生故驚而惡之○寤五故反惡烏路反注同

疏莊公寤生驚姜氏故名曰寤生遂惡之○正義曰謂武姜寐時生莊公至寤始覺其生故杜云寐寤而莊公已生

愛共叔段欲立之欲立以爲太子**亟請於武公公弗許及莊公卽位爲之請制公曰制巖邑也虢叔死焉佗邑唯命**虢叔東虢君也恃制巖險而不脩德鄭滅之恐段復然故開以佗邑虢國今滎陽縣○亟欺冀反數也爲于僞反巖五銜反本又作嚴虢瓜伯反國名復扶又反

疏注虢叔至陽縣○正義曰僖五年傳曰虢仲虢叔王季之穆也晉語稱文王敬友二虢則虢國本有二也晉所滅者其國在西故謂此爲東虢也鄭語史伯爲桓公謀云虢叔恃勢鄶仲恃險皆有驕侈怠慢之心君以成周之衆奉辭伐罪無不克矣桓公從之是其恃險而不脩德爲鄭滅之之事也云虢叔封西虢仲封東而此云虢叔東虢君者言所滅之君字叔也傳云虢仲譖其大夫謂叔之子孫字曰仲也案傳燕國有二則一稱北燕邾國有二則一稱小邾此虢國有二而經傳不言東西者於時東虢已滅故西虢不稱西其並存之日亦應以東西別之地理志云河南郡滎陽縣

應劭云故號國今號亭是也請京使居之謂之京城大叔公順姜請使段居京謂之京城大叔言寵異於衆臣京鄭邑今滎陽京縣○大音泰注及下皆同祭仲曰都城過百雉國之害也祭仲鄭大夫方丈曰堵三堵曰雉一雉之牆長三丈高一丈侯伯之城方五里徑三百雉故其大都不得過百雉○過古臥反後不音者皆同堵丁古反長直亮反又如字高古報反又如字徑古定反【疏】注祭仲至百雉○正義曰注諸言大夫者以其名氏顯見於傳更無卑賤之驗者皆以大夫言之其實是大夫以否亦不可委知也定十二年公羊傳曰雉者何五板而堵五堵而雉何休以爲堵四十尺雉二百尺許慎五經異義戴禮及韓詩說八尺爲板五板爲堵五堵爲雉板廣二尺積高五板爲一丈五堵爲雉雉長四丈古周禮及左氏說一丈爲板板廣二尺五板爲堵一堵之牆長丈高丈三堵爲雉一雉之牆長三丈高一丈以度其長者用其長以度其高者用其高也諸說不同必以雉長三丈爲正者以鄭是伯爵城方五里大都三國之一其城不過百雉則百雉是大都定制因而三之則侯伯之城當三百雉計五里積千五百步步長六尺是九百丈也以九百丈而爲三百雉則雉長三丈賈逵馬融鄭玄王肅之徒爲古學者皆云雉長三丈故杜依用之侯伯之城方五里亦無正文周禮冬官考工記匠人營國方九里旁三門謂天子之城天子之城方九里諸侯禮當降殺則知公七里侯伯五里子男三里以此爲定說也但春官典命職乃稱上公九命侯伯七命子男五命其國家宮室車旗衣服禮儀皆以命數爲節鄭玄以爲國家國之所居謂城方也如典命之言則公當九里侯伯七里子男五里故鄭玄兩解之其注尙書大傳以天子九里爲正說又云或者天子之城方十二里詩文王有聲箋言文王城方十里大於諸侯小於天子之制論語注以爲公大都之城方三里皆以爲天子十二里公九里也其駁異義又云鄭伯城方五里以匠人典命俱是正文因其不同故兩申其說今杜無二解以侯伯五里爲正者蓋以典命所云國家者自謂國家所爲之法禮儀之度未必以爲城居也先王之制大都不過參國之一三分國城

之一〇參七南反又音三中五之一小九之一今京不度非制也不合法度非先王制疏大都至九之一〇正義曰定以王城方九里依此數計之則王城長五百四十雉其大都方三里長一百八十雉中都方。一里又二百四十步長一百。八雉也小都方一里長六十雉也公城方七里長四百二十雉其大都方二里又一百步長一百四十雉也中都方一里又一百二十步長八十四雉也小都方二百三十三步二尺長四十六雉又二丈也侯伯城方五里長三百雉其大都方一里又二百步長百雉也中都比王之小都其小都方一百六十六步四尺長三十三雉又一丈也子男城比王之大都其大都比侯伯之中都其中都方一百八十步長三十六雉也小都方百步長二十雉也考工記曰王宮門阿之制五雉宮隅之制七雉城隅之制九雉門阿之制以爲都城之制宮隅之制以爲諸侯之城制然則王之都城隅高五丈城蓋高三丈諸侯城之隅高七丈城蓋高五丈也三丈以下不復成城其都城蓋亦高三丈也周禮四縣爲都周公之設法耳但土地之形不可方平如圖其邑竟廣狹無復定準隨人多少而制其都邑故有大都小都焉下邑謂之都都亦一名邑莊三十八年傳曰宗邑無主閔元年傳曰分之都城俱論曲沃而都邑互言是其名相通也君將不堪公曰姜氏欲之焉辟害對曰姜氏何厭之有不如早爲之所使得其所宜〇焉於虔反厭於鹽反無使滋蔓蔓難圖也蔓草猶不可除況君之寵弟乎公曰多行不義必自斃。子姑待之斃踣也姑且也〇蔓音萬斃婢世反本又作獘舊扶設反踣蒲北反疏無使滋蔓〇正義曰此以草喻也草之滋長引蔓則難可芟除喻段之威勢稍大難可圖謀也〇注斃踣也〇正義曰釋言文也孫炎曰前覆曰踣既而大叔命西鄙北鄙貳於己鄙鄭邊邑貳兩屬公子呂曰國不堪貳君將若之何公子呂鄭大夫疏國不堪貳〇正義曰兩屬則賦役倍賦役倍則國人不堪也欲與大叔臣請事之若弗與則請除之無生民心叔久不除則舉國之民當生他心公曰無庸將自及言無用除之禍將自及大叔又收貳以為己邑前兩屬者今皆取以為己邑至于廩延言轉侵多也廩延鄭邑陳留酸棗縣北有延津○廩力錦反子封曰可矣厚將得眾子封公子呂也厚謂土地廣大公曰不義不暱厚將崩不義於君不親於兄非眾所附雖厚必崩○暱女乙反親也【疏】厚將崩○正義曰以牆屋喻也厚而無基必自崩喻眾所不附將自敗也高大而壞謂之崩大叔完聚完城郭聚人民○完音桓【疏】注完城郭聚人民○正義曰服虔以聚為聚禾黍也段欲輕行襲鄭不作固守之資故知聚為聚人非聚糧也完城者謂聚人而完之非欲守城也繕甲兵具卒乘步曰卒車曰乘○繕市戰反卒尊忽反步兵也注及下同乘繩證反注及下同將襲鄭夫人將啓之啓開也公聞其期曰可矣命子封帥車二百乘以伐京古者兵車一乘甲士三人步卒七十二人京叛大叔段段入于鄢公伐諸鄢五月辛丑大叔出奔共共國今汲郡共縣○共音逆汲居及反書曰鄭伯克段于鄢段不弟故不言弟如二君故曰克稱鄭伯譏失教也謂之鄭志不言出奔難之也傳言夫子作春秋改舊史以明義不早為之所而養成其惡故曰失教段實出奔而以克為文明鄭伯志在於殺難言其奔○不弟大計反又如字難乃旦反注同【疏】如二君故曰克○正義曰謂實非二君傳傑彊盛如是二君伐而勝之然後稱克非謂真是二君也若真是二君則以戰襲敗取為文然既非二君而杜注經云以君討臣而用二君之例又似真二君者但杜於彼應云以君討臣而用如二君之例略其如字但云而用二君耳準獲麟之後史文夫子未脩之前應云鄭伯之弟段出奔共與秦伯之弟鍼出奔晉同也以其不弟故不言弟志在於殺

故不言奔然則鄭伯亦是舊史之文而得為新意者段以去弟為貶宜以國討為文仍存鄭伯見其失教其文雖是舊史即是仲尼新意也○注傳言至其奔○正義曰經皆孔子所書此事特言書曰必是舊文不然夫子始。改故知傳之此辭言夫子作春秋改舊史以明義也克者戰勝獲賊之名公伐諸鄢段即奔共既不交戰亦不獲段段實出奔而以克為文者此非夫子之心謂是鄭伯本志不欲言其出奔難言其奔志在於殺故夫子承其本志而書克也鄭伯之於段也以其母所鍾愛順母私情分之大邑恣其榮寵實其殺心但大叔無義恃寵驕盈若微加裁貶則恐傷母意故祭仲欲早為之所子封請往除之公皆不許是其無殺心也言必自斃厚將崩者止謂自損其身不言惡能害國及其謀欲襲鄭禍將逼身自念友愛之深遂起初心之恨由是志在必殺難言出奔此時始有殺心往前則無殺意傳稱公曰姜氏欲之焉辟害詩序曰不勝其母以害其弟經曰父母之言亦可畏也是迫於母命不得裁之非欲待其惡成乃加誅戮也服虔云公本欲養成其惡而加誅使不得生出此鄭伯之志意也言鄭伯本有殺意故為養成其惡斯不然矣傳曰稱鄭伯譏失教也止責鄭伯失於教誨之道不謂鄭伯元有殺害之心若從本以來即謀殺害乃是故相屠滅何止失教之有且君之討臣過其萌漸惡雖未就。足得誅之何須待其惡成方始殺害服言本意欲殺乃是誣鄭伯也劉炫云以克為文非其實狀故傳解之謂之鄭志言仲尼之意書克者謂是鄭伯本志也注又申解傳意言鄭伯志在於殺心欲其克難言其奔故仲尼書克不書奔如鄭伯之志為文所以惡鄭伯也

遂寘姜氏于城潁。城潁鄭地○寘之豉反置也而誓之曰不及黃泉無相見也地中之泉故曰黃泉既而悔之。潁考叔為潁谷封人。封人典封疆者○居良反

疏注封人典封疆者○正義曰周禮封人掌為畿封而樹之鄭玄云畿上有封若今時界也天子封人職典封疆知諸侯封人亦然也傳言祭仲足為祭封人宋高哀為蕭封人論語有儀封人此言潁谷封人皆以地名封人蓋封人職典封疆居在邊邑潁谷儀祭皆是國之邊邑也

聞之有獻

於公公賜之食食舍肉公問之對曰小人有母皆嘗小人之食矣未嘗君之羹請以遺之食。而不啜羹欲以發問也宋華元殺羊為羹饗士蓋古賜賤官之常○舍音捨遺唯季反下同啜川悅反華戶化反 疏 注食而至之常○正義曰禮公食大夫及曲禮所記大夫士與客燕食皆有牲體殽胾非徒設羹而已此與華元饗士唯言有羹故疑是古賜賤官之常 公曰爾有母遺繄我獨無繄語助○繄烏兮反又烏帝反 潁考叔曰敢問何謂也據武姜在設疑也 公語之故且。告之悔對曰君何患焉若闕地及泉隧而相見其誰曰不然隧若今延道○語魚據反闕其月反隧音遂 公從之公入而賦大隧之中其樂也融融。賦賦詩也融融和樂也○樂音洛注及下同融羊弓反 疏 注賦賦至樂也○正義曰賦詩謂自作詩也中融外洩各自為韻蓋所賦之詩有此辭傳略而言之也融融和樂洩洩舒散皆是樂之狀以意言之耳服虔云入言公出言姜明俱出入互相見 姜出而賦大隧之外其樂也洩洩。洩洩舒散也○洩羊世反 遂為母子如初君子曰潁考叔純孝也。純猶篤也 疏 注純猶篤也○正義曰爾雅釋詁訓純為大純臣者謂大孝大忠也此純猶篤者言孝之篤厚也 愛其母施及莊公詩曰孝子不匱永錫爾類其是之謂乎不匱純孝也莊公雖失之於初孝心不忘考叔感而通之所謂永錫爾類詩人之作各以情言君子論之不以文害意故春秋傳引詩。不。皆與今說詩者同。後皆。倣此○施以豉反又式智反匱其位反 疏 注詩曰至謂乎○正義曰詩毛傳及爾雅之訓匱竭永長錫予爾女也此詩大雅既醉之五章言孝子為孝不有竭極之時故能以此孝道長賜予女之族類言行孝之至能延及旁人其是此事之謂乎族類者言俱有孝心則是其族類也○注不匱至倣此○正義曰潁考叔有純孝之行能錫莊公莊公雖失之於初孝心不忘則與穎考叔同是孝之般類也今考叔能感而通之是謂永錫爾類也詩人之作各以情言君子論之不以文害意出孟子文也此云春秋傳引詩不皆與今說詩者同何以昭八年注云叔向時詩義如此所以不同者此是丘明作傳稱君子之言容可引詩斷章評論得失彼是叔向之語事近前代當時譏刺故云叔向時詩義如此也詩注意類謂子孫族類此傳意以為事之般類也

○秋七月天王使宰咺來歸惠公仲子之賵緩且子氏未薨故名惠公葬在春秋前故曰緩也子氏仲子也薨在二年賵助喪之物

疏天王至故名○正義曰緩賵惠公生賵仲子事由於王非咺之過所以貶咺者天王至尊不可貶責貶王之使足見王非且緩賵惠公事是王過生賵仲子咺亦有愆使者受命不受辭欲令遭時設宜臨機制變王謂仲子已薨令咺并致其賵仲子尚存賵事須止宰咺知其未薨猶尚致賵是則不達時宜恥辱君命王則任非其人咺為辱命之使君臣一體好惡同之貶咺亦所以責王也文五年王使榮叔歸含且賵不指所賵之人此指言惠公仲子者彼成風未葬不言可知此則惠公已葬子氏未薨若不言其人則不知為誰來賵文九年秦人來歸僖公成風之襚亦為年月已遠故指其所襚與此同也季文子求遭喪之禮以行亦豫凶事不貶者宰咺無喪致賵文子量時制宜備豫不虞古之善教與此不同

天子七月而葬同軌畢至言同軌以別四夷之國○別彼列反諸侯五月同盟至同在方嶽之盟大夫三月同位至古者行役不踰時士踰月外姻至踰月度月也姻猶親也此言赴弔各以遠近為差因為葬節

疏天子至姻至○正義曰天子諸侯大夫士位既不同禮亦異數赴弔遠近各有等差因其弔答以為葬節且位高則禮大爵卑則事小大禮踰時乃備小事累月即成聖王制為常規示民軌法欲使各脩其典無敢忒差資父事君生民之所極哀死送終臣子之所盡是以未及期而葬謂之不懷過期而葬謂之緩慢春秋從實而錄以示是非天子七月諸侯五月者死月葬月皆通數之也文八年八月天

王崩九年二月葬襄王是天子之七月也成十八年八月公薨于路寢十二月葬我君成公是諸侯之五月也宣八年傳云禮卜葬先遠日辟不懷也是卜遠日不吉乃卜近日辟不思親之嫌也則未及期而葬者不思其親理在可見故傳皆不言其事唯過期乃葬者傳言緩以示譏耳桓王以桓十五年崩莊三年乃葬積七年也僖公以其三十三年十一月薨文元年四月乃葬薨葬中有閏積七月也二者並過於期故傳皆言緩以譏之也衛桓公以隱四年三月爲州吁所弒五年四月乃葬積十四月也莊公以其三十二年八月薨閔元年六月乃葬積十一月也二者雖亦過期而國有事難故傳皆言亂故是以緩原其非慢不以責臣子也然則諸侯五月而葬自是正法得禮可知不假發傳而葬成公之下傳特云書順者釋例曰魯君薨葬多不順制唯成公薨于路寢五月而葬國家安靜世適承嗣故傳見莊之緩舉成書順以包之然則特發此傳欲以包羣公之得失於莊見亂故而緩於僖見無故而緩於成見順禮傳發三者則其餘皆可知也士踰月者通死月亦三月也襄十五年十一月晉侯周卒十六年正月葬晉悼公杜云踰月而葬速是踰月亦三月也此注云踰月度月者言從死月至葬月其間度一月也士與大夫不異而別設文者以大夫與士名位既異因其名異示爲等差故變其文耳其實月數同也同軌者同盟至者謂遣使來至非諸侯身至釋例曰萬國之數至衆封疆之守至重故天王之喪諸侯不得越竟而奔脩服於其國卿共弔葬之禮魯侯無故而穆伯如周弔此天子崩諸侯遣卿共弔葬之經傳也是言禮天子之喪諸侯不親奔也其諸侯相弔則昭三十年傳云先王之制諸侯之喪士弔大夫送葬是正禮也同位至待其使還也外姻至親戚畢集也於天子言畢至以下不言畢者天子貴在尊極海內爲家天下聞喪無敢不至故言畢也諸侯同盟或來或否大夫出使本奉君命雖或聞喪未必盡來故不言畢也此亦例而不言凡者序已解訖何休膏肓以爲禮士三月葬今云踰月左氏爲短鄭康成云人君殯數來日葬數往月大夫殯葬皆數來日來月士殯葬皆數往日往月士之三月大夫之踰月也鄭之此言天子諸侯葬數往月於左氏無害云大夫葬數來月恐非杜旨蘇寬之意以

古禮大夫以上殯葬皆數來日來月士殯葬數往日往月空云故禮事無所出不可依用也劉炫云此亦倒不言凡者諸所發凡皆爲經張例此舉葬之大期以譏宰咺之緩非是爲葬發例故不言凡也○注言同至之國○正義曰鄭玄服虔皆以軌爲車轍也王者馭天下必令車同軌書同文同軌畢至謂海內皆至也四夷異俗不可同其文軌天子之喪不能以時赴弔故言同軌以別四夷之國也周禮巾車木路以封蕃國蕃國即四夷也既受王命車亦應同軌而言別四夷者四夷來朝天子天子賜之車服行於中國自然同軌其在本國軌必不同若以巾車之文即言與華夏同軌豈亦能同文也○注同在方嶽之盟○正義曰周禮司盟凡邦國有疑會同則掌其盟約之載然則天子之合諸侯有使諸侯共盟之禮也王合諸侯唯有巡守其非巡守則有事而會會之多少唯王所命不得有同盟常禮禮之同盟唯方嶽耳故左氏舊說十二年三考黜陟幽明既分天子展義巡守柴望既畢諸侯遂朝退相與盟同好惡獎王室是其當方諸侯同有方嶽之盟同盟情親吉凶相告故遣使會葬也○注古者至踰時○正義曰同位謂同爲大夫共在列位者待其來至三月待之故知古者於法行役不踰時也隱五年穀梁傳曰伐不踰時明行役聘問亦不踰時也

贈死不及尸

尸未葬之通稱○稱尺證反

疏 注尸未葬之通稱○正義曰曲禮下云在牀曰尸在棺曰柩是其相對言耳今以既葬乃來而云不及尸知尸是未葬之通稱也葬則尸不復見未葬猶及見之故以葬爲限也釋例曰喪贈之幣車馬曰賵貨財曰賻衣服曰襚珠玉曰含然而揔謂之贈故傳曰贈死不及尸也然則此文雖爲賵發其實賵賻含襚揔名爲贈但及未葬皆無所譏也襚以衣尸含以實口大斂之後無所用之既殯之後猶致之者示有恩好不以充用也今讀曰雜記弔含襚賵臨之等未葬則葦席既葬則蒲席是葬後得行此言緩者禮記後人雜錄不可與傳同言也或可初葬之後則可久則不許

弔生不及哀

諸侯已上既葬則縗麻除無哭位諒闇終喪○上時掌反縗七雷反諒音亮又音良闇如字

疏 注諸侯至終喪○正義曰昭十五年傳稱穆后崩王既葬除喪叔向曰三年之喪雖貴遂服禮也杜

云天子諸侯除喪當在卒哭今王既葬而除故譏其不遂也案僖三十三年傳云卒哭而。祔杜云既葬反虞則免喪故曰卒哭哭止也如杜此言則卒哭與葬相去非遠同在一月儀禮士三虞則天子諸侯皆同於此必知然者以卒哭是葬之餘事共在一月之中故杜云既葬則衰麻除或云既葬卒哭衰麻除以其相近故也若據雜記云諸侯五月而葬七月而卒哭中間既除或有國事稱號云何是知葬與卒哭相連間無事也然雜記云諸侯五月而葬七月而卒哭者案釋例曰禮記後人所作不與春秋同是杜所不用也既葬除喪唯杜有此說正以春秋之例皆既葬成君明葬是人君之大節也昭十二年傳曰齊侯衞侯鄭伯如晉晉侯享諸侯子產相鄭伯辭於享請免喪而後聽命晉人許之禮也於時鄭有簡公之喪未葬故請免喪其下傳又云六月葬鄭簡公丘明作傳未嘗虛舉經文而虛言此葬得非終前免喪之言也以此知諸侯既葬則免喪喪服既除則無哭位諸侯既然知天子亦爾尚書高宗亮陰三年不言論語云何必高宗古之人皆然是天子諸侯除服之後皆諒陰終喪也晉書杜預傳云。大始十年元皇后崩依漢魏舊制既葬帝及羣臣皆除服疑皇太子亦應除否詔諸尚書會僕射盧欽論之唯預以爲古者天子諸侯三年之喪始服齊斬既葬除喪服諒闇以居心喪終制不與士庶同禮於是盧欽魏舒問預證據預曰春秋晉侯享諸侯子產相鄭伯時簡公未葬請免喪以聽命君子謂之得禮宰咺歸惠公仲子之賵傳曰弔生不及哀此皆既葬除服諒闇之證也書傳之說既多學者未之思耳喪服諸侯爲天子亦斬衰豈可謂終服三年也預又作議曰周景王有后世子之喪既葬除喪而宴樂晉叔向譏之曰三年之喪雖貴遂服禮也王雖不遂宴樂以早此亦天子喪事見於古也稱高宗不言喪服三年而云亮陰三年此釋服心喪之文也譏景王不譏其除喪而譏其宴樂早則既葬應除而違諒闇之節也堯喪舜諒闇三年故稱遏密八音由此言之天子居喪齊斬之制菲杖經帶當遂其服既葬而除諒闇以終之三年無改於父之道故曰百官總己以聽冢宰喪服既除故更稱不言之美明不復寢苫枕。塊以荒大政也禮記云三年之喪自天子達又云父母之喪無貴賤一也又云端衰喪車皆無等此通謂天子居喪衣服之制同於凡人心喪之禮終於三年亦無服喪三年之文天子之位至尊萬機之政至大羣臣之衆至廣不得同之於凡人故大行既葬祔祭於廟則因疏而除之已不除則羣臣莫敢除故屈己以除之而諒闇以終制天下之人皆曰我王之仁也屈己以從宜皆曰我王之孝也既除而心喪我王猶若此之篤也凡我臣子亦安得不自勉以崇禮此乃聖制移風易俗之本也議奏皇大子遂除衰麻而諒闇終喪於時內外卒聞預議多怪惑者乃謂其違禮以合時預謂鄉人段暢曰茲事體大本欲宣明古典知未合於當今也宜博采典籍為之證據全大分明足以垂示將來暢遂敷通危疑以弘指趣其論具存焉杜議引尚書傳云亮信也陰默也為聽於冢宰信默而不言鄭玄以諒闇為凶廬杜所不用

豫凶事非禮也仲子在而來賵故曰豫凶事

○八月紀人伐夷夷不書故不書夷國在城陽莊武縣紀國在東莞劇縣隱十一年傳例曰凡諸侯有命告則書不然則否史不書於策故夫子亦不書于經傳見其事以明春秋例也他皆倣此○莞音官見賢遍反下三見同

疏紀人伐夷○正義曰世族譜紀姜姓侯爵莊四年齊滅之世本夷妘姓傳無其人不知為誰所滅釋例土地名夷國在城陽莊武縣莊十六年晉武公伐夷執夷詭諸杜云詭諸周大夫夷采地名釋例土地名注為闕則二夷別也世族譜於夷詭諸之下注云妘姓更無夷國則以二夷為一計莊武之縣遠在東垂不得為周大夫之采邑而晉取其地是譜誤也

有蜚不為災亦不書蜚負蠜也莊二十九年傳例曰凡物不為災不書又於此發之者明傳之所據非唯史策兼采簡牘之記他皆倣此○蜚扶味反蠜音煩又音盤

疏注蜚負至倣此○正義曰釋蟲云蜚蠦蜚舍人李巡皆云蜚蠦一名蜰郭璞云蜚即負盤臭蟲洪範五行傳云蜚負蠜夷狄之物越之所生其為蟲臭惡南方淫女氣之所生也本草曰蜚厲蟲也然則蜚是臭惡之蟲害人之物故或為災或不為災也經傳皆云有蜚則此蟲直名蜚耳不名蜚蠦爾雅所釋當言蜚蠦一名蜰說爾雅者言蜚蠦一名蜰非也此蟲一名負盤漢書及此注多作負蠜者釋蟲云草螽負蠜彼則

歲時常有非災蟲也蓋相涉誤爲蠻耳又明下有成例此不合書而傳發之者明傳之所據非獨正史之策亦兼采簡牘所有故傳據而言之案上傳紀人伐夷注云傳見其事以明春秋例則此有蜚亦明春秋例此云傳之所據非唯史策兼采簡牘則上紀人伐夷亦是兼采簡牘但紀人伐夷他國不告故以明例解之蜚是魯國之有故以兼采簡牘言之其實二注互以相通他如此類

惠公之季年敗宋師于黃黃宋邑陳留外黃縣東有黃城〇敗必邁反敗他也後倣此皆倣此

〇冬十月庚申改葬惠公公弗臨故不書以桓爲大子故隱公讓而不敢爲喪主隱攝君政故據隱而言

惠公之薨也有宋師太子少葬故有闕是以改葬〇少詩照反

疏有宋至改葬〇正義曰上云惠公之季年敗宋師于黃公立而求成焉則隱公未立之前惠公敗宋師也今云惠公之薨也有宋師蓋是報黃之敗來伐魯也隱公將兵禦宋委葬事于太子故有闕也服虔以爲宋師即黃之師也是時宋來伐隱公自與戰然則隱自敗宋還自求成傳何當屬敗於惠公而猶言公立也且薨之與葬相去既遠豈有宋師薨時已來成而後去

〇衛侯來會葬不見公亦不書諸侯會葬非禮也不得接公成禮故不書於策他皆倣此衛國在汲郡朝歌縣〇朝如字

疏衛侯來會葬〇正義曰衛國侯爵譜云姬姓文王子康叔封之後也周公既誅祿父以其地封康叔爲衛侯居殷虛今朝歌是也狄滅衛文公居楚丘成公徙帝丘今東郡濮陽是也桓公十三年魯隱公之元年也出公輒十二年獲麟之歲也悼公二年春秋之傳終矣悼公二年卒自悼以下十一世二百五十五年而秦滅衛也衛世家桓公康叔十一世孫尚書顧命稱康叔爲衛侯則初封侯爵也世家康叔子則稱伯至頃侯復爲侯故今桓公爲侯爵〇注諸侯至倣此〇正義曰昭三十年傳云先王之制諸侯之喪士弔大夫送葬昭三年傳稱文襄之霸君薨大夫弔卿共葬事皆不言諸侯親會葬是諸

侯會葬非禮也不得接公成禮故不書此云不見公不書介葛盧亦不見公而書者此則公在國而不與衛侯相見故不書彼則公身在會國人賓禮之又欲見其一年再來故書之也○鄭共叔之亂公孫滑出奔衛。公孫滑共叔段之子滑于八反又乎八反○衛人爲之伐鄭取廩延。鄭人以王師虢師伐衛南鄙虢西虢國也弘農陝縣東南有虢城○爲于僞反陝失冉反依字作陝請師於邾邾子使私於公子豫公子豫魯大夫私請師○豫音預豫請往公弗許遂行及邾人鄭人盟于翼翼邾地不書非公命也○新作南門不書亦非公命也非公命不書三見者皆與作大事各舉以備文○十二月祭伯來非王命也○衆父卒衆父公子益師字○衆音終公不與小斂故不書日禮卿佐之喪小斂大斂君皆親臨之崇恩厚也始死情之所篤禮之所崇故以小斂爲文至於但臨大斂及不臨。喪亦同不書日○與音預斂力驗反注皆同**疏**注禮卿至書日○正義曰喪大記君臨臣喪之禮云君於大夫大斂焉爲之賜則小斂焉卿是大夫之尊者也明小斂大斂君皆親之所以崇恩厚也小斂大斂皆應親之獨以小斂爲文故知始死情之所篤故也賈逵云不與大斂則不書卒然則在殯又不往者復欲何以裁之。經傳無其事不宜妄說故杜以爲但臨大斂及不臨其喪亦同不書日也

經二年春公會戎于潛戎狄夷蠻皆氏羌之別種也戎而書會者順其俗以爲禮皆謂居中國若。戎子駒支者陳留濟陽縣東南有戎城潛魯地○氏都兮反羌卻良反種章勇反駒音拘濟子禮反水名凡地名皆同**疏**注戎狄至魯地○正義曰曲禮云東夷西戎南蠻北狄然則四者是九州之外別名也詩商頌曰自彼氏羌氏羌西戎之國名也杜欲明其在遠無以相形故云氏羌之別種謂是相類之物耳非謂四者是羌內之別也其實氏

羌乃是戎內之別耳戎子駒支云我諸戎飲食衣服不與華同贄幣不通言語不達計應不堪會盟故解云言順其俗以爲禮也沈氏云會據公往戎爲主人故得隨主人之俗以爲會禮朝據戎來魯爲主人戎不能從主人之俗故朝禮不成戎是西方之夷必不遠來會魯故知謂居中國若戎子駒支者也駒支事見襄十四年

○夏五月莒人入向

向小國也譙國龍亢縣東南有向城莒國今城陽莒縣也將卑師少稱人弗地曰入例在襄十三年

○向舒亮反譙在遙反亢音剛又苦浪反將子匠反

【疏】莒人入向○正義曰世本莒己姓向姜姓此傳云莒人入向以姜氏還文八年傳稱穆伯奔莒須己氏是莒己向姜見於傳也譜云莒嬴姓少昊之後周武王封茲與於莒初都計後從莒今城陽莒縣是也世本自紀公以下爲己姓不知誰賜之姓者十一世茲丕公方見春秋共公以下微弱不復見四世楚滅之向則唯此見經不能知其終始○注向小至三年○正義曰將卑師少稱人者周禮萬二千五百人爲軍二千五百人爲師五百人爲旅用兵多少其數無常重其舉大事動大衆滿師則書之不滿則不書輕其衆少故經皆不書旅也師者衆也雖復五軍三軍悉皆以師爲名取其衆義故經亦不書軍也釋例曰春秋不書軍旅壹皆曰師從衆辭是其義也經之大例君自將者言君不言師卿將者滿師則師將並書不滿則空舉將名大夫將者滿師則稱師不滿則稱人所以然者定四年傳曰君行師從卿行旅從則君行必有師卿行必有旅文雖不見理足可明君將不言師師卿將不言師旅以其可知故也卿行不合師從今乃帥領一師若不言師則師文不見卿尊自合書。各師文又須別見故師將並舉言某帥師也其師少者卿自須見唯舉將名不云帥旅言衆少不足錄也大夫爵位卑下名氏不合見經但所帥滿師師自須見故言師不言將也若不滿師者一旅之衆則例所不書大夫位卑又名不當見則空舉其將謂之爲人人卽大夫身也其將尊師少及將卑師衆若其序列則將卑師衆者在上襄二年晉師宋師衛甯殖侵鄭是也隱五年公羊傳曰曷爲或言率師或不言率師將尊師衆稱某率師將尊師少稱將將卑師衆稱師將卑師少稱人君將不言率師書其重者也釋例曰大夫將滿師稱師不滿稱人而已卿將滿師則兩書不滿則直書名氏君將不言帥師卿將不言帥旅此史策記注之常此用公羊爲說也劉炫云盟會例卿則書名氏非卿則書人人當名氏之處由是將卑師少則書人亦與盟會同

○**無駭帥師入極**無駭魯卿極附庸小國無駭不書氏未賜族賜族例在八年○駭戶楷反【疏】注無駭至八年○正義曰春秋之例卿乃見經今名書於經傳言司空故知無駭是魯卿諸名書於經皆是卿也故於此一注以下不復言之又王制云上大夫卿則卿亦大夫也故注多以大夫言卿下注云裂繻紀大夫如此之類皆是卿也其名見於傳而注云大夫者則其爵真大夫也穀梁以極爲國杜云附庸者沈云以費伯帥師城郎因得勝極則極是竟內故云附庸凡卿出使必具其名氏以尊君命今不書氏故解云未賜族無族可稱故也賈云極戎邑也極爲戎邑傳無文焉戎之於魯本無怨惡言脩惠公之好則是求與魯親公未信戎心故辭其盟耳秋即與盟復脩戎好若已共戎會故不與盟旋令師入其都然後結好其爲惡行亦不是過讓位賢君固應不爾良史直筆焉得無譏傳乃本其勝之所由而歸功於費伯也

○**秋八月庚辰公及戎盟于唐**高平方與縣北有武唐亭八月無庚辰庚辰七月九日也日月必有誤○方音房與音預【疏】注高平至有誤○正義曰杜勘檢經傳上下月日制爲長曆此年八月壬寅朔其月三日甲辰十五日丙辰二十七日戊辰其月無庚辰也七月壬申朔則九日有庚辰杜觀上下若月不容誤則指言日誤若日不容誤則指言月誤此則上有秋下有九月則日月俱得有誤故云日月必有誤也

○**九月紀裂繻來逆女**裂繻紀大夫傳曰卿爲君逆也以別卿自逆也逆女或稱使或不稱使昏禮不稱主人史各隨其實而書非例也他皆倣此○裂音列繻音須爲于僞反下爲魯同別彼列反【疏】注裂繻至倣此○正義曰此書逆女傳曰卿爲君逆也宣五年齊高固來逆叔姬傳曰書曰叔姬卿自逆也是爲君逆則稱女自逆則書字故云以別卿自逆也釋例曰天子娶則稱逆王后卿爲君逆則稱逆女其自爲逆則稱所逆之字尊卑之別也此不言紀侯使裂繻而成八

年經書宋公使公孫壽來納幣俱是昏禮而立文不同故解之也言昏禮不稱主人者主人謂壻也爲有廉恥之心不欲自言娶婦故卿爲君昏行者必稟君母之命婦人之命不得通於鄰國若言卿輒自來非君所命故裂繻不言使也其無母者臣無所稟不得不稱君命故公孫壽言宋公使也史皆隨其實事而書之非褒貶之例也公羊傳曰何以不稱使昏禮不稱主人然則曷稱稱諸父兄師友宋公使公孫壽來納幣則其稱主人何辭窮也辭窮者何無母也然則紀有母乎曰有有則何以不稱母母不通也是婦人之言不通外國故不言君使亦不言母命作自來之文也公羊言無母者稱父兄師友宋公不稱父兄者諸侯臣其父兄故不得稱也昏禮記曰宗子無父母命之親皆沒己躬命之以宗子之尊尚不稱父兄況諸侯也其稱父兄師友謂大夫以下非宗子者耳昏禮記。所云支子則稱其宗。弟。稱其兄是也

○冬十月伯姬歸于紀 無傳伯姬魯女裂繻所逆者

○紀子帛莒子盟于密 子帛裂繻字也莒魯有怨紀侯既昏于魯使大夫盟莒以和解之子帛爲魯結好息民故傳曰魯故也比之內大夫而在莒子上稱字以嘉之也字例在閔元年密莒邑城陽淳于縣東北有密鄉○帛音白解如字又戶買反好呼報反

疏注子帛至密鄉○正義曰杜云比之內大夫而在莒子上者案諸經文魯大夫出會他國皆先書魯大夫下即云及某人今子帛之下不云及者不可全同魯大夫故也

○十有二月乙卯夫人子氏薨 無傳桓未爲君仲子不應稱夫人隱讓桓以爲大子成其母喪以赴諸侯故經於此稱夫人也不反哭故不書葬例在三年

疏注桓未至三年○正義曰妾子爲君其母成爲夫人敬嬴齊歸是也仲子實妾桓未爲君故仲子不應稱夫人也今稱夫人薨是隱成之讓桓爲大子成其母喪傳例曰不赴則不曰薨故知稱薨是赴於諸侯故經於此稱夫人也五年考仲子之宮公羊傳曰桓未君則曷爲祭仲子隱爲桓立故爲桓祭其母也然則何言爾成公意也是言隱公成仲子爲夫人也

○鄭人伐衛 凡師有。鐘鼓曰伐例在莊二十九年

傳二年春公會戎于潛脩惠公之好也戎請盟公辭許其脩好而不許其盟禦夷狄者不壹而足○好呼報反注及下同**疏**注許其至而足○正義曰戎貪而無信盟或背之公未得戎意恐好不久成故不許其盟也禦夷狄者不壹而足文九年公羊傳文言制禦夷狄當以漸教之不一度而即使足也○莒子娶于向向姜不安莒而歸夏莒人入向以姜氏還傳言失昏姻之義凡得失小故經無異文而傳備其事案文則是非足以爲戒。他皆。倣此○還音旋後皆同○司空無駭入極費庈。父勝之魯司徒司馬司空皆卿也庈父費伯也前年城郎今因得以勝極故傳於前年發之○庈音琴○戎請盟秋盟于唐復脩戎好也○復扶又反○九月紀裂繻來逆女卿爲君逆也○爲于僞反○冬紀子帛莒子盟于密魯故也○鄭人伐衛討公孫滑之亂也。治元年取廩延之亂

附釋音春秋左傳注疏卷第二

春秋左傳注疏卷二校勘記　阮元撰盧宣旬摘錄

附釋音春秋左傳注疏卷第二 隱元年盡二年宋本春秋正義卷第二

杜氏注　孔穎達疏 按頴當作穎達當作達此六字在第二行杜氏上空四字疏字下空三字每卷標題同石經作杜氏盡十一年六字在第二行纂圖本在第三行淳熙本在第四行款式卷數與釋文合岳本氏下增注字在第三行

春秋經傳集解隱第一 此九字在第三行閩本監本毛本在第四行低一格石經淳熙本岳本纂圖本第上有公字與釋文合在第一行案正義當有公字石經此行八分後卷同纂圖本春秋上增監本纂圖四字後卷同宋本正義春秋經傳集解六字爲一條隱公第一四字跳行頂格爲一條杜氏二字爲一條不跳行亦與釋文石經合也

故題無常準 宋本毛本準作准案五經文字云從水傍隼字按閩監毛三本自此節至經元年以前正義低二格以後低一格失宋板舊式矣

傳釋經意 宋本監本毛本傳作博是也○今依訂正

隱公魯君侯爵 宋本無隱公二小字上有隱公第一四大字大陰文疏字及正義曰三小字下接魯君侯爵云云

伯禽至隱公凡十三君 宋本凡下有一字

惠公弗皇子 史記十二諸侯年表作弗王魯周公世家作弗湟盧文弨校本改作湟按文十六年釋文引魯世家作皇疏引同盧本不

改史記律曆志亦作皇

漢御史大夫杜延年之後 按此十字乃裴松之注引傅子非陳壽魏志原文

封樂亭侯 案魏志封下有豐字

謚戴侯也 浦鏜正誤也改作子是也

當稱德者非所企及 閩本監本毛本當作嘗盧文弨校改作常字按明末避諱多改常爲嘗

又參考衆家爲之釋例 浦鏜正誤據魏志注爲改作謂非也

〔傳〕

惠公元妃孟子 石經宋本淳熙本岳本妃作妃釋文亦作妃五經文字云從戊己之己此本作妃誤後準石經

明始適夫人也 釋文適本又作嫡案適與嫡字通此本注文雙行細字宋本同閩本始以注文改爲單行加注字於上非復宋本舊式監本毛本同

傳惠公元妃孟子 宋本無傳字以下正義七節揔入是以隱公立而奉之注下

一元之字 浦鏜正誤疑作元之一字或之字衍

故杜注文十五年 監本毛本文作云非

孟伯之字浦鏜云字當作氏

無謚先夫死不得從夫謚宋本岳本毛本謚作謚非也

魯之夫人毛本夫人作大夫誤

公卒故特解之宋本公作言閩本監本毛本作先公卒故毛本作此非

不赴則不稱薨毛本薨作公非

注聲謚至繼室各本室下有○宋本凡標起訖處上下並空一字

亦有姪娣監本毛本亦作又

猶不得稱夫人各本作稱此本誤偁今訂正

仲子生而有文在其手陳樹華云王充論衡雷虛篇紀妖篇並作文在其掌唯自然篇仍作手

其友及夫人閩本監本毛本友誤文

皆諸謀於桓然則桓公已成人也浦鏜正誤然作公

桓已成人宋本已作以案已以古多通用

故氏聲孟聲各本作曰是也杜氏釋例同

隱公繼室之子當嗣世 毛本世誤是

是以立爲太子 宋本岳本毛本太作大是也釋文云舊太字皆作大後放此說詳釋文校勘記

其父愛之 宋本愛作娶是也

但爲桓年少 宋本年作尚

凡稱傳者皆是爲經 陳樹華云經下當有張本二字

霍伯臼季等卒 監本臼作白

仍可以稱大子也 監本毛本脫可字

爲周室之臣民 毛本爲誤謂

〔經元年〕

偏視二代 浦鏜正誤視改作祖按此用周監二代之意監視也

尊王國而慢時主 閩本監本毛本亡誤二

此下二月有會盟之事 考文云二作三與宋本合

以繼臣子之心 浦鏜繼疑繫

雖非年初 武進臧禮堂據定元年疏引釋例改非作則

公卽位喪在外 毛本作喪在外公卽位非也

自是史官記事之體 毛本記作紀

故年稱元年 宋本下年字作也

杖大義 監本毛本杖作仗按仗俗杖字

黃帝坐於扆閣鳳皇銜書致帝前 宋本扆下有元字銜字作衘毛本致字作至

何休又云 毛本又誤亦

正竟內之治 閩本監本毛本竟作境按境俗竟字

王者不奉天以制號令 閩本監本毛本同○補十行本初刻承後改作奉

則元者王之元年 毛本作王者誤

卽以託王於魯史之改元 浦鏜云史疑作使

何休言 閩本監本毛本言作云

三月公及邾儀父盟于蔑 陳樹華云漢書鄒陽傳引作義父師古曰義讀爲儀元和惠棟春秋左傳補注云蔑本姑蔑定十二年傳

費人北國人追之敗諸姑蔑是也隱公名息姑而當時史官爲之諱

能自通于大國 宋本于作於

蔑姑蔑魯地魯國 監本毛本作魯國魯地非也

卞縣南有姑城 釋文卞或作弁按卞俗弁字杜氏釋例土地名姑下有蔑字史記孔子世家正義引杜注亦作姑蔑城

自安至儀父十二世 各本作安釋例作佚

齊桓行霸 各本同釋例行霸作公伯

諸侯俱受王命 毛本受誤有

曰邦國有疑 宋本曰作凡與周禮合

及其禮儀 閩本監本毛本儀作義

乃加方明于壇而祀之 毛本祀誤視

知者故柯之盟 浦鏜正誤故作於

故襄二十六年傳云歃用牲 宋本歃作歃不誤

定八年涉佗捘衛侯之手及捥 閩本監本毛本捥誤椀

以奉流血而同歃 釋例奉作承

附庸者以國附於大國 宋本以國下有事字

夏五月鄭伯克段于鄢 陳樹華引趙匡集傳云鄢當作鄔鄭地也史記正義作鄢云舊作鄢漢書地理志作偃按舊作鄢是也昭二十八年釋文云在周者為戸反隱十一年王取鄔劉在鄭者音偃成十六年戰于鄢陵此鄭地當從鄢國語鄭語史伯曰鄢弊補丹依[illegible]歷華君之土也

言段強大儁傑 宋本淳熙本纂圖本閩本監本毛本作大儁下同陳樹華云莊十一年傳得儁曰克巳作儁字不必定作儁也

鄭在滎陽宛陵縣西南 釋文云滎本或作榮非案滎陽滎澤字古無從水者陸氏音義全書皆作榮是也

鄭今潁川鄢陵縣 宋本淳熙本岳本纂圖本足利本鄭作鄢是也○今訂正

方遷其民於虢鄶 宋本閩本監本毛本方作友宋本遷作徙釋例同○補十行本初刻方後改作友

自聲以下 宋本聲下有公字釋例同

兄而害弟者稱弟以章兄罪 案釋例作兄害弟者則稱弟以彰兄罪浦鏜正誤者作則非

存弟則示兄曲也 襄廿七年引作書弟非也

地理志河南郡有宛陵新鄭 宋本有下有宛陵縣又有新鄭縣於漢則十一字按漢志宛作苑

去邠居岐 釋例居作至

幽王爲犬戎所役 各本役作殺是此本修板不誤監本毛本犬作大非也

元年九年春秋之傳終矣 釋例作十年

蓋用四馬也 毛本蓋作故非

亦序於列其經舉國名以爲盟地者 閩本監本毛本列其作其列按列字句絶

故言諸侯爲王卿士也 毛本士誤是

然則大夫有爵不可舍爵而書字 閩本監本毛本字作氏非

獨記日以見義者 宋本岳本纂圖本足利本記作託釋例同

喪則親與小斂大斂 釋例喪作死與作其

卽以新死小斂爲文 釋例以作親

而備書於經者 閩本監本毛本經誤終

〔傳元年〕

不書卽位攝也 宋本不上有傳字

而隱終有推國授桓之心 閩本監本毛本推作讓

顏氏說以爲魯十二公 宋本顏作頴案頴容之頴後漢書亦作頴王應麟姓氏急就篇同不得因廣韻頴水字下不言姓而疑之也

劉賈頴爲傳文生例 閩本監本毛本頴誤顧

且公羊以爲諸侯無攝 浦鏜正誤公羊作何休

其後儀父服事齊桓以奬王室 毛本桓誤侯奬宋本淳熙本岳本作弊釋文亦作弊字按說文作奬从犬各書或从大或从廾

注王未至克卒 宋本此節正義在公攝位節注下

不可據列會以否以明有爵也 閩本監本毛本以改與按唐人正義多作以否

非公命也 纂圖本閩本監本毛本公誤君

君舉必書 淳熙本必作筆非也

他皆倣此 岳本倣作放釋文同

初鄭武公娶于申曰武姜 毛本于作於非

初鄭武公娶于申曰武姜 宋本作初鄭至武姜以下正義廿節在其是之謂乎注下

杜以爲凡倒本其事者 宋本毛本倒作倒

注申國今南陽宛縣 宋本作申國至宛縣

其後中絶 閩本監本毛本中誤申

注段出奔共故曰共叔猶晉侯至之鄂侯 宋本作注段出至鄂侯

非有共德可稱 閩本監本毛本共作其誤

餬口四方 閩本監本毛本餬作糊非

莊公寤生驚姜氏故名曰寤生遂惡之 宋本作莊公至惡之

虢叔死焉 石經凡從虎字皆闕筆避唐太祖諱故虢作虢

佗邑唯命 石經宋本岳本足利本佗作他

故開以佗邑 宋本岳本佗作他

史伯爲桓公詐謀云 宋本監本毛本詐作設

鄶仲恃險 監本毛本鄶誤鄶

云虢叔封西 浦鏜正誤據僖五年正義上增賈逵二字是也

傳云虢仲譖其大夫謂叔之子孫字曰仲也閩本監本毛本譖誤謂謂誤譖

都城過百雉水經注濟水篇引作京城過百雉仁和趙一清云此句祭仲泛言先王建侯之制故曰都城酈道元删去今京不度句直改都城爲京城也

其實是大夫以否閩本監本毛本以作與

三堵爲雉一雉之牆毛本雉誤堆

又云或者天子之城方十二里閩本監本毛本又誤文

論語注以爲公大都之城方三里浦鏜正誤三作九

俱是正文各本作文此誤丈今訂正

中都方一里又二百四十步閩本監本毛本一誤二元和李銳云王城方九里中都合五分取一置九里以五除之得一里又五分里之四又以里法三百步乘之四得一千二百步復以五除之得二百四十步故曰中都方一里又二百四十步也

長一百八雉也浦鏜正誤云八上脫六十二字

必自斃釋文斃本又作獘字按說文作獘从犬諸書改从大从廾而又别造斃字訓死

無生民心石經凡民字皆闕筆作巳避唐太宗諱

不義不暱 考工記凡昵之類不能方注鄭司農云故書昵或爲樴杜子春云樴讀爲不義不昵之昵或爲䵒李善文選注四十一引傳文暱亦作昵按昵暱之或字說文䵒字注引作不義不䵒或从刃作䵒唐元度亦云䵒字見春秋傳日聲刃聲尼聲匿聲皆雙聲也

高大而壞謂之崩 監本壞誤壤

服虔以聚爲聚禾黍也 監本毛本脫爲聚二字

如是二君 宋本監本毛本是作似

夫子始然 宋本監本毛本然作改

以害其弟 各本作害此本誤言今訂正

足得誅之 閩本監本毛本足作君非

遂寘姜氏于城潁 石經潁字初刻作穎改刻作潁後潁考叔潁谷並同

潁考叔 案水經潁水注云陽乾山之潁谷潁考叔爲其封人然則潁當从水明矣俾潁考叔者猶言儀封人也而廣韻於從禾之穎下云又姓左傳潁考叔似未安

食而不啜羹 宋本而作至

且告之悔 顧炎武云石經且誤具按石經此處闕炎武所據王堯惠刻也

其樂也融融 惠棟補注融古文作肜文選張衡思元賦注引作其樂也肜肜云融融與肜古字通案後漢書馬融傳豐肜對蔚豐肜猶豐融也

其樂也洩洩 案洩洩當作泄泄考文提要作泄泄石經避太宗諱改宋以後本皆仍唐刻

潁考叔純孝也 石經凡純字闕筆作純避憲宗諱

不皆與今說詩者同 岳本作皆不誤倒

後皆倣此 宋本淳熙本岳本足利本後作他倣宋本岳本作放宇正義同按作放為古倣乃俗字他例此

此傳意以為事之般類也 毛本意作義非

天王至故名 宋本以下正義七節摠入非禮也注下

緩賵惠公 監本毛本脫賵惠二字

不指所賵之人 毛本指誤知人誤言

同在方嶽之盟 毛本嶽誤軌

弉王室 閩本監本毛本弉作獎

今讚曰 閩本監本毛本並作合讚按今讚正義屢引之浦鏜正誤改作令蓋皆非是襄傳元年正義讚作贊

既葬則縗麻除 諸本作縗釋文作衰

卒哭而祔 閩本監本毛本祔誤袝

大始十年 按大當作泰

明不復寢苫枕凷 閩本監本毛本凷作塊按凷古塊字

預謂鄉人段暢曰 按晉書禮志作殷暢

全大分明 按晉書禮志作令大義著明

豫凶事非禮也 石經豫作豫避唐代宗諱毛本改作預非也

夷國在城陽莊武縣 齊召南云城陽有壯武無莊武漢封宋昌晉封張華皆以壯武各本誤作莊

他皆倣此 宋本岳本倣作放

蜚負蠜也 釋文蠜音煩又音盤爾雅釋蟲蜚蠦蜰郭注云蜚即負盤按負盤即負蠜也

莊二十九年 閩本二誤三

亦明春秋例 毛本明誤名

他如此類 毛本誤作他類如此

故傳直言其歸宿而已 宋本淳熙本岳本足利本宿作趣按作趣與杜序合

是時宋來伐隱 宋本作伐魯是也

而猶言公立也 宋本監本毛本猶作別

豈有宋師薨時已來成而後去 宋本成而後作葬時未是也監本毛本未亦誤後

公孫滑出奔衛 石經無出字

取廩延 毛本取誤請

及不臨喪 宋本岳本纂圖本足利本臨下有其字

經傳無其事 宋本經作且

〔經二年〕宋本春秋正義卷第三

若戎子駒支者 毛本戎誤王

莒己姓 毛本己誤紀字按人己之己與已止之巳唐石經以及宋槧元刻之書皆分別不誤明時刊本往往互譌

須己氏 宋本閩本監本毛本須作從是也

周武王封茲與於莒 宋本與作輿

卿尊自合書名 宋本毛本各作名

由是將卑師少 浦鏜正誤由是疑猶似案由與猶古多通用

無駭帥師入極 案漢書古今人表作亡駭

其名見於傳 各本作名此誤各今訂正

今不書氏 毛本今誤故

高平方與縣北有武唐亭 案劉昭續漢書郡國志注引杜說云武唐亭在方輿縣西南

他皆放此 岳本脫皆字

不欲自言娶婦 監本毛本自作目非

故鄉爲君昏侍者 宋本侍作行是也

昏禮記所云 毛本脫所字

弟稱其兄是也 浦鏜正誤弟下補則字

凡師有鍾鼓曰伐 岳本鍾作鐘

〔傳二年〕

盟或背之 毛本背誤肻

他皆倣此淳熙本他作佗宋本岳本倣作放

費㡯父勝之石經宋本淳熙本岳本纂圖本足利本㡯作㡯是也釋文亦作㡯音琴

治元年取廩延之亂毛本治字空缺

春秋左傳注疏卷二校勘記

珍倣宋版印

附釋音春秋左傳注疏卷第三 隱三年盡五年

杜氏注　孔穎達疏

經三年春王二月己巳日有食之無傳日行遲一歲一周天月行疾一月一周天一歲凡十二交會然日月動物雖行度有大量不能不小有盈縮故有雖交會而不食者或有頻交而食者唯正陽之月君子忌之故有伐鼓用幣之事今釋例以長曆推經傳明此食是二月朔也不書朔史失之書朔日例在桓十七年○己巳上音紀下音祀後倣此食如字本或作蝕音同量音亮縮所六反【疏】注日行至七年○正義曰古今之言曆者大率皆以一周天爲三百六十五度四分度之一日行比月爲遲每日行一度故一歲乃行一周天月行比日爲疾每日行十三度十九分度之七故一月內則行一周天又行二十九度過半乃逐及日言一月一周天者略言之耳其實及日之時不啻一周天也日月雖共行於天而各有道每積二十九日過半行道交錯而相與會集以其一會謂之一月每一歲之間凡有十二會故一歲爲十二月日食者月掩之也日月之道互相出入或月在日表從外而入內或月在日裏從內而出外道有交錯故日食也二十九日過半月及日者以曆家一度分爲九百四十分則四百七十分爲半今月來及日凡二十九日又四百九十九分是過半校二十九分也日有食之言有物來食之也日月同處則日被月映而形魄不見聖人不言月食日而云日有食之者以其月不可見作不知之辭穀梁傳曰其不言食之者何也知其不可知也是言慎疑故不言月也朔則交會故食必在朔然而每朔皆會應每月常食故解之言日月動物雖行度有大量不能不小有盈縮故有雖交會而不食者或有頻交而食者自隱之元年盡哀二十七年積二百五十五年凡三千一百五十四月唯三十七食是雖交而不食也襄二十二年九月十月頻食二十四年七月八月頻食是頻交而食也食無常月唯正陽之月君子忌之以日食者陰侵陽也當陽量之月不宜

爲弱陰所侵故有伐鼓用幣之事餘月則否其日食例皆書朔己巳之下經無
朔字長曆推此己巳實是朔日而不書朔史失之也此注作大判言耳戰國及
秦曆紀全差漢來漸候天時始造其術劉歆三統以爲五月二十三分月之二
十而日一食空得食日而不得加時漢末會稽都尉劉洪作乾象曆始推月行
遲疾求日食加時後代脩之漸益詳密今爲曆者推步日食莫不符合但無頻
月食法故漢朝以來殆將千歲爲曆者皆一百七十三日有餘而始一交會未
有頻月食者今頻月而食乃是正經不可謂之錯誤世考之曆術事無不驗不
可謂之踈失由是注不能定故未言之也又漢書高祖本紀高祖即位三年十
月十一月晦日頻食則自有頻食之理其解在襄二十四年穀梁傳曰言日不
言朔食晦日也朔日並不言食晦夜也朔日並言食正朔也言朔不言日食既
朔也○三月庚戌天王崩周平王也實以壬戌崩欲諸侯之速至故遠日以赴春
秋不書實崩日而書遠日者即傳其僞以懲臣子之過
也襄二十九年傳曰鄭上卿有事使印段如周會
葬今不書葬魯不會○印傳直專反印因刃反疏曰天王崩○正義曰曲禮下
大夫曰卒士曰不祿庶人曰死鄭玄云異死名者爲人褻其無知若猶不同然
也自上顛壞曰崩薨顛壞之聲卒終也不祿不終其祿死之言澌也精神澌盡
也是由天子尊若山崩然諸侯卑取崩之聲以爲尊卑之差也不書天王名者
以海內之主至尊之極故敬而不敢名也穀梁傳云高曰崩厚曰崩尊曰崩天
子之崩以尊也以其在民上故崩之其不名何也大上故不名也蘇氏云王后
崩天子卒不書者赴不及魯也今以爲略之例所不書也告喪禮云告王喪曰
天王登假此言崩者魯史裁約爲文不道當時赴不言登假也○注周平至不
會正義曰今檢杜注無葬者皆顯言其諡此爲無葬故言周平王也仲尼脩經
當改正眞僞以爲褒貶周人赴不以實孔子從僞而書者周人欲令諸侯速至
故遠其崩日以赴也不書其實而從其僞言人知其僞則過足章矣故即傳其
僞以懲創臣子之過釋例曰天王僞赴遂用其虛明日月闕否亦從赴辭君子
不變其文以慎其疑且虛實相生隨而長之眞僞之情可以兩見承赴而書之

亦所以示將來也

○夏四月辛卯君氏卒隱不敢從正君之禮故亦不敢備禮於其母

疏君氏卒○正義曰君氏者隱公之母聲子也謂之君氏者言是君之母氏也母之與子氏族必異故經典通呼母舅為母氏舅氏言其與己異氏也

○秋武氏子來求賻武氏子天子大夫之嗣也平王喪在殯新王未得行其爵命聽於冢宰故傳曰王未葬釋其所以稱父族又不稱使也魯不共奉王喪致令有求經直文以示不敬故傳不復具釋也○賻音附殯必刃反共音恭本又作供音同令力呈反復扶又反

疏注武氏至釋也○正義曰武氏者天子大夫之姓直云武氏子不書其字則其人未成為大夫也若是上士例當書名又不應繫之父族謂之為子明其是大夫之子也又王使至魯皆言天王使矣此後不言王使明其不稱王命也以此知此人父喪已終宜嗣父位但平王未命而崩新王居喪未得行其爵命政事聽於冢宰冢宰使之適魯冢宰不得專命故作自來之文傳言王未葬者意兼兩事王喪在殯新王不得加臣爵位故此人仍繫父族王又不得命臣出行故此人不稱王使以未葬之故闕此二事故傳以未葬解之

○八月庚辰宋公和卒稱卒者略外以別內也元年大夫盟於宿故來赴以名例在七年○別彼列反

○冬十有二月齊侯鄭伯盟于石門來告故書石門齊地或曰濟北盧縣故城西南濟水之門

○癸未葬宋穆公無傳魯使大夫會葬故書始死書卒史在國承赴為君故惡其薨名改赴書也書葬則舉諡稱公者會葬者在外據彼國之辭也書葬例在昭六年○為于偽反惡烏路反

疏注魯使至六年○正義曰文九年叔孫得臣如京師葬襄王昭三十年叔弓如滕葬滕成公如此之類遣卿行者皆書其使名此不書使名知是大夫往也大夫奉命出使位賤不合書名故直書其所為之事而已盟則云及某盟會則云會某人葬則云葬某公舉其所為之事明有使往可知也釋例曰先王之制諸侯之喪士弔大夫送葬及其失也禮過於重文襄之伯因而抑之諸侯之喪大夫弔卿共葬事夫人之喪士弔大夫送葬猶過古制故公子遂如晉葬襄公傳不言禮葬秦

景公傳曰大夫如秦葬景公特稱禮也一以示古制二以示書他國之葬必須魯會三以示奉使非卿則不書於經此丘明之微文也是言大夫得正而卿過禮也諸侯曰薨禮之正名魯史自書君死曰薨若鄰國亦同書薨則與己君無別國史自在己國承他國赴告爲與己君同故惡其薨名雖同赴稱薨皆改赴書卒略外以別內也至於書葬則五等之爵皆舉謚稱公者會葬者在於國外據彼國之辭彼國臣子稱君曰公書使之行不得不稱公也又云惡其薨名改赴書者釋例者天子曰崩諸侯曰薨大夫曰卒古之制也春秋所稱曲存魯史之義內稱公而書薨所以自尊其君則不得不略外諸侯書卒以自異也至於既葬雖鄭許子男之君皆稱謚而言公各順臣子之辭兩通其義是其說也案禮雜記赴告之辭云君訃於他國之君曰寡君不祿敢告於執事然則赴辭本無薨語而云惡其薨名者以夫人薨例云不赴於諸侯則不曰薨明其以薨告人故書薨也是知王侯喪者其通人國命皆以崩薨相告記之所稱謂荅主人之問飾其文辭耳若以記文無薨即疑不以薨告記稱大夫士赴人之辭皆云不祿豈大夫無卒名也以此知相赴策書必以薨爲文但擯者口傳赴辭義在謙退從士之不祿故禮記言之赴則必以薨但改赴書卒耳史之書事莫不在國會葬者自可在外書策者國內書之而云據彼國之辭者書使行之事言使爲此事行故文從彼稱不謂書不在國也卿爲君逆謂之逆女亦是書己之使據彼稱女與此同也

傳三年春王三月壬戌平王崩赴以庚戌故書之○夏君氏卒聲子也不赴於諸侯不反哭于寢不祔于姑故不曰薨不稱夫人故不言葬夫人喪禮有三薨則赴於同盟之國一也既葬日中自墓反虞於正寢所謂反哭于寢二也卒哭而祔於祖姑三也若此則書曰夫人某氏薨葬我小君某氏此備禮之文也其或不赴不祔則爲不成喪故死不稱夫人薨葬不言葬我小君某氏反哭則書葬不反哭則不書葬今聲子三禮皆闕釋例論之詳矣○附音附【疏】注夫人至詳矣正義曰僖

八年致夫人傳曰不赴於同則弗致故知赴者赴於同盟之國也禮檀弓記葬禮云既封有司以几筵舍奠於墓左反日中而虞士喪禮既葬乃反哭於廟遂適殯宮而虞是既葬日中自墓反虞於正寢正寢即殯宮也僖三十三年傳與檀弓記皆云卒哭而祔喪服小記曰婦祔於祖姑雜記曰妾祔於妾祖姑是祔於姑者祔於祖姑也此三者皆夫人之喪禮夫人喪禮有三史策所書有二唯卒葬兩事而已其卒之異者或云夫人某氏薨仲子文姜之類是也或云某氏卒定姒孟子是也葬之異者或云葬我小君某氏文姜敬嬴之類是也或云葬某氏葬定姒是也或則不書葬也今聲子三禮皆闕經異常辭必是闕。一事則變一文但傳既并釋注不顯配雖言釋例詳之例亦未甚分明此傳故上三事故下三事若以次相配則不赴於諸侯故不曰薨不反哭於寢故不稱夫人不祔於姑故不言葬文次相屬事乃似然但顧下傳義則不爾定十五年姒氏卒傳曰不稱夫人不赴且不祔也哀十二年孟子卒傳曰死不赴故不稱夫人不反哭故不言葬小君由彼二傳皆以不赴解不稱夫人以不反哭解不書葬然則由不赴故不曰薨由不反哭故不書葬也解二事既然則由不祔故不稱夫人斷可知矣傳文不以次相配者初死。乃赴葬乃反哭反哭之後始祔三者依事之先後為文也至書於經則夫人與薨共文故先言不稱夫人後言不書葬順。經之先後為文也禮之本意必赴乃稱薨祔乃稱夫人反哭乃書葬者夫人與君同體死必赴於鄰國若不以赴告於鄰國則夫人之禮不成尊成以否義由赴告成尊之狀在於書薨故赴則稱薨不赴則不稱薨也禮不適祔於適祖姑妾祔於妾祖姑亦既不祔於姑便是適妾莫辯故祔則稱夫人不祔則不稱夫人也既葬於墓反哭於寢哀之尤極情之最切既葬而不反哭全是不念其親葬與不葬始無以異故不反哭則不書葬也皆所以懲臣子責其不行禮也人之行禮有勤有惰未必廢則俱廢行則皆行此聲子自三禮皆闕其餘或可一行一否釋例曰夫人子氏赴而不反哭故不書葬定姒則反哭而不赴故書葬而不言小君以此二者據傳則然理在不惑但不知赴而不祔祔而不赴者辭當云何耳薨者夫人之死號不稱夫人必不得稱薨也小君者夫人之別號不稱夫人必不得稱小君也孟子卒下注云不稱夫人故不言薨是夫人與薨文相將也葬定姒傳曰不稱小君不成喪也注云不赴不祔故不稱小君傳以薨不赴不祔解不稱夫人注以不赴不祔解不稱小君是夫人小君文相將也夫人也薨也小君也三者相將之物不可致詰蓋赴祔二禮課行一事則具此三文二事並廢則三文皆去耳何則檢此傳相配不赴則不曰薨不祔則不稱夫人是稱夫人由祔不由赴也孟子之傳乃云不赴故不稱夫人是稱夫人由於赴不由於祔也。定。姒之傳云不稱夫人不赴且不祔又以二事並解不稱夫人注云赴同祔姑夫人之禮二者皆闕故不曰夫人明是二者俱闕乃去夫人。課行一事則稱夫人稱夫人則必書薨書薨則必稱小君所異者不反哭則不書葬若不書葬則小君之文無所施耳即仲子是也赴同祔姑皆是夫人之禮故赴而不祔祔而不赴則皆曰夫人某氏薨惠公自有元妃別爲仲子立廟則仲子未必祔姑蓋以赴同之故得稱夫人薨也

不書姓爲公故曰君氏

不書姓辟正夫人也隱見爲君故特書於經稱曰君氏以別凡妾媵○爲公音于僞反見賢遍反別彼列反

疏注不書至妾媵○正義曰辟正夫人謂辟仲子耳何則妾子爲君則其母得爲夫人不須辟。仲子也但公以讓位之故不從正君之禮故亦不備禮於其母使之辟仲子也釋例曰凡妾子爲君其母猶爲夫人雖先君不命其母母以子貴其適夫人薨則尊。得加於臣子外內之禮皆如夫人矣故姒氏之喪責以小君不成成風之喪王使會葬傳曰禮也隱以讓桓攝位故不成禮於聲子假稱君氏以別凡妾媵蓋是一時之宜隱之至義也是其辟仲子之意也

○鄭武公莊公爲平王卿士

卿士王卿之執政者言父子秉周之政

王貳于虢

虢西虢公亦。仕王朝王欲分政。於虢不復專任鄭伯○朝直遙反復扶又反任而鴆反後不音者皆同

鄭伯怨王王曰無之故周鄭交質王子狐爲質於鄭鄭公子忽。爲質於周

王子狐平王子○質音致下同狐音胡

王崩周人將畀虢公政

周人遂成平王本意○畀必二反與也

四月鄭

祭足帥師取溫之麥。秋，又取成周之禾。四月，今二月也。秋，今之夏也。麥禾皆未熟，言取者，蓋芟踐之。溫，今河內溫縣。成周，洛陽縣也。○祭，側界反。芟，所銜反。【疏】注四月至陽縣也○正義曰：此直言秋，秋有三月，若是季秋，則今之七月。杜必知秋今之夏者，以此傳在武氏之上，案經武氏之下有八月宋公和卒，則知此是七月，故為今之五月也。麥熟在夏，而云麥禾皆未熟者，謂四月之時麥未熟，七月之時禾未熟，二者異時，故言皆也。周鄭交惡。兩相疾惡。君子曰：「信不由中，質無益也。明恕而行，要之以禮，雖無有質，誰能間之？苟有明信，澗谿沼沚之毛，谿亦澗也。沼，池也。沚，小渚也。毛，草也。○要，於遙反。間，間廁之間。谿，苦兮反。爾雅云：山夾水曰澗，山瀆無所通曰谿。沼，之紹反。沚，音止，亦音市，本又作時。蘋蘩蘊藻之菜，蘋，大蓱也。蘩，皤蒿。蘊藻，聚藻也。○蘋，音頻。蘩，音煩。蘊，紆紛反。藻，音早。蓱，蒲丁反。皤，蒲多反，白蒿也。【疏】澗谿至之菜○正義曰：毛即菜也，而重其文者，谿沼言地之陋，蘋藻言菜之薄，故文重也。○注谿亦至毛草○正義曰：爾雅釋山云：山夾水，澗。李巡曰：山間有水。釋名曰：言水在兩山間也。釋水曰：水注川曰谿。李巡曰：水出於山，入於川。釋山又云：山瀆無所通，谿。李巡曰：山中水瀆雖無所通，與水注川同名。宋均曰：無水曰谷，有水曰谿。然則谿亦山間有水之名，是澗之類，故云谿亦澗也。沼者，池之別名。張揖廣雅亦云：沼，池也。應劭風俗通云：池者，陂池，從水也聲。沚與時音義同。釋水曰：小渚曰沚。釋名曰：沚，止也，小水可止息其上。草是地之毛。周禮：宅不毛，謂宅內無草木也。故杜以毛為草，草即下句蘋蘩蘊藻是也。蘩，陸菜，而云沼沚之毛者，或采之水旁，非皆水內也。○注蘋大至聚藻也○正義曰：釋草云：苹，蓱，其大者蘋。舍人曰：苹，一名蓱，大者名蘋。郭璞曰：水中浮蓱，江東謂之薸。陸機毛詩義疏云：今水上浮蓱是也。其麤大者謂之蘋，小者曰蓱。季春始生，可糝蒸為茹，又可苦酒淹以就酒。釋草又云：蘩，皤蒿。孫炎曰：白蒿也。陸機疏曰：凡艾白色為皤蒿，今白蒿春始生，及秋香美，可生食，又可烝。一名遊胡，北海人謂之旁勃。故大戴禮夏小正傳曰蘩遊胡遊胡旁勃也許慎說文云藻水草從艸從水巢聲或作藻從澡毛詩傳曰藻聚藻也然則此草好聚生蘊訓聚也故云蘊藻聚藻也陸機疏云生水底有二種其一種葉如雞蘇莖大如箸長四五尺其一種莖大如釵股葉如蓬謂之聚藻又云扶風人謂之藻聚爲發聲也此二藻皆可食煑熟挼去腥氣米麪糝蒸爲茹嘉美揚州人饑荒可以當穀食筐筥錡釜之器方曰筐員曰筥無足曰釜有足曰錡○筐丘方反筥九呂反錡其綺反筐筥皆器也【疏】注方曰至曰錡○正義曰此皆毛詩傳鄭箋之文也說文云筥飯牛筐也廣雅云錡釜也潢汙行潦之水潢汙停水行潦流潦○潢音黃汙音烏潦音老【疏】注潢汙至流潦○正義曰停水謂水不流也行道也兩水謂之潦言道上聚流者也服虔云畜小水謂之潢水不流謂之汙行潦道路之水是也此水用爲飲食故引洞酌之篇藻雖潦水所生要此潦非生菜處也可薦於鬼神可羞於王公羞進也【疏】可薦至王公○正義曰上言鬼神此言王公是生王公也或以爲王公亦謂鬼神非生王公也此傳之意取詩爲言洞酌論天子之事是羞於王也采蘩云公侯之事是羞於公也言薦又言羞者鄭玄注庖人云備品物曰薦致滋味乃爲羞而況君子結二國之信行之以禮又焉用質○通言盟約彼此之情故言二國焉於虔反約如字又於妙反風有采蘩采蘋采蘩采蘋詩國風義取於不嫌薄物雅有行葦洞酌詩大雅也行葦篇義取忠厚也洞酌篇義取雖行潦可以共祭祀也○葦于鬼反洞音迥共音恭○行【疏】雅有行葦○正義曰采蘩采蘋洞酌上傳所言皆有彼篇之事其言未及行葦今言行葦者其意別取忠厚非以結上也昭忠信也明有忠信之行雖薄物皆可爲用○行下孟反

○武氏子來求賻王未葬也○宋穆公疾召大司馬孔父而屬殤公焉曰先君舍與夷而立寡人先君穆公兄宣公也與夷宣公子即所屬殤公○屬章欲反注同殤舒羊反舍音捨與如字一音餘【疏】武氏至葬也○

正義曰蘇氏云案文九年毛伯來求金傳曰不書王命未葬也此傳直云王未葬不同者毛伯直釋不稱使故云不書王命此武氏子非但不稱使又稱父族二事皆由未葬故直云王未葬也○而立寡人○正義曰曲禮下曰諸侯見天子曰臣某侯某其與民言自稱曰寡人今與臣言亦云寡人則知其對臣民自稱同也老子曰孤寡不穀王侯之謙稱故以下諸侯自稱亦多言不穀寡人弗敢忘若以大夫之靈得保首領以沒先君若問與夷其將何辭以對請子奉之以主社稷寡人雖死亦無悔焉對曰羣臣願奉馮也馮穆公子莊公也○沒本亦作歿同馮皮冰反本亦作憑公曰不可先君以寡人為賢使主社稷若弃德不讓是廢先君之舉也豈曰能賢言不讓則不足稱賢光昭先君之令德可不務乎吾子其無廢先君之功先君以舉賢為功我若不賢是廢之使公子馮出居於鄭。辟殤公。也

八月庚辰宋穆公卒殤公即位君子曰宋宣公可謂知人矣立穆公其子饗之命以義夫命出於義也夫語助○夫音符注同【疏】命以義夫○正義曰義者宜也錯心方直動合事宜乃謂之為義宣公之立穆公知穆公之賢必以義理不弃其子今穆公方卒命孔父以義事而立殤公是穆公命立殤公出於仁義之中故杜云命出於義也必知命以義夫謂穆公命立殤公者以杜注云帥義而行則殤公宜受此命宜荷此祿公子馮不帥父義終傷咸宜之福明知殤公受穆公之命與殷湯武丁同有咸宜是知穆公命殤公是為義也商頌曰殷受命咸宜百祿是荷。其是之謂乎詩頌言殷湯武丁受命皆以義故任荷天之百祿也帥義而行則殤公宜受此命宜荷此祿公子馮不帥父義忿而出奔因鄭以求入終傷咸宜之福故知人之稱唯在宣公也殷禮有兄弟相及不必傳子孫宋其後也故指稱

商頌○頌似用反荷本又作何何可反又音何注同任也任音壬忿芳粉反稱尺證反傳直專反疏商頌至謂乎○正義曰商頌玄鳥之卒章言。成湯武
丁此二王者受天之命皆得其宜故天之百種之祿於是乎荷負之言天祿皆歸故得而荷負也今穆公。示殤公亦得其宜故殤公宜荷其祿詩之意其是此
事之謂乎○注詩頌至商頌○正義曰唐虞之代契為司徒封於商十四世至湯王有天下遂以商為代號後世有武丁者中興賢君時有作詩頌之者謂之
商頌美湯與武丁能荷天祿今殤公亦荷天祿與詩義同故引以證之公羊傳言宋之禍宣公為之尤其舍子立弟果令馮有爭心以馮之爭為宣公之。過今
此傳善宣公故申明其事若使帥義而行則殤公宜受此命宜荷此祿但公子馮不帥父義失其咸宜故知人之稱唯在宣公止善宣公知穆公耳馮自爭國
非宣公之罪故善之傳言使公子馮出居于鄭則是父使之出注言忿而出奔者四年傳曰公子馮出奔鄭鄭人欲納之又衛告宋曰君若伐鄭以除君害是
馮出奔鄭求入欲害宋國也父使居鄭欲以辟殤公馮乃因鄭欲以害殤公故據父言之則云使之出居據馮言之則云忿而出奔各從其實而為之文也諡
法短折不成曰殤布德執義曰穆○

○冬齊鄭盟于石門尋盧之盟也盧盟在春秋前盧齊地今濟北盧縣故城庚戌

鄭伯之車僨于濟既盟而遇大風傳記異也十二月無庚戌日誤○僨弗問反仆也疏注既盟至日誤○正義曰釋言云僨僵也舍人
曰背踣意也車踣而入濟是風吹之。隊濟水非常之事故云傳記異也禹貢導沇水東流為濟入于河溢為。滎釋例曰濟自滎陽卷縣東經陳留至濟陰北經
高平東經濟北東北經濟南至樂安博昌縣入海案檢水流之道今古或殊杜既考校元由據當時所見載於釋例今一皆依杜雖與水經乖異亦不復根尋
也庚戌無月而云十二月者以經盟于石門在十二月知此亦十二月也經書十二月下云癸未葬宋穆公計庚戌在癸未之前。三十三日不得共在一月彼
長曆推此年十二月甲子朔十一日有甲戌二十三日在丙戌不得有庚戌而月有癸未則月不容誤知日誤也

○衛莊公娶于齊東

宮得臣之妹曰莊姜得臣齊大子也。此太子不敢居上位故常處東宮疏衛莊至莊姜○正義曰齊國侯爵譜云姜姓大公望之後其先四岳佐禹有功或封於呂或封於申故太公曰呂望也太公股肱周室成王封之於營丘今臨淄是也僖公九年魯隱公之元年也簡公四年獲麟之歲也簡公弟平公十三年春秋之傳終矣平公二十五年卒後二世七十年而田氏奪齊太公之後滅矣案齊世家莊公生僖公東宮得臣未知何公太子案史記十二。年諸侯年表衛莊公之立在春秋前二十五年齊僖公之立在春秋前八年然則莊姜必非齊僖公之女蓋是莊公之女僖公姊妹也得臣爲太子早死故僖公立也不言僖公姊妹而繫得臣者見其是適女也得臣爲太子云常處東宮者四時東爲春萬物生長在東西爲秋萬物成就在西以此君在西宮太子常處東宮也或可據。易象西北爲乾乾爲君父故君在西東方震震爲長男故太子在東。也美而無子衛人所爲賦碩人也碩人詩義取莊姜美于色賢于德而不見荅終以無子國人憂之○爲音于僞反○疏所爲賦碩人也○正義曰此賦謂自作詩也班固曰不歌而誦亦曰賦鄭玄云賦者或造篇或誦古然則賦有二義此與閔二年鄭人賦清人許穆夫人賦載馳皆初造篇也其餘言賦者則皆誦古詩也又娶于陳曰厲嬀生孝伯早死陳今陳國陳縣○嬀九危反疏又娶于陳○正義曰陳國侯爵譜云嬀姓虞舜之後當周之興有虞遏父者爲周陶正武王賴其利器用與其先聖之後以元女大姬妃遏父之子滿封於陳賜姓曰嬀號胡公桓公二十三年魯隱公之。元年也潛公二十一年獲麟之歲也二十四年楚滅陳此當桓公時二嬀蓋桓公姊妹也其娣。戴嬀生桓公莊姜以爲己子。嬀陳姓也厲戴皆謚雖爲莊姜子然大子之位未定疏注嬀陳至未定○正義曰謚法暴慢無親曰厲典禮無愆曰戴是皆謚也石碏言將立州吁乃定之矣請定州吁明大子之位未定衛世家言立完爲大子非也公子州吁嬖人之子也嬖親幸也○吁況于反嬖必計反賤而得幸曰嬖有寵而好兵公弗禁莊姜惡之石碏諫曰臣聞愛子教之以義方石碏衛大夫○好呼報反禁居鴆反一音金惡烏路反碏七略反弗納於邪驕奢淫泆所自邪也四者之來寵祿過也將立州吁乃定之矣若猶未也階之爲禍言將立爲太子則宜早定若不早定州吁必緣寵而爲禍○邪似嗟反下同泆音逸疏弗納至過也○正義曰驕謂恃己陵物奢謂夸矜僭上淫謂耆欲過度泆謂放恣無藝此四者之來從邪而起故服虔云言此四者過從邪起是也劉炫云此四者所以自邪己身言爲之不已將至於邪邪謂惡逆之事劉又難服云邪是何事能起四過若從邪起何須云四者之來寵祿過也寵祿豈是邪事四者得從而來乎且言弗納於邪懼其緣驕以至於邪非先邪而後驕也夫寵而不驕驕而能降降而不憾憾而能眕者鮮矣如此者少也降其身則必恨恨則思亂不能自安自重○夫音扶發句之端後放此憾本又作感同胡暗反恨也五年同眕之忍反重也鮮息淺反少也疏夫寵而至鮮矣○正義曰恃君寵愛未有不驕亦既驕矜必不能自降其心強降其心未有不恨亦既怨恨必不能自重其身釋言云眕重也不言恨則思亂必不能自安自重也寵而必驕降而必憾言其勢必自然故言其能不然者少也驕而不能降憾而不能眕言其心難自抑故言其能然者少也鮮訓少以一鮮總四事言四事皆鮮也且夫賤妨貴少陵長遠間親新間舊小加大小國而加兵於大國如息侯伐鄭之比○妨音芳少詩照反長丁丈反間間廁之間下同比二反淫破義所謂六逆也君義臣行父慈子孝兄愛弟敬所謂六順也臣行君之義疏賤妨至破義○正義曰賤妨貴謂位有貴賤少陵長謂年有長幼楚公子申多受小國之賂以偪子重子辛是賤人而妨貴人也郲捷菑以弟而欲奪兄位是年少而陵年長也齊東郭偃棠無咎專崔氏之政而侮崔成崔彊是疎遠而間親戚也晉胥童夷羊五得

君寵而去三郤是新臣而間舊臣也息伐鄭曹奸宋是小國而加大國也陳靈蔡景姦穢無度是邪淫而破正義也妨謂有所害陵謂加尙之間謂居其間使彼踈遠也加亦加陵破謂破散淫義不兩立行惡則破害故言破也去順效逆所以速禍也君人者將禍是務去而速之無乃不可乎弗聽其子厚與州吁游禁之不可桓公立乃老老致仕也四年經書州吁弒其君故傳先經以始事〇去起呂反下同弒音試先悉薦反 疏 去順效逆〇正義曰州吁於逆則少陵長於順則弟不敬是去順效逆也六順六逆因事廣言非謂州吁偏犯之也〇注老致至始事〇正義曰禮七十而致事言還其所掌之事於君也傳之初始有此故言傳先經以始事餘不注從可知也

經四年春王二月莒人伐杞取牟婁無傳書取言易也例在襄十三年杞國本都陳留雍丘縣推尋事跡桓六年淳于公亡國杞似并之遷都淳于僖十四年又遷緣陵襄二十九年晉人城杞之淳于杞又遷都淳于牟婁杞邑城陽諸縣東北有婁鄉〇杞音起牟亡侯反易以豉反雍於用反 疏 莒人至牟婁〇正義曰譜云杞姒姓夏禹之苗裔武王克殷求禹之後得東樓公而封之於杞今陳留雍丘縣是也九世及成公遷緣陵文公居淳于成公始見春秋湣公六年獲麟之歲也湣公弟哀公三年春秋之傳終矣哀公十年卒自哀公以下二世十三年而楚滅杞檢杞於此歲已見於經桓二年有杞侯來朝莊二十七年有杞伯來朝於傳並無號諡又不書其卒僖二十三年杞成公卒其諡乃見於傳未知此年杞國定是何君當是成公之父祖耳牟婁杞邑莒伐取之自是以後常爲莒邑昭五年莒牟夷以牟婁來奔是也文三年秦人伐晉傳稱取王官及郊襄二十三年齊侯伐晉傳稱取朝歌並書伐不書取此伐取兩書者彼告伐不告取此伐取並告故也昭元年伐莒取鄆書取不書伐昭十年伐莒取郠書伐不書取者元年兵未加莒而鄆逆服故書取不書伐十年晉以取郠討公故書伐不書取其伐國圍邑書圍以否亦從告也〇注書取至婁鄉〇正義曰襄十三年傳例曰凡書取言易也知此書

取亦言易也地理志云陳留郡雍丘縣故杞國武王封禹之後東樓公是杞本
都陳留雍丘縣也志又云北海郡淳于縣應劭曰春秋州公如曹左氏傳曰淳
于公如曹臣瓚案州國名淳于國之所都此淳于縣於漢屬北海郡晉時屬東
莞郡故釋例土地名云州國都於東莞淳于縣以雍丘淳于雖郡別而竟連也
桓五年傳稱淳于公如曹度其國危遂不復六年春實來雖知其國必滅不知
何國取之襄二十九年晉帥諸侯城杞昭元年祁午數趙文子之功云城淳于
是知淳于即杞國之都也僖十四年諸侯城緣陵而遷杞不知從何而遷故云
淳于公亡國疑似并之而遷居其地僖十四年又從淳于而遷於緣陵襄二十
九年又從緣陵而遷於淳于以無明文疑不敢質故言推尋事跡似當然也若
然淳于為杞所并定似不虛而遷都淳于未有事跡自雍丘而遷緣陵亦可知
矣而杜必言遷都淳于又從淳于遷緣陵者以桓六年淳于公亡國襄二十九
年又杞都淳于則淳于始末是杞之所有又杞之所都故疑未都緣陵之前亦
都淳于也取國易者則直言取若取邿取鄟之類是也故不須加伐於上若其
伐國取邑其邑既小不得名通若不加伐於上不知得何國之邑是以雖易亦
加伐文則伐杞取牟婁伐邾取須句之類是也成二年取汶陽田乞師盟主與
兵伐齊得邑既難而亦書取者因其伐齊晉使還汶陽之田魯不加兵故書取
從易也劉君或疑此意遂云上言
伐下言取者非易以規杜氏非也
○戊申衛州吁弑其君完
稱臣弑君臣之罪
也例在宣四年戊
申三月十七日有日而無月○弑本又作殺同音【疏】注稱臣至無月○正義曰
試凡弑君之例皆放此可以意求不重音完音丸宣四年傳例曰凡弑君稱
君君無道也稱臣臣之罪也注云稱君謂唯書君名而稱國以弑言衆所共絕
也稱臣者謂書弑者之名以示來世終為不義然則此稱州吁之名稱臣弑君
是臣之罪也言完非無道而州吁為賊也州吁實公子而不稱公子者傳文更
無褒貶直是告辭不同史有詳略耳公子雖復非族而文當族處春秋書族以
否大有乖異故杜備言之釋例曰尋案春秋諸氏族之稱甚多參差而先儒皆
以為例欲託之於外赴則患有人身自來者例不可合因以辟陋未賜族為說

弑君不書族者四事州吁無知不稱公子公孫賈氏以爲弑君取國故以國言之案公子商人亦弑君取國而獨稱公子宋督賈氏以爲督有無君之心故去氏案傳自以先書弑君見義不在於氏也宋萬賈氏以爲未賜族案傳稱南宮長萬則爲已氏氏南宮不得爲未賜族也執殺大夫不書族者二事楚殺得臣與宜申賈氏皆以爲陋案楚殺大夫公子側大夫成熊之等六七人皆稱氏族無爲獨於此二人陋也欲以爲通例則有若此之錯欲以爲無義例則傳曰嘉之故不名書曰仲孫嘉之書曰崔氏非其罪暈溺帥師皆曰疾之稱族尊君命舍族尊夫人尊晉罪己之文炳然著明以此推之知亦非仲尼所遺也斯蓋非史策舊法故無凡例當時諸國以意而赴其或自來聘使者辭有詳略仲尼脩春秋因采以示義義之所起則刊而定之不者即因而示之不皆刊正也故蔡人嘉赴而經從稱季傳曰蔡人嘉之書崔氏傳亦曰且告以族明皆從其本也書司馬華孫來盟亦無他比知非大例也然則總而推之春秋之義諸侯之卿當以名氏備書於經其加貶損則直稱人若有褒異則或稱官或稱氏若內卿有貶則特稱名文不直言魯人故異於外也若無褒無貶傳所不發者則皆就舊文或未賜族或時有詳略也推尋經文自莊公以上諸弑君者皆不書氏閔公以下皆書氏亦足明時史之異同非仲尼所皆刊也是杜解州吁不稱公子之意杜知然者正以經之所書無常比例褒則或書官或書氏貶則或稱人或去族既無定例明非舊典仲尼有所起發則刊正舊史無所褒貶則因循故策仲尼改者傳辨其由傳所不言則知無義正是史官自有詳略故耳戊申在癸未之後二十五日更盈一周則八十五日往年十二月癸未葬宋穆公則此年二月不得有戊申雖承二月之下未必是二月之日故長曆推此年二月癸亥朔十日壬申二十二日甲申不得有戊申也三月壬辰朔則十七日有戊申也此經上有二月下有夏得在三月之內不是字誤故云有日而無月僖二十八年冬下無月而經有壬申公朝于王所有日而無月經有比類故知此亦同之凡如此者有十四事

○夏公及宋公遇于清遇者草次之期二國各簡其禮若道路相逢遇也清衛邑濟北東阿縣有清亭

【疏】注遇

者至清亭○正義曰曲禮下云諸侯未及期相見曰遇相見於郤地曰會然則會者豫謀間地克期聚集訓上下之則制財用之節示威於衆各重其禮雖特會一國若二國以上皆稱會也遇者或未及會期或暫須相見各簡其禮若道路相逢遇然此時宋魯特會欲尋舊盟未及會期衛來告亂故二國相遇若三國簡禮亦曰遇故莊四年齊侯陳侯鄭伯遇于垂是也曲禮稱未及期而相見指此類也周禮冬見曰遇則與此別劉賈以遇者用冬遇之禮故杜難之釋例曰遇者倉卒簡儀若道路相逢遇者耳周禮諸侯冬見天子曰遇劉氏因此名以說春秋自與傳違案禮春曰朝夏曰宗秋曰覲冬曰遇此四時之名今者春秋不皆同之於禮冬見天子當是百官備物之時而云遇禮簡易經書季姬及鄫子遇于防此婦呼夫共朝豈當復用見天子之禮於理皆違是言春秋之遇與周禮冬遇異也草次猶造次造次倉卒皆迫促不暇之意○

宋公陳侯蔡人衛人伐鄭 ○秋翬帥師會宋公陳侯蔡人衛人伐鄭 公子翬魯大夫不稱公子疾其固請強君以不義也諸外大夫貶皆稱人至於內大夫貶則皆去族稱名於記事之體他國可言某人而已魯之卿佐不得言魯人此所以為異也翬溺去族傳曰疾之叔孫豹則曰言違命此其例也○翬許歸反強其丈反去起呂反下同溺乃歷反 疏注他國至魯人○正義曰案鄭伯使宛來歸祊庚寅我入祊及齊侯伐我北鄙及我師敗績然魯事皆得稱我則己之卿佐被貶亦可稱我人所以不然者凡云我者皆上有他國之辭故對他稱我魯人出會他國上未有他國之文不可發首言我人故也

○九月衛人殺州吁于濮 州吁弒君而立未列於會故不稱君例在成十六年濮陳地水名○濮音卜 疏注州吁至水名○正義曰春秋之世王政不行賞罰之柄不在天子弒君取國為罪雖大若已列於諸侯會者則不復討也其有臣子殺之即與弒君無異未必禮法當然要其時俗如是宣公殺惡取國納賂於齊以請會傳曰會于平州以定公位杜云篡立者諸侯既與之會則不得復討臣子殺之與弒君同故公與齊會而位定是其義也釋例又云諸侯篡立雖以會諸

侯爲正此列國之制也至於國內策名委質即君臣之分。定故諸殺不成君者亦。與成君同義然杜前注云篡立者諸侯既與之會臣子殺之與弑君同則若未會諸侯臣子殺之不與弑君同似與釋例違者釋例所云諸弑不成君亦成君同義者即莊九年齊人殺無知及此年衛人殺州吁以其未會諸侯故不書爵猶不從兩下相殺之例故云亦與成君同義若既會諸侯則臣弑稱爵則文十八年齊人弑其君商人是也曹伯負芻殺其大子而自立成十五年諸侯同盟于戚曹伯既列於會然後晉人執之十六年傳稱曹人請于晉曰若有罪則君列諸會矣是列會即成君矣此州吁未列於會故不稱君曹人之辭即是成則例故云例在成十六年殺之於濮謂死於水旁也釋例土地名此濮下注云闕哀二十七年傳濮下注云濮自陳留酸棗縣受河東北經濟陰至高平鉅野縣入濟。彼濮與此名同實異故杜於此不言闕直云濮陳地水名

○冬十有二月衛人立晉衛人逆公子晉而立之善其得衆故不書入於衛變文以示義例在成十八年

疏注衛人至八年○正義曰成十八年傳例曰凡去其國國逆而立之曰入此公子晉去衛居邢衛人迎而立之於法正當書入宜與齊小白同文傳言書曰衛人立晉衆也是仲尼善其得衆故改常例變文以示義也

傳四年春衛州吁弑桓公而立公與宋公爲會將尋宿之盟未及期衛人來告亂○夏公及宋公遇于清宿盟在元年○宋殤公之即位也公子馮出奔鄭鄭人欲納之及衛州吁立將脩先君之怨於鄭謂二年鄭人伐衛之怨

疏注謂二至之怨○正義曰二年伐衛見經故以屬之未必往前更無怨也衛世家稱桓公十六年乃爲州吁所弑則隱之二年當桓之世服虔以先君爲莊公非也何則宣公烝夷姜生急子公納急子之妻生壽及朔朔能構兄壽能代死則是年皆長矣宣公以此年即位桓十二年卒終始二十。矣雖壽之死未知何歲急子之娶當在宣初若隱之二年莊公猶在

豈於父在之時已得烝父妾生急子也史記雖多謬誤此當信然而求寵於諸侯以和其民諸篡立者諸侯既與之會則不復討

故欲求此寵○篡初患反復扶又反下文復伐同使告於宋曰君若伐鄭以除君害害謂宋公子馮君爲主敝

邑以賦與陳蔡從則衛國之願也言舉國之賦調○從才用反調徒弔反宋人許之於是陳蔡方

睦於衛蔡今汝南上蔡縣【疏】注蔡今至蔡縣○正義曰蔡國侯爵譜云蔡姬姓文王子叔度之後也武王封之於汝南上蔡爲蔡侯作亂見誅其

子蔡仲成王復封之於蔡至平侯徙新蔡昭侯徙九江下蔡宣侯二十八年魯隱公之元年也昭侯子成侯十年獲麟之歲也成侯子聲侯四年春秋之傳終

矣聲侯十四年卒自聲侯以下二世二十八年而楚滅蔡地理志云汝南上蔡縣故蔡國周武王弟叔度所封故宋公陳侯蔡人衛人

伐鄭圍其東門五日而還公問於衆仲曰衛州吁其成乎衆仲魯大夫對曰臣聞以

德和民不聞以亂亂謂阻兵而安忍以亂猶治絲而棼之也絲見棼縕益所以亂○棼扶云反亂也縕於云反

夫州吁阻兵而安忍。阻兵無衆安忍無親衆叛親離難以濟矣。恃兵則民殘。民殘則衆叛安忍

則刑過刑過則親離【疏】阻兵而安忍○正義曰阻。恃。諸。國。之兵以求勝而征伐不已安忍行虐事刑殺過度也夫兵猶火也弗戢。將

自焚也夫州吁弒其君而虐用其民於是乎不務令德而欲以亂成必不免矣

○戢莊立反○秋諸侯復伐鄭宋公使來乞師乞師不書非卿公辭之從衆仲之言羽父請以師

會之羽父公子翬公弗許固請而行故書曰翬帥師疾之也【疏】故書至疾之也○正義曰案元年傳郲人

鄭人盟于翼公子豫請往公不許遂行彼則不書又不加貶責此公子翬之行公。亦不許而書於經又加貶責者公子豫公不許私竊而行翬則強梁固請公事不獲已令其出會故以君命而書又加貶責諸侯之師敗鄭徒兵取其禾而還時鄭不車戰○州吁未能和其民厚問定君於石子石子石碏也以州吁不安。諮其父石子曰王覲爲可疏。王覲爲可○正義曰於王處行覲禮此事是爲可也曰何以得覲曰陳桓公方有寵於王陳衛方睦若朝陳使請必可得也厚從州吁如陳石碏使告于陳曰衛國褊小老夫耄。矣無能爲也此二人者實弑寡君敢卽圖之○八十曰耄稱國小己老自謙以委陳使因其往就圖之觀其覲反見也朝直遙反後不出者皆放此褊必淺反一音必殄反耄毛報反陳人執之而請涖于。衛請衛人自臨討之○涖音利又音類臨也○九月衛人使右宰醜涖殺州吁于濮石碏使其宰獳羊肩涖殺石厚于陳君子曰石。碏純臣也惡州吁而厚與焉大義滅親其是之謂乎子從弑君之賊國之大逆不可不除故曰大義滅親明小義則。當兼子愛之○獳奴侯反惡烏路反與焉音預○衛人逆公子晉于邢冬十二月宣公卽位公子晉也○邢音刑國名疏。宣公卽位○正義曰賊討乃立自繼前君故不待踰年也書曰衛人立晉衆也

經五年春公矢。魚。于棠書陳魚以示非禮也書棠譏遠地也今高平方與縣北有武。唐亭魯侯觀。魚臺疏注書陳至魚臺○正義曰陳魚者獸獵之類謂使捕魚之人陳設取魚之備觀其取魚以爲戲樂非謂既取得魚而陳列之也其。實觀魚而書陳魚者國君爵位尊重非蒐狩大事則不

當親行公故遣陳魚而觀其捕獲主譏其陳故書陳魚以示非禮也傳曰非禮也且言遠地故知書棠譏遠地也○夏四月葬衞桓公

○秋衞師入郕將卑師衆但稱師此史之常也○郕音成國名將子匠反○九月考仲子之宮初獻六羽成仲子宮安其主而祭之惠公以仲子手文娶之欲以爲夫人諸侯無二嫡蓋隱公成父之志爲別立宮也公問羽數故書羽婦人無謚因姓以名宮○嫡丁歷反爲別于僞反

疏九月至六羽○正義曰三年之內木主特祀於寢宮廟初成木主遷入其中設祭以安神也祭則有樂故初獻六羽初始也往前用八今乃用六也獻者奏也奏進聲樂以娛神也六羽謂六行之人秉羽舞也○注成仲至名宮○正義曰考成釋詁文也言初獻六羽者謂初始而獻非在後恆用知者案宣十五年初稅畝杜云遂以爲常故云初○杜於此不解初義明不與彼同故春秋之經有文同事異如此之類是也注以祭文不見故辨之云成仲子宮安其主而祭之以其與獻羽連文知考謂祭以成之非謂始築宮成也又解立宮之意惠公以仲子手有夫人之文因即娶之雖不以爲夫人有欲以爲夫人之意禮諸侯不再娶於法無二適孟子入惠公之廟仲子無享祭之所蓋隱公成父之志爲別立宮仲子以二年十二月薨四年十二月已再期矣喪畢即應入廟至此始成宮者仲子立廟本非正法喪服既終將爲吉祭主無祭處始議立之故晚成也傳云始用六佾不書佾而書羽者以公問羽數故書羽也○婦人法不當謚仲子無謚故因姓以名宮也立宮必書於策羽則非常所書善其復正故書之傳載衆仲之對而言公從之是其善之意也爲書六羽故言考宮言其因考以獻羽也若不爲羽當云立仲子之宮如立武宮煬宮然不須言考也禮雜記下云成廟則釁之路寢成則考之而不釁以廟則當釁寢則當考此廟言考者考是成就之義廟者鬼神所居祭祀以成之寢則生人所宅飲食以成之雜記注云路寢者生人所居不釁者不神之也考之者設盛食以落之是也廟成釁之者尊而神之蓋木主未入之前已行釁禮也案雜記釁廟之禮云祝宗人宰夫雍人皆爵弁純衣雍人拭羊宗人視之宰夫北面于碑南東上雍

人舉羊升屋自中中至南面封羊血流于前乃降門夾室皆用雞先門而後夾室其衈皆於屋下割雞門當門夾室中室有司皆鄉室而立門則有司當門北面既事宗人告事畢乃皆退是釁廟之禮此言考宮獻羽自爲主已入廟則是祭以成之非釁禮與彼異也故公羊傳曰考宮者何考猶入室也始祭仲子也則是謂祭爲考也服虔云宮廟初成祭之名爲考將納仲子之主故考成以致其五祀之神以堅之其意謂考卽是釁也案雜記釁廟之禮止有雞羊旣不用樂何由獻羽言將納仲子之主則是仍未入宮然則作樂獻羽敬事何神考仲子之宮唯當祭仲子耳又安得致五祀之神乎蘇氏云不稱夫人宮者桓宮僖宮不言公則仲子例不合稱夫人宮也不稱廟而言宮者於經例周公稱大廟羣公稱宮故仲子依例稱宮也若然案文十三年大室屋壞大廟稱室者謂大廟之室屋壞耳若傳文則大廟或稱宮卽大宮之椽是也羣公或稱廟卽同宗於祖廟同族於禰廟是也

○邾人鄭人伐宋邾主兵故序鄭上

疏注邾主至鄭上○正義曰天下有道諸侯不得專行征伐春秋之時專行征伐以其不稟王命故以主兵爲首雖小國主兵卽序於大國之上欲見伐由其國善惡所歸故也雖大夫爲主國君從之亦序主兵於上僖二十七年楚人陳侯蔡侯鄭伯許男圍宋注云傳言楚子使子玉去宋經書人者恥不得志以微者告猶序諸侯之上楚主兵故是微人主兵亦序國君之上史策之常法也

○螟無傳蟲食苗心者爲災故書○螟亡丁反

疏注蟲食至故書○正義曰釋蟲云食苗心螟食葉蟘食節賊食根蟊舍人曰食苗心者名螟言冥冥然難知也李巡曰食禾心爲螟言其姦冥冥難知也食禾葉者言其假貸無厭故曰蟘也食其節者言其貪狼故曰賊也食其根者言其稅取萬民財貨故曰蟊也孫炎曰皆政貪所致因以爲名郭璞曰分別蟲啖食禾所在之名耳李巡孫炎以政致爲名舍人郭璞以食處爲名陸機疏云舊說螟蟘蟊賊一種蟲也如言寇賊姦宄內外言之耳故犍爲文學曰此四種蟲皆蝗也實不同故分別釋之然則螟非以蟲名以食苗之處爲名耳

○冬十有二月辛巳公子彄卒大夫書卒不書葬葬者臣子之事非公家所及

○彄苦侯反　疏注大夫至所及正義曰檀弓下云君於大夫將葬弔於宮君親弔之而不書者弔喪問疾人道之常假有得失不足褒貶如此小事例皆不書葬若國家所營則亦不可不書大夫之葬皆臣子自爲非公家所及○宋事不關國無以得書葬也他國之君書葬者遣使往會須書君命故耳

人伐鄭圍長葛潁川長社縣北有長葛城

傳五年春公將如棠觀魚者臧僖伯諫曰凡物不足以講大事臧僖伯公子彄也。僖謚也大事祀與戎○觀魚者本亦作漁者其材不足以備器用則君不舉焉材謂皮革齒牙骨角毛羽也器用軍國之器君將納民於軌物者也故講事以度軌量謂之軌取材以章物采謂之物不軌不物謂之亂政亂政亟行所以敗也言器用衆物不入法度則爲不軌不物亂。敗之所起○度待洛反一音如字亟欺冀反數也

疏觀魚者○正義曰說文云。漁捕魚也然則捕魚謂之魚天官𩽾人掌以時𩽾爲梁凡𩽾者掌其政令是謂捕魚爲魚魚者猶言獵者也○臧僖至敗也○正義曰凡物不足以講大事者物謂事物旌旗車服之屬若其爲教戰祭祀等大事故布設陳列則可如其細碎盤遊雖陳其物不堪足以講習大事止謂不爲大事而陳此物故云不足以講大事也其材不足以備器用者材謂皮革齒牙之屬若其爲飾器用故狩獵取材則可如其因遊宴戲樂所得之材不堪足以備飾器用止謂不爲器用而取此材故云不足以備器用也人君一國之主在民之上當直己而行之以法敺民而納之於善故云人君將納民於軌物者也言當爲軌爲物納民於其中也既言民歸軌物更解軌物之名故講習大事以準度軌法度量謂之爲軌準度軌量即謂習戰治兵祭祀之屬是也取鳥獸之材以章明物色采飾謂之爲物章明物采即取材以飾軍國之器是也劉炫云捕魚獵獸其事相類此諫大意言人君可觀獵獸不可觀捕魚凡物者廣言

諸物鳥獸魚鼈之類也材謂所有皮革毛羽之類也器謂車馬兵甲軍國所用
之物也凡此諸物捕之不足以講習兵事其材不足以充備器用如此者則人
君不親舉焉其意言獵之坐作進退可以教戰陳獸之齒牙皮革足以充器用
人君可以觀之捕魚不足以教戰陳鱗甲不足以爲器用人君不宜觀之人君
以下云云同今若人君所行不得其軌舉動不順器服不當其物上下無章如
是則謂之荒亂之政也亂政數行國家之所以禍敗也其意言魚非講事是不
軌材不充用是不物今君觀魚是爲亂國之政禍敗之本故不用使公行也事
度軌量不正謂順時狩獵以教習戎事也材章物采正謂取其皮革以脩造器物
也下云四時田獵治兵振旅以習威儀覆此講事也肉不登俎材不登器則公
不射覆此章物也別言川澤之實非君所及指言不可觀魚辭有首引自相配
成也○注臧僖至與戎○正義曰僖伯名彄字子臧世本云孝公之子即此冬
書公子彄卒是也謚法小心畏忌曰僖是僖爲謚也諸侯之子稱公子公子之
子稱公孫公孫之子不得祖諸侯乃以王父之字爲氏計僖伯之孫始得以臧
爲氏今於僖伯之上已加臧者蓋以僖伯是臧氏之祖傳家追言之也成十三
年傳曰國之大事在祀與戎故知大事祀與戎也必知兼祀者以下云鳥獸之
肉不登於俎故也劉炫云田獵止教戎而言祀者獵狩主以祭祀故幷祀言之
下注云俎祭宗廟器見此意也○注言器至所起○正義曰車馬旗衣服刀
劍無不皆有法度器用衆物不入法度廣言之也器不當法用非其物則爲不
軌不物政不在君
則亂敗之所起也

故春蒐夏苗秋獮。冬狩

蒐索擇取不孕者苗爲苗除害也獮
殺也以殺爲名順秋氣也狩圍守也
冬物畢成獲則取之無所擇也○蒐所求反索也獮息淺反說文作獮
穀梁傳云春曰田秋曰蒐狩手又反索所百反孕以證反爲苗于僞反

疏注蒐索至擇也○正義曰爾雅釋天四時之獵名與此同說者皆如此注故杜依用之周
禮大司馬職中春教振旅遂以蒐田中夏教茇舍遂以苗田中秋教治兵遂以
獮田中冬教大閱遂以狩田其名亦與此同鄭玄解苗田與此小異言擇取不
孕任者若治苗去不秀實者孫炎亦然桓四年公羊傳曰春曰苗秋曰蒐冬曰

狩三名既與禮異又復夏時不田穀梁傳曰四時之田皆爲宗廟之事也春曰田夏曰苗秋曰蒐冬曰狩皆與禮異者良由微言既絕曲。辨妄生丘明親受聖
師故獨與禮合漢代古學不行。明帝集諸學士作白虎通義因穀梁之文爲之。生說曰王者諸侯所以田獵何爲苗除害上以共宗廟下以簡集士衆也春謂
之田何春歲之本舉本名而言之也夏謂之苗何擇。其懷任者也秋謂之蒐何蒐索肥者也冬謂之狩何守地而取之也四時之田總名爲田何爲田除害也
案苗非懷任之名何云擇去懷任秋獸盡皆不瘦何云蒐索取肥雖名通義義不通也故先儒皆依周禮左傳爾雅之文而爲之說其名亦有意焉雖復春獵
獲則取之不能擇取不孕夏獵所取無多不能爲苗除害爲因時異而變文耳謂之獵者蔡邕月令章句云獵者捷取之名也皆於農隙以講
事也各隨時事之間○隙去逆反疏注各隨時事之間○正義曰隙訓間也四仲之月自是常期就其月中簡選間日雖則農月必有間時故曰隨
時事之間也仲冬農之最隙之故大備禮也三年而治兵入而振旅雖四時講武猶復三年而大習出曰治兵始治其事入曰振旅治兵
禮畢。整衆而還振整也旅衆也○振之愼反整也復扶又反下同疏注雖四至衆也○正義曰雖每年常四時講武猶復三年而一大習猶如四時常祀
三年而復爲。禘祭意相類也出曰治兵者以其初出始治其事也入曰振旅者以治兵禮畢整衆而還振訊是整理之義故振爲整也旅衆也釋詁文治兵振
旅坐作進退其禮皆同所異者唯長幼先後耳釋天云出爲治兵尙威武也入爲振旅反尊卑也孫炎曰出則幼賤在前貴勇力也入則尊老在前復常法也
莊八年穀梁傳曰出曰治兵習戰也入曰振旅習戰也公羊傳曰出曰治兵入曰振旅其禮一也皆習戰也是其禮同也何休公羊爲出曰祠兵休云殺牲饗
士卒鄭玄詩箋引公羊亦作治兵是其所見本異也此治兵振旅亦四時教之但於三年大習詳其文耳周禮春教振旅秋教治兵者四時教民各以其宜春
卽止兵收衆專心於農秋卽繕甲厲兵將威不軌故異其文耳歸而飲至以數軍實飲於廟以數車徒器械及所獲也○數所主反注同

械戶戒反【疏】注飲於至獲也○正義曰桓二年傳例曰凡公行告于宗廟反行飲至彼飲至在廟知此言飲至亦飲於廟也軍之資實唯有車徒器械獵則有所獲詩序車攻美宣王脩車馬備器械因田獵而選車徒故知數軍實者數車徒器械及所獲也說文云械器之總名虞喜云器械謂鎧甲兜鍪也宣十二年傳言楚國無日不討軍實而申儆之襄二十四年傳曰齊社蒐軍實使客觀之二注並云軍器不言車徒及所獲者彼無獵事故不言也

昭文章車服旌旗【疏】注車服旌旗○正義曰周禮巾車職曰革路建大白以即戎木路建大麾以田司服職曰凡兵事韋弁服凡甸冠弁服鄭玄云甸田獵也計田獵當乘木路服冠弁但三年治兵乃習兵大禮不宜乘田車服田服天子蓋乘革路服韋弁也在軍君臣同服公卿以下蓋亦乘兵車服兵服也其旌旗則尊卑異建治兵之禮為辨旗物必不建大白大麾大司馬職曰中秋教治兵辨旗物之用王載大常諸侯載旂軍吏載旗師都載旜鄉遂載物郊野載旐百官載旟遂以獮田鄭玄云軍吏諸軍帥也師都遂大夫也鄉遂鄉大夫也或載旜或載物衆屬軍吏無所將也郊謂鄉遂之州長縣正以下也野謂公邑大夫載旐者以其將羨卒也百官卿大夫也載旟者以其屬衛王也凡旌旗有軍衆者畫異物無者帛而已然則治兵旌旗當如司馬職文也按司常職云及國之大閱贊司馬頒旗物王建大常諸侯建旂孤卿建旜大夫士建物師都建旗州里建旟縣鄙建旐道車載旞斿車載旌計大閱治兵俱是教戰而旌旗之物所建不同者鄭玄云凡頒旗物以出軍之旗則如秋以尊卑之常則如冬大閱備軍禮而旌旗不如出軍之時空辟實然則大閱所建尊卑之常治兵所建出軍之禮此三年治兵與秋教治兵其名既同建當不異故服虔解此亦引司馬職文明是旌旗所建用秋辨旗物之法案大司馬職不教治兵王載大常所以巾車云大麾以田又云大白以即戎者先儒以為王田春夏則大麾秋冬則大常旌旗所用雖如治兵之時然王若親軍則建大白

明貴賤辨等列等列行伍○辨如字又方免反別也行戶郎反

順少長出則少者在前還則在後所謂順也○少詩照反注皆同長丁丈反下注同

習威儀也

鳥獸之肉不登於俎 俎祭宗廟器○鳥獸之肉一本作其肉俎莊呂反 皮革齒牙骨角毛羽不登於器 謂以飾法度之器

【疏】鳥獸至於器○正義曰說文云革獸皮治去其毛革更之然則有毛為皮去毛為革周禮掌皮秋斂皮冬斂革以其。小異故別時斂之散文則皮革通也頟上大齒謂之為牙鳥翼長毛謂之為羽齒牙毛羽各自小異故歷言之也登於俎謂升俎以共祭登於器謂在器以為飾諸器之飾有用此材者○注俎祭宗廟器○正義曰饗燕之饌莫不用俎獨言宗廟器者明田獵取禽主為祭祀若止共燕食則公亦不為下注云法度之器其義亦然非法之器公亦不舉登訓為升服虔以上登為升下登為成二登不容異訓且云不成於器為不辭矣又器以此物為飾寧復待之乃成也周禮𩟄人凡祭祀共其。魚之鱻薨特牲少牢祭祀之禮皆有魚為俎實肉登於俎公則射之而以觀魚為非禮者此言不登於俎者謂妄出遊獵雖取鳥獸元不為祭祀不登於器亦謂盤遊元不為取材以飾器物今公觀魚乃是遊戲故以非之然登俎登器之物雖君所親至於庶羞雜物細小之倫雖為祭祀亦君不射禮水土之品籩豆之物苟可薦者莫不咸在豈皆公親之也劉炫云比言田獵之時小。鳥小獸則公不射雖講事而田尚不射小物況魚非講事不宜輒舉不謂登俎之物皆公所親射祭祀水上云云同

則公。不射古之制也若夫山林川澤之實器用之資皁隸之事官司之守非君所及也 士臣皁皁臣輿輿臣隸言取此雜猥之物以資器備是小臣有司之職非諸侯之所親也○射食亦反皁才早反輿音餘猥烏罪反

【疏】若大至及也○正義曰山林之實謂材木樵薪之類川澤之實謂蔆。芡魚蟹之屬此皆器用之所資須賤人之所守掌非人君所宜親及之也此雖意諫觀魚而廣言小事故注云取此雜猥之物以資器備非諸侯所親也雜猥謂諸雜猥碎也資謂器之資財待此而備器之所用及所盛皆是也穀梁傳曰禮尊不親小事卑不尸大功魚卑者之事也公觀之非正與此同也若然月令季冬命漁師始漁天子親往嘗魚先薦寢廟彼禮天子親往此

譏公者彼以時魚。絜矣取之以爲宗廟特重其事天子親行意在敬事鬼神非欲以爲戲樂隱公觀魚志在遊戲故譏之也公曰吾將略地焉孫辭以略地略總攝巡行之名傳曰東略之不知西則否矣○行下孟反疏注孫辭至否矣○正義曰僖。九年傳曰東略之不知西則否矣又十六年傳曰謀。鄭且東略也略者巡行之名也公曰吾將略地焉言欲案行邊竟是孫辭也若國。竟之內不應譏公遠遊且言遠地明是他竟也釋例曰舊說棠魯地據傳公辭欲略地則非魯竟也釋例土地名棠在魯部內云本宋地蓋宋魯之界上也遂往陳魚而觀之陳設張也公大設捕魚之備而觀之○捕音步一音搏僖伯稱疾。不從書曰公矢魚于棠非禮也且言遠地也矢亦陳也棠魯地竟故曰遠地○從才用反竟音境疏注矢亦陳也○正義曰釋詁。云矢陳也○曲沃莊伯以鄭人邢人伐翼曲沃晉別封成師之邑在河東聞喜縣莊伯成師子也翼晉舊都在平陽絳邑縣東邢國在廣平襄國縣○沃烏毒反疏。注曲沃至國縣○正義曰晉國侯爵譜云姬姓武王子唐叔虞之後也成王滅唐而封之今大原晉陽縣是也。燮父改之曰晉燮父孫成侯徙都曲沃今河東聞喜縣是也穆侯徙都絳鄂侯二年魯隱公之元年也定公三十一年獲麟之歲也出公八年而春秋之傳終矣出公十七年卒自出公以下五世八十二年而韓趙魏滅晉也地理志云河東聞喜縣故曲沃也武帝元鼎六年行過改名應劭曰武帝於此聞南越破改曰聞喜志又曰趙國襄國縣故邢國然則於漢屬趙國於晉屬廣平王使尹氏武氏助之翼侯奔隨尹氏武氏皆周世族大夫也晉內相攻伐不告亂故不書傳具其事爲後晉事張本曲沃及翼本末見桓二年隨晉地○傳具一本作傳見賢遍反○夏葬衞桓公衞亂是以緩有州吁之亂十四月乃葬傳明其非慢也○四月鄭人侵衞牧牧衞邑經書夏四月葬衞桓公今傳直言夏而更以四月附鄭人侵衞牧者於下事宜得月以明事之先後故不復備舉經文三年君氏卒其義亦同他皆倣此○牧州牧之牧徐音目以報東門之役東門役在四年衛人以燕師伐鄭南燕國今東郡燕縣○燕於賢反國名【疏】注南燕至燕縣○正義曰燕有二國一稱北燕故此注言南燕以別之世本燕國姞姓地理志東郡燕縣南燕國姞姓黃帝之後也小國無世家不知其君號諡唯莊二十年燕仲父見傳耳鄭祭足原繁洩駕以三軍軍其前使曼伯與子元潛軍軍其後燕人畏鄭三軍而不虞制人北制鄭邑今河南城皋縣也一名虎牢○洩息列反曼音萬六月鄭二公子以制人敗燕師于北制二公子曼伯子元也君子曰不備不虞不可以師○曲沃叛王秋王命虢公伐曲沃而立哀侯于翼春翼侯奔隨故立其子光○衛之亂也郕人侵衛故衛師入郕郕國也東平剛父縣西南有郕鄉○父音甫【疏】注郕國至郕鄉○正義曰史記管蔡世家稱郕叔武文王子武王之母弟後世無所見既無世家不知其君號諡唯文十二年郕大子朱儒奔魯書曰郕伯來奔見於經傳則郕國伯爵也○九月考仲子之宮將萬焉萬舞也【疏】注萬舞也○正義曰案公羊傳曰萬者何干舞也籥者何羽舞也則萬與羽不同今傳云將萬焉問羽數於衆仲是萬與羽為一者萬羽之異自是公羊之說今杜直云萬舞也則萬是舞之大名也何休云所以仲子之廟唯有羽舞無干舞者婦人無武事獨奏文樂也劉炫云公羊傳曰萬者云云籥者云云羽者為文萬者為武武則左執朱干右秉玉戚文則左執籥右秉翟此傳將萬問羽即似萬羽同者以當此時萬羽俱作但將萬而問羽數非謂羽即萬也經直書羽者與傳互見之公問羽數於衆仲問執羽人數對曰天子用八八八六十四人諸侯用六六六三十六人【疏】注六六三十六人○正義曰何休說如此服虔以用六為六八四十八大夫四為四八三十二士二為二八十六杜以舞勢宜方行列既減即

每行人數亦宜減故同何說也或以襄十一年鄭人賂晉侯以女樂二八爲二佾之樂知自上及下行皆八人斯不然矣彼傳見晉侯減樂之半以賜魏絳因歌鐘二肆遂言女樂二八爲下半樂張本耳非以二八爲二佾若二八卽是二佾鄭人豈以二佾之樂賂晉侯晉侯豈以一佾之樂賜魏絳

大夫四

四四十六人

士二

二二四人士有功賜用樂

夫舞所以節八音而行八風

八音金石絲竹匏土革木也八風八方之風也以八音之器播八方之風手之舞之足之蹈之節其制而序其情○八音金鐘石磬絲琴瑟竹簫管土塤木柷敔匏笙革鼓也八方之風謂東方谷風東南清明風南方凱風西南方涼風西方閶闔風西北不周風北方廣莫風東北方融風匏白交反蹈徒報反

【疏】夫舞至八風○正義曰舞爲樂主音逐舞節八音皆奏而舞曲齊之故舞所以節八音也八方風氣寒暑不同樂能調陰陽和節氣八方風氣由舞而行故舞所以行八風也○注八音至其情○正義曰八音爲金石土革絲木匏竹周禮大師職文也鄭玄云金鐘鎛也石磬也土塤也革鼓鼗也絲琴瑟也木柷敔也匏笙也竹管簫也八風八方之風者服虔以爲八卦之風乾音石其風不周坎音革其風廣莫艮音匏其風融震音竹其風明庶巽音木其風清明離音絲其風景坤音土其風涼兌音金其風閶闔易緯通卦驗云立春調風至春分明庶風至立夏清明風至夏至景風至立秋涼風至秋分閶闔風至立冬不周風至冬至廣莫風至風體一也逐天氣隨八節而爲之立名耳調與融一風二名昭十八年傳曰是謂融風是其調融同也沈氏云案樂緯云坎主冬至樂用管艮主立春樂用塤震主春分樂用鼓巽主立夏樂用笙離主夏至樂用絃坤主立秋樂用磬兌主秋分樂用鍾乾主立冬樂用柷敔此八方之音既有二說未知孰是故兩存焉更說制樂之本節音行風之意以八音之器宣播八方之風使人用手以舞之用足以蹈之節其禮制使不荒淫次序人情使不蘊結也蟋蟀詩曰無已大康職思其居是節其制也舜歌南風曰南風之時兮可以阜吾人之財兮南風之薰兮可以解吾人之慍兮是序其情也

故自八以下

唯天子得盡物數故以八爲列諸侯則不敢用

八公從之於是初獻六羽始用六佾也魯。唯文王周公廟得用八而他公遂因仍僭而用之今隱公特立此婦人之廟詳問衆仲。因明大典故傳亦因言始用六佾其後季氏舞八佾於。庭知。唯在仲子廟用六○佾音逸僭子念反【疏】注魯唯至用六○正義曰襄十二年傳曰魯爲諸姬臨於周廟是魯立文王之廟也文王天子自然用八禮記祭統曰昔者周公旦有勳勞於天。下成王康王賜之以重祭朱干玉戚以舞大武八佾以舞大夏此天子之樂也康周公故以賜魯明堂位曰命魯公世世祀周公以天子之禮樂是周公之廟用八也傳曰始用六佾則知以前用八何休云僭齊也下傚上之辭魯之僭傚必有所因故本其僭之所由言由文王周公廟用八佾他。公之廟遂因仍僭而用之今隱公詳問衆仲衆仲因明大典公從其言於仲子之廟初獻六羽故傳亦因言始用六佾謂仲子之廟用六佾他公則。仍用八也至襄昭之時魯猶皆亦用八故昭二十五年公羊傳稱昭公謂子家駒曰吾何僭哉荅曰朱干玉戚以舞大夏八佾以舞大武此皆天子之禮也是昭公之時僭用八也此減從正禮尚書於經若更僭非禮無容不書自此之後不書僭用八佾知他廟僭而不改故杜自明其證其後季氏舞八佾於庭知唯在仲子廟用六也○宋人取邾田邾人告於鄭曰請君釋憾於宋敝邑爲道釋四年再見伐之恨○道音導本亦作導鄭人以王師會之王師不書不以告也伐宋入其郛以報東門之役郛郭也東門役在四年○郭芳夫反下同宋人使來告命告命策書公聞其入郛也將救之問於使者曰師何及對曰未及國忿公知而故問責窮辭○使所吏反下同公怒乃止辭使者曰君命寡人同恤社稷之難今問諸使者曰師未及國非寡人之所敢知也爲七年公伐邾傳○冬十二月辛巳臧僖伯卒公曰叔父有憾於寡人諸侯稱同姓大夫長曰伯父少曰叔父有恨恨諫觀魚不聽【疏】注諸侯至不聽○正義曰詩伐木篇毛傳曰天子謂同姓諸侯諸侯謂同姓大夫皆曰父異姓則稱舅覲禮載天子呼諸侯之稱曰同姓大國則曰伯父其異姓則曰伯舅同姓小邦則曰叔父其異姓則曰叔舅然則諸侯之國有大小之異大夫無地之大小明以年之長少爲異莊十四年傳稱鄭厲公謂原繁爲伯父禮記祭統稱衛莊公呼孔悝爲叔舅諸侯呼異姓大夫爲伯舅同姓大夫爲叔父者雖則無文明亦然矣僖伯者孝公之子惠公之弟惠公立四十六年而薨則子臧此時年非幼少呼曰叔父者是隱公之。親叔父也此注自言。臣之大法耳寡人弗敢忘葬之加一等加命服之等○宋人伐鄭圍長葛以報入郛之役也

附釋音春秋左傳注疏卷第三

春秋左傳注疏卷三校勘記　　阮元撰盧宣旬摘錄

附釋音春秋左傳注疏卷第三 隱三年盡五年

〔經三年〕

己巳日有食之 釋文食如字本或作蝕音同案詩日有食之漢書劉向傳引作日有蝕之是蝕與食通

或有頻交而食者 各本作頻此本誤三今訂正

令月來及日 宋本令作今不誤

是過半校二十九分也 閩本校誤[illegible]

知其不可知也 宋本下知字重是也

或有頻交而食者 各本作頻此本誤雖今訂正

襄二十二年 宋本下二作一不誤

食無常月 各本作食此本誤木今訂正

當陽量之月 閩本監本毛本量作長宋本作戚是也

故有伐鼓用幣之事 各本作用此本誤周今訂正

其日食例 各本作日此本誤衣今訂正

曆紀全差 宋本作全廢

會稽都尉劉洪 此本實闕劉字閩本同據宋本監本毛本補

漸益詳密 宋本詳作微

故漢朝以來 閩本監本毛本朝作與宋本作初

皆一百七十三日有餘而始一交會 浦鏜正誤皆下增以爲二字

不可謂之錯誤世考之曆術 監本毛本世作也

則自有頻食之理 宋本自作日不誤

言日不言朔 各本作朔此本誤明今訂正

食晦夜也 浦鏜云食晦夜三字本作夜食

卽傳其僞以懲臣子之過也 岳本懲下有創字與正義合

典禮下曰 宋本典作曲是也

無葬者皆顯言其謚也 閩本監本毛本無作凡字按此說杜注之例無字是

明日月闕否各本作闕此本誤開今訂正

且虛實相生段玉裁校作實虛相生

隨而長之監本毛本長作表非

言其與己異氏也閩本監本毛本異氏誤倒

魯不共奉王喪各本作共此本誤其今訂正釋文云共本又作供

注武氏至釋名各本名作也下有○此本誤脫

故來赴以名岳本脫來字

或曰濟北盧縣故城西南濟水之門淳熙本濟誤齊

癸未葬宋繆公史記鄭世家漢書古今人表作繆公禮記喪服小記序以昭繆鄭氏注繆讀為穆聲之誤也陳樹華云凡謚法曰穆者史漢多作繆蓋古字叚借也

曰寡君不祿閩本監本毛本君作人非也

則不曰薨閩本則作故

〔傳三年〕

不赴於諸侯 石經宋本淳熙本岳本足利本於作于下哭于祔于毛本並改於纂圖本作祔于

既葬日中自墓反虞於正寢 宋本墓誤基淳熙本作暮亦非

今聲子三禮皆闕 宋本子作君案正義作子監本此處模糊重脩監本誤于

既封有司以几筵舍奠於墓左 宋本墓誤基

反日中而虞 閩本監本毛本反作及

唯卒葬兩事而已 監本毛本兩作故

必有闕一事則變一文 宋本一事作二事

故不稱夫人 閩本監本毛本故作則

初死乃赴 宋本監本毛本乃作即

順記之先後爲文也 宋本監本毛本記作經不誤○今依訂正

課行一事則其此三文 宋本亦作課閩本監本毛本作是下同其各本作具是也○補其今改具

定姒之傳 浦鏜云姒氏誤定姒

不須辟孟子也 毛本孟作仲不誤○今依訂正

則尊得加於臣子宋本得作德誤

亦仕王朝宋本仕作任非

王欲分政於虢毛本於作于非

鄭公子忽爲質於周說文注引春秋傳曰鄭大子曶案曶與忽古今字論語仲忽漢書古今人表作仲曶

麥禾皆未熟宋本熟作孰疏同陳樹華引博雅音云憓案說文解字从丮𦎧卽孰字也與孰誰之孰無異唯玉篇孰字加火未知所出

苟有明信詩采蘩正義引作明德

澗谿沼沚之毛釋文沚作畤云本又作沚疏云沚與畤音義同

蘋蘩薀藻之菜詩采蘋正義引作蘊藻文選蜀都賦注引同宋張有復古篇以蘊爲薀之俗體

蘋藻言菜之薄山井鼎云蘋作蘊

然則谿亦山閒有水之名宋本無則字是也

小渚曰沚陳樹華云南宋本渚作陼按今本爾雅作陼釋文云陼字又作渚

周禮宅不毛謂宅內無草木也閩本草木作莽水非

陸機毛詩義疏宋本毛本機作璣按嘉定錢大昕云古書機與璣通馬鄭尙書璿璣字皆作機隋書經籍志烏程令吳郡陸機本從

木旁元恪與士衡同時又同姓名古人不以爲嫌也自李濟翁資暇集強作解事謂元恪名當從玉旁晁公武讀書志承其說以或題陸機者爲非自後經史刊本遇元恪名輒改從玉旁予謂考古者但當知艸木疏爲元恪撰非士衡撰若其名則皆從木而士衡名字與尚書相應果欲依今本尚書何不改士衡名邪

可糝蒸爲茹 宋本蒸作烝是也下同

說文曰藻水草從月從水巢聲 宋本同諸本藻作藻案說文藻云或从澡月字宋本作卄是也

或作藻從藻 宋本閩本從藻作從澡是

莖大如著 宋本著作箸是也

煑熟挼去腥氣 宋本熟作孰

員曰筥 宋本淳熙本岳本足利本員作圓釋文同案詩召南采蘋傳作圓曰筥說文籧字注云圜曰籧圜與圓通籧卽筥字義與毛傳同也

注方曰至曰錡 宋本以下正義四節總入昭忠信也注下

此皆毛詩傳鄭箋之文也 宋本作詩毛傳不誤浦鏜正誤云鄭箋之三字衍文

潢汙停水 岳本作渟水案渟通作停

注潢汙至流潦 閩本汙誤音

故言二國　宋本言作云

采蘩采蘋　淳熙本蘩誤蘋

泂酌上傳所言皆有彼篇之事　補此本上傳誤主簿彼誤反今依各本訂正

雖薄物皆可爲用　纂圖本毛本可爲誤倒

武氏子來賻　毛本賻誤則

與夷宣公子卽所屬殤公　毛本誤倒作卽宣公子

若弃德不讓　閩本監本毛本弃作棄石經避唐太宗諱作弃

使公子馮出居於鄭　石經宋本淳熙本纂圖本毛本於作于是也

辟殤公也　淳熙本公也誤作八月

公子馮不帥父義　毛本帥誤出

百祿是荷　宋本荷作何注同釋文亦作何云本又作荷案詩作何字作何字則與說文字義合凡作荷者皆字之假借也

言成湯武丁　宋本成作殷是也

今穆公示殤公亦得其宜　宋本示作立是也

爲宣公之禍 宋本禍作過是也○今依訂正

是風吹之隊濟水 宋本閩本監本毛本隊作墜

溢爲滎 宋本閩本監本毛本滎作榮亦非案當作熒周禮職方氏注引作泆爲熒也今熒作滎衞包所改

癸未之前三十三日 毛本三十作二十非也

此太子不敢居上位故常處東宮 案此字衍文諸本所無

案史記十二年諸侯年表 宋本無上年字是也毛本記誤計

或可據知象 宋本監本毛本知作易不誤考文作見

故太子在東也 宋本東下有宮字

又娶于陳 宋本以下正義二節在莊姜以爲己子注後

魯隱公之立年也 宋本立作元是也○今依訂正

其娣戴嬀生桓公莊姜以爲己子 監本毛本娣字誤作姊已子石經岳本作己子是也

石碏諫曰 漢石經公羊殘碑碏從足作踖

淫謂耆欲過度 宋本耆作嗜正字耆假借字

邪是何事能起四過 毛本作四禍非也

降而不憾憾而能眕者鮮矣 釋文憾本又作感說文云感動人心也俗加立心說文所無陳樹華云釋文以憾爲正反以感爲一作之字

〔經四年〕

武王克殷求禹之後 案釋例作武王克紂求禹後

自哀公以下二世十三年而楚滅杞 案釋例杞作之

應劭曰也 宋本劭作邵下並同案邵高也應字仲遠高遠義相近改作劭非

淳于國之所都 浦鏜正誤于下有公字

六年春寔來雖知其國必滅 宋本寔作實

疑似幷之 宋本監本毛本疑作杞是也

若然淳于爲杞所幷 宋本若作雖

若取郲取鄟之類是也 宋本郲作邿是也〇今依訂正

上言伐下言取者 宋本監本毛本下誤不

戊申衛州吁弒其君完 毛本戊申誤庚戌釋文弒本又作殺同音試陳樹華云弒殺二字經傳互出凡釋文作殺分注中無本又作弒之文而石經及諸刻本並作弒各本注同獨與釋文異者要是傳本不同陸氏未載及一作某字耳舉此可以例推今皆仍其舊但為標出不更改從釋文凡適嫡禦御等字放此殺玉裁曰凡敘其事曰殺正其罪名曰弒弒者聖人正名定罪之書法而三傳紀事多用殺字後人轉寫經傳多致淆亂宜以此義求之

戊申三月十七日 宋本三月上有在字

注云稱君 毛本注作杜非

言衆所共絶也 毛本言作君非

而文當族處春秋書族以否 閩本處作據以作與

釋例曰 閩本例誤案

楚殺得臣與宜申賈氏皆以為陋 毛本宜作夷非

未必是二月之日 閩本監本毛本二作一誤

二月壬辰朔 宋本二作三不誤○今依訂正

經有比類故知此亦同之 閩本監本毛本比作此非

諸侯未及期 毛本及誤必

克期聚集 浦鏜正誤克作剋

此婦呼夫共朝 重脩監本呼作乎非也

魯之卿佐 岳本魯作國連上文而已爲句案岳本是也他本已誤已

案鄭伯使宛來歸祊 重脩監本案誤棠宛毛本作完亦非

則己之事佐被貶 宋本閩本監本毛本事作卿

魯人出會他國 此本人出會他國五字模糊據宋本補閩本監本毛本人出作之盟非也

不可發首言我人故也 閩本監本毛本首作例

不在天子弒君取國 閩本監本毛本弒作殺

卽君臣之分定 宋本監本毛本分下有已字

亦成君同義者 宋本監本毛本亦下有與字

至高平鉅野縣入濟彼濮與此名同實異 毛本脫彼濮二字

〔傳四年〕

夏公及宋公遇于清 纂圖本閩本監本毛本宋公作宋人非

終始二十矣 宋本十下有年字是也

夫州吁阻兵而安忍 陳樹華云文選西征賦注引杜注阻恃也又辨亡論引傳文幷注同

恃兵則民殘民殘則衆叛 淳熙本脫民殘二字

阻兵而安忍 宋本此節正義在必不免矣之下

阻恃諸國之兵以求勝 宋本作阻訓恃也恃兵以求勝考文同

弗戢將自焚也 石經宋本岳本閩本戢作戢案說文五經文字戢在戈部

故書至疾之也 宋本此節正義在注時鄭不車戰之下

公子不許 宋本監本毛本子作亦是也○今依訂正

以州吁不安諸其父 淳熙本諸作謎

王覲爲可 宋本此節正義在其是之謂乎注下

老夫耄矣 釋文耄作耄石經初刻作耄改亦作耄字按耄者秏省也

陳人執之而請涖于衞 石經宋本淳熙本于作於

石碏使其宰獳羊肩涖殺石厚于陳君子曰石碏純臣也 石經初刻脫其字自其宰至曰石字一行

計十五字皆重刊

明小義則常兼子愛之 宋本淳熙本岳本足利本常作當是也

宣公卽位 宋本此節正義在衆也之下

〔經五年〕

公矢魚于棠 史記作觀漁于棠漢書五行志亦作漁此古字叚借也說文有魚無漁

今高平方與縣北有武唐亭魯侯觀魚臺 史記正義引杜注唐作棠魚作漁釋例亦云唐卽棠本宋地

其實觀魚而書陳魚者 此本作實閩本監本毛本作責亦非宋本作寶是也〇今從宋本

故書羽 淳熙本羽作與非

杜於此不解初義 閩本監本毛本杜作度誤

婦人法不當諡 毛本婦作非誤

羽則非當所書 閩本監本毛本當所誤倒

宗人視之 案禮雜記宗人視之今監本禮記譌作祝非也宋本注疏不誤此疏作視是也

血流于前 監本毛本血流誤倒

食其節者言其貪狠故曰賊也毛本狠作狠非案詩正義引李巡云作食禾節者下其根亦作禾根

大夫書卒不書葬閩本監本毛本脫下書字

弔喪問疾人道之常宋本道作君

〔傳五年〕

臧僖伯諫曰漢書五行志僖作釐古今人表亦作釐案僖與釐通

僖諡也纂圖本閩本監本毛本僖誤伯

亂敗之所起纂圖本毛本敗作政非也

觀魚者宋本以下正義十四節總入且言遠地也注下

正義曰說文云漁捕魚也宋本閩本監本毛本漁作魚

即取財以飾軍國之器是也毛本取誤此

秋獮冬狩釋文云獮說文作𤢦

曲辨妄生宋本辨作辯

明帝集諸學士作白虎通義案困學紀聞云章帝會諸儒於白虎觀正義謂明帝誤

因穀梁之文爲之生說 毛本生誤主

擇其懷任者也 浦鏜正誤其疑去盧文弨校本作擇去其懷任者也

整衆而還 纂圖本毛本整作振非

三年而復爲禘祭 監本禘誤諦

軍之資實唯有車徒器械 閩本監本毛本唯作雖非也

說文云械器之總名 毛本械器誤倒

二注並云軍器 宋本監本毛本器作實

不言車徒 宋本不上有軍器二字

軍吏諸軍帥也 監本毛本帥作師案唐人帥多作師既又譌師

衆屬軍史 宋本閩本監本毛本史作吏

王建大常 閩本監本毛本王誤如

道車載旞 閩本監本毛本車作居旞作檖並誤

凡頒旗物 閩本監本毛本物作所非也

大閱備軍禮而旌旗不如出軍之時 閩本監本毛本次軍字誤作師

等列行伍 淳熙本伍作任非也

以其小異 閩本監本毛本小作少非

凡祭祀共其魚之鱻薨 監本毛本其誤共

小鳥小獸 浦鏜正誤鳥作禽

則公不射 何焯校本公改君非

川澤之實謂蔆芡魚蟹之屬 毛本蔆作菱案蔆通作菱

彼以時魚絜美 閩本監本毛本絜作潔○按今人用潔漢注唐石宋槧皆用絜近人則盡加水旁非也

僖九年傳曰 毛本九誤元

謀鄭且東略也 閩本監本毛本鄭誤鄶

若國竟之內 閩本監本毛本竟作境俗字

僖伯稱疾不從也 顧炎武云石經疾誤作侯案石經此處闕顧炎武所據乃謬刻

釋詁云 閩本監本毛本云作文非也

注曲沃至國縣 宋本此節正義在注隨晉地之下

變父改之曰晉變父孫成侯 閩本監本毛本變改燮

注南燕至燕縣 宋本此節正義在不可以師句下

唯莊二十年燕仲父見傳耳 閩本監本亦脫年字據宋本毛本補

北制鄭邑 毛本北誤此考文云此作北足利本同案北字亦誤

敗燕師于北制 毛本北制誤倒

而立哀侯于翼 宋本脫于翼二字

注萬舞也 宋本以下正義五節總入公從之節注下

節其制而序其情 宋本淳熙本足利本序作敘

離音絲 宋本離作离下同

使不蕰結也 閩本監本毛本蕰作蘊

魯唯文王周公廟得用八 纂圖本閩本監本毛本唯作惟下唯在同

詳閱衆仲因明大典 宋本淳熙本岳本足利本重衆仲二字是也

其後季氏舞八佾於庭知唯在仲子廟用六 淳熙本庭作是唯誤雖

昔者周公旦有勳勞於天下 閩本監本毛本下誤子

他公之廟 毛本他誤也

公則仍用八也 閩本監本毛本仍作因

注諸侯至不聽 宋本此節正義在注加命服之等之下

是隱公之親叔父也 閩本監本毛本親作稱非

此注自言臣之大法耳 宋本監本毛本言下有呼字

春秋左傳注疏卷三校勘記

附釋音春秋左傳注疏卷第四 隱六年盡十一年

杜氏注　孔穎達疏

經六年春鄭人來渝平和而不盟曰平渝羊朱反變也○疏注和而不盟曰平○正義曰宣十五年宋人及楚人平傳載其盟辭昭七年燕曁齊平傳稱盟于濡上似平皆有盟而云不盟者平實解怨和好之辭非要盟也彼自既平之後別爲盟耳此與定十年及齊平皆傳無盟事定十一年及鄭平下乃云叔還如鄭涖盟平後乃盟知平非盟也○夏五月辛酉公會齊侯盟于艾泰山牟縣東南有艾山○艾五蓋反○秋七月雖無事而書首月具四時以成歲。也皆。放此疏注雖無至放此○正義曰公羊傳曰此無事何以書春秋雖無事首時過則書首時過則何以書春秋編年四時具然後爲年此注用公羊爲說釋例曰年之四時雖或無事必空書首月以紀時變以明曆數也○冬宋人取長葛秋取冬乃告也上有伐鄭圍長葛長葛鄭邑可知故不言鄭也前年冬圍不克而還今冬乘長葛無備而取之言易也○易以豉反傳同疏注秋取至易也○正義曰經書冬傳言秋丘明爲傳例不虛舉經文獨以秋言此事明是以秋取冬乃告也冬告者告言冬始取耳故書之於冬若其使以冬至告言秋取亦當追書於秋八年傳曰冬齊侯使來告成三國秋成冬告書之於秋明此以冬取告故書於冬也賈服以爲長葛不繫鄭者刺不能撫有其邑凡邑爲他國所取皆是不能撫有之何故於此獨爲惡鄭故杜以爲上有伐鄭圍長葛則長葛鄭邑可知故不言鄭也既言秋取取實在秋因其經文在冬遂言冬乘無備襄十三年傳例曰凡書取言易也知此乘其無備而取之也杜知長葛不繫鄭非大都以名通者以前年云伐鄭圍長葛長葛之文繫於鄭故也劉炫以大都通名而規杜氏非也傳六年春鄭人來渝平更成也渝變也公之爲公子戰於狐壤爲鄭所執逃歸怨鄭鄭伐宋公欲救宋宋使者失辭公怒而止忿宋則欲厚鄭鄭因此而來故經書渝平傳曰更。成○壤如掌反使所吏反疏傳注渝變至更成○正義曰渝變也釋言文變平者變更前惡而復爲和好變卽更之義成則平之訓故傳解渝平謂之更成自狐壤以來與鄭不和今日復和故曰更成言更復狐壤以前之好也服虔云公爲鄭所獲釋而不結平於是更爲約束以結之故曰渝平案傳公賂尹氏而與之逃歸非鄭所釋安得釋而結平也○翼九宗五正頃父之子嘉父逆晉侯于隨翼晉舊都也唐叔始封受懷姓九宗職官五正遂世爲晉強家五正五官之長九宗一姓爲九族也頃父之子嘉父晉大夫○頃音傾長丁丈反下文及注同疏。注翼晉至大夫○正義曰唐叔始封受懷姓九宗職官五正者謂周成王滅唐始封唐叔以懷氏一姓九族及是先代五官之長子孫賜之言五官之長者謂於殷時爲五行官長今褒寵唐叔故以其家族賜之耳今云頃父之子嘉父者以頃父舊居職位名號章顯嘉父新爲大夫未甚著見故繫之於父諸繫父爲文者義皆同此也納諸鄂晉人謂之鄂侯鄂晉別邑諸地名疑者皆言有以示不審闕者不復記其闕他皆放此前年桓王立此侯之子於翼故不得復入翼別居鄂○鄂五各反不復扶又反下同疏注諸地至放此○正義曰杜言不復記其闕者謂但言某邑而已下不云闕若鄂直云晉別邑及翼侯奔隨注云隨晉地鄭人侵衞牧注云牧衞邑如此之類皆不言闕是也若不知何國之地者則言闕若虞公出奔共池公孫嬰齊卒于貍。脤並注云闕是也亦有雖知某國之地注亦云闕則隱十一年蘇忿生十。二邑注陘云闕者以餘邑皆知所在唯此獨闕故也○夏盟于艾始平于齊也春秋前魯與齊不平今乃棄惡結好故言始平于齊○好呼報反○五月庚申鄭伯侵陳大獲往歲鄭伯請成于陳成猶平也疏。五月庚申○正義曰案經盟于艾亦在五月傳略不言月庚申之日須月以統之故別言五月他皆放此陳侯不許五父諫曰親仁善鄰國之寶也君其許鄭五父陳公子佗○佗徒何反人名皆同○陳侯曰宋衛實難可畏難也○難乃旦反注同鄭何能爲遂不許君子曰善不可失惡不可長其陳桓公之謂乎長惡不悛從自及也悛止也從隨也○悛七全反雖欲救之其將能乎商書曰惡之易也如火之燎于原不可鄉邇商書盤庚言惡易長如火焚原野不可鄉近○燎力召反又力弔反鄉本又作嚮同許亮反近附近之近其猶可撲滅言不可撲滅○撲普卜反周任有言周任周大夫○任音壬曰爲國家者見惡如農夫之務去草焉芟夷蘊崇之絕其本根勿使能殖則善者信矣芟刈也夷殺也蘊積也崇聚也○去起呂反芟所銜反說文作發匹末反云以足蹋夷草蘊紆紛反信如字一音申○秋宋人取長葛○冬京師來告饑公爲之請糴於宋衛齊鄭禮也告饑不以王命故傳言京師而不書於經也雖非王命而公共以稱命己國不足旁請鄰國故曰禮也傳見隱之賢○爲于僞反糴直歷反見賢遍反○【疏】注告饑至之賢○正義曰王使至魯皆應書經此獨不書故解之以人情恕之不得自不輸粟空告他人故知己國不足旁請鄰國故曰禮也定五年歸粟于蔡尚書於經此不書者魯以往歲螟災故己國饑困所輸不多宋鄭輸粟不復告魯故皆不書此事無經而發故解傳意見隱之賢諸無經之傳皆意有所見悉皆放此○鄭伯如周始朝桓王也桓王即位周鄭交惡至是乃朝故曰始王不禮焉周桓公言於王曰我周之東遷晉鄭焉依周桓公周公黑肩也周采地扶風雍縣東北有周城幽王爲犬戎所殺平王東徙晉文侯鄭武公左右王室故曰晉鄭焉依○焉依如字或於虔反非雍於用

反左音佐右音祐又並如字 疏 注周桓至焉依○正義曰桓公是周公黑肩事見桓十八年傳也幽王娶申女爲后生大子宜臼後得褒姒嬖之生子伯服廢申后逐大子以褒姒爲后伯服爲大子宜臼奔申申侯乃與犬戎共攻幽王殺幽王於驪山之下於是諸侯乃與申侯共立宜臼是爲平王以西都偪戎晉文侯鄭武公夾輔平王東遷洛邑毛詩尚書國語史記皆略有其事

善鄭以勸來者猶懼不蔇蔇至也○蔇其器反況不禮焉鄭不來矣爲桓五年諸侯從王伐鄭傳

經七年春王三月叔姬歸于紀無傳叔姬伯姬之娣也至是歸者待年於父母國不與嫡俱行故書○嫡本又作適同丁歷反

疏 注叔姬至故書○正義曰女嫁於他國皆有姪娣與適俱行則所尊在適書適不書姪娣叔姬待年之女年滿特行故書其歸魯女嫁於他國之卿皆書之夫人之娣尊與卿同其書固是常例賈云譏之者刺紀貴叔姬傳無其事是妄說也

○滕侯卒傳例曰不書名未同盟也滕國在沛國公丘縣東南○沛音貝

疏 滕侯卒○正義曰譜云滕姬姓文王子錯叔繡之後武王封之居滕今沛郡公丘縣是也自叔繡至宣公十七世乃見春秋隱公以下春秋後六世而齊滅之世本云齊景公亡滕案齊景之卒在滕隱之前世本言隱公之後仍有六世爲君而云齊景亡滕爲謬何甚服虔昭四年注亦云齊景亡滕是不考校而謬言之地理志云沛郡公丘縣故滕國也周文王子錯叔繡所封三十一世爲齊所滅

○夏城中丘城例在莊二十九年中丘在琅邪臨沂縣東北○琅音郎沂魚依反

○齊侯使其弟年來聘諸聘皆使卿執玉帛以相存問例在襄九年

疏 注諸聘至九年○正義曰聘禮使者執圭以致命束帛加璧以享鄭玄云享獻也既聘又獻所以厚恩惠也是執玉帛以相存問也玉人職云瑑圭璋璧琮八寸以覜聘注云八寸者據上公之臣案聘禮圭以聘君璋以聘夫人既行聘之後璧以享君琮以享夫人又鄭玄注小行人云使卿大夫覜聘降其君瑞一等則侯伯之臣

圭璋璧琮皆六寸子男之臣皆四寸又小行人云圭以馬璋以皮璧以帛琮以錦琥以繡璜以黼鄭玄注云二王之後享天子圭以馬享后璋以皮其餘諸侯享天子璧以帛享后琮以錦子男享大國之君琥以繡享大國夫人璜以黼是玉帛之文也○秋公伐邾○冬天王使凡伯來聘凡伯周卿士凡國伯爵也汲郡共縣東南有凡城○共音恭凡字本作汎音凡戎伐凡伯于楚丘以歸戎鳴鍾鼓以伐天子之使見夷狄強觕不書凡伯敗者單使無衆非戰陳也但言以歸非執也楚丘衞地在濟陰城武縣西南○使所吏反下同見賢遍反觕蒲報反陳直覲反

【疏】注戎鳴至西南○正義曰傳例有鍾鼓曰伐此既言伐知其鳴鍾鼓也杜意言以歸者以彼隨己而已非因執之辭故云但言以歸非執也杜必知以歸非執者穀梁傳云以歸猶愈乎執也又昭十三年晉人執季孫意如以歸若以歸是執何須别起執文明直言以歸者非執也至如定四年以沈子嘉歸經云以殺之哀七年以邾子益來傳云因諸負瑕既有因殺之文容或是執若直言以歸無因殺之事者則非執者也春秋有文同事異此卽其類也劉君引沈子邾子云以歸者皆執以規杜氏非其義也

傳七年春滕侯卒不書名未同盟也凡諸侯同盟於是稱名故薨則赴以名盟以名告神故薨亦以名告同盟告終。嗣也以繼好息民告亡者之終稱嗣位之主嗣位之主當奉而不忘故曰繼好好同則和親故曰息民○好呼報反注同謂之禮經此言凡例乃周公所制禮經也十一年不告之例又曰不書於策明禮經皆當書於策仲尼脩春秋皆承策爲經丘明之傳博采衆記故始開凡例特顯此二句他皆放此

【疏】凡諸至禮經○正義曰諸侯者公侯伯子男五等之總號侯訓君也五等之主雖爵命小異而俱是國君故總稱諸侯也諸發凡者皆周公之垂法史書之舊章丘明采合舊語以發明史例雖意是舊典而辭出丘明非全寫舊語同盟稱名薨則赴

以名是周公之舊典其告終稱嗣以下乃是解釋赴意非舊語也傳二十三年又發例曰凡諸侯同盟死則赴以名禮也直言赴名是禮不言繼好是禮繼好息民是禮之大意非禮之實明是丘明言此以解赴名之意彼云禮也此云謂之禮經其事一也言非謂此赴名爲禮之常法丘明之意言周公謂之然也謂之禮經雖指此一事諸發凡者莫不盡然以此爲例之初故特言之○注此言至放此○正義曰凡例是周公所制其來亦無所出以傳言謂之禮經則是先聖謂之非丘明自謂之也史之書策必有舊法一代大典周公所制故知凡例亦是周公所制此言凡例則云謂之禮經不言凡例則云不書於策以此明所謂禮經皆當書策從傳之首至此始開凡例故特顯此二句二句者謂之禮經是一句與不書于策爲二句也然則九年凡雨自三日以往爲霖不以爲始而遠取十一年云始開凡例者以九年唯記當國雨雪之事史策舊文非是赴告國家大事之例

○夏城中丘書不時也○齊侯使夷仲年來聘結艾之盟也艾盟在六年○秋宋及鄭平七月庚申盟于宿公伐邾爲宋討也公拒宋而更與鄭平欲以鄭爲援今鄭復與宋盟故懼而伐邾欲以求宋故曰爲宋討○爲宋于僞反注爲宋同援于眷反復扶又反

○初戎朝于周發幣于公卿凡伯弗賓朝而發幣於公卿如今計獻詣公府卿寺

疏○注朝而至卿寺○正義曰朝於天子獻國之所有亦發陳財幣於公卿之府寺如今者如晉時諸州年終遣會計之吏獻物於天子因令以物詣公府卿寺然自漢以來三公所居謂之府九卿所居謂之寺風俗通曰府聚也公卿牧守。府道德之所聚也藏府私府財貨之所聚也寺司也庭有法度。今官所止皆曰寺釋名曰寺嗣也治事者相嗣續於其內

冬王使凡伯來聘還戎伐之于楚丘以歸傳言凡伯所以見伐○陳及鄭平六年鄭侵陳大獲今乃平十二月陳五父如鄭涖盟涖臨也○壬申及鄭伯盟歃如忘。忘不在於歃血。○歃色洽反歃血也

如忘亡亮反服虔云如而也 疏。歃如忘○正義曰歃謂。口含血也當歃血之時如似遺忘物然故注云忘不在於歃血也服虔云如而也臨歃而忘其盟載之辭言不精也盟載之辭在於簡策祝史讀以告神非歃者自誦之何言忘載辭也且忘否在心五父終不自言已忘洩伯安知其忘而。譏之 洩伯

曰五父必不免不賴盟矣洩伯鄭洩駕○洩息列反 鄭良佐如陳涖盟良佐鄭大夫 辛巳及陳侯

盟亦知陳之將亂也入其國觀其政治故總言之也皆爲桓五年六年陳亂蔡人殺陳佗傳○治直吏反 ○鄭公子忽在

王所故陳侯請妻之以忽。爲王寵。故○妻七計反 鄭伯許之乃成昏爲鄭忽失齊昏援以至出奔傳○爲鄭于僞反

經八年春宋公衛侯遇于垂垂衛地濟陰句陽縣東北有垂亭○句古侯反 ○三月鄭伯使宛來歸祊。

宛鄭大夫不書氏未賜族祊鄭祀泰山之邑在瑯邪費縣東南○宛於阮反祊必彭反費音祕 疏。注宛鄭至東南○正義曰內卿貶則去族外卿貶則稱人外無去族之理今宛無族傳無譏文故知未賜族也傳言鄭釋泰山之祀使來歸祊知祊是鄭祀泰山之邑鄭以桓公之故受邑泰山之下天子祭泰山必從往助祭使共湯沐焉故公羊謂之湯沐之邑既有此邑因立別廟劉炫云言祀泰山之邑者謂泰山之旁有此邑邑內有鄭宗廟之祀蓋祀桓武之神 庚

寅我入祊桓元年乃卒易祊田知此入祊未肯受而有之 ○夏六月己亥蔡侯考父卒無傳襄六年傳曰杞桓公卒始

赴以名同盟故也諸。侯同盟稱名者非唯見在位。二君也嘗與其父同盟則亦以名赴其子亦所以繼好也蔡未與隱盟蓋春秋前與惠公盟故赴以名○見賢遍反好呼報反 疏注襄六至以名○正義曰同盟赴名自有成例而引杞桓公者蔡自春秋以來未與魯盟疑與惠公同盟故引杞桓爲例杞桓與成公同盟而以名赴襄公傳曰同盟故也則與其父盟得以名赴其子故疑蔡與惠盟故以名赴隱也同盟稱名則兩君相知君既知之則國內皆知故彼父雖

虆得以名赴彼子以此名嘗與彼父對稱故也若父。與彼盟彼君雖在此子不得以其名赴以此名未與彼君對稱故也

辛亥宿男卒無傳元年宋魯大夫盟于宿宿與盟也晉荀。偃禱河稱齊晉君名然後自稱名知雖大夫出盟亦當先稱己君之名以啓神明故虆皆從身盟之例當告以名也傳例曰赴以名則亦書之不然則否辟不敏也今宿赴不以名故亦不書名諸例或發於始事或發於後者因宜有所異同亦或丘明所得記注本末不能皆備故○宿與音預下不與同禱丁老反或丁報反

疏注元年至備故○正義曰於例盟以國地則地主與之元年盟于宿知宿與盟也魯宋俱是微人宿君必不親與知宿亦大夫盟也盟禱雖異俱是告神荀偃之禱先稱君名知大夫聚盟亦各稱君名臣盟既稱君名則君虆得以名告神名赴宿君之卒宜以名赴魯今宿男不名自不以名赴非法不得也故引僖二十三年傳例以明之言其赴不以名雖知亦不得書也諸君不親盟而以名赴魯注云大夫盟於某者義皆出此衛冀隆難杜云周人以諱事神臣子何得以君之名告神又荀偃禱河一時之事耳非正禮也何得知大夫盟先稱君名乎杜必為此解者以諱事神謂諱神之名以事其神若祭祖而諱祖之類山川之神尊於諸侯故尚書武成告名山。川云有道周王發則荀偃禱河自稱君名於理何怪杜云諸例或發於始事或發於後者若七年滕侯卒傳曰凡諸侯同盟於是稱名及桓二年公至自唐凡公行告于宗廟是或發於始事也宣四年凡弒君稱君及僖二十六年凡師能左右之曰以是或發於後也云因宜有所異同者宣四年鄭公子歸生弒君嫌歸生無罪及宣五年高固來逆叔姬嫌見偪成昏故傳因以明之是也云亦或丘明所得記注本末不能皆備者但杜又自疑以為諸例皆應從始事而發在後發者以記注周公舊凡不繫於始事繫於後事丘明作傳因記注所繫遂以發之如杜此言則周公舊凡於記注之文散在諸事丘明作傳因記注之文發例故或先或後也

○秋七月庚午宋公齊侯衛侯盟于瓦屋齊侯尊宋使主會故宋公序齊上瓦屋周地

疏注齊侯至周地正義曰春秋之例國以大小為序外傳鄭語云齊莊僖於是乎小伯

此齊侯即僖公也此盟平宋衛也齊爲會主則齊宜在上今宋在齊上故特解之由宋敬齊侯與衛先遇故齊侯尊宋使爲會主瓦屋既闕知是周地者以其會于溫盟于瓦屋會盟不得相遠溫是周地知瓦屋亦周地也

○八月葬蔡宣公無傳三月而葬速○九月辛卯公及莒人盟于浮來莒人微者不嫌敵公侯故直稱公例在僖二十九年浮來紀邑東莞縣北有邳鄉邳鄉西有公來山號曰邳來間○邳蒲悲反間如字【疏】注莒人至來間○正義曰僖二十九年公會王子虎及諸侯之卿盟于翟泉沒公不言貶卿稱人直言會某人某人傳曰卿不書罪之也在禮卿不會公侯會伯子男可也此莒人乃對會公侯故解之莒是小國卿當稱人非貶辭也微者不嫌能敵公侯故直稱公也○螟無傳爲災○冬十有二月無駭卒公不與小斂故不書日卒而後賜族故不書氏○斂力驗反

傳八年春齊侯將平宋衛平宋衛於鄭有會期宋公以幣請於衛請先相見宋敬齊命衛侯許之故遇于犬丘犬丘垂也地有兩名【疏】注犬丘至兩名○正義曰地有兩名新舊改易者傳則言實以明之若二名俱存者傳則錯經以見之此犬丘與垂兩名俱存故傳不言實釋例曰若。一。地二名當時並。存則直兩文互見黑壤犬丘時來之屬是也猶卿大夫名氏互見非例也○鄭伯請釋泰山之祀而祀周公以泰山之祊易許田三月鄭伯使宛來歸祊不祀泰山也成王營王城有遷都之志故賜周公許田以爲魯國朝宿之邑後世因而立周公別廟焉鄭桓公。周宣王之母弟封鄭有助祭泰山湯沐之邑在祊鄭以天子不能復巡。狩故欲以祊易許田各從本國所近之宜恐魯以周公別廟爲疑故云已廢泰山之祀而欲爲魯祀周公孫辭以有求也許田近許之田○泰山如字東岳能復扶又反守手又反近附近之近下同又如字欲爲于僞反下爲魯同【疏】注成王至之田○正義曰成王營邑於洛以爲居土之中貢賦路均將於洛邑受朝許田近於王城故賜周公許田以爲魯國朝宿之邑詩魯頌曰居常與許復周公之宇是周公得許田也公羊傳曰許田者何魯朝宿之邑也是許田爲魯朝宿之邑鄭請易許田而求祀周公故知後世因在許田之中而立周公別廟焉鄭桓公以周宣王之母弟故於泰山之下亦受祊田以爲湯沐之邑祊邑內亦有鄭先君別廟此時周室既衰王不巡守鄭以天子不復巡守則泰山之祀既廢祊無所用故欲以祊易許許田近鄭祊田近魯各從本國所近之宜也魯以許田奉周公之祀易其田則廢其祀恐魯以周公別廟爲疑慮將不許云已廢泰山之祀而欲爲魯祀周公言鄭得許田周公之祀不絕也云已廢泰山之祀者謂天子不復巡守鄭家已廢此助祭泰山祭祀之事無所祭祀故欲爲魯祀周公其實廢來已久今始云已廢者欲爲魯祀周公故云已廢耳方便遜辭以求於魯也定四年祝佗言康叔之受分物云取於有閻之土以共王職取於相土之東都以會王之東蒐有閻之土猶魯之許田也相土之東都猶鄭之祊邑也鄭近京師無假朝宿魯近泰山不須湯沐各受其一衞以道路並遠故兩皆有之禮記王制曰方伯爲朝天子皆有湯沐之邑於天子之縣內然則朝宿之邑亦名湯沐但向京師主爲朝王從王巡守主爲助祭祭必沐浴隨事立名朝宿湯沐亦互言之耳異義左氏說諸侯有大功德乃有朝宿湯沐之邑公羊說以爲諸侯皆有朝宿湯沐之邑許慎以公羊爲非則杜意亦從許慎也「公。羊。爲。非。則。杜。意。亦。從。許。慎。也。一公羊傳曰此魯朝宿之邑也則曷爲謂之許田諱取周田也諱取周田則曷爲謂之許田繫之許也曷爲繫之許近許也杜言近許之田是用公羊爲說杜依公羊之傳邑實近許故以許爲名劉君更無所馮直云別有許邑邑自名許非由近許國始名爲許以規杜氏非其義也

○夏虢公忌父始作卿士于周周人於此遂畀之政○畀必二反

○四月甲辰鄭公子忽如陳逆婦嬀辛亥以嬀氏歸甲寅入于鄭陳鍼子送女先配而後祖鍼子曰是不爲夫婦誣其祖矣非禮也

何以能育鍼子陳大夫禮逆婦必先告祖廟而後行故楚公子圍稱告莊共之廟鄭忽先逆歸而後告廟故曰先配而後祖○鍼其廉反誣亡符反共音恭本亦作恭

疏注鍼子至後祖○正義曰先配後祖多有異說賈逵以配爲成夫婦也禮齊而未配三月廟見然後配案昏禮親迎之夜衽席相連是士禮不待三月也禹娶塗山四日即去而有啓生焉亦不三月乃配是賈之謬也鄭衆以配爲同牢食也先食而後祭祖無敬神之心故曰誣其祖也案昏禮婦既入門即設同牢之饌其間無祭祀之事先祭乃食禮無此文是鄭之妄也鄭玄以祖爲軷道之祭也先爲配匹而後祖道言未去而行配案傳既言入于鄭乃云先配而後祖寧是未去之事也若未去先配則鍼子在陳譏之何須云送女也此三說皆滯故杜引楚公子圍告廟之事言鄭忽先逆婦而後告廟故曰先配而後祖此時忽父見在計告廟以否當是莊公之事而譏忽者楚公子圍亦人臣矣而自布几筵告於莊共之廟不言稟君之命知逆者雖受父命當自告廟且忽先爲配匹而後告祖見其告祖方始譏之知忽自告祖也或可鄭伯爲忽娶妻先逆而後告廟鍼子見而譏之公子圍告廟者事權自由耳非正也

○齊人卒平宋衛于鄭秋會于溫盟于瓦屋以釋東門之役禮也會溫不書不以告也定國息民故曰禮也平宋衛二國忿鄭之謀鄭不與盟故不書○與音預

○八月丙戌鄭伯以齊人朝王禮也言鄭伯不以號公得政而背王故禮之齊稱人略從國辭上有七月庚午下有九月辛卯則八月不得有丙戌○背音佩

疏注言鄭至丙戌○正義曰庚午之後十六日而有丙戌二十一日而有辛卯七月有庚午九月有辛卯其間不容一月是八月不得有丙戌更遠一周則丙戌去庚午七十七日八月亦不得有丙戌是明丙戌爲日誤長曆推七月丁卯朔四日庚午至二十日是丙戌九月丙寅朔二十六日辛卯其月二十一日是丙戌八月小丁酉朔十日丙午二十日丙辰二日戊戌十四日庚戌二十六日壬戌未知丙戌二字孰爲誤也不直云日誤而檢上下者因傳明文故顯言之他皆放此

○公及莒人盟

于浮來以成紀好也二年紀莒盟于密為魯故今公尋之故曰以成紀好○好呼報反下同○冬齊侯使來告成三國齊侯冬來告稱秋和三國公使衆仲對曰君釋三國之圖以鳩其民君之惠也寡君聞命矣敢不承受君之明德鳩集也○無駭卒羽父請謚與族公問族於衆仲衆仲對曰天子建德立有德以為諸侯因生以賜姓因其所由生以賜姓謂若舜由嬀汭故陳為嬀姓○汭如銳反疏注因其至嬀姓○正義曰陳世家云陳胡公滿者虞帝舜之後也昔舜為庶人時居于嬀汭其後因為氏姓姓嬀氏武王克殷得嬀滿封之於陳是舜由嬀汭故陳為嬀姓也案世本帝舜姚姓哀元年傳稱虞思妻少康以二姚是自舜以下猶姓姚也昭八年傳曰及胡公不淫故周賜之姓是胡公始姓嬀耳史記以為胡公之前已姓嬀非也胙之土而命之氏報之以土而命氏曰陳○胙才故反報也疏注報之至曰陳○正義曰胙訓報也有德之人必有美報報之以土謂封之以國名以為之氏諸侯之氏則國名是也周語曰帝嘉禹德賜姓曰姒氏曰有夏胙四岳國賜姓曰姜氏曰有呂亦與賜姓曰嬀命氏曰陳其事同也姓者生也以此為祖令之相生雖下及百世而此姓不改族者屬也與其子孫共相連屬其旁支別屬則各自立氏禮記大傳曰繫之以姓而弗別百世而昏姻不通者周道然也是言子孫當共姓也其上文云庶姓別於上而戚單於下是言子孫當別氏也氏猶家也傳稱盟于子晳氏逐瘈狗入於華臣氏如此之類皆謂家為氏氏族一也所從言之異耳釋例曰別而稱之謂之氏合而言之則曰族例言別合者若宋之華元華喜皆出戴公向魚鱗蕩共出桓公獨舉其人則云華氏向氏幷指其宗則云戴族桓族是其別合之異也記謂之庶姓者以始祖為正姓高祖為庶姓亦氏族之別名也姓則受之於天子族則稟之於時君天下之廣兆民之衆非君所賜皆有族者人君之賜姓賜族為此姓此族之始祖耳其不賜者各從父之姓族非復人人賜也晉語稱黃帝之

子二十五人其得姓者十二人天子之子尚不得姓況餘人哉固當從其父耳黃帝之子兄弟異姓周之子孫皆姓姬者古今不同質文代革周代尚文欲令子孫相親故不使別姓其賜姓者亦少唯外姓媯滿之徒耳賜族者有大功德宜世享祀者方始賜之無大功德任其興衰者則不賜之不賜之者公之同姓蓋亦自氏祖字其異姓則有舊族可稱不世其祿不須賜也衆仲以天子得封建諸侯故云胙土命氏據諸侯言耳其王朝大夫不封爲國君者亦當王賜之族何則春秋之世有尹氏武氏之徒明亦天子賜之與諸侯之臣義無異也此無駭是卿羽父爲之請族蓋爲卿乃賜族大夫以下或不賜也諸侯之臣卿爲其極既登極位理合建家若其父祖微賤此人新升爲卿以其位絶等倫其族不復因故身未被賜無族可稱魯挾鄭宛皆未賜族故單稱名也或身以才舉者升卿位功德猶薄未足立家則雖爲卿竟不賜族羽父爲無駭請族知其皆由。時命非例得之也華督生立華氏知其恐慮不得故早求之也由此而言明有竟無族者魯之翬挾柔溺名見於經而其後無聞是或不得族也其士會之帑。處秦者爲劉氏伍員之子在齊爲王孫氏外傳稱知果知知伯之將滅自別其族爲輔氏如此之類皆是身自爲之非復君賜釋例曰子孫繁衍枝布葉分始承其本末取其別故其流至於百姓萬姓其言自有百姓萬姓未必皆君賜也晉語稱炎帝姓姜則伯夷炎帝之後姜自是其本姓而云賜姓曰姜者黃帝之後別姓非一自以姜姓賜伯夷更使爲一姓之祖耳非復因舊姓也猶后稷別姓姬不是賜姓因黃帝姓也

諸侯以字。諸侯位卑不得賜姓故其臣因氏其王父字爲諡。因以爲族或使即先人之諡稱以爲族

疏諸侯至爲族○正義曰杜意諸侯以字言賜先人字爲族也爲諡因以爲族謂賜族雖以先人之字或用先人所爲之諡因將爲族以諡爲族者衞齊惡宋戴惡之類是也而劉君乃稱以諡爲族全無一人妄規杜氏非其義也死後賜族乃是王法春秋之世亦有非禮生賜族者華督是也釋例曰舊說以爲大夫有功德者則生賜族非也至於鄭祭仲爲祭封人後升爲卿經書祭仲以生賜族者檢傳既無同華氏之文則祭者是仲之舊氏也諸侯以字字有二等檀

弓曰幼名冠字五十以伯仲周道然也則二十有加冠之字又有伯仲叔季爲長幼之字二者皆可以爲氏矣服虔云公之母弟則以長幼爲氏貴適統伯仲叔季是也庶公子則以配字爲氏尊公族展氏臧氏是也案鄭子人者鄭厲公之弟桓十四年鄭伯使其弟語來盟即其人也而其後爲子人氏不以仲叔爲氏則服言公之母弟以長幼爲氏其事未必然也杜以慶父叔牙與莊公異母自然仲叔非母弟族矣其或以二十之字或以長幼之字蓋出自時君之命也叔肸稱叔不稱孫而三桓皆稱孫俱氏長幼之字自不同也臧氏稱孫展氏不稱孫俱。氏二十之字自不同也然則稱孫與不稱孫蓋出其家之意未必由君賜也以字爲族者謂公之曾孫以王父之字爲族也諸侯之子稱公子公子之子稱公孫公子公孫繫公之常言非族也其或貶責則亦與族同成十四年叔孫僑如如齊逆女傳曰稱族尊君命也僑如以夫人婦姜氏至自齊傳曰舍族尊夫人也宣元年公子遂如齊逆女遂以夫人至事與僑如正同其傳直云尊君命尊夫人不言稱族舍族既非氏族則不待君賜自稱之矣至於公孫之子不復得稱公曾孫如無駭之輩直以名行及其死也則賜之族以其王父之字爲族也此無駭是公之曾孫公之曾孫必須有族故據曾孫爲文言以王父字耳公之曾孫正法死後賜族亦有未死則有族者則叔孫得臣是也公子公孫於身必無賜族之理經書季友仲遂叔肸者皆是以字配名連言之故杜注並云字也其蕩伯姬者公子蕩之妻不可言公子伯姬故繫於夫字言蕩伯姬蕩非當時之氏其傳云立叔孫氏臧僖伯臧哀伯叔孫戴伯之徒皆傳家據後追言之耳其公孟彄世本以爲靈公之子字公孟名彄與季友仲遂相似俱以字配名劉炫不達此旨妄規杜過非也必如劉解生賜族之文證在何處其公之曾孫玄孫以外爰及異姓有新升爲卿君賜之族蓋以此卿之字即爲此族案世本宋督是戴公之孫好父說之子華父是督之字計督是公孫耳未合賜族應死後其子乃賜族故杜云督未死而賜族督之妄也沈亦云督之子方可有族耳

官有世功則有官族邑亦如之

謂取其舊官舊邑之稱以爲族皆稟之時君○稱尺證反

疏注。謂取至時君○正義曰

舊官謂若晉之士氏舊邑若韓魏趙氏非是君賜則不得爲族嫌其居官邑不待公命故云皆稟之時君此謂同姓異姓皆然也服虔止謂異姓又引宋司城韓魏爲證韓與司城非異姓司城又自爲樂氏不以司城爲族也

公命以字爲展氏諸侯之子稱公子公子之子稱公孫公孫之子以王父字爲氏無駭公子展之孫故爲展氏

經九年春天子。使南季來聘無傳南季天子大夫也南氏季字也○三月癸酉大雨震電庚辰大雨雪三月今正月○電徒練反雨雪于付反傳同 疏 大雨震電○正義曰說文云震劈歷震物者電陰陽激曜也河圖云陰陽相薄爲雷陰激陽爲電然則震是雷之劈歷。電是雷光僖十五年震夷伯之廟是劈歷破之雷之甚者爲震故何休云震雷也○大雨雪○正義曰說文云雨水從雲下也然則雨者天上下水之名既見雨從天下自上下者因即以雨言之雨雹亦稱爲雨故下雪稱雨雪也平原出水爲大水直書大水平地尺爲大雪不直書大雪而云大雨雪者水則從天入地出地乃爲多見其在地之多言其出水之大故不言大雨水雪則自天而下下即委之於地見其自上而下言其下雪之多故言大雨雪水則俯視雪則仰觀故立。文有異其大雨雹亦與雪同挾卒。無傳挾魯。大。夫未。賜。族○夏城郎○秋七月○冬公會齊侯于防防魯地在琅邪。縣東南○華戶化反

傳九年春王三月癸酉大雨霖以震書始也書癸酉始。始雨日○霖音林爾雅云久雨謂之淫淫雨謂之霖庚辰大雨雪亦如之書時失也夏之正月微陽始出未可震電既震電又不當大雨雪故皆爲時失。凡雨自。三日以往。爲霖此解經書霖也而經無霖字經誤 疏 注。此解至經誤○正義曰傳發凡以解經若經無霖字則傳無由發故知經誤然則經當如傳言大

雨霖以震不當云大雨震電是經脫霖以二字而妄加電也〇平地尺爲大雪〇夏城郎書不時也〇宋公不王不共王職〇共音恭本亦作供鄭伯爲王左卿士以王命討之伐宋宋以入郛之役怨公不告命入郛在五年公以七年伐邾欲以說宋而宋猶不和也公怒絕宋使〇秋鄭人以王命來告伐宋遣使致王命也伐宋未得志故復往告之〇冬公會齊侯于防謀伐宋也〇北戎侵鄭鄭伯禦之患戎師曰彼徒我車懼其侵軼我也徒步兵也軼突也軼直結反又音逸〇公子突曰使勇而無剛者嘗寇而速去之公子突鄭厲公也嘗試也勇則能往無剛不恥退君爲三覆以待之覆伏兵也戎輕而不整貪而無親勝不相讓敗不相救先者見獲必務進進而遇覆必速奔後者不救則無繼矣乃可以逞逞解也〇輕遣政反逞勑領反解音蟹或佳買反

疏先者至以逞〇正義曰嘗寇速去知戎必逐之逐其去者必有所獲獲謂獲鄭人也在先者見逐有所獲不復顧後必務在速進謂棄其後者獨自先進進而遇覆必速迴奔走後者不救則是無繼矣無繼則易敗如是乃可以解患服虔云先者見獲言必不往相救各自務進言其貪利也其言見獲者當謂戎被鄭獲也鄭人速去以誘之安得獲戎也在先者已被鄭獲重進者將復爲虜各自務進欲何所貪而云貪利也此則不言可解無故以解亂之

從之戎人之前遇覆者奔祝聃逐之祝聃鄭大夫〇聃乃甘反一音士甘反衷戎師前後擊之盡殪爲三部伏兵祝聃帥勇而無剛者先犯戎而速奔以遇二伏兵至後伏兵起戎還走祝聃反逐之戎前後及中三處受敵故曰衷戎師殪死也〇衷丁仲反又音忠殪於計反處昌慮反

疏注爲三至死也〇正義曰前後及中

三處受敵者前謂第一伏逆其前也後謂祝聃與後伏逐其後也中謂第二伏擊其中也衷戎師者謂戎師在三伏之中殪死也釋詁文戎師大奔後駐軍不復繼也○駐丁住反十一月甲寅鄭人大敗戎師此皆春秋時事雖經無正文所謂必廣記而備言之將令學者原始要終尋其枝葉究其所窮他皆放此○令力呈反要於遙反

疏十一月至戎師○正義曰此即上傳所說擧戎之事史官得其戰狀乃裁約爲之辭經之所陳皆是此類既不書經故準經爲文以總之

經十年春王二月公會齊侯鄭伯于中丘傳言正月會癸丑盟釋例推經傳日月癸丑是正月二十六日知經二月誤○夏翬帥師會齊人鄭人伐宋公子翬不待公命而貪會二國之君疾其專進故去氏齊鄭以公不至故亦更使微者從之伐宋不言及明翬專行非鄧之謀也及例在宣七年○去起呂反傳同

疏注公子至七年○正義曰傳稱羽父先會齊侯鄭伯是不待公命也貪會二國之君自求其名時史疾其專進故貶去公子公子義與氏同故以氏言之中丘之會計君自親行今齊鄭稱人是使微者從之也於例師出與謀曰及傳稱盟于鄧爲師期公既與謀計當書及今乃言會明其以翬專行非鄧之謀釋例曰王命伐宋羽父不匡君以速進而先會二國自以爲名故貶去其族齊爲侯伯鄭伯又爲王卿士二君奉王命以討宋惡羽父之專進故使與微者同伐動而無功故無成敗也案四年翬固請而行故貶去其氏此直言羽父先會齊侯鄭伯無固請之文亦貶之者又公于豫會郲人鄭人以不待公命而經不書此翬亦不待公命而經書者翬於四年傳稱固請明此先會亦固請也傳於四年其文已詳故於此而略耳豫會郲人鄭人本非公卿故不書此則公會齊鄭于中丘已爲師期翬又請公先會先會則是君命故以書之○六月壬戌公敗宋師于菅齊鄭後期故公獨敗宋師書敗宋未陳也敗例在莊十一年菅宋地○菅古顏反陳直覲反

疏注齊鄭至宋地○正

義曰案傳公會齊侯鄭伯于老桃然後公敗宋師則知老桃之會謀與宋戰彼與公謀戰而公獨敗宋師知齊鄭後期也

辛未取郜辛巳取防鄭後至得郜防二邑歸功于魯故書取明不用師徒也濟陰城武縣東南有郜城高平昌邑縣西南有西防城○郜古報反字林又工竺反

○秋宋人衛人入鄭宋人蔡人衛人伐戴。鄭伯伐取之三國伐戴鄭伯因其不和伐而取之書伐用師徒也書取克之易也戴國今陳留外黃縣東南有戴城○戴音再字林作戴云故國在陳留易以豉反傳同

疏注三國至戴城○正義曰案傳例克邑不用師徒曰取然則取者據克邑之易今此克得軍師亦稱取者但取者雖據克邑之文其克得師衆而易者亦曰取是以莊十一年注云威力兼備若羅網所掩覆一軍皆見禽制若非前敵之易何能覆而取之故釋例曰如取如攜然則凡言取者皆易辭劉君以取之非易而規杜氏非也沈氏亦云今日圍明日取故知易也公羊傳曰其言伐取之何易也是杜所用之義地理志云梁國甾縣故戴國應劭曰章帝改曰考城古者甾戴聲相近故鄭玄詩箋讀傚。戴為熾。甾是其音大同故漢於戴國立甾縣於晉屬陳留

○冬十月壬午齊人鄭人入郕

傳十年春王正月公會齊侯鄭伯于中丘癸丑盟于鄧為師期尋九年會于防謀伐宋也公既會而盟盟不書非後也蓋公還告會而不告盟鄧魯地

疏注尋九至魯地○正義曰九年傳稱會于防謀伐宋未及伐宋而更為此會為師伐宋之期知是尋防會也釋例曰盟于鄧盟于郲盟于戚公既在會而不書盟者以理推之會在盟前知非後盟也蓋公還告會而不告盟

○夏五月羽父先會齊侯鄭伯伐宋言先會明非公本期釋翬之去族

○六月戊申公會齊侯鄭伯于老桃會不書不告於廟也老桃宋地六月無戊申戊申。五月二十三日日誤

疏注會不至日誤○正義曰六月無戊申者下有辛巳取防亦在六月之內戊申在辛

巳之前三十三日不得共在一月上有五月今別言六月知日誤月不誤長曆推六月丙辰朔三日戊午五日庚申未知二者孰是壬戌公敗宋師于菅庚午鄭師入郜辛未歸于我庚辰鄭師入防辛巳歸于我壬戌六月七日庚午十五日庚辰二十五日鄭伯後期而公獨敗宋師故鄭頻獨進兵以入郜防入而不有命魯取之推功上爵讓以自替不有其實故經但書魯取以成鄭志善之也

君子謂鄭莊公於是乎可謂正矣以王命討不庭下之事上皆成禮於庭中不貪其土以勞王爵正之體也勞者敘其勤以荅之諸侯相朝逆之以饔餼謂之郊勞魯侯爵尊鄭伯爵卑故言以勞王爵○勞力報反注同餼音許氣反

疏注勞者至王爵○正義曰聘禮賓至于近郊君使卿朝服用束帛勞覲禮至于郊王使人皮弁用璧勞周禮司儀曰諸公相爲賓主君郊勞皆不言以饔餼勞案禮饔餼乃是既相見致大禮不應於郊以設之杜意蓋以孰食曰饔生牲曰餼以勞客於郊必有牲餼故亦饔餼言之非謂大禮之饔餼也勞禮大行人云上公三勞近郊勞一也遠郊勞二也竟首勞三也侯伯再勞去竟首子男一勞去遠郊凡近郊勞皆君自行遠郊使卿竟首使大夫掌客又云上公五積皆眡飧牽侯伯四積子男三積是賓入竟之後有致積之禮積皆是牽亦或有孰或在郊致積故謂之郊勞沈依聘禮注其郊之遠近上公遠郊五十里侯伯三十里子男十里近郊各半之

○蔡人衛人郕人不會王命不伐宋也○秋七月庚寅鄭師入郊猶在郊鄭師還駐兵於遠郊宋人衛人入鄭宋衛奇兵承虛入鄭蔡人從之伐戴從宋衛伐戴也八月壬戌鄭伯圍戴癸亥克之取三師焉三國之軍在戴故鄭伯合圍之師者軍旅之通稱○稱尺證反

疏注三國至通稱○正義曰三國之軍在戴城下故鄭伯合圍之不言圍戴者本意圍三師不圍戴也不言圍三師者今日圍明日取圍之不久經以取告不以圍告三國經皆稱人於例爲將

卑師少而傳言三師故辯之師者軍旅之通稱宋衞既入鄭而以伐戴召蔡人伐戴召之乃蔡人怒故不和

而敗言鄭取之易也○九月戊寅鄭伯入宋報入鄭也九月無戊寅戊寅八月二十四日疏注報入至四日○正義曰九月

無戊寅者經有十月壬午長曆推壬午十月二十九日戊寅在壬午之前四日耳故九月不得有戊寅上有八月下有冬則誤在日也○冬齊人

鄭人入郕討違王命也

經十有一年春滕侯薛侯來朝諸侯相朝例在文十五年○薛息列反疏十有一年至來朝○正義曰十一下言有者于寶

云十盈則更始以奇從盈數故言有也經備文傳從略故傳不言有桓七年穀伯鄧侯別言來朝此兼言來朝者彼別行禮此同行禮由同時行禮當長者在

先故爭之○夏公會鄭伯于時來時來郲也滎陽縣東有釐城鄭地也○郲音來釐音來王元規力之反○秋七月壬

午公及齊侯鄭伯入許與謀曰及還使許叔居之故不言滅也許潁川許昌縣○與音預還音環疏注與謀至昌縣○正義曰與謀

曰及宣七年傳例也傳稱會于郲謀伐許是公與謀也譜云許姜姓與齊同祖堯四嶽伯夷之後也周武王封其苗裔文叔于許今潁川許昌是也靈公徙葉

悼公遷夷一名城父又居析一名白羽許男斯處容城自文叔至莊公十一世始見春秋元公子結元年獲麟之歲也當戰國初楚滅之地理志云潁川郡許

縣故許國文叔所封二十四世爲楚所滅也漢世名許許縣耳魏武作相改曰許昌○冬十有一月壬辰公薨實弑書薨又不地者

史策所諱也疏注實弑至諱也○正義曰他君見弑則書弑魯君見弑則書薨公薨例皆地此公又不地故解之言魯史策書所諱也不忍言君之見弑

又不忍言其僵尸之處諱而不書故夫子因之傳不言書曰知是舊史諱之也董狐書趙盾弑君仲尼謂之良史不書君弑則是史之不良夫子不改其文而

因之者爲人臣者或心實愛君爲諱惡過或志在疾惡故章賊名雖事跡不同而俱是爲國聖賢兩通其事欲見仁非一途。僖元年傳曰諱國惡禮也以仲尼之善董狐知爲史必須直也以丘明之禮諱惡知爲史又當諱也釋例曰臣之事君猶子事父微諫見志造膝。詭辭執其事而諫其非不必其得蓋匡救將然而將順其已然故有隱諱之義焉至於激節之士則不然南史執簡而累進董狐書法而不隱鬻拳。劫君而自。刖晏嬰端委而引直聖賢亦錄而善之所以廣義訓博大道殷有三仁此之謂也是言聖賢兩通之意也鄭伯髡頑楚子麇齊侯陽生之徒俱實。見弒而以卒赴魯是。他國之臣亦有諱國惡者非獨魯史也

傳十一年春滕侯薛侯來朝爭長薛魯國薛縣○長丁丈反下注及文同【疏】注薛魯國薛縣○正義曰譜云薛任姓黃帝之苗裔奚仲封爲薛侯今魯國薛縣是也奚仲遷于。邳仲虺居薛以爲湯左相武王復以其冑爲薛侯齊桓霸諸侯黜爲伯獻公始與魯同盟小國無記世不可知亦不知爲誰所滅地理志云魯國薛縣夏車正奚仲所國後遷于。邳湯相仲虺居之薛侯曰我先封薛祖奚仲夏所封在周之前○夏戶雅反【疏】注薛祖至之前○正義曰定元年傳曰薛之皇祖奚仲居薛以爲夏車正是夏所封也滕侯曰我周之卜正也卜正卜官之長【疏】注卜正卜官之長○正義曰周禮春官太卜下大夫二人其下有卜師卜人龜人菙人大卜爲之長正訓長也故謂之卜正薛庶姓也我不可以後之庶姓非周之同姓【疏】注庶姓至同姓○正義曰周禮司儀職云詔王儀南鄉見諸侯土揖庶姓時揖異姓天揖同姓鄭玄云庶姓無。親者也異。婚姻者也是庶姓非同姓也公使羽父請於薛侯曰君與滕君辱在寡人周諺有之曰山有木工則度之賓有禮主則擇之擇所宜而行之○諺音彥俗言也度大洛反周之宗盟異姓爲後盟載書皆先同姓例在定四年【疏】周之至爲後○正義曰賈逵以宗爲尊服虔以宗盟爲同宗之盟孫毓以爲宗伯屬官掌作盟詛之

載辭故曰宗盟杜無明解盟之尊卑自有定法不得言尊盟也周禮司盟之官乃是司寇之屬非宗伯也唯服之言得其旨也而孫毓難服云同宗之盟則無與異姓何論先後若通共同盟則何稱於宗斯不然矣天子之盟諸侯令其獎王室未聞離逖異姓獨與同宗者也但周人貴親先敘同姓以其篤於宗族是故謂之宗盟魯人之爲此言見其重宗之義執其宗盟之文即云無與異姓然則公與侯燕則異姓爲賓復言族燕不得有異姓也孟軻所云說詩者不以辭害意此之謂也異姓爲後者謂王官之伯降臨諸侯以王命而盟者耳其春秋之世狎主齊盟者則不復先姬姓也踐土之盟其載書云王若曰晉重魯申是用王命而盟也召陵之會劉子在焉故祝佗引踐土爲比爲有王官故也宋之盟楚屈建先於趙武明是大國在前不先姬姓若姬姓常先則楚不得競也且言周之宗盟是唯周乃然故釋例曰斥周而言指謂王官之宰臨盟者也其餘雜盟未必皆然是言餘盟不先姬姓盟則同姓在先朝則各從其爵故鄭康成注禮記云朝覲爵同同位若然案覲禮曰諸侯前朝皆受舍于朝同姓西面北上異姓東面北上鄭玄云言諸侯明來朝者衆矣顧其入觀不得並耳分別同姓異姓受之將有先後也若如此言則似朝覲不以爵者但朝覲實以爵同同位就爵同之中先同姓後異姓若盟則爵雖不同先同姓也禮記周公朝諸侯于明堂之位三公中階之前北面東上諸侯之位阼階之東西面北上諸伯之國西階之西東面北上諸子之國門東北面東上諸男之國門西北面西上覲禮於方明之壇鄭言諸侯見王之位亦引明堂位爲說是則諸侯總見皆以爵爲班雖不分別同姓異姓其受禮之時爵同者猶先同姓也其王官之伯臨諸侯之盟雖羣后咸在常先同姓故此言宗盟耳取重宗之事以喻己也取譬之事聊舉一邊寡人若朝于薛不敢與諸任齒朝於彼國自可下主國之宗諸侯聚盟不肯先盟主之宗也

寡人若朝于薛不敢與諸任齒薛任姓齒列也○任音壬注同【疏】注薛任姓齒列也○正義曰世本姓氏姓篇云任姓謝章薛舒呂祝終泉畢過言此十國皆任姓也禮記文王世子曰古者謂年齡齒亦齡也然則齒是年之別名人以年齒相次列以爵位

相次列亦名爲齒故云齒也君若辱貺寡人則願以滕君爲請薛侯許之乃長滕侯○夏公會鄭伯于郲。謀伐許也鄭伯將伐許五月甲辰授兵於大宮大宮鄭祖廟○大音泰公孫閼與頴考叔爭車公孫閼鄭大夫。○閼於葛反頴考叔挾輈以走輈車轅也○挾音協輈張留反疏。挾輈以走○正義曰廟內授車未有馬駕故手挾以走輈轅也方言云楚衛謂轅爲輈服虔云考叔挾車轅箠馬而走古者兵車一轅服馬夾之若馬已在轅不可復挾且箠馬而走非捷步所及子都豈復乘車逐之子都拔棘以逐之子都公孫閼棘戟也及大逵弗及子都怒逵道方九軌也○逵求龜反爾雅云九逵謂之逵杜云道方九軌此依考工記疏注逵道方九軌也○正義曰冬官考工記匠人營國經涂九軌軌車轍謂王城之內道廣並九車也爾雅釋宮云一達謂之道路二達謂之歧旁三達謂之劇旁四達謂之衢五達謂之康六達謂之莊七達謂之劇驂八達謂之崇期九達謂之逵說爾雅者皆以爲四道交出復有旁通故劉炫規過以逵爲九道交出也今以爲道方九軌者蓋以九出之道世俗所希不應城內得有此道以記有九軌故以逵當之言逵也並容九軌皆得前達亦是九逵之義故李巡注爾雅亦取並軌之義又涂方九軌天子之制諸侯之國不得皆有唯鄭城之內獨有其涂故傳於鄭國每言逵也故桓十四年焚渠門入及大逵莊二十八年衆車入自純門及逵市宣十二年入自皇門至于逵路劉君以爲國國皆有逵道以規杜氏其義非也○秋七月公會齊侯鄭伯伐許庚辰傅于許傅于許城下傅音附注同○頴考叔取鄭伯之旗蝥弧以先登蝥弧旗名○蝥亡侯反弧音胡疏注蝥弧旗名○正義曰周禮諸侯建旂孤卿建旜而左傳鄭有蝥弧齊有靈姑銔皆諸侯之旗也趙簡子有蜂旗卿之旗也其名當時爲之其義不可知也子都自下射之顛顛隊而死○射食亦反下及注同隊直類反瑕叔盈又以蝥弧登（瑕叔盈鄭大夫）周麾而呼曰君登矣（周徧也麾招也○麾許危反又許僞反呼火故反徧音遍）鄭師畢登壬午遂入許許莊公奔衛（奔不書兵亂遁逃未知所在○遁徒頓反）齊侯以許讓公公曰君謂許不共（不共職貢○共音恭本亦作供音同注及下同）故從君討之許既伏其罪矣雖君有命寡人弗敢與聞乃與鄭人鄭伯使許大夫百里奉許叔以居許東偏（許叔許莊公之弟東偏東鄙也○與聞音預）曰天禍許國鬼神實不逞于許君而假手于我寡人（借手于我寡德之人以討許）寡人唯是一二父兄不能共億（父兄同姓羣臣供給億安也○億於力反）其敢以許自爲功乎寡人有弟不能和協而使餬其口於四方（弟共叔段也餬鬻也段出奔在元年○餬音胡說文云寄食鬻本又作粥之育反又與六反）【疏】注弟共至元年○正義曰莊公之弟逃於四方故知唯是共叔段也說文云餬寄食也以此傳言餬口四方故以寄食言之昭七年傳云饘於是鬻於是以餬余口釋言云餬饘也則餬是饘鬻別名今人以薄鬻塗物謂之餬紙餬帛則餬者以鬻食口之名故云餬其口也

其況能久有許乎吾子其奉許叔以撫柔此民也吾將使獲也佐吾子（獲鄭大夫公孫獲）若寡人得沒于地（以壽終○壽如字又音授）天其以禮悔禍于許（言天加禮於許而悔禍之）無寧茲許公復奉其社稷（無寧寧也茲此也○復扶又反又音服）唯我鄭國之有請謁焉如舊昏媾（謁告也婦之父曰昏重昏曰媾○媾古豆反重直龍反）【疏】注謁告至曰媾○正義曰謁告也釋詁文婦之父曰昏釋親文也媾與昏同文故先儒皆以爲重昏曰媾

其能降以相從

也降降心也無滋他族實偪處此以與我鄭國爭此土也吾子孫其覆亡之不暇而況能禋祀許乎絜齊以享謂之禋祀謂許山川之祀○覆芳服反暇行嫁反禋音因齊側皆反本亦作齋疏注絜齊至之祀○正義曰釋詁云禋祭也孫炎曰禋絜敬之祭周語曰精意以享禋也是絜齊以享謂之禋享訓獻也言絜清齊敬以酒食獻神也禮諸侯祭山川之在其地者若其受許之土則當祭許山川故知祀謂許山川之祀寡人之使吾子處此不唯許國之爲亦聊以固吾圉也圉邊垂也○爲于僞反圉魚呂反疏注圉邊垂也○正義曰釋詁云圉垂也舍人曰圉邊垂也乃使公孫獲處許西偏曰凡而器用財賄無寘於許我死乃亟去之吾先君新邑於此此今河南新鄭舊鄭在京兆○賄呼罪反字林音悔寘之豉反置也亟紀力反急也下注同疏注此今至京兆正義曰地理志云河南郡新鄭縣詩鄭桓公之子武公所國是知新邑於此謂河南新鄭也且志又云京兆鄭縣周宣王弟鄭桓公邑是知舊鄭在京兆也志又云本周宣王弟友爲周司徒食采於宗周畿內是爲鄭桓公桓公問於史伯曰王室多故何所可以逃死史伯爲桓公謀取虢鄶之地今寄帑與賄而虢鄶受之後三年幽王敗桓公死其子武公與平王東遷卒定虢鄶之地然則傳云先君新邑於此謂武公始居此也史記鄭世家稱虢鄶自分十邑獻於桓公桓公竟國之案鄭語桓公始謀未取之也武公始國非桓公也全滅虢鄶非獻邑也馬遷之言皆謬耳昭十六年傳子產謂韓宣子曰我先君桓公與商人皆出自周以艾殺此地而共處之者謂寄帑與賄之時商人即與俱行耳非桓公身至新鄭王室而既卑矣周之子孫日失其序鄭亦周之子孫夫許大岳之胤也大岳神農之後堯四岳也胤繼也○大岳音泰疏注大岳至繼也○正義曰周語稱共工伯鯀二者皆黃炎之後言鯀爲黃帝之後共工爲炎帝之後炎帝則神農之別號周語又稱堯命

禹治水共之從孫四岳佐之胙四岳國命爲侯伯賜姓曰姜氏曰有呂賈逵云共共工也從孫同姓末嗣之孫四岳官名大岳也主四岳之祭焉姜炎帝之姓其後變易至於四岳帝復賜之祖姓以紹炎帝之後以此知大岳是神農之後堯四岳也以其主岳之祀尊之故稱大岳許國是其後也胤繼也釋詁文舍人云胤繼世也

天而既厭周德矣吾其能與許爭乎君子謂鄭莊公於是乎有禮禮經國家定社稷序民人利後嗣者也許無刑而伐之服而舍之刑法也○厭於豔反【疏】禮經至嗣者也○正義曰經謂紀理之若詩之經營經始也國家非禮不治社稷得禮乃安故禮所以經理國家安定社稷以禮教民則親戚和睦以禮守位則澤及子孫故禮所以次序民人利益後嗣經國家猶詩序之言經夫婦也

度德而處之量力而行之相時而動無累後人我死乃亟去之無累後人○度待洛反量音良下同相息亮反累劣僞反注同

可謂知禮矣○鄭伯使卒出豭行出犬雞以詛射潁考叔者百人爲卒二十五人爲行行亦卒之行列疾射潁考叔者故令卒及行間皆詛之○卒尊忽反注同豭音加豬別名行戶剛反注同詛則慮反令力呈反【疏】注百人至詛之○正義曰周禮夏官序制軍之法百人爲卒二十五人爲兩此言二十五人爲行者以傳先卒後行豭大於犬知行之人數少於卒也軍法百人之下唯有二十五人爲兩耳又大司馬之屬官行司馬是中士軍之屬官兩司馬亦中士知周禮之兩即此行是也周禮之行謂軍之行列知此行亦卒之行列也詛者盟之細殺牲告神令加之殃咎疾射潁考叔者令卒及行閒祝詛之欲使神殺之也一卒之內已用一豭又更令一行之間或用雞或用犬重祝詛之犬雞者或雞或犬非雞犬並用何則盟詛例用一牲不用二也豭謂豕之牡者爾雅釋獸豕牡曰豭豭者是牡知豭者是牡祭祀例不用牝且宋人謂宋朝爲艾豭明以雄豬喻也

君子謂鄭莊公失政刑矣政以治民刑以

正邪既無德政又無威刑是以及邪大臣不睦又不能用刑於邪人○邪似嗟反下及注同邪而詛之將何益矣○王取鄔劉二邑在河南緱氏縣西南有鄔聚西北有劉亭○鄔烏戶反緱古侯反一音苦侯反聚才遇反蔿邘之田于鄭蔿邘鄭二邑○蔿尤委反邘音于而與鄭人蘇忿生之田蘇忿生周武王司寇蘇公也○忿芳粉反

疏注蘇忿至公也○正義曰成十一年傳曰昔周克商使諸侯撫封蘇忿生以溫爲司寇尚書立政稱周公告大史曰司寇蘇公是其事也

溫今溫縣原在沁水縣西○沁七浸反字林先任反郭璞王蒼解詁音狗沁之沁沈文何疏鴆反韋昭思金反水名絺在野王縣西南○絺勑之反樊一名陽樊野王縣西南有陽城○樊扶袁反隰郕在懷縣西南○隰詳立反郕尚征反欑茅在脩武縣北○欑木官反向軹縣西有地名向上○向舒亮反注同軹音紙盟今盟津○盟音孟州今州縣陘闕○陘音刑隤在脩武縣北○隤徒回反懷今懷縣凡十二邑皆蘇忿生之田欑茅隤屬汲郡餘皆屬河內君子是以知桓王之失鄭也恕而行之德之則也禮之經也已弗能有而以與人人之不至不亦宜乎蘇氏叛王十二邑王所不能有爲桓五年從王伐鄭張本○鄭息有違言以言語相違恨息侯伐鄭鄭伯與戰于竟息師大敗而還息國汝南新息縣○竟音境息一本作鄎音息

疏注息國至息縣○正義曰世本息國姬姓此息侯伐鄭責其不親親知與鄭國同姬姓也莊十四年傳楚文王滅息其初則不知誰之子何時封也地理志汝南郡有新息縣故息國也應劭云其後東徙故加新云若其後東徙當云故息何以反加新字乎蓋本自他處而徙此也

君子是以知息之將亡也不度德鄭莊賢○度待洛反不量力息國弱不親親鄭息同姓之國不徵辭不察有罪言語相恨當明徵其辭以審曲

直不宜輕闘犯五不韙而以伐人其喪師也不亦宜乎韙是也○韙韋鬼反蒼頡篇同喪息浪反○冬十
月鄭伯以虢師伐宋壬戌大敗宋師以報其入鄭也入鄭在十年宋不告命故不書
凡諸侯有命告則書不然則否命者國之大事政令也承其告辭史乃書之於策若所傳聞行言非將君命則記在簡牘而已
不得記於典策此蓋周禮之舊制○傳直專反師出臧否亦如之臧否謂善惡得失也滅而告敗勝而告克此皆互。告不須兩告乃書○否
音鄙又方九反注同雖及滅國滅不告敗勝不告克不書于策疏凡諸至于策○正義曰此傳雖因宋不告敗而
發此例其言諸侯有命非獨爲被伐之命故注云命者國之大事政令也謂諸國大事崩卒會盟戰伐克取君臣乖離水火災害經書他國之事皆是來告則
書不告則否來告則書者或彼以實告改其告辭而書之或彼以虛告因其虛言而記之立文褒貶章示善惡雖復依告者多不必盡皆依告衞獻公之出奔
也傳稱孫林父甯殖出其君名在諸侯之策及其書經則云衞侯出奔齊如此之類是改告辭也晉人之敗秦也傳稱潛師夜起以敗秦于令狐秦實未陳不
與晉戰晉人諱背前言妄以戰告及其書經乃言晉人及秦人戰于令狐如此之類是因虛言也雖復或因其虛或改其實終是歸於勸戒得告乃書也不然
則否者雖復傳聞行言實知其事但非故遣來告知亦不書所以愼謬誤辟不審若楚滅六蓼滅文仲歎而爲言。魯非不知但無命來告故不書也師出臧否
亦如之者傳因被兵發例嫌出師伐人不必須告故重明之雖及滅國者既據侵伐發例又嫌滅國事重不待告命故更明之言不書于策者明告命大事皆
書於國史正策以見仲尼脩定悉因正策之文○注臧否至乃書○正義曰不言勝敗而言臧否者明其臧否之言非徒勝敗之謂故知是善惡得失總謂理
有曲直兵有彊弱也狄伐邢之類非狄能告也楚滅庸之徒非庸能告也故知敗克互言不須兩告乃書也且哀元年傳曰吳入越不書吳不告慶越不告敗

也吳越並言知其不待兩告○羽父請殺桓公將以求大宰大宰官名○大音泰注同【疏】注大宰官名○正義曰周禮天子六卿天官爲大宰諸侯則幷六爲三而兼職焉昭四年傳稱季孫爲司徒叔孫爲司馬孟孫爲司空則魯之三卿無大宰也羽父名見於經已是卿矣而復求大宰蓋欲令魯特置此官以榮己耳以後更無大宰知魯竟不立之公曰爲其少故也吾將授之矣授桓位○爲于僞反少詩照反使營菟裘吾將老焉菟裘魯邑在泰山梁父縣南不欲復居魯朝故別營外邑○菟兔都反裘音求父音甫復扶又反下同羽父懼反譖公于桓公而請弒之。公之爲公子也與鄭人戰于狐壤止焉內諱獲故言止狐壤鄭地○譖側鴆反弒音試下同一本作殺鄭人囚諸尹氏尹氏鄭大夫賂尹氏而禱於其主鍾巫主尹氏所主祭○賂音路禱丁老反或多報反巫亡夫反遂與尹氏歸而立其主立鍾巫於魯十一月公祭鍾巫齊于社圃社圃園名○圃布古反館于寪氏館舍也寪氏魯大夫○寪于委反壬辰羽父使賊弒公于寪氏立桓公而討寪氏有死者欲以弒君之罪加寪氏而復不能正法誅之傳言進退無據【疏】討寪氏有死者○正義曰劉炫云羽父遣賊弒公公非寪氏所弒公在寪氏而死遂誣寪氏弒君欲以正法誅之君非寪氏所弒故討寪氏之家僅有死者而已言不總誅之○注欲以至無據○正義曰劉炫云欲以弒君之罪加寪氏則君非寪氏所弒而復不能以正法誅之正法謂滅其族汙其宮也傳言此者進退無據進誅寪氏則實非寪氏弒君退舍寪氏則無弒君之人是其進退無據也不書葬不成喪也桓弒隱篡位故喪禮不成

附釋音春秋左傳注疏卷第四

春秋左傳注疏卷四校勘記　　阮元撰盧宣旬摘錄

附釋音春秋左傳注疏卷第四　隱六年盡十一年宋本春秋正義卷第四

〔經六年〕

鄭人來渝平　惠棟云渝讀爲輸二傳作輸廣雅云輸更也釋詁楚文變輸盟刺謂變更盟刺耳渝更也平成也故經書渝平傳云更成杜氏訓渝爲變必俗儒傳寫之訛案渝輸古通用爾雅云渝變也杜氏用雅訓變亦更之意也

具四時以成歲　岳本歲下有也字

也皆放此　宋本淳熙本岳本纂圖本足利本也作他淳熙本纂圖本放作倣

〔傳六年〕

傳曰更成　淳熙本成作平非也

注翼晉至大夫　宋本以下正義二節總入納諸鄂節注下

公孫嬰齊卒于貍脤　宋本脤作脤是也

蘇忿生十二邑注陘云闕者　此本二字脫依宋本毛本補閩本監本考文作一非也

五月庚申　宋本此節正義在注崇聚也之下

商書曰惡之易也如火之燎于原不可鄉邇 此與莊十四年所引同如尚書作若鄉作嚮釋文云鄉本又作嚮同也按鄉正字嚮向皆俗字今尚書作嚮乃衛包所改

見惡如農夫之務去草焉 周禮秋官序官薙氏注引傳文無焉字賈疏同文選東京賦注引亦無焉字

芟夷蘊崇之 芟釋文云說文作發匹末反文選荅賓戲注晉灼曰發開也案發乃發字之譌今諸本皆作芟字蘊石經宋本作藴釋文亦作蘊周禮稻人薙人鄭司農注引傳文並作蘊此本作蘊俗字注及正義同

晉鄭焉依 水經洧水注引傳文焉作是與外傳合

注周桓至焉依 宋本此節正義在篇末

猶懼不蔇 衆經音義十二引作不暨案暨蔇古今字莊九年傳公及齊大夫盟于蔇公羊穀梁並作暨

〔經七年〕

諸聘皆使卿執玉帛以相存問 淳熙本聘誤侯

例在襄九年 宋本足利本九作元正義同

汲郡共縣東南有凡城 釋文凡作汎續漢郡國志共縣有汎亭周凡伯國案汎與凡通

在濟陰城武縣西南 宋本岳本城作成與水經注所引合漢書地理志續漢郡國志亦並作成武此本作城非也

〔傳七年〕

告終嗣也 石經宋本岳本足利本終下有稱字是也

下言凡例 毛本下作不字按作不是也言凡例不言凡例猶云合凡例不合凡例〇今訂正

注朝而至卿寺 宋本此節正義在注傳言凡伯所以見伐之下

公卿牧守府 按當作公卿牧守曰府各本少曰字

令官所止皆曰寺 毛本令作今今字是也謂漢時稱謂如此

歃如忘 說文引作歃而忘惠棟云服虔曰如而也臨歃而忘其盟載之辭古如而字多通用

忘不在於歃血 諸本忘作志是也纂圖本閩本監本毛本血下衍也字

歃如忘 宋本此節正義在乃成昏注下

歃謂口含血也 毛本脫口字

泄伯安知其忘而譏之 監本毛本本而下衍且字

以忽爲王寵故 宋本淳熙本岳本足利本爲作有毛本故作妻

〔經八年〕

鄭伯使宛來歸祊　祊漢書五行志引作邴案公羊穀梁作邴

注宛鄭至東南　宋本此節正義在庚寅節注下

諸侯同盟稱名者　足利本無侯字

非唯見在位二君也　纂圖本重脩監本毛本二作之非也監本二字模糊

若父與彼盟　盧文弨校本父下增不字

晉荀偃禱河稱齊晉君名　淳熙本偃誤傳

故尙書武成告名山川云　宋本監本毛本山下有大字是也

東莞縣北有郲鄉　毛本莞作菀

在禮卿不會公侯　閩本監本毛本公作諸非也

〔傳八年〕

若一地二名當時並存　案釋例作若二名當時並存宋本閩本監本毛本存作有

鄭桓公周宣王之母弟　史記周本紀正義引注桓公下有友字

鄭以天子不能復巡狩　纂圖本閩本監本毛本狩作守釋文亦作守案狩與守古通用

許愼以公羊爲非則杜意亦從許愼也公羊爲非則杜意亦從許愼也案此

本公羊爲非十二字重衍

鄭玄以祖爲軷道之祭也此本軷字模糊依宋本補閩本監本毛本作祓說文云出將有事于道必先告其神立壇四通樹茅以依神爲軷詩大雅生民篇取羝以軷毛傳云軷道祭也字或作祓

羽父請謚與族岳本毛本謚並改作諡字段玉裁云五經文字謚諡二字音常利反上說文下字林以謚爲笑聲音呼益反今用上字據此說文作謚並不从兮从皿即字林以謚代諡亦未嘗增一从兮从皿之字衆經音義引說文亦作謚

注因其至嬀姓宋本以下正義三節總入公命以字爲展氏注下

胙之土而命之氏文選陸士衡詩注引胙作祚土上有以字案胙者祚之俗

其旁支別屬則各自立氏監本毛本旁字改作傍案旁與傍同

傳稱盟于子晳氏逐瘈狗入於華臣氏閩本監本毛本晳誤哲于字瘈字監本毛本作與瘈非也

或身以才舉者升卿位宋本者作暫

知其皆由時命非例得之也浦鏜正誤時疑作特

其士會之帑處秦者爲劉氏監本毛本帑作孥

諸侯以字爲謚因以爲族 案鄭康成讀諸侯以字爲謚句見哀十六年正義杜讀諸侯以字爲句非仁和孫志祖云禮記檀弓魯哀公誄孔子鄭注云誄其行以爲謚也尼父因其字以爲之謚明用左傳此語又儀禮少牢饋食禮注云大夫或因字爲謚傳云魯無駭卒請謚與族公命之以字爲展氏是也史記五帝本紀集解引駁五經異義作諸侯以字爲氏氏乃謚字傳寫之訛

或使即先人之謚稱以爲族 宋本淳熙本岳本足利本使作便是也

經書祭仲以生賜族者 宋本以作似

俱氏二十之字自不同也 閩本氏作是非

注謂取至時君 宋本此節正義在諸侯至爲族節之後

〔經九年〕

天子使南季來聘 石經宋本岳本足利本子作王是也

電是雷光 毛本電作雷非也

挾卒 無傳挾魯大夫未賜族

右經文二字注文九字此本脫閩本同據石經宋本淳熙本岳本纂圖本監本毛本補

防魯地在琅邪縣東南 宋本淳熙本岳本足利本邪下有華字與釋文合

〔傳九年〕

書癸酉始始雨日 諸本作始雨日此本下始字衍文

故皆爲時失 淳熙本失下有也字

凡雨自三日以往爲霖 禮記月令鄭注云雨三日以上爲霖正義云隱公九年左傳文

注此解至經誤 宋本此節正義在平地尺爲大雪之下

故復往告之 宋本淳熙本岳本足利本往作更是也

先者見獲必務進 石經初刻作後必務進改刊去後字後又加於必字之上旁按石經旁加字多不可從

先者至以逞 從宋本以下正義三節總入十一月節注下

祝聃帥勇而無剛者先犯戎而速奔以遇二伏兵 淳熙本帥誤師山井鼎云足利本遇後人改作過非

〔經十年〕

非鄭之謀也 宋本監本毛本鄭作鄧案正義當作鄧閩本正義亦誤鄭○今訂作鄧

濟陰城武縣東南有郜城 岳本作成武是也

伐戴 諸本作戴陳樹華云昭廿三年正義引亦作戴石經初刻作戴後改載傳文同案作載與釋文合公羊穀梁同此本正義並作載是也說詳釋文校

故鄭玄詩箋讀倣載爲熾菑 宋本監本毛本載作戴菑監本作甾非

〔傳十年〕

戊申五月二十三日 足利本五作三非

蓋以孰食曰饔 閩本監本毛本孰作熟下同

承虛入鄭 岳本足利本承作乘

注三國至通稱 宋本此節正義在蔡人怒節注下

經以取告不以圍告 閩本監本毛本經作徑

〔經十一年〕

滎陽縣東有釐城 宋本淳熙本岳本足利本滎作熒〇補案熒陽作熒是也此本多誤从水今並訂正校不悉出

許潁川許昌縣 纂圖本毛本潁作穎非

堯四嶽伯夷之後也 閩本監本毛本嶽作岳

欲見仁非一涂 諸本作涂此本誤餘今訂正按涂者古塗字

造膝跪辭 宋本跪作詭是也

鷙拳劫君而自則 宋本劫作執閩本監本毛本作劫則作刖不誤宋本同也按依說文劫从力去聲○今並訂正

俱實見弒而以卒赴魯是他國之臣亦有諱國惡者 閩本監本毛本見誤在他國毛本作伯國非也

〔傳十一年〕

注薛魯國薛縣 宋本以下正義六節總入乃長滕侯句下

奚仲遷于邳 監本毛本邳作郚非下同

注庶姓至同姓 宋本無同字作至姓也案各本注文皆無也字

庶姓無姓者 下姓字宋本作親是○今證正

異婚姻者也 宋本婚作昏各本異下有姓字此本脫

山有木工則度之 陳樹華云爾雅釋器注引傳度作剫案張參五經文字云剫音度見周禮注及爾雅不云見春秋傳知唐時已作度不作剫也

則願以滕君爲請 毛本滕誤勝

夏公會鄭伯于郲謀伐許也 石經初刻作于時郲後刊去時字陳樹華云郲水經注引左傳作釐

公孫閼鄭大夫 淳熙本夫下衍閼字

挾輈以走 宋本以下正義十一節總入將何益矣句下

子都拔棘以逐之 石經凡棘字俱作棘

餬鬻也 釋文鬻本又作粥之育反又與六反案鬻作粥俗省

詩鄭桓公之子武公所國 宋本詩下有鄭國二字與漢書合

後三年幽王敗 監本毛本作二年與漢志合

周語稱共工伯鮌 閩本監本毛本作伯鯀下同

蔿邘之田于鄭 陳樹華云說文邘字注周武王子所封在河內野王是也石經邘作邗非

在沁水縣西 陳樹華云郡國志作沁水西北有原城水經注作沁水縣西北有原城史記晉世家正義作河內沁水縣西北有原城並與今左傳注不合案春秋釋地亦作河內沁水縣西北有原城然據閻若璩胡朏明並云說地理之書多有舉西以該北舉東以該南者

隰郕 惠棟云司馬彪曰懷有隰城劉昭引傳亦作隰城陳樹華云僖二十五年傳作隰城按郕省爲成成誤爲城古書內往往如此

在脩武縣北 案釋例作脩武縣西北有欑城據此北上當有西字諸本作縣此本誤孫今訂正

息侯伐鄭鄎釋文息作鄎云一本作息案說文云鄎姬姓之國在淮北今汝南新

此皆互告不須兩告乃書 宋本淳熙本岳本上告作言是也

魯非不知 監本魯誤會下蓋欲令魯同

注大宰官名 宋本以下正義三節總入不書葬節注下

而請弒之 諸本作弒釋文作殺

遂與鄭氏歸而立其主 石經宋本淳熙本岳本纂圖本足利本鄭作尹是也○今依訂正

館于寪氏 史記魯世家作蔿氏錢大昕云蔿薳古通用孟僖子有薳氏之簉其即寪氏之族乎

壬辰羽父使賊殺公于寪氏 釋文殺音弒石經宋本淳熙本岳本纂圖本作弒

欲以弒君之罪加寪氏 閩本監本毛本弒作殺非

正義曰劉炫云羽父遣賊弒公 宋本無正義曰三字弒公閩本毛公作殺公

桓弒隱簒位故喪禮不成 宋本淳熙本岳本足利本位作立

春秋左傳注疏卷四校勘記

附釋音春秋左傳注疏卷第五 桓元年盡二年

杜氏注 孔穎達疏

桓公 ○陸曰桓公名軌惠公之子隱公之弟母仲子史記亦名允謚法辟土服遠曰桓 疏正義曰魯世家桓公名允惠公之子隱公之弟仲子所生以桓王九年即位莊王三年薨世本桓公名軌世族譜亦為軌謚法辟土服遠曰桓謚法非一略舉一耳亦不知本以何行而為此謚他皆放此是歲歲在玄枵

經元年春王正月公即位。嗣子位定於初喪而改元必須踰年者繼父之業成父之志不忍有變於中年也諸侯每首歲必有禮於廟諸遭喪繼位者因此而改元正位百官以序故國史亦書即位之事於策桓公簒立而用常禮欲自同於遭喪繼位者釋例論之備矣○簒初患反 疏注嗣子至備矣○正義曰顧命曰乙丑成王崩使齊侯呂伋以二干戈逆子釗于南門之外延入翼室恤宅宗孔安國云明室路寢延之使居憂為天下宗主天子初崩嗣子定位則諸侯亦當然也釋例曰商書顧命天子在殯之遺制也推此亦足以準諸侯之禮矣是知嗣子位定於初喪孝子緣生以事死歲之首日必朝事宗廟因即改元釋例曰襄二十九年經書春王正月公在楚傳曰釋不朝正于廟也然則諸侯每歲首必有禮於廟今遭喪繼立者每新年正月亦改元正位百官以序故國史因書即位於策以表之此新君之常禮也桓之於隱本無君臣之義計隱公之死桓公即合改元不假踰年方行即位猶如晉厲被弒悼公即位改元今桓雖實簒立歸罪寪氏詐言不與賊謀而用常禮自同於遭喪繼位者亦既實即其位國史依實書之仲尼因而不改反明公實簒立而自同於常亦足見桓之簒也○三月公會鄭伯于垂鄭伯以璧假許田○假舉下反○夏四月丁末公及鄭伯盟于越公以篡立而脩好於鄭鄭因而迎之成禮於垂終易二田然後結盟垂犬丘衛地也越近垂地名鄭求祀周公魯聽受祊田令鄭廢泰山之祀知其非禮故以璧假為文時之所隱○好呼報反傳同近附近之近祊百庚反令力呈反疏注公以至為文時之所隱○正義曰成會。禮於垂既易許田然後盟以結之故先會次假田然後書盟也言迎之成禮於垂者垂是衛地沈以為公迎鄭伯於垂知時史之所隱諱者傳不言書曰知非仲尼本意也○秋大水書災也傳例曰凡平原出水為大水○冬十月

傳元年春公即位修好于鄭鄭人請復祀周公卒易祊田事在隱八年○復扶又反公許之

三月鄭伯以璧假許田為周公祊故也魯不宜聽鄭祀周公又不宜易取祊田犯二不宜以動故隱其實不言祊稱璧假言若進璧以假田非久易也○為于僞反疏注魯不至易也正義曰祊薄於許加之以璧易取許田非假借之也今經乃以璧假為文故傳言為周公祊故解經璧假之言也注又解傳之意周公非鄭之祖魯不宜聽鄭祀周公天子賜魯以許田義當傳之後世不宜易取祊田於此一事犯二不宜以勤故史官諱其實不言以祊易許乃稱以璧假田言若進璧於魯以權借許田非久易然所以諱國惡也不言以祊假而言以璧假者此璧實入於魯但諸侯相交有執圭璧致信命之理今言以璧假似若進璧以致辭然故璧猶可言祊則不可言也何則祊許俱地以地借地易理已章非復得為隱諱故也○夏四月丁未公及鄭伯盟于越結祊成也結成易二田之事也傳以經書祊故獨見祊○見賢遍反不盟曰渝盟無享國渝變也渝羊朱反享許丈反疏注渝變也○正義曰釋言文也傳載其盟辭者以易田惡事而誓不變改見其終無悔心所以深惡魯也此時許田已入於鄭而詩頌僖公云居常與許復周公之宇蓋僖公之時復得之也齊人取讙及闡及其歸也經復書之自此以後不書鄭人來歸許田者此

經書假言若暫以借鄭地仍魯物不得書鄭人歸之○秋大水凡平原出水爲大水廣平曰原 疏 注凡平原至大水○正義曰洪範云水曰潤下言雨自上而下浸潤於。土陂鄣下地可使水潦停爲平原高地則不宜有也凡平原出水則爲大水平原出水言水不入於土而出於地上非湧泉出也○注廣平曰原○正義曰釋地文也李巡曰謂土地寬博而平正名之曰原○冬鄭伯拜盟鄭伯若自來則經不書若遣使則當言鄭人不得稱鄭伯疑。謬誤○使所吏反 疏 注鄭伯至謬誤○正義曰六年傳云魯爲其班後鄭注云魯。親班齊饋則亦使大夫戍齊矣經不書蓋史闕文然則經所不書自有闕文之類注既疑此事不云闕文而云繆誤者師出征伐貴賤皆書經所不書必是文闕若使事重使人雖賤亦書鄭人來渝平齊人歸謹及闡是也今以拜盟事輕若其使賤則例不合書故杜云若遣使來傳當云鄭人疑傳繆誤知非實是鄭伯爲不見公不書者以魯鄭相親易田結好鄭伯既拜盟而來魯君無容不見故知非實是鄭伯止是鄭人而已○宋華父督。見孔父。之妻于路華父督宋戴公孫也孔父嘉孔子六世祖○華戶化反大夫氏也後皆同督音篤 疏 注華父至世祖○正義曰案世本云華父督宋戴公之孫好父說之子孔父嘉生木金父木金父生祁父其子奔魯爲防叔防叔生伯夏伯夏生叔梁紇叔梁紇生仲尼是孔父嘉爲孔子六世祖目逆而送之曰美而豔。色美曰豔○豔以贍反美色也 疏 注目逆至而豔○正義曰未至則目逆既過則目送俱是目也故以目冠之美者言其形貌美豔者言其顏色好故曰美而豔爲二事之辭色美曰豔詩毛傳文也

經二年春王正月戊申宋督弒。其君與夷及其大夫孔父稱督以。弒罪在督也孔父稱名者內不能治其閨門外取怨於民身死而禍及其君○閨音圭 疏 宋督至孔父○正義曰凡言其者是其身之所有君是臣之君故臣弒君則云弒其君臣是君之臣

故君殺臣則云殺其大夫子亦君之子故云殺其世子稱國稱人以殺亦言其者人與國並舉一國之辭君與大夫皆是國人所有故亦言其也若兩臣相殺死者非殺者所有則兩書名氏不得言其則王札子殺召伯毛伯是也與夷是督之君。言弒其君則可孔父非督之大夫而言及其大夫者與君俱死據君爲文言宋督弒其君據督爲文而上弒其君也言及其大夫孔父據君爲文而下及其大夫言及與夷之大夫非督之大夫也仇牧荀息其意亦同○注稱督至其君○正義曰宣四年傳例曰弒君稱君君無道也稱臣臣之罪也故知稱督以弒罪在督也諸言父者雖或是字而春秋之世有齊侯祿父蔡侯考父季孫行父衞孫林父乃皆是名故杜以孔父爲名文七年宋人殺其大夫傳曰不稱名衆也且言非其罪也不名者非其罪則知稱名者皆有罪矣杜既以孔父爲名因論爲罪之狀內不能治其閨門使妻行於路令華督見之外取怨於民使君數攻戰而國人恨之身死而禍及其君故書名以罪孔父也釋例曰經書宋督弒其君與夷及其大夫孔父仲尼丘明唯以先後見義無善孔父之文孔父爲國政則取怨於民治其家則無閨閫之教身先見殺禍遂及君孔既無所善仇牧不警而遇賊又死無忠事晉之荀息期欲復言本無大節先儒皆隨加善例又爲不安經書臣蒙君弒者有三直是弒死相及卽實無爲文仲尼以督爲有無君之心改書一事而已無他例也是以孔父行無可善書名罪之也案公羊穀梁及先儒皆以善孔父而書字知不然者案宋人殺其大夫司馬傳稱握節以死故書其官又宋人殺其大夫傳以爲無罪不書名今孔父之死傳無善事故杜氏之意以父爲名言若齊侯祿父宋公茲父之等父既是名孔則爲氏猶仇牧荀息被殺皆書名氏蓋孔父先世以孔爲氏故傳云督攻孔氏也婦人之出禮必。擁蔽其面孔父妻行令人見其色美是不能治其閨門及殤公之好攻戰孔父須伏死而爭乃從君之非是取怨於百姓事由孔父遂禍及其君似公子比劫立加弒君之罪杜君積累其惡故以書名責之劉君不達此旨妄爲規過非也

○**滕子來朝**無傳隱十一年稱侯今稱子者蓋時王所黜

【疏】注隱十至所黜○正義曰杞行夷禮傳每發之此不發傳非爲夷禮自是

以下滕。當稱子故疑爲時王所黜於時周桓王也東周雖則微弱猶爲天下宗主尙得命邾爲諸侯明能黜滕爲子爵○三月公會齊侯陳侯鄭伯于稷以成宋亂成平也宋有弒君之亂故爲會欲以平之稷宋地疏注成平至宋地○正義曰成平釋詁文也宣十五年傳晉侯治兵于稷治兵欲以禦秦明其不出晉竟故以稷爲河東之稷。山此欲平宋故以稷爲宋地○夏四月取郜大鼎于宋

戊申納于大廟宋以鼎賂公大廟周公廟也始欲平宋之亂終於受賂故備書之戊申五月十日○郜古報反大音泰傳大廟倣此疏注宋以至十日正義曰禮記明堂位稱魯君季夏六月以禘禮祀周公於大廟文十三年公羊傳曰周公稱大廟故知大廟周公廟也始欲平宋亂故會于稷終舍宋罪而受其賂故得失備書之始書成宋亂終書取郜鼎是其備書之也鄭衆服虔皆以成宋亂爲成就宋亂故以此言正之長曆此年四月庚午朔其月無戊申五月己亥朔十日得戊申是有日而無月也○秋七月杞侯來朝公即位而來朝○蔡侯鄭伯會于鄧潁川召陵縣西南有鄧城○召上照反疏注潁川至鄧城○正義曰賈服以鄧爲國言蔡鄭會於鄧之國都釋例以此潁川鄧城爲蔡地其鄧國則義陽鄧縣是也以鄧是小國去蔡路遠蔡鄭不宜遠會其都且蔡鄭懼楚始爲此會何當反求近楚小國而與之結援故知非鄧國也○九月入杞不稱主帥微者也弗地曰入○帥所類反或作師○公及戎盟于唐冬公至自唐傳例曰告于廟也特相會故致地也凡公行還不書至者皆不告廟也隱不書至謙不敢自同於正君書勞策勳疏注傳例至策勳○正義曰釋例曰凡盟有一百五公行一百七十六書至者八十二其不書至者九十四皆不告廟也隱公之不告謙也餘公之不告慢於禮也是言不告不書之意也知隱不書至爲謙者以隱是讓位賢君必不慢於宗廟假使惰慢宗廟止可時或失禮不應終隱之身竟不書至知其以謙之故勞非所憚勳無可紀不。敢自同於正君書勞策勳故不告至也

傳二年春宋督攻孔氏殺孔父而取其妻公怒督懼遂弒殤公君子以督爲有無君之心而後動於惡雖有君若無也故先書弒其君會于稷以成宋亂爲賂故立華氏也經稱平宋亂者蓋以魯君受賂立華氏貪縱之甚惡其指斥故遠言始與齊陳鄭爲會之本意也傳言爲賂故立華氏明經本書平宋亂爲公諱諱在受賂立華氏也猶璧假許田爲周公祊故所謂婉而成章督未死而賜族督之妄也○爲賂于僞反注除爲會一字並同惡其烏路反婉於阮反

【疏】君子至其君○正義曰諸傳言君子者或當時賢者或指斥仲尼或語出丘明之意而託諸賢者期於明理而已不復曲爲義例唯河陽之狩趙盾之弒洩冶之罪危疑之理須取聖證故特稱仲尼以明之其餘皆託諸君子君子者言其可以居上位子下民有德之美稱也此言先書弒君則是仲尼新意不言仲尼而言君子者欲見君子之人意皆然非獨仲尼也督有無君之心而先書弒君者君人執柄臣人畏威每事稟命而行不敢妄相殺害督乃專殺孔父而取其妻非有忌君之心全無敬上之意不臣之迹在心已久非爲公怒始與毒害若先書孔父後書弒君便似既殺孔父始有惡心今先書弒君後書孔父見其先有輕君之心以著不義之極故也○注經稱至妄也○正義曰傳言爲賂故立華氏解經以成宋亂之言也成宋亂者欲殺賊臣定宋國令乃受貨賂立華氏非是平亂之狀而傳以解經故注申通其義以成宋亂者是四國爲會之本謀及其既會違背前謀非徒不討宋督乃更爲立華氏宋亂實不平而經書平宋亂者蓋以魯君受賂立華氏貪貨縱賊爲惡之甚時史惡其指斥不可言四國爲會縱賊取財故遠言爲會之本意言會于稷欲以平宋亂也傳以經文不實解其諱之所由所諱者諱其受賂立華氏故也爲周公祊故文與此同故以類相明然案爲周公祊故字在下而向上結之此亦應云爲賂立華氏故也何以此文故字乃在立華氏之上爲賂之下者以周公祊故其文約少得以故字在下總而結之此則文句長緩不可總而結之先舉爲賂惡重所以云爲賂故也然

後始言立華氏備詳其事今定本有故字檢晉宋古本往往無故字者妄也襄三十年諸侯之卿會于澶淵謀歸宋財既而無歸書曰宋災故尤之也此書成宋亂知非譏受賂尤四國者澶淵之會貶卿稱人是尤之文此則具序君爵辭無貶責非尤過之狀知爲諱故而本其會意從其平文也文十七年晉會諸侯于扈欲以平宋之亂既而不討受賂而還其事與此正同而經書諸侯會于扈傳曰書曰諸侯無功也此亦無功不言諸侯會于稷而歷序諸國者扈之會晉爲伯會諸侯以討亂乃受賂而還猶如僖十四年諸侯城緣陵齊桓爲伯城而不終故貶稱諸侯此則齊陳鄭自相平亂故不加貶文知不爲公諱不貶諸侯者以狄泉之諱唯沒公文其餘皆貶此若必諱唯須沒公而已何須不貶諸國宣四年公及齊侯平莒及郯成平同義而彼言平此言成者史官非一不置辭同猶暨之與及更無他義所謂史有文質不必改也文十三年傳稱衛侯鄭伯請平于晉公皆成之是知成平義無異也

宋殤公立十年十一戰殤公以隱四年立十一戰皆在隱公世

疏注殤公至公世○正義曰服虔云與夷隱四年即位一戰伐鄭圍其東門再戰取其禾皆在隱四年三戰取邾田四戰邾鄭入其郛五戰伐鄭圍長葛皆在隱五年六戰鄭伯以王命伐宋在隱九年七戰公敗宋師于菅八戰宋衛入鄭九戰宋人蔡人衛人伐戴十戰戊寅鄭伯入宋皆在隱十年十一戰鄭伯以虢師大敗宋師在隱十一年是皆在隱公世也

民不堪命孔父嘉爲司馬督爲大宰故因民之不堪命先宣言曰司馬則然言公之數戰則司馬使爾嘉孔父字○大音泰數音朔已殺孔父而弒殤公召莊公于鄭而立之以親鄭莊公公子馮也隱三年出居于鄭馮入宋不書不告也○馮皮冰反下同以郜大鼎賂公郜國所造器也故繫名於郜濟陰城武縣東南有北郜城

疏注郜國至郜城○正義曰穀梁傳曰郜鼎者郜之所爲也孔子曰名從主人故曰郜大鼎也公羊傳曰器從名地從主人其意言器從本主之名地從後屬主人是知郜國所造故繫名於郜劉君難杜注郜國濟

陰。成武縣東南有北郜城郜宋邑濟陰成武縣東南有郜城俱是成武縣東南相去不遠何得所爲郜國所爲宋邑劉以南郜北郜並宋邑別有郜國以規杜氏知不然者以許田許國相去非遙則郜國郜邑何妨相近且杜言有者皆是疑辭何得執杜之疑以規其過如劉所解郜國竟在何處齊陳鄭皆

有賂故遂相宋公○相息亮反下注傳相同夏四月取郜大鼎于宋戊申納于大廟非禮也

臧哀伯諫曰臧哀伯魯大夫僖伯之子君人者將昭德塞違以臨照百官猶懼或失之故昭令德以示子孫。是以清廟茅屋。以茅飾屋著儉也清廟肅然清淨之稱也○著張慮反後不音者同稱尺證反

疏君人至子孫○正義曰君人謂與人爲君也昭德謂昭明善德使德益章聞也塞違謂閉塞違邪使違命止息也德者得也謂內得於心外得於物在心爲德施之爲行德是行之未發者也而德在於心不可聞見故聖王設法以外物表之儉與度數文物聲明皆是昭德之事故傳每事皆言昭是昭其德也自不敢易紀律以上言昭德耳都無塞違之事自滅德立違以下言違德之事德之與違義不並立德明則違絕故昭德之下言塞違違立則德滅故立違之上言滅德立違謂建立違命之臣知塞違謂遏絕違命之人也國家之敗謂邦國喪亡知猶懼或失之謂恐失國家此諫辭有首尾故理互相見○注以茅至之稱○正義曰冬官考工記有葺屋瓦屋則屋之覆蓋或草或瓦傳言清廟茅屋其屋必用茅也但用茅覆屋更無他文明堂位曰山節藻梲複廟重檐刮楹達鄉反坫出尊崇坫康圭疏屏天子之廟飾也其飾備物盡文不應以茅爲覆得有茅者杜云以茅飾屋著儉也以茅飾之而已非謂多用其茅總爲覆蓋猶童子垂髦及蔽膝之屬示其存古耳白虎通曰王者所以立宗廟何緣生以事死敬亡若存故以宗廟而事之此孝子之心也宗者尊也廟者貌也象先祖之尊貌然則象尊之貌享祭之所嚴其舍宇簡其出入其處肅然清靜故稱清廟清廟者宗廟之大稱詩頌清廟者祀文王之歌故鄭玄以文王解之言天德清明文王象焉故稱

清廟此則廣指諸廟非獨文王故以清靜解之

大路越。席

大路。玉路。祀。天車也越席結草○越戶括反祀天車本或無天字者非

【疏】注大路至越。席結草○正義曰路訓大也君之所在以大爲號門曰路門寢曰路寢車曰路車故人君之車通以路爲名也周禮巾車掌王之五路鄭玄云王在焉曰路彼解天子之車故云王在耳其實諸侯之車亦稱爲路。路之最大者巾車五路玉路爲大故杜以玉路爲大路巾車云玉路錫樊纓十有再就建大常十有二斿以祀故云祀天車也越席結蒲爲席置於玉路之中以茵藉示其儉也經傳言大路者多矣注者皆觀文爲說尙書顧命陳列器物有大輅綴輅先輅次輅孔安國以爲玉金象以飾車以其偏陳諸路故以周禮次之僖二十八年王賜晉文公以大輅之服定四年祝佗言先王分魯衛晉以大路注皆以爲金路以周禮金路同姓以封玉路不可以賜故知皆金路也襄十九年王賜鄭子蟜以大路二十四年王賜叔孫豹以大路二注皆云大路天子所賜車之總名以周禮孤乘夏篆卿乘夏縵釋例以所賜穆叔子蟜當是革木二路故杜以大路爲賜車之總名服虔云大路木路杜不然者以大路越席猶如清廟茅屋清廟之華以茅飾屋示儉玉路之美以越席示質若大路是木則與越席各爲一物豈清廟與茅飾屋又爲別乎故杜以大路爲玉路於玉路而施越席是方可以示儉故沈氏云玉路雖文亦以越席示儉而劉君橫生異義以大路爲木路妄規杜氏非也

大羹不致

大羹肉汁不致五味

【疏】注大羹至五味○正義曰郊特牲云大羹不和貴其質也儀禮士虞特牲皆設大羹湆鄭玄云大羹湆煑肉汁也不和貴其質設之所以敬尸也是祭祀之禮有大羹也大羹者大古初食肉者煑之而已未有五味之齊祭神設之所以敬而不忘本也記言大羹不和故知不致者不致五味五味卽洪範所云酸苦辛鹹甘也

粢食不鑿。

黍稷曰粢不精鑿○粢音咨食音嗣餅也鑿子洛反精米也字林作糳子沃反云糲米一斛舂爲八斗

【疏】注黍稷至精鑿○正義曰釋草云粢稷舍人曰粢一名稷稷粟也郭璞云今江東人呼粟爲粢士虞記云明齊鄭云今文曰明粢粢稷也然則粢是稷之別名但稷是諸穀之長粢亦諸穀總名周

禮小宗伯辨六粢之名物鄭玄云六粢謂黍稷稻粱麥苽是諸穀皆名粢也祭祀用穀黍稷爲多故云黍稷曰粢飯謂之食傳云粢食不鑿是謂以黍稷爲飯不使細也九章算術粟率五十鑿二十四言粟五斗爲米二斗四升是則米之精鑿

昭其儉也 此四者皆示儉

袞冕黻珽 袞畫衣也冕冠也黻韠以蔽膝也珽玉笏也若今吏之持簿○袞古本反黻音弗下同珽他頂反韠音必笏音忽持簿步古反徐廣云持簿手版也

【疏】注袞畫至持簿○正義曰畫衣謂畫龍於衣祭服玄衣纁裳詩稱玄袞是玄衣而畫以袞龍袞之言卷也謂龍首卷然玉藻曰龍卷以祭知謂龍首卷也尙書益稷云帝曰予欲觀古人之象日月星辰山龍華蟲作會宗彝藻火粉米黼黻絺繡言觀古人之象謂觀衣服所象日月以至黼黻十二物皆衣服之所有也華蟲以上言作會宗彝以下言絺繡則二者雖在於服而施之不同冬官考工記畫繢與繡布采異次知在衣則畫之在裳則刺之故鄭玄禮注及詩箋皆云衣繢而裳繡以此知袞是畫文故云袞畫衣也袞衣以下章數鄭玄注司服云有虞氏十二章自日月而下至周而日月星辰畫於旌旗又登龍於山登火於宗彝冕服自九章而下如鄭此言九章者龍一山二華蟲三火四宗彝五在衣藻六粉米七黼八黻九在裳鷩冕者去龍去山自華蟲而下七章華蟲一火二宗彝三在衣餘四章在裳毳冕者去華蟲去火五章自宗彝而下宗彝一藻二粉米三在衣餘二章在裳希冕者去宗彝去藻三章自粉米而下粉米一在衣餘二章在裳玄冕者其衣無畫裳上刺黻而已杜昭二十五年數九文不取宗彝則與鄭異也冠者首服之大名冕者冠中之別號故云冕冠也世本云黃帝作冕宋仲子云冕冠之有旒者禮文殘缺形制難詳周禮弁師掌王之五冕皆玄冕朱裏止言玄朱而已不言所用之物論語云麻冕禮也蓋以木爲幹而用布衣之上玄下朱取天地之色其長短廣狹則經傳無文阮諶三禮圖漢禮器制度云冕制皆長尺六寸廣八寸天子以下皆同沈引董巴輿服志云廣七寸長尺二寸應劭漢官儀云廣七寸長八寸沈又云廣八寸長尺六寸者天子之冕廣七寸長尺二寸者諸侯之冕廣七寸長八寸者大夫之冕但古禮殘缺未知孰是故備載

焉司馬彪漢書輿服志云孝明帝永平二年初詔有司采周官禮記尚書之文制冕皆前圓後方朱裏玄上前垂四寸後垂三寸天子白玉珠十二旒三公諸侯青玉珠七旒卿大夫黑玉珠五旒皆有前無後此則漢法耳。古禮鄭玄注弁師云天子袞冕以五采繅前後各十二旒旒有五采玉有十二鷩冕前後九旒毳冕前後七旒希冕前後五旒玄冕前後三旒旒皆五采玉十有二上公袞冕三采繅前後九旒旒有三采玉九侯伯鷩冕三采繅前後七旒旒有三采玉七子男毳冕三采繅前後五旒旒有二采玉五孤卿以下皆二采繅二采玉其旒及玉各依命數耳謂之冕者冕俛也以其後高前下有俛俯之形故因名焉蓋以在上位者失於驕矜欲令位彌高而志彌下故制此服令貴者下賤也。黻韠制同而名異鄭玄詩箋云芾大古蔽膝之象也冕服謂之芾其他服謂之韠以韋爲之故云黻韋韠也詩云赤芾在股則芾是當股之衣故云以蔽膝也鄭玄易緯乾鑿度注云古者。田漁而食因衣其皮先知蔽前後知蔽後後王易之以布帛而獨存其蔽前者重古道而不忘本也是說黻韠之元由也易下繫辭曰包犧氏之王天下也作爲網罟以佃以漁則田漁而食伏犧時也禮運說上古之時云昔者先王食鳥獸之肉衣其羽皮是田漁而食因衣其皮也又曰後聖有作治其麻絲以爲布帛易繫辭曰黄帝堯舜垂衣裳而天下治然則易之布帛自黄帝始也垂衣裳服布帛初必始於黄帝其存蔽膝之象未知始自何代也禮記明堂位云有虞氏服韍言舜始作韍也尊祭服而異其名耳未必此時始存象也知冕服謂之黻者易云朱紱方來利用享祀知他服謂之韠者案士冠禮士服皮弁玄端皆服韠是他服謂之韠以冕爲士非冕謂之他此欲以兩服相形故謂黻爲韋韠黻之與韠祭服他服之異名耳其體制則同玉藻說玄端服之韠云韠君朱大夫素士爵韋發首言韠句末言韋明皆以韋爲之凡韠皆。象裳色言君朱大夫素則尊卑之韠直色別而已無他飾也其黻則有文飾焉明堂位曰有虞氏服黻夏后氏山殷火周龍章鄭玄云韍冕服之韠也舜始作之以尊祭服禹湯至周增以畫文後王彌飾也山取其仁可仰也火取其明也龍取其變化也天子備焉諸侯火而下卿大夫山士韎韋而已是說黻之飾也玉藻曰韠下廣二尺上廣一尺長三尺其頸五寸肩革帶博二寸鄭玄云頸五寸亦謂廣也頸中央肩兩角皆上接革帶以繫之肩與革帶廣同是說韠之制也記傳更無韍制皆是韠義明其制與韠同經傳作韍或作黻或作芾音義同也徐廣車服儀制曰古者韍如今蔽膝戰國連兵以韍非兵飾去之漢明帝復制韍天子赤皮蔽膝蔽膝古韍也然則漢世蔽膝猶用赤皮魏晉以來用絳紗爲之是其古今異也以其用絲故字或有爲紱者天子之笏以玉爲之故云珽玉笏也管子云天子執玉笏以朝日是有玉笏之文也禮之有笏者玉藻云凡有指畫於君前用笏造受命於君前則書於笏釋名曰笏忽也君有命則書其上備忽忘也或曰笏可以簿疏物也徐廣車服儀制曰古者貴賤皆執笏即今手板也然則笏與簿手板之異名耳蜀志稱秦宓見太守以簿擊頰則漢魏以來皆執手板故云若今吏之持簿玉藻云笏畢用也因飾焉言貴賤盡皆用笏因飾以示尊卑其上文云笏天子以球玉諸侯以象大夫以魚須文竹士竹本象可也鄭玄云球美玉也文猶飾也大夫士飾竹以爲笏不敢與君並用純物是其尊卑異也大夫與士笏俱用竹大夫以魚須飾之士以象骨爲飾不敢純用一物所以下人君也用物既殊體制亦異玉藻云天子搢珽方正於天下也諸侯荼前詘後直讓於天子也大夫前詘後詘無所不讓也鄭玄以爲謂之珽珽之言珽然無所屈前後皆方正也荼讀爲舒懦所畏在前也圜殺其首屈於天子也大夫上有天子下有己君故首末皆圜前後皆讓是其形制異也其長則諸侯以下與天子又異珽一名大圭周禮典瑞云王晉大圭以朝日是也冬官考工記大圭長三尺天子服之是天子之珽長三尺也玉藻云笏度二尺有六寸短於天子蓋諸侯以下度分皆然也

帶裳幅舄

帶革帶也衣下曰裳幅若今行縢者舄複履〇幅音逼舄音昔縢徒登反複音福

疏注帶革至複履〇正義曰下有韠是紳帶知此帶爲革帶玉藻革帶博二寸鄭云凡佩繫于革帶白虎通云男子有鞶革者示有金革之事然則示有革事故用革爲帶帶爲佩也昭十二年傳云裳下之飾也經傳通例皆上衣下裳故云衣下曰裳幅與行縢今古之異名故云若今行縢詩云邪幅在下毛傳曰幅偪也所

以自。偪束也鄭箋云邪幅如今行縢也。偪束其脛自足至膝訓緘也然則行而緘足故名行縢邪纏束之故名邪幅。舄者屨之小別鄭玄周禮屨人注云複下曰舄。襌下曰屨然則舄之與屨下有。襌複爲異。屨是總名故云舄複屨謂其複下也鄭玄又云天子諸侯吉事皆舄赤舄者冕服之舄白舄者皮弁之舄黑舄者玄端之舄其士皆著屨纁屨者爵弁之屨白屨者皮弁之屨黑屨者玄端之屨其卿大夫服冕者亦赤舄餘服則屨其王后褘衣玄舄褕狄青舄闕狄赤舄鞠衣黃屨展衣白屨褖衣黑屨其諸侯夫人及卿大夫之妻合衣狄者皆舄其餘皆屨其舄屨之飾用對方之色赤舄黑飾是也。屨之飾用比方白屨黑飾是也

衡。紞紘綖衡維持冠者紞冠之垂者紘纓從下而上者綖冠上覆○紞多敢反字林丁坎反紘獲耕反綖音延字林弋善反上時掌反下上下同

疏注衡維至上覆○正義曰此四物者皆冠之飾也周禮追師掌王后之首服追衡笄鄭司農云衡維持冠者鄭玄云祭服有衡垂于副之兩旁當耳其下以紞縣瑱彼婦人首服有衡則男子首服亦然冠由此以得支立故云維持冠者追者治玉之名王后之衡以玉爲之故追師掌爲弁師掌王之五冕弁及冕皆用玉笄則天子之衡亦用玉其諸侯以下衡之所用則未聞紞者縣瑱之繩垂於冠之兩旁故云冠之垂者魯語敬姜曰王后親織玄紞則紞必織線爲之若今之條繩鄭玄詩箋云充耳謂所以縣瑱者或名爲紞織之人君五色臣則三色是也條必雜色而魯語獨言玄者以玄是天色故特言之非謂純玄色也紘纓皆以組爲之所以結冠於人首也纓用兩組屬之於兩旁結之於頷下垂其餘也紘用一組從下屈而上屬之於兩旁垂其餘也紘纓同類以之相形故云紘纓從下而上者弁師掌王之五冕皆玉笄朱紘祭義稱諸侯冕而青紘士冠禮稱緇布冠青組纓皮弁笄爵弁笄緇組。纓鄭玄云有笄者屈組爲紘垂爲飾無笄者纓而結其絛以其有笄者用紘力少故從下而上屬之無笄者用纓力多故從上而下結之冕弁皆有笄故用紘緇布冠無笄故用纓也魯語稱公侯夫人織紘綖知紘亦織而爲之士冠禮言組纓組紘知天子諸侯之紘亦用組也綖冠上覆者冕以木爲幹以玄布衣其上謂之綖論語商書皆云麻

冕知其當用布也弁師掌王之五冕皆玄冕知其色用玄也孔安國論語注言績麻三十升布以爲冕即是綖也鄭玄玉藻注云延冕上覆也此云冠上覆者冠冕通名故此注衡及綖皆以冠言之其實悉冕。冕飾也

昭其度也

尊卑各有制度

【疏】注尊卑各有制度○正義曰此上十二物者皆是明其制度哀伯思及則言無次第也鄭玄觀禮注云上公衮無升龍天子有升龍有降龍是衮有度也冕則公自衮以下侯伯自鷩以下是冕有度也黻則諸侯火以下卿大夫山是黻有度也斑則玉象不同長短亦異是斑有度也衮冕鷩冕裳四章毳冕希冕裳二章是裳有度也鄭玄屨人注云王吉服舄有三等赤舄爲上冕服之舄下有白舄黑舄王治祭服舄有三等玄舄爲上褘衣之舄下有青舄赤舄是舄有度也紞則人君五色臣則三色是紞有度也天子朱紘諸侯青紘是紘有度也其帶幅衡綖則無以言之傳言昭其度也明其尊卑各有制度

藻率。鞞鞛。

藻率以韋爲之所以藉玉也王五采公侯伯三采子男二采。鞞佩刀削上飾鞛下飾○率音律鞞補頂反鞛布孔反鞞鞛刀削之飾藉在夜反削音笑

【疏】注藻率至下飾正義曰鄭玄觀禮注云繅所以藉玉以韋衣木廣袤各如其玉之大小典瑞注云繅有五采文所以薦玉木爲中榦用韋衣而畫之此言以韋爲之指木上之韋其實木爲。榦也禮之言繅皆有玉共文大行人謂之繅藉曲禮單稱藉故知所以藉玉也大行人云公執桓圭九寸繅藉九寸知大小各如其玉也大行人注云繅藉以五采韋衣板若奠玉則以藉之是由有奠之時須有繅以之藉玉故小大如玉耳典瑞職曰王執鎮圭繅藉五采五就以朝日公執桓圭侯執信圭伯執躬圭繅皆三采三就子執穀璧男執蒲璧繅皆二采再就以朝覲宗遇會同于王是王五采公侯伯三采子男二采也凡言繅五采者皆謂玄黃朱白蒼三采朱白蒼二采朱綠就成也五就謂五帀每一帀爲一就也禮之言藻其文雖多典瑞大行人聘禮覲禮皆單言。繅或云繅藉未有言繅率者故服虔以藻爲畫藻率爲刷巾杜以藻率爲一物者以。拭物之巾無名。率者服言禮有刷巾事無所出且哀伯謂之昭數固應禮之大者寧當舉拭物之巾與藻藉爲類故知藻率正是藻之。複名藻得稱爲藻藉何

以不可名爲藻率也玉藻說帶之制曰士練帶率下辟凡帶有率無箴功鄭玄云士以下皆禪不合而率積如今作幧頭爲之也然則禪而不合縷率其邊謂之爲率此以韋衣木蓋亦綷積其邊故稱率也鄭司農典瑞注讀繅爲藻率之藻似亦藻率共爲藻藻也詩曰鞞琫容刀故知鞞鞛佩刀削之飾也少儀云刀授穎削授拊削是刀之類故與刀連言之鞞鞛二名明飾有上下先鞞後鞛故知鞞爲上飾鞛爲下飾劉炫以毛詩傳下曰鞞上曰琫而規杜氏但鞞鞛或上或下俱是無正文不可以規杜過也

鞶厲游纓

鞶紳帶也一名大帶厲大帶之垂者游旌旗之游纓在馬膺前如索帬○鞶步干反游音留注同膺於陵反索悉各反

【疏】注鞶紳至索帬○正義曰易訟卦上九或錫之鞶帶知鞶帶也以帶束要垂其餘以爲飾謂之紳上帶爲革帶故云鞶紳帶所以別上帶也玉藻說帶云大夫大帶是一名大帶也詩毛傳云厲帶之垂者故用毛說以爲厲大帶之垂者也大帶之垂者名之爲紳而復名爲厲者紳是帶之名厲是垂之貌詩稱垂帶而厲是厲爲垂貌也玉藻稱天子素帶朱裏終辟諸侯素帶不朱裏大夫玄華辟垂帶皆博四寸士帶博二寸再繚四寸緇辟下垂賈服等說鞶厲皆與杜同唯鄭玄獨異禮記內則注以鞶爲小囊讀厲如裂繻之裂言鞶囊必裂繒緣之以爲飾案禮記稱男鞶革女鞶絲鞶是帶之別稱遂以鞶爲帶名言其帶革帶絲耳鞶非囊之號也禮記又云婦事舅姑施縏袠袠是囊之別名今人謂裏書之物爲袠言其施帶施囊耳其縏亦非囊也若以縏爲小囊則袠是何器若袠亦是囊則不應帶二囊矣以此知鞶卽是紳帶爲得其實游是旌之垂者施之別名九旗雖各有名而旌旗爲之總號故云旌旗之游也案巾車王建大常十有二斿又大行人云上公九斿侯伯七斿子男五斿其孤卿建旜大夫士建物其斿各如其命數其鳥旟則七斿熊旗則六斿龜旐則四斿故考工記云鳥旟七斿以象鶉火熊旗六斿以象伐龜旐四斿以象營室是也鄭司農巾車注云禮家說曰纓當胸以削革爲之鄭玄云纓今馬鞅是纓在馬膺前也服虔云纓如索帬今乘輿大駕有之然則漢魏以來大駕之馬膺有索帬是纓之遺象故云如索帬也案巾車玉路樊纓十有再就鄭玄注云

樊及纓皆以五采罽飾之金路樊纓九就象路樊纓七就革路條纓五就鄭玄云其樊及纓以條絲飾之木路翦樊鵠纓鄭玄云以淺黑飾韋爲樊鵠色飾韋

爲纓不言就數飾與革路同 昭其數也 尊卑各有數 疏 注尊卑各有數○正義曰藻有五采三采之異是藻率有數也毛詩傳說容刀之飾

云天子玉琫而珧珌諸侯璗琫而璆珌是鞞鞛有數也玉藻云紳長制士三尺有司二尺有五寸又大夫以上帶廣四寸士廣二寸是鞶厲有數也玉路十二

斿金路九斿是游有數也玉路纓十有二就金路纓九就是纓有數也數之與度大同小異度謂限制數謂多少言其尊卑有節數也 火龍黼黻

火畫火也龍畫龍也白與黑謂之黼形若斧黑與青謂之黻兩已相戾○黼音甫戾力計反 疏 注火畫至相戾○正義曰考工記記畫繢之事云火以圜

鄭司農云爲圜形似火也鄭玄云形如半環然又曰水以龍鄭玄云龍水物畫水者并畫龍是衣有畫火也畫龍也白與黑謂之黼黑與青謂之黻考工記文也

其言形若斧兩已相戾相傳爲說孔安國虞書傳亦云黼若斧形黻爲兩已相背是其舊說然也周世袞冕九章傳唯言火龍黼黻四章者略以明義故文不相

具擧衣之所畫龍先於火今火先於龍知其言不以衣也 昭其文也 以文章明貴賤 五色比象昭其物也 車服器械之有五色

皆以比象天地四方以示器物不虛設○比并是反械戶戒反 疏 注車服至虛設○正義曰考工記云畫繢之事雜五色東青南赤西白北黑天玄地黃是

其比象天地四方也比象有六而言五者玄在赤黑之間非別色也昭二十五年傳云九文六采言采色有六故注以天地四方六事當之五行之色爲五色

加天色則爲六故五色六采互相見也昭其物者以示物不虛設必有所象其物皆象五色故以五色明之 錫鸞和鈴昭其聲也 錫在

馬額鸞在鑣和在衡鈴在旂動皆有鳴聲○錫音楊馬面當盧鈴音令額顏客反鑣彼驕反旂勤衣反 疏 注錫在至鳴聲○正義曰鄭玄巾車注云錫馬

面當盧刻金爲之所謂鏤錫也詩箋云眉上曰錫刻金飾之今當盧也然則錫在眉上故云在馬額也詩稱輶車鸞鑣知鸞在鑣也鑣在馬口兩旁衡在服馬

頸上鸞和亦鈴也以處異故異名耳爾雅釋天說旌旗有鈴曰旂李巡曰以鈴置旐端是鈴在旂也錫在馬額鈴在旂旂先儒更無異說其鸞和所在則舊說不同毛詩傳曰在軾曰和在鑣曰鸞韓詩內傳曰鸞在衡和在軾前鄭玄經解注取韓詩爲說秦詩箋云置鸞於鑣異於乘車也其意言乘車之鸞在衡田車之鸞在鑣及商頌烈祖之箋又云鸞在鑣是疑不能定故兩從之也案考工記輪崇車廣衡長參如一則衡之所容唯兩服馬耳詩辭每言八鸞當謂馬有二鸞鸞若在衡衡唯兩馬安得置八鸞乎以此知鸞必在鑣鸞既在鑣則和當在衡經傳不言和數未知和有幾也四者皆以金爲之故動則皆有鳴聲也

三辰旂旗昭其明也三辰日月星也畫於旂旗象天之明 疏 注三辰至之明正義曰春官神士掌三辰之法鄭玄亦以爲日月星也謂之辰辰時也日以照晝月以照夜星則運行於天昏明遞帀而王所以示民早晚民得以爲時節故三者皆爲辰也三辰是天之光明照臨天下故畫以旂旗象天之明也九旗之物唯日月爲常不言畫星者蓋大常之上又畫星也穆天子傳稱天子葬盛姬建日月七星蓋畫北斗七星也案司常交龍爲旂熊虎爲旗不畫三辰而云三辰旂旗者旂旗是九旗之總名可以統大常故舉以爲言也

夫德儉而有度登降有數登降謂上下尊卑文物以紀之聲明以發之以臨照百官百官於是乎戒懼而不敢易紀律今滅德立違謂立華督違命之臣而寘其賂器於大廟以明示百官百官象之其又何誅焉國家之敗由官邪也官之失德寵賂章也郜鼎在廟章孰甚焉武王克商遷九鼎于雒邑九鼎殷所受夏九鼎也武王克商乃營雒邑而後去之又遷九鼎焉時但營洛邑未有都城至周公乃卒營雒邑謂之王城卽今河南城也故傳曰成王定鼎于郟鄏○寘之豉反置也邪似嗟反雒音洛本亦作洛夏戶雅反郟古夾反鄏音辱 疏 注九鼎至郟鄏○正義曰據宣三年傳知九鼎是殷家所

受夏九鼎也戰國策稱齊救周求九鼎顏率謂齊王曰昔周伐殷而取九鼎一鼎九萬人挽之九鼎八十一萬人挽之挽鼎人數或是虛言要知其鼎有九故稱九鼎也知武王遷九鼎於洛邑欲以爲都者鼎者帝王所重相傳以爲寶器戎衣大定之日自可遷置西周乃徙九鼎處于洛邑故知本意欲以爲都又以商書洛誥說周公營洛邑則知武王但有遷意周公乃卒營之地理志云河南縣故郟鄏地也武王遷九鼎焉周公致太平營以爲都是爲王城至平王居之言卽今河南城者晉時猶以爲河南縣成王定鼎宣三年傳文

義士猶或非之 蓋伯夷之屬 疏 注蓋伯夷之屬○正義曰史記伯夷列傳曰伯夷叔齊孤竹君之二子也讓國俱逃歸周及至西伯卒武王東伐紂伯夷叔齊叩馬諫曰父死不葬爰及干戈可謂孝乎以臣伐君可謂仁乎左右欲兵之太公曰此義人也扶而去之武王旣平殷夷齊恥之不食周粟隱於首陽山采薇而食之作歌曰登彼西山兮。爰。采薇矣以暴易暴兮不知其非矣檢書傳之說非武王者唯此人故知是伯夷之屬

而況將昭違亂之賂器於大廟其若之何公不聽周內史聞之曰臧孫達其有後於魯乎君違不忘諫之以德 內史周大夫官也僖伯諫隱觀魚其子哀伯諫桓納鼎積善之家必有餘慶。故。曰其有後於魯 疏 注內史至於魯○正義曰周禮春官內史中大夫是周大夫官也積善之家必有餘慶易文言文也

○秋七月杞侯來朝不敬杞侯歸乃謀伐之○蔡侯鄭伯會于鄧始懼楚也 楚國今南郡江陵縣北紀南城也楚武王始僭號稱王欲害中國蔡鄭姬姓近楚故懼而會謀○近附近之近 疏 注楚國至會謀正義曰地理志云南郡江陵縣故楚郢都楚文王自丹陽徙此世本云楚鬻熊居丹陽武王徙郢宋仲子云丹陽在南郡枝江縣今南郡江陵縣北有郢城史記稱文王徙都于郢地理志依史記爲說此時當楚武王也譜云楚芈姓顓頊之後也其後有鬻熊事周文王早卒成王封其曾孫熊繹於楚以子男之田居丹陽今南郡枝江是也熊達始稱武王武

王十九年魯隱公之元年也武王居郢今江陵是也昭王徙。鄀惠王八年獲麟之歲也惠王二十一年春秋之傳終矣惠王五十七年卒自惠王以下十一世二百九年而秦滅之楚世家稱武王使隨人請王室尊吾號王弗聽還報楚楚王怒乃自立為楚武王是楚武王始僭號稱王也劉炫云號為武非謚也

○九月入杞討不敬也○公及戎盟于唐脩舊好也惠隱之好○好呼報反注同○冬公至自唐告于廟也凡公行告于宗廟反行飲至舍爵策勳焉禮也爵飲酒器也既飲置爵則書勳勞於策言速紀有功也○舍音赦置也舊音捨

疏冬公至禮也○正義曰凡公行者或朝或會或盟或伐皆是也孝子之事親也出必告反必面事死如事生故出必告廟反必。告至不言告禰廟而言告宗廟者諸廟皆告非獨禰也禮記曾子問曰諸侯適天子必告于祖奠于禰命祝史告于宗廟諸侯相見必告于禰命祝史告于五廟反必親告于祖禰乃命祝史告至于前所告者由此而言諸侯朝天子則親告祖禰祝史告餘廟朝鄰國則親告禰祝史告餘廟其路遠者亦親告祖故于其反也言告于祖禰明出時亦告祖也出時不言祖者鄭玄云道近或可以不親告祖明道遠者亦親告祖矣雖親與不親而諸廟皆告故摠言告于宗廟也曾子問曰凡告用制幣反亦如之則出入皆以幣告也但出則告而遂行反則告訖又飲至故行言告廟反言飲至以見至有飲而行無飲也飲至者嘉其行至故因在廟中飲酒為樂也襄十三年傳曰公至自晉孟獻子書勞于廟禮也書勞策勳其事一也舍爵乃策勳策勳常在廟知飲至亦在廟也彼公至自晉朝還告廟也此公至自唐盟還告廟也十六年公至自伐鄭傳曰以飲至之禮伐還告廟也三者傳皆言禮知朝會盟伐告廟禮同傳所以反覆凡例也朝還告至而獻子書勞則策勳者非唯討伐之勳雖常事有以安國寧民或亦書功于廟也公行告至必以嘉會昭告祖禰有功則舍爵策勳無功則告事而已無不告也反行必告而春秋公行一百七十六書至者唯八十二耳其餘不書者釋例曰凡公之行不書至者九十有四皆不告廟也隱公

之不告謙也餘公之不告慢於禮也慢於禮者舉大例言耳其中亦應有心實非慢而不宜告者若行有恥辱不足爲榮則克躬罪己不以告廟非爲慢於禮也若事實可恥而不以爲恥反行告廟則史亦書之宣五年傳曰公如齊高固使齊侯止公請叔姬焉夏公至自齊書過也釋例曰執止之辱厭尊毀列所以累其先君忝其社稷固當克躬罪己不以嘉禮自終宣公如齊既已見止連昏於鄰國之臣而行飲至之禮故傳曰書過也是不應告而告故書之以示過也釋例又曰桓公之喪至自齊此則死還告廟而書至者也莊公違禮如齊觀社用飲至之禮此則失禮之書至者也宣公黑壤之會以賂免諱不書盟而復書至亦諱不以見止告廟也襄公至自晉此則榮還而書至者也昭公至自齊居于鄆此則宜告而書至者也諸書至皆告廟啓反或即實而言或有所諱辟傳於伐見飲至之禮於宣見書過之譏於朝見書勞于廟舉此三者以包其他行也僖十六年公會諸侯于淮未歸而取項齊人以爲討而止公十七年秋聲姜以公故會齊侯于卞公始得歸而書公至自會是諱其見止而以會告廟故傳曰猶有諸侯之事焉且諱之是諱止而以會告也諸侯盟者必在會後皆書公至自會不言公至自盟者以盟是因會而爲之初必以會徵衆公行以會告廟故還以會告至雖弁以盟告亦不云至自盟爲行時不以盟告故也僖二十八年公會諸侯于溫遂圍許經書公至自圍許襄十年公會諸侯于柤遂滅偪陽經書公至自會二文不同釋例曰諸若此類事勢相接或以始致或以終致蓋時史之異耳無他義也定十二年公至自圍成行不出竟而亦告廟者釋例曰陪臣執命大都偶國仲由建墮三都之計而成人不從故公親伐之雖不越境動衆興兵大其事故出入皆告于廟也○注爵飲至功也○正義曰韓詩說一升曰爵爵盡也足也二升曰觚觚寡也飲當寡少三升曰觶觶適也飲當自適四升曰角角觸也不自適觸罪過也五升曰散散訕也飲不自節爲人謗訕也揔名曰爵其實曰觴觴餉也然則飲酒之器其名有五而揔稱爲爵案燕禮爵用觚觶此飲至之爵不過用觚觶而已爲人君者賞不踰月欲民速覩爲善之利故舍爵卽書勞於策言速紀有功也

特相會往來稱地

讓事也特相會公與一國會也會必有主二人獨會則莫肯為主兩讓會事不成故但書地自參以上則往稱地來稱會
成事也成會事○參七南反一音三上時掌反○初晉穆侯之夫人姜氏以條之役生太子命之
曰仇條晉地大子文侯也意取於戰相仇怨○仇音求其弟以千畝之戰生命之曰成師。桓叔也西河界休縣南有
地名千畝意取能成其眾 疏 千畝之戰○正義曰案周本紀宣王三十九年王與姜戎戰于千畝取此戰事以為子名也 師服曰異哉君
之名子。也師服晉大夫○名如字或彌政反 夫名以制義。名之必可言也 義以出禮禮從義出 禮以體政政以
禮成 政以正民是以政成而民聽易則生亂反易禮義則亂生也 疏 夫名至生亂○正義曰出口為名合宜為義人
之出言使合於事宜故云名以制義杖義而行所以生出禮法故云義以出禮復禮而行所以體成政教故云禮以體政以禮為政以正下民故云政以正民
今晉侯名子不得其宜禮教無所從出政不以禮則民各有心故為始兆亂也 嘉耦曰妃怨耦曰仇古之命也自古有此。言○
耦五口反妃芳非反 今君命大子曰仇弟曰成師始兆亂矣兄其。替。乎。穆侯愛少子桓叔俱取於戰以為名
所附意異故師服知桓叔之黨必盛於晉以傾宗國故因名以諷諫○替他計反廢也少詩照反諷芳鳳反 疏 注穆侯至諷諫○正義曰大子與桓叔雖並
因戰為名而所附意異仇取於戰相仇怨成師取能成師眾緣名求義則大子多。怨。仇而成師有徒眾穆侯本立此名未必先生此意但寵愛少子於時已著
師服知桓叔將盛故推出此理因解其名以為諷諫欲使之強幹弱枝耳人臣規諫若無端緒憑何致言以申己志非謂人之立名必將有驗而何休謂左氏
後有興亡由立名善惡引后稷名棄為膏育以難左氏非也 惠之二。十。四年晉始亂故。封桓叔于曲沃惠魯惠公

也晉文侯卒子昭侯元年危不自安封成師爲曲沃伯

靖侯之孫欒賓傅之

靖侯桓叔之高祖父言得貴寵公孫爲傅相○靖才井反欒力官反

疏注靖侯至傅相○正義曰案晉世家靖侯生僖侯僖侯生獻侯獻侯生穆侯穆侯生桓叔靖侯是桓叔之高祖也史傳稱祖皆云祖父故謂高祖爲高祖父非高祖之父也特云靖侯之孫則知傳意言其得賓寵公孫爲傅相也此人之後遂爲欒氏蓋其父字欒

師服曰吾聞國家之立也本大而末小是以能固故天子建國

立諸侯也

諸侯立家

卿大夫稱家臣

卿置側室

側室衆子也得立此一官

疏注側室至一官○正義曰禮記文王世子云公若有出疆之政庶子守公宮正室守大廟鄭玄云正室適子也正室是適子故知側室是衆子言其在適子之旁側也文十二年傳曰趙有側室曰穿是卿得立此官也卿之家臣其數多矣獨言立此一官者其餘諸官事連於國臨時選用異姓皆得爲之其側室一官必用同族是卿之所及唯知宗事故特言之案世族譜趙穿是夙之庶孫於趙盾爲從父昆弟而爲盾側室然選其宗之庶者而爲之未必立卿之親弟

大夫有貳宗

適子爲小宗次子爲貳宗以相輔貳○適丁歷反爲小宗本或作爲大宗誤

疏注適子至輔貳○正義曰禮有大宗小宗天子諸侯之庶子謂之別子及異姓受族爲後世之始祖者世適承嗣百世不遷謂之大宗爲父後者諸弟宗之五世則遷謂之小宗五世遷者謂高祖以下喪服未絕其繼高祖之適則總服之內共宗之其繼曾祖之適則小功之內共宗之繼祖繼禰所宗及亦然故鄭玄喪服小記注云小宗有四或繼高祖或繼曾祖或繼祖或繼禰皆至五世則遷以總服既窮不相宗敬故疏即遞遷也禮記大傳曰有百世不遷之宗有五世則遷之宗百世不遷者別子之後也宗其繼別子之所自出者百世不遷者也宗其繼高祖者五世則遷者也是言大宗小宗之別也大夫身是適子爲小宗故其次者爲貳宗以相輔助爲副貳亦立之爲此官也杜知非大宗而云小宗者以其大夫不必皆是大宗據爲小宗者多故杜言之也若大夫身爲大宗亦止得立貳宗官耳禮

記據公族爲說故言別子爲祖主說諸侯庶子耳其實異姓受族亦爲始祖其繼者亦是大宗但記文不及之耳沈云適子爲小宗謂是大夫之身爲小宗次者爲貳宗謂大夫庶弟貳宗以側室爲側皆是官名與五宗別士有隸子弟士卑自以其子弟爲僕隸庶人工商各有分親皆有等衰庶人無復尊卑以親疏爲分別也衰殺也○分扶問反又如字親七刃反又如字衰初危反注同復扶又反別彼列反殺所界反是以民服事其上而下無覬覦下不冀望上位○覬音冀覦羊朱反字林羊住反說文云欲也今晉甸侯也而建國本既弱矣其能久乎諸侯而在甸服者○甸徒練反【疏】注諸侯至服者○正義曰周公斥大九州廣土萬里制爲九服邦畿方千里其外每五百里謂之一服侯甸男采衛要六服爲中國夷鎭蕃三服爲夷狄大司馬謂之九畿言其有期限也大行人謂之九服言其服事王也如其數計甸服內畔尚去京師千里晉距王城不容此數而得在甸服者周禮設法耳土地之形不可方平如圖未必每服皆如其數也地理志云初雒邑與宗周通封畿東西長南北短短長相覆爲千里是王畿不正方也志又云東都方六百里半之爲三百里外有侯服五百里爲八百里計晉都在大原去洛邑近八百里也畿既不方服必差改故晉在甸服也惠之三十年晉潘父弑昭侯而立桓叔不克潘父晉大夫也昭侯文侯子晉人立孝侯昭侯子也惠之四十五年曲沃莊伯伐翼弑孝侯莊伯桓叔子翼晉國所都翼人立其弟鄂侯鄂侯生哀侯鄂國以隱五年奔隨其年秋王立哀侯于翼哀侯侵陘庭之田陘庭翼南鄙邑○陘音刑陘庭南鄙啓曲沃伐翼

附釋音春秋左傳注疏卷第五

春秋左傳注疏卷五校勘記

阮元撰盧宣旬摘錄

附釋音春秋左傳注疏卷第五 桓元年盡二年宋本春秋正義卷第五石經春秋經傳集解桓公第二盡十八年釋文自此卷以下無春秋經傳集解六字餘並同

〔桓公〕

〔經元年〕

公卽位 惠棟云鄭衆曰古文春秋經公卽位爲公卽立云古位立同字棟案鄭注周禮小宗伯之職云故書位作立

今遭喪繼立者 宋本作繼位

注公以至爲文時之所隱 宋本閩本監本毛本作公以至所隱

成會鄭於垂 宋本鄭作禮是也

知非仲尼非意也 宋本監本毛本下非作新正德本閩本作本是也○今訂作本

書灾也 宋本淳熙本岳本纂圖本灾作災

〔傳元年〕

言兩自上而下浸潤於土 土諸本誤作上

疑謬誤 宋本謬作繆

魯親班齊饋 閩本監本毛本親誤稱

宋華父督見孔父之妻于路 石經督作督後同葉抄釋文亦作督廣韻以督為俗字又詳昭十二年校勘記儀禮士冠禮注云宋大夫有孔甫甫字或作父賈公彥云甫通作父

美而艷 釋文作豔石經凡豔字皆作艷淳熙本同

〔經二年〕

宋督弒其君與夷 纂圖本弒作殺非注同下注宋有弒君之亂亦誤殺

言弒其君則可 監本毛本言誤主

禮必擁蔽其面 宋本擁作鄣案禮記內則鄭注云擁猶障也

自是以下滕當稱子 宋本監本毛本當作常

故以稷為河東之稷山 諸本作山此本作止今訂正

不敢自同於正君 監本毛本敢誤可

〔傳二年〕

君子至其君 宋本此節正義在故先書弑其君句下

或語出邱明之意而託諸賢者 宋本託作記非

洩冶之罪 宋本洩作泄

君子者言其可以居上位 閩本監本毛本脫言字

○注經稱至妄也 宋本○作疏此節正義在注督之妄也下

濟陰城武縣東南有北郜城 宋本岳本城作成案續漢郡國志作成郜上無北字釋例亦無北字

郜國濟陰成武縣東南 宋本監本毛本作城武非也

以茅飾屋著儉也 監本毛本飾屋誤餝室

清廟肅然清淨之稱也 宋本岳本足利本淨作靜是也案疏文作靜宋本岳本無也字

疏君人至子孫 宋本此節正義在故昭令德以示子孫之下

○注以茅至之稱 ○宋本作疏此節正義宋本在注肅然清靜之稱下

冬官考工記有葺屋瓦屋 宋本監本毛本葺作葺案考工記作葺

傳言清廟茅屋 宋本言作曰

明堂位曰山節藻棁複廟重檐 禮記明堂位複作復字按復複古今字

敬亡若存 盧文弨校本若下有事字

大路越席 越席家語作趏席王肅注云趏越同禮記禮運與其越席釋文引字書越作趏

大路玉路祀天車也 監本毛本玉誤王釋文云本或無天字者非

大路至越席結草 宋本無越席二字

路之最大者 宋本路上有大路二字是也

粢食不鑿 釋文云鑿字林作糳云糲米一斛舂為八斗說文糳字亦云一斛舂為八斗也淮南子主術訓作粢食不糳玉篇糳字下引傳作粢食不鑿陳樹華云鑿為鑿蓋古字假借

六粢謂黍稷稻粱麥苽 宋本閩本監本毛本粱作粢非也

黻韋韠以韍膝也 閩本監本毛本韠誤鞞淳熙本膝誤脉

古禮鄭玄注弁師云 宋本古上有其字

黻韠制同而名異 毛本黻作黼非

古者田漁而食 諸本作田此本誤曰今訂正

凡韠皆象裳色 毛本象作是非

記傳更無黻制 宋本毛本作無韍制按蔽膝之正字作韍从韋其作黻从黹者假借字也

或曰笏可以簿疏物也 宋本笏作簿案釋名書契作簿可上有言字

蜀志稱秦密見太守以簿擊頰 案密今三國志作宓擊閩本監本誤繫

珽之言珽然無所屈 珽然之珽當作挺

玉藻云笏度二尺有六寸 閩本監本毛本二尺誤三尺

毛傳曰幅偪也所以自偪束也 監本毛本偪作偪案毛傳作偪

偪束其脛 宋本監本毛本偪作偪

襌下曰屨 宋本監本毛本襌作禪非下襌複宋本毛本亦誤禪複

履是總名 監本毛本履誤屨

屨之飾用比方 毛本屨作履非

衡紞紘綖 文選張平子東京賦衡作珩李善引傳文及杜注同案珩與衡音義同

爵弁笄緇組纓 案儀禮士冠禮纓作紘

其實悉冕冕飾也　宋本監本毛本冕字不重是也

藻率鞞鞛　文選東京賦李善注引率作繂非是詩公劉正義引鞛作琫

鞞佩刀削上飾　宋本淳熙本岳本鞞作鞞是也○今依訂正

木爲中榦　閩本監本毛本榦作幹下同非也

典瑞大行人聘禮覲禮皆單言繅　宋本繅作藻

以拭物之巾無名率者　監本拭作栻非下同案孔仲遠誤也依說文帥佩巾也帥帨字古率帥通用故儀禮注云古文帥作率服虔云禮有刷巾其語亦見說文凡儀禮言帨者卽左傳之率也

故知藻率正是藻之複名　監本複作複非

凡帶有率無箴功　閩本箴誤葴監本毛本葴箴亦非

士以下皆禪不合而率積　監本毛本禪作襌非下同率宋本作繂

削授柎　宋本柎作拊與禮記少儀合

鞶厲游纓　顏師古匡謬正俗云斿旗之斿字從㫃訓與旒同傳云鞶厲斿纓是也案周禮司几筵正義文選東京賦李善注引並作斿周易訟卦正義引作旒惠棟云說文無斿字有游字云旌旗之游從㫃汓聲汓與泅同上形下聲按斿之變爲游省爲斿俗爲旒假借爲流其實一也

大夫玄華辟垂　閩本監本毛本華誤華

婦事舅姑施鞶袠　毛本縏誤鞶

革路條纓五就　周禮條作絛此因鄭注絛讀爲條遂改作條

木路翦樊鵠纓　周禮翦作前此因鄭注前讀爲緇翦之翦遂改作翦

天子玉琫而珧珌諸侯鐐琫而璆珌　監本毛本鐐誤鐐說文云琫佩刀上飾珌佩刀下飾天子以玉諸侯以金惠棟云爾雅者六經之訓詁也其釋器云黃金謂之鐐其美者謂之鏐是璆珌當作鏐珌也

是游有數也　宋本閩本監本毛本游作斿

今當盧也　詩箋亦作今閩本監本毛本誤令

春官神士掌三辰之法　案周禮士作仕毛本誤土

昏明遞市而王　宋本監本毛本市作币不誤閩本作布王宋本監本毛本作正是也

遷九鼎于雒邑　釋文云雒本亦作洛書召誥傳引作洛周禮冢宰正義文選任彥昇奏彈劉整注引並同陳樹華云漢書地理志河南郡有洛陽縣師古曰魚豢云漢火德忌水故洛去水而加隹段玉裁云此本不經之談而顏氏信之且傳會之云如魚氏說則光武以後改爲雒字也魏志黃初元年幸洛陽裴注引魏略曰詔以漢火行也火忌水故洛去水而加隹魏以行次爲土土水之牡也水得土而乃流土得水而乃柔故除隹加水變雒爲洛裴氏引

魏略於此者正謂黃初元年幸洛陽乃有此詔前此皆用雒後此皆用洛魚氏錄魏詔云爾則魏文帝之失也漢以前皆用雒非漢去水加隹也

時但營洛邑 宋本淳熙本纂圖本毛本作雒與傳文合

以臣伐君 案史記伯夷列傳伐作弑

爰采薇矣 史記伯夷列傳爰采作采其

臧孫其有後於魯 宋本淳熙本岳本足利本臧孫作故曰不誤○今依訂正

昭王徙鄀 閩本監本毛本鄀誤都

反必告至 閩本監本毛本告作面

命之曰仇 漢書五行志中引作名之曰仇案名即命也說文云名自命也閔元年傳今名之大以從盈數史記魏世家引名作命禮記祭法黃帝正名百物國語魯語作成命百物史記天官書免七命索隱曰謂免星凡有七名也是命名古同聲同義

其弟以千畝之戰生 漢書五行志中引畝作晦顏師古云晦古畝字也

命之曰成師 史記晉世家漢書五行志命並作名

西河界休縣南有地名千畝 毛詩祈父正義引作介休

異哉君之名子也 石經初刊之作子磨改作之史記名作命

夫名以制義 陳樹華云漢書引傳義作誼案誼義古今字

復禮而行 閩本監本毛本復作履

自古有此言 宋洪邁容齋隨筆引杜注亦作言惠棟校本改作名云宋本作名未知所據何本也

兄其替乎 惠棟云三體石經作其瞀漢書五行志引傳乎作虖案虖古乎字

則大子多怨仇 監本毛本作仇怨

惠之二十四年 石經作惠之廿四年惠棟云石經凡經傳中二十字作廿三十字作卅此古文春秋左氏傳本文也說文廿二十幷卅三十幷也古文省說文所謂古文乃孔壁中之文也案說文廿字卅字讀如入如爕唐人用廿代二十用卅代三十仍讀二十三十其讀不同見廣韻注

故封桓叔于曲沃 顧炎武云石經故誤政案石經不誤

嫡子爲小宗次者爲貳宗 釋文云小宗本或作爲大宗誤纂圖本閩本監本毛本作次子宋本淳熙本岳本足利本作次者

下不冀望上位 文選王命論李注引冀作敢

惠之三十年 石經作惠之卅年

鄂國以隱五年奔隨 宋本淳熙本岳本纂圖本足利本國作侯

哀侯侵陘庭之田 史記晉世家庭作廷

春秋左傳注疏卷五校勘記

附釋音春秋左傳注疏卷第六 桓三年盡六年

杜氏注　孔穎達疏

經三年春正月公會齊侯于嬴經之首時必書王明此曆天王之所班也其或廢法違常失不班曆故不書王嬴齊邑今泰山嬴縣○經三年正月從此盡十七年皆無王唯十年有二傳以為義或有王字者非嬴音盈

疏注經之至嬴縣○正義曰桓公元年二年十年十八年凡四年於春有王九年春無王無月其餘十三年雖春有月悉皆無王穀梁傳曰桓無王其曰王何也謹始也其曰無王何也桓弟弑兄臣弑君天子不能定諸侯不能救百姓不能去以為無王之道遂可以至焉爾元年有王所以治桓也二年有王正與夷之卒也十年有王正終生之卒也十八年書王范甯注云此年書王以王法終。治桓之事先儒多用穀梁之說賈逵云不書王弑君易祊田成宋亂無王也元年治桓二年治督十年正曹伯十八年終始治桓杜以正是王正曆從王出故以為王者班曆史乃書王明此曆天王之所班也其或廢法違常失不班曆則諸侯之史不得書王言此十三年無王皆王不班曆故也劉炫規過云然天王失不班曆經不書王乃是國之大事何得傳無異文又昭二十三年以後王室有子朝之亂經皆書王乃豈是王室猶能班曆又襄二十七年再失閏杜云魯之司曆頓置兩閏又哀十。三年十二月螽杜云季孫雖聞仲尼之言而不正曆如杜所注曆既天王所班魯人何得擅改又子朝奔楚其年王室方。定王位猶且未定諸侯不知所奉復有何人尚能班曆昭二十三年秋乃書天王居于狄泉則其春未有王矣時未有王曆無所出何故其年亦書王也若春秋之曆必是天王所班則周之錯失不關於魯魯人雖或知之無由輒得改正襄二十七年傳稱司曆過再失閏者是周司曆。也魯司曆。也而杜釋例云魯之司曆始覺其謬頓置兩閏以應天正若曆為王班當一論王命寧敢專置閏月改易歲年哀十。三年十二月螽仲尼曰火猶西流司曆過也杜於釋例又云季孫雖聞此言猶不即改明年復鑑於是始悟十四年春乃置閏欲以補正時曆既言曆爲王班又稱魯人輒改改之不憚於王亦復何須王曆杜之此言自相矛楯以此立說難得而通又案春秋經之闕文甚多其事非一亦如夫人有氏無姜有姜無氏及大雨霖廧咎如潰之類也此無王者正是闕文耳今刪定知此不書王非是經之闕文必以爲失不班曆者杜之所據雖無明文若必闕文止應一事兩事而已不應一公之內十四年並闕王字杜以周禮有頒告朔于邦國都鄙以有成文故爲此說但齊桓晉文以前翼戴天子王室雖微猶能班曆至靈王景王以後王室卑微曆或諸侯所爲亦遙稟天子正朔所以有子朝之亂經仍稱王不責人所不得也猶如大夫之卒公疾在外雖不與小斂亦同書日之限然則司曆之過魯史所改據此而言有何可責劉君不尋此旨橫生異同以規杜過恐非其義也

○夏齊侯衞侯胥命于蒲申約言以相命而不歃血也蒲衞地在陳留長垣縣西南○約如字又於妙反歃所洽反垣音袁

○六月公會杞侯于郕

○秋七月壬辰朔日有食之既無傳既盡也曆家之說謂日光以望時遙奪月光故月食日月同會月奄日故日食食有上下者行有高下日光輪存而中食者相奄密故日光溢出皆既者正相當而相奄間疏也然聖人不言月食日而以自食爲文闕於所不見

疏注既盡至不見○正義曰食既者謂日光盡也故云既盡也月體無光待日照而光生半照即爲弦全照乃成望望爲日光所照反得奪月光者曆家之說當日之衝有大如日者謂之闇虛闇虛當月則月必滅光故爲月食張衡靈憲曰當日之衝光常不合是謂闇虛在星則星微遇月則月食是言日奪月光故月食也若是日奪月光則應每望常食而望亦有不食者由其道度異也日月異道有時而交交則相犯故日月遞食交在望前朔則日食望則月食交在望後望則月食後月朔則日食交正在朔則日食既前後望不食交正在望則月食既前後朔不食大率一百七十三日有餘而道始一交非交則不相侵犯故朔望不常有食也道不正交則日斜照月故月光更盛道若正交則日衝當月故月光即滅譬如

火斜照水日斜照鏡則水鏡之光旁照他物若使鏡正當日水正當火則水鏡之光不能有照日之奪月亦猶是也日月同會道度相交月揜日光故日食日
奪月光故月食言月食是日光所衝日食是月體所映故日食常在朔月食常在望也食有上下者行有高下謂月在日南從南入食南下北高則食起於下
月在日北從北入食則食發於高是其行有高下故食不同也故異義云月高則其食虧於上月下則其食虧於下也日月之體大小正同相揜密者二體相
近正映其形故光得溢出而中食也相揜疏者二體相遠月近而日遠自人望之則月之所映者廣故日光不復能見而日食既也日食者實是月映之也但
日之所在則月體不見聖人不言月來食日而云有物食之以自食為文闕於所不見也○公子翬如齊逆女禮君有故則使卿逆【疏】
注禮君至卿逆○正義曰天子尊無與敵不自親逆使卿逆而上公臨之諸侯則親逆有故得使卿八年祭公逆王后于紀傳曰禮也是當使人天子不親逆
也襄十五年傳曰官師從單靖公逆王后于齊卿不行非禮也是知天子之禮當使卿逆而上公臨之也禮記哀公問曰冕而親迎不已重乎孔子對曰合二
姓之好以繼先聖之後以為天地宗廟社稷之主君何謂已重乎此對哀公指言魯事是諸侯正禮當親逆也莊二十四年公如齊逆女丘明不為之傳以其
得禮故也文四年逆婦姜于齊傳曰卿不行非禮也以卿不行為非禮知君有故得使卿逆也九月齊侯送姜氏于讙讙魯地濟北蛇
丘縣西有下讙亭已去齊國故不言女未至於魯故不稱夫人○讙呼端反蛇以支反公會齊侯于讙無傳夫人姜氏至自
齊無傳告於廟也不言翬以至者齊侯送之公受之於讙○冬齊侯使其弟年來聘○有年無傳五穀皆熟書有年
【疏】有年○正義曰年訓為稔謂歲為年者取其歲穀一熟之義故禾稼既收農功畢入以其歲豐於常故史書有年於策此書有年宣十六年書大有年穀
梁傳曰五穀皆熟為有年五穀大熟為大有年杜取穀梁為說其義亦當然也周禮疾醫以五穀養病鄭玄云五穀麻黍稷麥豆卽月令五時所食穀也賈云

桓惡而有年豐異之也言有非其所宜有案昭元年傳曰國無道而年穀和熟天贊之也是言歲豐爲佐助之非妖異之物也君行既惡澤不下流遇有豐年輒以爲異是則無道之世唯宜有大饑不宜有豐年非上天佑民之本意也且言有不宜有傳無其說釋例曰劉賈許因有年大有年之經有鸜鵒來巢書所無之傳以爲經諸言有皆不宜有之辭也據經螟螽不書有傳發於魯之無鸜鵒不以有字爲例也經書十有一年十有一月不可謂不宜有此年不宜有此月也螟螽俱是非常之災亦不可謂其宜有也

傳三年春曲沃武公伐翼次于陘庭韓萬御戎梁弘爲右武公曲沃莊伯子也韓萬莊伯弟也御戎僕也右戎車之右〔疏〕注武公至之右○正義曰武公莊伯子韓萬莊伯弟世本世家文也周禮戎僕掌馭戎車戎右掌戎車之兵革使故知御爲戎僕右是戎車之右也逐翼侯于汾隰汾隰汾水邊○汾扶云反汾水名下濕曰隰〔疏〕注汾隰汾水邊○正義曰釋例曰汾水出大原故汾陽縣東南至晉陽縣西南經西河平陽至河東汾陽縣入河爾雅釋地云下溼曰隰知汾隰汾水邊也驂絓而止驂騑馬○驂七南反絓戶卦反騑芳非反〔疏〕注驂騑馬○正義曰說文云騑驂旁馬是騑驂爲一也初駕馬者以二馬夾轅而已又駕一馬以兩服爲參故謂之驂又駕一馬乃謂之駟故說文云驂駕三馬也駟一乘也兩服爲主以衡參之兩旁二馬遂名爲驂故總舉一乘則謂之駟指其騑馬則謂之驂詩稱兩驂如舞二馬皆稱驂禮記稱說驂而賻之一馬亦稱驂是本其初參遂以爲名也驂馬在衡外挽靷每絓於木由頸不當衡故也名騑者以驂馬有騑騑之容故少儀云騑騑翼翼是也夜獲之及欒共叔共叔桓叔之傅欒賓之子也身傅翼侯父子各殉所奉之主故并見獲而死○共音恭注同殉似俊反○會于嬴成昏于齊也公不由媒介自與齊侯會而成昏非禮也○介音界〔疏〕注公不至禮也○正義曰此成昏謂聘文姜也詩刺魯桓公不能禁制文姜云

取妻如之何匪媒不得既曰得止曷又極止言桓公以媒得文姜此云不由媒者公親會齊侯必無媒也詩舉正法以刺上傳據實事以解經故不同耳○夏齊侯衛侯胥命于蒲不盟也○公會杞侯于郕杞求成也二年入杞故今來求成○秋公子翬如齊逆女修先君之好故曰公子昏禮雖奉時君之命其言必稱先君以為禮辭故公子翬逆女傳稱修先君之好公子遂逆女傳稱尊君命互舉其義○好呼報反注同【疏】注昏禮至其義○正義曰公子遂逆女傳言尊君命是奉時君之命也此言脩先君之好是稱先君為辭也翬遂俱是逆女傳文各言其一是互舉其義昏禮納采辭曰某有先人之禮使某也請納采其納徵辭曰某有先人之禮使某也請納徵是男家辭也主人醴賓辭曰子為事故至於某之室某有先人之禮請醴從者是女家辭也彼士禮也故稱先人若諸侯則稱先君以此知其言必稱先君以為禮辭

齊侯送姜氏非禮也凡公女嫁于敵國姊妹則上卿送之以禮於先君公子則下卿送之於大國雖公子亦上卿送之於天子則諸卿皆行公不自送於小國則上大夫送之○齊侯送姜氏本或作送姜氏于讙公子則下卿送公子公女【疏】凡公至送之○正義曰昏以相敵為稱先以敵國為文然後於大國小國辨其所異姊妹於敵國猶上卿送之於大國則上卿必矣目姊妹禮於先君不以所嫁輕重雖則小國亦使上卿送也於小國則上大夫送之文承公子之下謂送公子非送姊妹也周禮序官唯有中大夫無上大夫也禮記王制曰諸侯之上大夫卿鄭玄云上大夫曰卿則上大夫卽卿也又無上大夫矣而此云上大夫者諸侯之制三卿五大夫五人之中又復分為上下成三年傳曰次國之上卿當大國之中中當其下下當其上大夫小國之上卿當大國之下卿中當其上大夫下當其下大夫是分大夫為上下也○冬齊仲年來聘致夫人也古者女出嫁又使大夫隨加聘

問存謙敬序殷勤也在魯而出則曰致女在他國而來則總曰聘故傳以致夫人釋之【疏】注古者至釋之○正義曰經書來聘傳言致夫人是行聘禮而致之也故知使大夫隨加聘問得所以存謙敬序殷勤也其意言不堪事宗廟則欲以之歸也成九年季孫行父如宋致女與此事同而文異故辨之云在魯而出則曰致女在他國而來則總曰聘是詳內略外之文傳嫌其不同故以致夫人釋之

○芮伯萬之母芮姜惡芮伯之多寵人也故逐之出居于魏為明年秦侵芮張本芮國在馮翊臨晉縣魏國河東河北縣○芮如銳反國名惡烏路反翊音翼【疏】注為明至北縣○正義曰地理志云馮翊臨晉縣芮鄉故芮國也河東郡河北縣詩魏國也世本芮魏皆姬姓尚書顧命成王將崩命芮伯為卿士名謚不見魏之初封不知何人閔元年晉獻公滅魏芮則不知誰滅之

經四年春正月公狩于郎冬獵曰狩行三驅之禮得田狩之時故傳曰書時禮也周之春夏之冬也田狩從夏時郎非國內之狩地故書地○狩手又反夏戶雅反下同【疏】注冬獵至書地○正義曰冬獵曰狩爾雅釋天文也易比卦九五王用三驅失前禽鄭玄云王者習兵於蒐狩驅禽而射之三則已法軍禮也失前禽者謂禽在前來者不逆而射之旁去又不射唯背走者順而射之不中則已是其所以失之用兵之法亦如之降者不殺奔者不禦皆為敵不敵己加以仁恩養威之道是說三驅之事也狩獵之禮唯有三驅故知行三驅之正禮得田獵之常時故傳曰書時禮也善其得時明禮皆無違矣周之春正月建子郎是夏之仲冬也周禮大司馬中冬教大閱遂以狩田是田狩從夏時也釋例曰三王異正朔而夏數為得天雖在周代於言時舉事皆據夏正故公以春狩而傳曰書時禮也隱五年公矢魚于棠傳曰言遠地也傳二十八年天王狩于河陽傳曰言非其地也舉地名者皆言其非地故知此郎非國內之狩地故書地也若國內狩地大野是也哀十四年傳曰西狩於大野經不書大野明其得常地故不書耳由此而言則狩于禚蒐于紅及比蒲昌

間皆非常地故書地也田狩之地須有常者古者民多地狹唯在山澤之間乃有不殖之地故天子諸侯必於其封內擇隙地而為之僖三十三年傳曰鄭之有原圃猶秦之有具囿也是其諸國各有常狩之處違其常處則犯害。居。民故書地以譏之

○夏天王使宰渠伯糾來聘宰官渠氏伯糾名也王官之宰當以才授位而伯糾攝父之職出聘列國故書名以譏之國史之記必書年以集此公之事書首時以成此年之歲故春秋有空時而無事者今不書秋冬首月史闕文他皆放此○糾居黝反

疏注宰官至放此○正義曰周禮天官有大宰小宰宰夫知宰是官也傳言父在故名知伯糾是名自然渠為氏矣周禮大宰卿小宰中大夫宰夫下大夫未知伯糾是何宰也貶之乃書名則於法當書字但中下大夫例皆書字則此宰高下猶未可量故注直言王官之宰不指小宰宰夫慎疑故也詩稱濟濟多士書戒無曠庶官為政有三擇人為急王官之宰當以才授位今其父居官而使子攝職是王者輕傷爵位遭人則可故書名以譏之糾之出聘事由於王而貶糾者王不應授糾糾不應受使二者俱有其過貶糾亦所以責王如宰咺之比也春秋編年之書四時畢具乃得為年此無秋冬知是史闕文也舊史先闕故仲尼因之膏肓何休以為左氏宰渠伯糾父在故名仍叔之子何以不名又仍叔之子以為父在稱子伯糾父在何以不稱子鄭箴之云仍叔之子者譏其幼弱故略言子不名之至於伯糾能堪聘事私覿又不失子道故名且字也鄭氏所箴與杜同云伯糾名且字非杜義

傳四年春正月公狩于郎書時禮也。郎非狩地故書時合禮

疏注郎非至合禮○正義曰春秋之世狩獵多矣見於經者無數事焉皃由得時得地則常事不書故也以獲麟在於大野得地則不書其地知地時並得則例皆不書此書公狩于郎必是有所譏刺所刺之意在於失常地也但傳於棠與河陽已云言非其地則非地之責於理已見而此狩得時恐并時亦刺駮出合。禮而非禮自明故注中其意言郎非狩地唯時合禮

以時合禮地非禮也公羊傳曰常事不書此何以書譏何譏爾遠也公羊說諸侯遊戲不得過郊故有遠近之言左氏無此義要言遠者亦是譏其失常地也

○夏周宰渠伯糾來聘父在故名○秋秦師侵芮敗焉小之也秦以芮小輕之故爲芮所敗

○冬王師秦師圍魏執芮伯以歸三年芮伯出居魏芮更立君秦爲芮所敗故以芮伯歸將欲納之

經五年春正月甲戌己丑陳侯鮑卒未同盟而書名者來赴以名故也甲戌前年十二月二十一日己丑此年正月六日陳亂故再赴赴雖日異而皆以正月起文故但書正月愼疑審事故從赴兩書○鮑步飽反

疏注未同至兩書○正義曰傳二十三年傳例曰赴以名則亦書之檢經傳魯未與陳盟而書鮑名知其來赴以名故也隱八年蔡侯考父卒注云蓋春秋前與惠公盟故赴以名案史記年表隱之元年是陳桓公之二十三年則桓公亦得與惠公盟而云未同盟者以蔡侯之卒去惠尚近故疑與惠公盟此去惠公年月已遠且自隱公以來陳魯未嘗交好於惠公之世亦似無盟故以未同盟解之也以長曆推之知甲戌己丑別月而赴者並言正月故兩書其日而共言正月若其各以月赴亦應兩書其月但此異年之事設令兩以月赴則當以四年云十二月甲戌陳侯鮑卒五年正月己丑陳侯鮑卒

○夏齊侯鄭伯如紀外相朝皆言如齊欲滅紀紀人懼而來告故書

疏注外相至故書○正義曰傳言朝經言如知如卽朝也下文周公如曹與此相類故云外相朝皆言如也魯出朝聘例言如獨言外朝者經有公朝王所以不盡云公如故獨云外也朝聘而謂之如者爾雅釋詁云如往也朝者兩君相見揖讓兩楹之間聘者使卿通問鄰國執圭以致君命據行禮而爲言也魯之君臣出適他國始行卽書於策未知成禮與否經每有在塗乃復是禮未必成故直云如言其往彼國耳不果必成朝聘也公朝王所則朝訖乃書故指朝言之比齊鄭朝紀亦應朝訖乃告但畧外故言如耳外相朝例不書而此獨書者傳言欲以襲紀紀人知之明其懼而告魯故書也

○天王使

仍叔之子來聘仍叔天子之大夫稱仍叔之子本於父字幼弱之辭也譏使童子出聘疏注仍叔至出聘○正義曰天子大夫例皆書字

仍氏叔字知是天子大夫也公羊穀梁皆以仍叔之子爲父老代父從政左氏直云弱也言其幼弱不言父在則是代父嗣位非父在也伯糾身未居官攝行父事故稱名以貶之此子雖已嗣位而未堪從政故繫父以譏之譏王使童子出聘也蘇氏用公羊穀梁之義以爲父老來聘非父沒義或當然

○葬陳桓公無傳○城祝丘無傳齊鄭將襲紀故○秋蔡人衛人陳人從王伐鄭王自爲伐鄭之主君臣之辭也王師敗不書不以告○從如字又才用反○大雩傳例曰書不時也失龍見之○雩音于祭名見賢遍反○螽無傳蚣蝑之屬爲災故書○螽音終蚣相容反蝑相魚反疏注蚣蝑至故書○正義曰釋蟲云蜇螽蚣蝑楊雄方言云舂黍謂之蚣蝑陸機毛詩疏云幽州人謂之舂箕舂箕即舂黍蝗類也長而青股鳴者或謂似蝗而小班黑其股狀如瑇瑁又五月中以兩股相切作聲聞十數步爾雅又有蟿螽土螽樊光云皆蚣蝑之屬然則螽之種類多故言屬以包之傳稱凡物不爲災不書知此爲災故書○冬州公如曹不書奔以朝出也爲下實來書也曹國今濟陰定陶縣○陶同勞反疏

州公如曹○正義曰周禮公之地封疆方五百里侯四百里伯三百里子二百里男一百里隱五年公羊傳曰天子三公稱公王者之後稱公其餘大國稱侯小國稱伯子男然則三公之外爵稱公者唯二王之後杞與宋耳此州公及僖五年晉人執虞公並是小國而得稱公者鄭玄王制注以爲殷地三等百里七十里五十里武王克殷雖制五等之爵而因殷三等之地及周公制禮大國五百里小國百里所因殷之諸侯亦以功黜陟之其不滿者皆益之地爲百里焉是以周世有爵尊而國小爵卑而國大者言爵尊國小蓋指此州公虞公也案虞是克商始封非爲殷之餘國鄭玄之言不可通於此矣杜之所解亦無明言唯世族譜云虞姬姓武王克商封虞仲之庶孫以爲虞仲之後處中國爲西吳後世謂之虞公服虔云春秋前以黜陟之法進爵爲公未知孰是或可嘗爲三

公之官若虢公之屬故稱公也以其無文故備言之劉炫難服云周法二王之後乃得稱公雖復周公大公之勳齊桓晉文之霸位止通侯未升上等州有何功得遷公爵若其爵得稱公土亦應廣安得爵爲上公地仍小國若地被兼黜爵亦宜減安得地既削小爵尚尊崇此則理之不通也○注不書至陶縣○正義曰如者朝也以朝出國不得書奔外朝不書以因來向魯故書其本也世本州國姜姓曹國伯爵譜云曹姬姓文王子叔振鐸之後也武王封之陶丘今濟陰定陶縣是也桓公三十五年魯隱公之元年也伯陽立十五年魯哀公之八年而宋滅曹地理志濟陰郡定陶縣詩曹國是也

傳五年春正月甲戌己丑陳侯鮑卒再赴也於是陳亂文公子佗殺太子免而代之佗桓公弟王父也稱文公子明佗非桓公母弟也免桓公大子○佗大河反免音問父音甫公疾病而亂作國人分散故再赴疏公疾病○正義曰鄭玄論語注云病謂疾益困也○夏齊侯鄭伯朝于紀欲以襲之紀人知之○王奪鄭伯政鄭伯不朝奪不使知王政○襲音習疏注奪不使知王政○正義曰隱三年傳稱王貳于虢謂欲分政於虢不復專任鄭伯也及平王崩周人將畀虢公政卽周鄭交惡未得與之八年傳曰虢公忌父始作卿士于周於是始與之政共鄭伯分王政矣九年傳曰鄭伯爲王左卿士然則虢公爲右卿士與鄭伯夾輔王也此言王奪鄭伯政全奪與虢不使鄭伯復知王政故鄭伯積恨不復朝王○秋王以諸侯伐鄭鄭伯禦之王爲中軍虢公林父將右軍蔡人衛人屬焉虢公林父王卿士○將子匠反下及注大將同周公黑肩將左軍陳人屬焉黑肩周桓公也鄭子元請爲左拒以當蔡人衛人子元鄭公子拒方陳○拒俱甫反下同陳直覲反下文之陳及注同爲右拒以當陳人曰陳亂民莫有鬬心若先

犯之必奔王卒顧之必亂蔡衞不枝固將先奔不能相。枝持也○卒尊忽反下同既而萃於王卒可以集事從之萃聚也集成也○萃似類反曼伯爲右拒曼伯檀伯○曼音萬【疏】注曼伯檀伯○正義曰十五年傳曰鄭伯因櫟人殺檀伯昭十一年傳曰鄭京櫟實殺曼伯知一人也祭仲足爲左拒原繁高渠彌。以中軍奉公爲魚麗之陳先偏後伍伍承彌縫司馬法車戰二十五乘爲偏以車居前以伍次之承偏之隙而彌縫闕漏也五人爲伍此蓋魚麗陳法○麗力之反注同縫扶容反乘繩證反【疏】注司馬至陳法○正義曰史記稱齊景公之時有田穰苴善用兵景公尊之位爲大司馬六國時齊威王用兵行威大放穰苴之法乃使大夫追論古者司馬兵法而附穰苴其中凡一百五十篇號曰司馬法車戰二十五乘爲偏是彼文也五人爲伍周禮司馬序官文也戰于繻葛繻葛鄭地○繻音須命二拒曰旝動而鼓旝旃也通帛爲之蓋今大將之麾也執以爲號令○旝古外反又古活反本亦作檜建大木置石其上發機以磓敵麾許危反【疏】注旝旃至號令○正義曰旝之爲旃事無所出說者相傳爲然成二年傳張侯曰師之耳目在吾旗鼓進退從之是在軍之士視將旗以進退也今命二拒令旝動而鼓望旗之動鼓以進兵明旝是可觀之物又旝字從㫃㫃旌旗之類故知旝爲旃也周禮司常通帛爲旜故云通帛爲之謂通用一絳帛無畫飾也鄭玄云凡旌旗有軍衆者畫異物無者帛而已鄉遂大夫或載旜或載物衆屬軍吏無所將如鄭之意則將不得建旃而此軍得有旃者僖二十八年傳曰城濮之戰晉中軍風于澤亡大旆之左旃是知戰必有旃故以旝爲旃也鄭氏之言自謂治兵之時出軍所建不廢戰陳之上猶自用旃指麾今時爲軍猶以旌麾號令故云蓋今大將之麾執以爲號令也賈逵以旝爲發石一曰飛石引范蠡兵法作飛石之事以證之說文亦云建大木置石其上發。其機以。追敵與賈同也案范蠡兵法雖有飛石之事不言名爲旝也發石非旌旗之比說文載之㫃部而以飛石

解之為不類矣且三軍之衆人多路遠發石之動何以可見而使二拒準之為擊鼓候也注以旝說為長故從之蔡衛陳皆奔王卒亂

鄭師合以攻之王卒大敗祝聃射王中肩王亦能軍雖軍敗身傷猶殿而不奔故言能軍○射食亦反中丁仲反殿多見反祝聃請從之公曰君子不欲多上人況敢陵天子乎苟自救也社稷無隕多矣鄭於此收兵自退○隕于敏反夜鄭伯使祭足勞王且問左右祭足即祭仲之字蓋名仲字仲足也勞王問左右言鄭志在苟免王討之。非也○勞力報反注同名仲字仲足一本作名仲字足

疏注祭足至非也○正義曰隱元年傳稱祭仲上云祭仲足此云祭足十一年傳云祭封人仲足此人雖名字互見而不知孰字孰名公羊以仲為字左氏先儒亦以為字但春秋之例諸侯之卿嘉之乃書字十一年經書祭仲而事無可嘉注意以仲為名故云名仲字仲足釋例曰伯仲叔季固人字之常然古今亦有以為名者而公羊守株專謂祭氏以仲為字既謂之字無辭以善之因託以行權人臣而善其行權逐君是亂人倫壞大教也說左氏者知其不可更云鄭人嘉之以字告故書字此為因有告命之例欲以苟免是春秋之實也宰渠伯糾蕭叔大心皆以伯叔為名則仲亦名也傳又曰祭仲足或偏稱仲或偏稱足蓋名仲字足也是辨其名仲之意也凡傳所記事必有意存焉此丁寧說鄭言其志在苟免知其意言王討之。非也

○仍叔之子弱也仍叔之子來聘童子將命無速反之心久留在魯故經書夏聘傳釋之於末秋

疏注仍叔至末秋○正義曰此子來聘傳雖不言聘意蓋為將伐鄭而遣告魯也經在伐鄭之上傳在伐鄭之下明其必有深意故注者原之以為童子將命無速反之心久留在魯故經書夏聘傳釋之於末秋譏其夏至而秋。末反也下句更言秋大雩則秋。末為末注云末秋者上有秋王以諸侯伐鄭此仍叔之文在秋事之末故云末秋也下文更云秋者自為欲顯天時更別言秋

○秋大雩書不時也十二公傳唯此年及襄二十六

年有兩秋此發雩祭之例欲顯天時以相事故重言秋異於凡事○重直用反【疏】注十二至凡事○正義曰上既言秋王以諸侯伐鄭而此復言秋故解之方發雩祭之例須辨雩祭之月欲顯言天時以指怠慢之事故重言秋異於凡事凡事則不須每事重舉時也襄二十六年重言秋者彼注自釋中間有初不言秋則嫌楚客過在他年

凡祀啓蟄而郊言凡。祀通下三句天地宗廟之事也啓蟄夏正建寅之月祀天南郊○蟄直立反正音征

【疏】注言凡至南郊○正義曰下三句謂雩嘗烝也雩是祭天嘗烝祭宗廟此無祭地而言凡祭地者因天連言地耳周禮天神曰祀地祇曰祭人鬼曰享對則別爲三名散則總爲一號禮諸侯不得祭天魯以周公之故得郊祀上帝故雩亦祀帝書傳皆不言魯得祭地蓋不祭地也魯不祭地而注言天地者以發凡言例雖因魯史經文然凡之所論總包天。子及諸國則凡公嫁女於天子諸卿皆行及王曰小童之例是也此凡祀亦總包天子及諸國則有祭地之文故杜連言之釋例云凡祀舉郊雩烝嘗則天神地祇人鬼之祭皆通其他羣祀不錄可知也礿祠及地祇經無其事故不備言亦約文以相包也礿祠之祭過則亦書但無過時者故經不書耳夏小正曰正月啓蟄其傳曰言始發蟄也故漢氏之始以啓蟄爲正月中雨水爲二月節及大初以後更改氣名以雨水爲正月中驚蟄爲二月節以迄于今鍾而不改今曆正月雨水中四月小滿中八月秋分中十月小雪中注皆以此四句爲建寅建巳建酉建亥之月則啓蟄當雨水龍見當小滿始殺當秋分閉蟄當小雪晉世之曆亦以雨水爲正月中而釋例云曆法正月節立春啓蟄爲中氣者因傳有啓蟄之文故遠取漢初氣名欲令傳與曆合其餘三者不可強同其名雖則不同其法理亦不異故釋例云案曆法有啓蟄驚蟄而無龍見始殺閉蟄。比古人所名不同然其法推不得有異傳曰火伏而後蟄者畢此謂十月始蟄也至十一月則遂閉之猶二月之驚蟄既啓之後遂驚而走出始蟄之後又自閉塞也是言啓蟄爲正月中閉蟄爲十月中也注以閉蟄爲十月而釋例云十一月遂閉之者以正月半蟄蟲啓戶二月初則驚而走出十月半蟄蟲始閉十一月初則遂閉之傳稱四者皆舉中氣言其至此中

氣則卜此祭次月初氣仍是祭限次月中氣乃爲過時既以閉蟄爲建亥之月又言十一月則遂閉之欲見閉蟄以後冬至以前皆得烝祭也故釋例云孟獻子曰啓蟄而郊郊而後耕耕謂春分也言得啓蟄當卜郊不應過春分也春分以前皆得郊則冬至以前皆得烝也釋例又曰僖公襄公夏四月卜郊但譏其非所宜卜而不譏其四月不可郊也以建卯之月猶可郊知建子之月猶可烝也正由節卻月前未涉後月中氣故耳傳本不舉月爲限而舉候以言者釋例曰凡十二月而節氣有二十四共通三百六十六日分爲四時閒之以閏月故節未必恆在其月初而中氣亦不得恆在其月之半是以傳舉天宿氣節爲文而不以月爲正也土功作者不必日月故亦言龍見而畢務戒事也火見而致用水昏正而栽日至而畢此其大準也是言凡候天時皆不以月爲其節有參差故也若周禮不舉天象故以月爲正大司馬職曰中夏獻禽以享礿中冬獻禽以享烝言四時之祭不得後仲月非謂孟月不得。烝也釋例曰周禮祭宗廟以四仲蓋言其下限也下限至於仲月則上限起於孟月烝起建亥之月則嘗起建申之月此言始殺而嘗謂建酉之月亦是下限也若仲是下限則周之正月得爲烝祭春秋之例得常不書而八年書正月烝者釋例云經書正月烝得仲月之時也其夏五月復烝此爲過烝若但書夏五月烝則唯可知其非時故先發正月之烝而繼書五月烝以示非時並明再烝瀆也然仲月雖不過時而月節有前有卻若使節前月卻即爲非禮此秋大雩是建午之月耳而傳言不時明涉其中。節故譏之釋例云龍星之體畢見謂立夏之月得此月則當卜祀過涉次節則以過而書故秋雩書不時此涉周之立秋節也言涉立秋節者謂涉立秋之月中氣節也過涉次節亦謂中節非初節也若始涉初節則不譏之矣如此傳注必是建寅之月方始郊天周之孟春未得郊也禮記明堂位曰魯君孟春乘大輅載弧韣以祀帝於郊季夏六月以禘禮祀周公於太廟季夏周之六月即孟春是周之正月矣又雜記云孟獻子曰正月日至可以有事於上帝七月日至可以有事於祖七月而禘獻子爲之如彼記文則魯郊以周之孟春而傳言啓蟄而郊者禮記後人所錄其言或中或否未必所言皆是正禮襄七年傳孟獻子曰啓蟄而郊禮記左傳俱稱獻子而記言日至傳言啓蟄一人兩說必有謬者若七月而禘獻子爲之時應有七月禘矣烝嘗過則書禘過亦應書何以獻子之時不書七月禘也是知獻子本無此言不得云禮記是而左傳非也明堂位言正月郊者蓋春秋之末魯稍僭後見天子冬至祭天便以正月祀帝記者不察其本遂謂正月爲常明堂位後世之書其末章云魯君臣未嘗相弒也禮樂刑法政俗未嘗相變也春秋之世三君見弒鑿而弔士有誅俗變多矣尚云無之此言既誣則郊亦難信以此知記言孟春非正禮也鄭玄注書多用讖緯言天神有六地祇有二天有天皇大帝又有五方之帝地有崐崙之山神又有神州之神大司樂冬至祭於圜丘者祭天皇大帝北辰之星也月令四時迎氣於四郊所祭者祭五德之帝於大微宮中五帝坐星也春秋緯文耀鉤云大微宮有五帝坐星蒼帝其名曰靈威仰赤帝曰赤熛怒黃帝曰含樞紐白帝曰白招拒黑帝曰汁光紀五德之帝謂此也其夏正郊天祭其所感之帝焉周人木德祭靈威仰也魯無冬至之祭唯祭靈威仰耳唯鄭玄立。此爲。義而先儒悉不然故王肅作聖證論引羣書以證之言郊則圜丘圜丘即郊天體唯一安得有六天也晉武帝王肅之外孫也泰始之初定南北郊祭一地一天用王肅之義杜君身處晉朝共遵王說集解釋例都不言有二天然則杜意天子冬至所祭魯人啓蟄而郊猶是一天但異時祭耳此注直云祀天南郊不言靈威仰明與鄭異也劉炫云夏正郊天后稷配也冬至祭天圜丘以帝嚳配也

龍見而雩龍見建巳之月蒼龍宿之體昏見東方萬物始盛待雨而大故祭天。遠爲百穀祈膏雨○見賢遍反注同宿音秀爲于僞反

疏注龍見至膏雨○正義曰天官東方之星盡爲蒼龍之宿見謂合昏見也雩之言遠也遠爲百穀祈膏雨遠者豫爲秋收言意深遠也穀之種類多故詩每言百穀舉成數也雨之潤物若脂膏然故謂甘雨爲膏雨襄十九年傳曰百穀之仰膏雨是也傳直言雩而經書大雩者賈逵云言大別山川之雩蓋以諸侯雩山川魯得雩上帝故稱大月令云大雩帝用盛樂是雩帝稱大雩也此龍見而雩定在建巳之月而月令記於仲夏章者鄭玄云雩之正當以四月凡周之秋。五月

之中而旱亦脩雩祀而求雨因著正雩於此月失之矣杜君以爲月令秦法非是周典穎子嚴以龍見即是五月釋例曰月令之書出自呂不韋其意欲爲秦制非古典也穎氏因之以爲龍見五月五月之時龍星已過於見此爲強牽天宿以附會。不韋之月令非所據而據既以不安且又自違左氏傳稱秋大雩書不時此秋即穎氏之五月而忘其不時之文而欲以雩祭是言月令不得與傳合也鄭玄禮注云雩之言吁也言吁嗟哭泣以求雨也郊雩俱是祈穀何獨雩爲吁嗟旱而脩雩言吁嗟可矣四月常雩於時未旱何當。也吁嗟也賈服以雩爲遠故杜從之也

始殺而嘗建酉之月陰氣始殺嘉穀始熟故薦嘗於宗廟

疏 注建酉至宗廟○正義曰嘗者薦於宗廟以嘗新爲名知必待嘉穀熟乃爲之也詩稱八月其穫穫刈嘉穀在於八月知始殺爲建酉之月陰氣始殺也釋例曰詩蒹葭蒼蒼白露爲霜以證始殺百草也月令孟秋白露降季秋霜始降然則七月有白露八月露結九月乃成霜時寒乃漸歲事稍成八月嘉穀熟所薦之物備故以建酉之月薦嘗於宗廟案月令孟秋農乃登穀天子嘗新先薦寢廟之則似七月穀熟矣七月當嘗祭而云建酉之月乃嘗祭者以上下準之始殺嘗祭實起於建申之月令云建酉者言其下限然杜獨於嘗祭舉下限者以秋物初熟孝子之祭必待新物故特舉下限而言之哀十三年子服景伯謂吳大宰曰魯將以十月上辛有事於上帝先公季辛而畢彼雖恐吳之辭亦是八月嘗祭之驗也何則於時會吳在夏公至在秋景伯言然之時秋之初也若嘗在建申當言九月不應遠指十月知十月是嘗祭之常期周之十月是建酉之月也建酉是下限耳若節前月卻孟秋物成亦可以孟秋嘗祭故釋例云周禮四仲月言其下限若建申得嘗何以釋例又云始殺而嘗謂建酉之月蒹葭蒼蒼白露爲霜又以始殺唯建酉之月者以賈服始殺唯據孟秋不通建酉之月故釋例破賈服而爲此言也先此則不可十四年八月乙亥嘗乃是建未之月故注云先其時亦過也

閉蟄而烝建亥之月昆蟲閉戶萬物皆成可薦者衆故。烝祭宗廟釋例論之備矣○閉必計反又必結反字林方結反烝之承反

疏 注建亥至備矣○正義曰傳稱火伏而後蟄者畢周

禮季秋內火則火以季秋入而孟冬伏昆蟲以孟冬蟄故知閉蟄是建亥之月也王制云昆蟲未蟄不以火田鄭玄云昆明也明蟲者得陽而生得陰而藏陰陽即寒溫也祭統注云昆蟲謂溫生寒死之蟲也是蟄蟲謂之昆蟲也月令仲春云蟄蟲咸動啓戶始出出言啓戶故蟄言閉戶爾雅釋詁云烝衆也知萬物皆成可薦者衆故名此祭爲烝

過則書卜日有吉否過次節則書以譏慢也

疏卜日至慢也○正義曰祭必當卜卜有吉否不吉則當改卜次旬則不可期以一日卜不過三故限以一月過涉次月之節則書之以譏其慢

○冬淳于公如曹度其國危遂不復淳于州國所都城陽淳于縣也國有危難不能自安故出朝而遂不還○度待洛反復音服後不音者皆同難乃旦反

經六年春正月寔來寔實也不言州公者承上五年冬經如曹間無異事省文從可知○寔時力反省所景反

○夏四月公會紀侯于成成魯地在泰山鉅平縣東南

○秋八月壬午大閱齊爲大國以戎事徵諸侯之戍嘉美鄭忽而忽欲以有功爲班怒而訴齊魯人懼之故以非時簡車馬○閱音悅

疏大閱○正義曰公狩于郎公狩于禚皆書公大蒐大閱不書公者周禮雖四時教戰而遂以田獵但蒐閱車馬未必皆因田獵田獵從禽未必皆閱車馬何則怠慢之主外作禽荒豈待教戰方始獵也公及齊人狩于禚乃與隣國共獵必非自教民戰以矢魚于棠非教戰之事主爲遊戲而斥言公則狩于郎禚亦主爲遊戲故特書公也大蒐大閱國之常禮公身雖在非爲遊戲如此之類例不書公定十四年大蒐于比蒲邾子來會公公身在蒐而經不書公知其法所不書以其國家大事非公私欲故也且比蒲昌閒皆舉蒐地此不言地者蓋在國簡閱未必田獵昭十八年鄭人簡兵大蒐在於城內此亦當在城內○注齊爲至車馬○正義曰大閱之禮在於仲冬今農時閱兵必有所爲傳不言其意故注者原之於時四鄰與魯無怨又竟無征伐之處諸侯戍齊經所不見而傳說鄭忽怒事於大閱之上及十年鄭與齊衛來戰于郎知此大閱是懼鄭忽而畏齊人故以非

時斃車馬也　蔡人殺陳佗佗立踰年不稱爵者篡。立未會諸侯。也傳。例在莊二十二年疏注佗立至二年○正義曰殺陳佗傳無文不言

無傳者以傳說此事在莊二十二年不是全無其事故不言無傳　○九月丁卯子同生桓公子莊公也十二公唯子同是適夫人之長

子備用大子之禮故史書之於策不。稱。太子者。書始生。也○適丁曆反傳同長丁丈反疏注桓公至生也○正義曰適妻長子於法當爲大子故以大子

之禮舉之由舉以正禮故史書於策古人之立大子其禮雖則無文蓋亦待其長大特加禮命如今之臨軒策拜始生之時未得即爲大子也以其備用正禮

故書其生未得命故不言大子也杜云十二公唯子同是適夫人之長子又云文公哀公其母並無明文未知其母是適以否蓋其父未爲君之前已生繼令

是適亦不書也釋例云據公衡之年成公又非穆姜所生杜此注云子同是適夫人之長子備用大子之禮故史書之然則雖適夫人之長子不用大子之禮

亦不書也　○冬紀侯來朝

傳六年春自曹來朝書曰寔。來不復其國也亦承五年冬傳淳于公如曹也言奔則來行朝禮言朝則遂留不去

故變文言。實來　○楚武王侵隨隨國今義陽隨縣疏注隨國至隨縣○正義曰世本隨國姬姓不知始封爲誰隨以此年見傳僖二十年

經書楚人伐隨自是以後遂爲楚之私屬不與諸侯會同至定四年吳入郢昭王奔隨隨人免之卒復楚國楚人。德之使列諸侯哀元年隨侯見經其後不知

爲誰所滅　使薳章求成焉○薳章楚大夫薳于委反　軍於瑕以待之瑕隨地○瑕下加反　隨人使少師董成

少師隨大夫董正也○少詩照反注及下同後皆倣此　鬬伯比言于楚子曰吾不得志於漢東也我則使

然鬬伯比楚大夫令尹子文之父　我張吾三軍而被吾甲兵以武臨之彼則懼而協來。謀我故

難間也漢東之國隨爲大隨張必弃小國張自侈大也○被皮寄反下注被甲同閒閒廁之閒張豬亮反注同一音如字侈昌氏反又式氏反小國離楚之利也少師侈請羸師以張之羸弱也○羸劣追反注及下同熊率且比曰季梁在何益熊率且比楚大夫季梁隨賢臣○率音律且子余反鬭伯比曰以爲後圖少師得其君言季梁之諫不過一見從隨侯卒當以少師爲計故云以爲後圖二年蔡侯鄭伯會于鄧始懼楚楚子自此遂威終於抗衡中國故傳備言其事以終始之○抗苦浪反【疏】以爲至其君○正義曰言此計今雖無益以爲在後圖謀也言季梁之諫不過一見從耳少師得其君心君將必用其計若用少師則此謀必合故請示弱希後日之利以王毀軍而納少師從伯比之謀少師歸請追楚師隨侯將許之信楚弱也

季梁止之曰天方授楚楚之羸。其誘我也君何急焉臣聞小之能敵大也小道大淫所謂道忠於民而信於神也上思利民忠也祝史正辭信也正辭不虛稱君美今民餒而君逞欲逞快也○餒奴罪反餓也祝史矯舉以祭臣不知其可也詐稱功德以欺鬼神○矯居兆反

【疏】天方授楚。○正義曰楚之先君熊繹始封於楚在蠻夷之間食子男之地至此君始彊盛威服鄰國似有天助故云天方授楚。○臣聞至可也○正義曰臣聞小國之能敵大國也必小國得道大國淫辟如是乃得爲敵也其意言隨未有道而楚未爲淫辟隨不能敵楚也既言隨未有道更說有道之事道猶道路行不失正名之曰道施於人君則治民事神使之得所乃可稱爲道矣故云所謂道者忠恕於民而誠信於神也此覆說忠信之義於文中心爲忠言中心愛物也人言爲信謂言不虛妄也在上位者思利於民欲民之安飽是其忠也祝官史官正其言辭不欺誑鬼神是其信也今隨國民皆。飢餒而君快情欲是

不忠利民是不忠也祝史詐稱功德以祭鬼神是不正言辭是不信也無忠無信不可謂道小而無道何以敵大君欲敵之臣不知其可也欲君之下楚也

公曰吾牲牷肥腯粢盛豐備何則不信牲牛羊豕也牷純色完全也腯亦肥也黍稷曰粢在器曰盛○牷音全腯徒忽反

【疏】注牲牛至曰盛○正義曰諸侯祭用大牢祭以三牲爲主知牲爲三牲牛羊豕也周禮牧人掌共祭祀之牲牷祭用純色故知牷謂純色完全言毛體全具也曲禮曰豚曰腯肥肥腯共文知腯亦肥也重言肥腯者古人自有複語耳服虔云牛羊曰肥豕曰腯案禮記豚亦稱肥非獨牛羊也粢是黍稷之別名亦爲諸穀之總號祭之用米黍稷爲多故云黍稷曰粢粢是穀之體也盛謂盛於器故云在器曰盛

對曰夫民神之主也言鬼神之情依民而行是以聖王先成民。而後致力於神故奉牲以告曰博碩肥腯。謂民力之普存也博廣也碩大也謂其畜之碩大蕃滋也謂其不疾瘯蠡。也謂其備腯咸有也雖告神以博碩肥腯其實皆當兼此四謂民力適完則六畜既大而滋也皮毛無疥癬兼備而無有所闕○畜吁又反下皆同蕃音煩瘯七木反本又作蔟同蠡力果反說文作瘰云瘯瘰皮肥也疥音介癬息淺反說文云乾瘍奉盛以告曰絜。粢豐盛謂其三時不害而民和年豐也三時春夏秋奉酒醴以告曰嘉栗旨酒嘉善也栗謹敬也謂其上下皆有嘉德而無違心也所謂馨香無讒慝也馨香之遠聞○慝他得反聞音問又如字故務其三時脩其五教父義母慈兄友弟恭子孝親其九族以致其禋祀禋。絜敬。也九族謂外祖父外祖母從母子及妻父妻母姑之子姊妹之子女子之子。幷己之同族皆外親有服而異族者也○九族杜釋與孔安國鄭玄不同禋音因於是乎民和而神降之福故動則有成今民各有心而鬼神乏主民。饑餧也〇饑音飢君雖獨豐其何福之有君姑脩政而親兄弟之國庶免於難隨侯懼而修政楚不敢伐疏夫民至於難〇正義曰鬼神之情依人而行故云夫民神之主也以

民和乃神說故聖王先成其民而後致力於神言養民使成就然後致孝享由是告神之辭各有成百姓之意祭之所用有牲有食有酒耳聖人文飾辭義爲立嘉名以告神季梁舉其告辭解其告意故奉牲以告神曰博碩肥腯者非謂所祭之牲廣大肥充而已乃言民之畜產盡肥充皆所以得博碩肥腯者由四種之謂故又申說四種之事四謂者第一謂民力普偏安存故致第二畜之碩大滋息民力普存所以致之者由民無勞役養畜以時故六畜碩大蕃多滋息民力普存又致第三不有疾病疥癬所以然者由民力普存身無疲苦故所養六畜飲食以理埽刷依法故皮毛身體無疥癬疾病民力普存又致第四備腯咸有所以然者由民力普存人皆逸樂種種養畜羣牲備有也奉盛以告神曰絜粢豐盛者非謂所祭之食絜淨豐多而已乃言民之糧食盡豐多也言豐絜者謂其春夏秋三時農之要節爲政不害於民得使盡力耕耘自事生產故百姓和而年歲豐也奉酒醴以告神曰嘉栗旨酒者非謂所祭之酒栗善味美而已乃言百姓之情上下皆善美也言嘉旨者謂其國內上下羣臣及民皆有善德而無違上之心若民心不和則酒食腥穢由上下皆善故酒食馨香非言酒食馨香無腥膻臭穢乃謂民德馨香無讒諛邪惡也所謂馨香總上三者由是王者將說神心先和民志故務其三時使農無廢業脩其五教使家道協和親其九族使內外無怨然後致其禋敬之祀於神明矣於是民俗大和而神降之福故動則有成戰無不克今民各有心或欲從主或欲叛君不得爲無違上之心而鬼神乏主百姓。飢餧民力彫竭不得爲年歲豐也民既不和則神心不說君雖獨豐其何福之有神所不福民所不與以此敵大必喪其師君且修政撫其民人而親兄弟之國以爲外援如是則庶幾可以免於禍難也告牲肥碩言民畜多告粢豐絜言民食多告酒嘉旨不言民酒多而言民德善者酒之與食

俱以米粟爲之於盛已言年豐故於酒變言嘉德重明民和之意○注雖告至
所闕○正義曰劉炫云杜以博碩肥腯據牲體而言季梁推此出理嫌其不寔
故云其寔皆當兼此四謂又民力普存非畜之形貌而季梁以之解情又申之
民力適完則得生養六畜故六畜既大而滋息也博碩言其形狀大蕃滋言其
生乳多碩大蕃滋皆複語也瘯蠡畜之小病故以爲疥癬之疾也不疾者猶言
不患此病也○注嘉善至敬也○正義曰嘉善釋詁文也杜訓粟爲謹敬言善
敬爲酒案詩實穎實栗與田事相連故栗爲穗貌此栗與嘉善旨酒相類故栗
爲謹敬之心即論語云使民戰栗與此相似劉炫以栗爲穗貌而規杜過於理
恐非○注父義至子孝○正義曰父母於子並爲慈但父主教訓母主撫養撫
養在於恩愛故以慈爲名教訓愛而加教故以義爲稱義者宜也教之義方使
得其宜弟之於兄亦宜爲友但兄弟相敬乃有長幼尊卑故分出其弟使之爲
共言敬其兄而友愛○注禋絜至族者也○正義曰釋詁云禋敬也故以禋爲
絜敬隱十一年注云絜齊以享謂之禋意亦與此同也漢世儒者說九族有二
異義今禮戴尚書歐陽說九族乃異姓有屬者父族四五屬之內爲一族父女
昆弟適人者與其子爲一族己女昆弟適人者與其子爲一族己之女子子適
人者與其子爲一族母族三母之父姓爲一族母之母姓爲一族母女昆弟適
人者與其子爲一族妻族二妻之父姓爲一族妻之母姓爲一族古尚書說九
族者從高祖至玄孫凡九皆同姓謹案禮緦麻三月以上恩之所及禮爲妻父
母有服明在九族中九族不得但施於同姓鄭駁云玄之聞也婦人歸宗女子
雖適人字猶繫姓明不得與父兄爲異族其子則然婚禮請期辭曰唯是三族
之不虞欲及今三族未有不億度之事而迎婦也如此所云三族不當有異姓
異姓其服皆緦禮雜記下緦麻之服不禁嫁女取婦是爲異姓不在族中明矣
周禮小宗伯掌三族之別名喪服小記說族之義曰親親以三爲五以五爲九
以此言之知高祖至玄孫昭然察矣是鄭從古尚書說以九族爲高祖至玄孫
也此注所云猶是禮戴歐陽等說以鄭玄駁云女子不得與父兄爲異族故簡
去其母唯取其子以服重者爲先耳其意亦不異也不從古學與鄭說者此言

親其九族詩刺不親九族必以九族者疏遠恩情已薄故刺其不親而美其能親耳高祖至父已之所稟承也子至玄孫己之所生育也人之於此誰或不親而美其能親也詩刺棄其九族豈復上遺父母下棄子孫哉若言棄其九族謂棄其出高祖出曾祖者然則豈亦棄其出曾孫出玄孫者乎又鄭玄爲昏必三十而娶則人年九十始有曾孫其高祖玄孫無相及之理則是族終無九安得九族而親之三族九族族名雖同而三九數異引三族以難九族爲不相值矣若緣三及九則三九不異設使高祖喪玄孫死亦應不得爲昏禮何不言九族之不虞也以此知九族皆外親有服而異族者也○夏會于成。紀來諸謀齊難也齊欲滅紀故來謀之○難乃旦反下同○北戎伐齊。齊使乞師于鄭鄭大子忽帥師救齊六月大敗戎師獲其二帥大良少良甲首三百以獻於齊甲首被甲者首○帥所類反少詩照反於是諸侯之大夫戍齊齊人饋之餼生曰餼○饋其媿反遺也餼許既反牲腥曰餼使魯爲其班後鄭班次也魯親班齊饋則亦使大夫戍齊矣經不書蓋史闕文疏注班次至闕文○正義曰劉炫云在戍受饋而使魯爲班明魯人在矣襄五年戍陳書經此戍齊亦宜書今不書經疑史闕文以史策本闕仲尼不得書之十年說此云北戎病齊諸侯救之或可魯亦往救但傳無魯事之驗魯必不救不須解之鄭忽以其有功也怒故有郎之師郎師在十年公之未昏於齊也齊侯欲以文姜妻鄭大子忽大子忽辭人問其故大子曰人各有耦。齊大非吾耦也詩云自求多福詩大雅文王言求福由己非由人也○妻七計反下及注同在我而已大國何爲君子曰善自爲謀言獨絜其身謀不及國及其敗戎師也齊侯又請妻之欲以他女妻之固辭人問其故大子曰無事於齊吾猶不敢今以君命奔齊之急而受室以歸是以師昏也民其謂我何言必見怪於民遂辭諸鄭伯假父之命以爲辭爲十一年鄭忽出奔衞傳○秋大閱簡車馬也○九月丁卯子同生以大子生之禮舉之接以大牢大牢牛羊豕也以禮接夫人重適也○接如字鄭注禮記作捷讀此者亦或捷音

【疏】注大牢至適也○正義曰大牢牢之大者三牲牛羊豕其爲大牢儀禮少牢饋食之禮以羊豕爲少牢以牲多少稱大。少也詩公劉曰執豕于牢周禮充人掌繫祭祀之牲牷祀五帝則繫于牢芻之三月是牢者養牲之處故因以爲名鄭玄詩箋云繫養曰牢是其義也禮記內則曰國君世子生告于君接以大牢文在三日負子之上則三日之內接之矣記云凡接子擇日鄭云雖三日之內必選其吉焉是三日之內擇日接之爲子接母故記稱接子此傳舉之之下郎云接以大牢亦以接子爲文其寔接母故云以禮接夫人重適也鄭玄云接讀爲捷捷勝也謂食其母使補虛強氣也此言以禮接之則與鄭異也內則又云接子庶人特豚士特豕大夫少牢國君世子大牢其非冢子則皆降。等

卜士負之士妻食之禮世子生三日卜士負之射人以桑弧蓬矢射。天。地四方卜士之妻爲乳母○食音嗣弧音胡蓬步工反射天地食亦反

【疏】注禮世至乳母○正義曰四方以上皆內則文也內則又云卜士之妻大夫之妾使食子食謂乳也故以乳母言之鄭玄云桑弧蓬矢本大古也天地四方男子所有事也士妻大夫之妾謂時自有子者定本直云射四方無天地案禮云桑弧蓬矢六今無天地誤也賈逵云桑者木中之衆蓬者草中之亂取其長大統衆而治亂

公與文姜宗婦命之世子生三月君夫人沐浴於外寢立於阼階西。鄉世婦抱子升自西階君命之乃降蓋同宗之婦○阼才故反

【疏】注世子至之婦○正義曰乃降以上皆內則文也鄭玄云子升自西階則人君見世子於路寢也見妾子就側室凡子生皆就側室以其生於側室見於路寢故從外而升階也襄二年葬齊姜傳曰齊

侯使諸姜宗婦來送葬諸姜是同姓之女知宗婦是同宗之婦也公與夫人共命之故使宗婦侍夫人

公問名於申繻對曰名有五有信有義有象有假有類申繻魯大夫○繻音須以名生爲信若唐叔虞魯公子友以德命爲義若文王名昌武王名發

疏注若文至名發○正義曰周本紀稱大王見季歷生昌有聖瑞乃言曰我世當有興者其在昌乎則是大王見其有瑞度其當興故名之曰昌欲令昌盛周也其度德命發則無以言之服虔云謂若大王度德命文王曰昌文王命武王曰發似其有舊說也舊說以爲文王見武王之生以爲必發兵誅暴故名曰發

以類命爲象若孔子首象尼丘

疏注若孔至尼丘○正義曰孔子世家云叔梁紇與顏氏禱於尼丘得孔子孔子生而首上汙頂故因名曰丘字仲尼是其象尼丘也

取於物爲假若伯魚生人有饋之魚因名之曰鯉○鯉音里

疏注若伯至曰鯉○正義曰家語本姓篇云孔子年十九娶於宋幷官氏一歲而生伯魚伯魚生魯昭公以鯉魚賜孔子孔子榮君之賜因名子曰鯉字伯魚此注不言昭公賜而云人有饋之者如家語則伯魚之生當昭公九年昭公庸君孔子尚少未必能尊重聖人禮其生子取其意而遺其人疑其非昭公故

取於父爲類若子同生有與父同者不以國國君之子不自以本國爲名也

疏注國君至名也○正義曰下云以國則廢名以國不可易須廢名不諱若以他國爲名則不須自廢名也且春秋之世晉侯周衞侯鄭陳侯吳衞侯晉之徒皆以他國爲名以此知不以國者謂國君之子不得自以本國爲名不以山川者亦謂國內之山川下云以山川則廢主謂廢主謂廢國內之所主祭也若他國山川則非其主不須廢也此雖因公之問而對以此法曲禮亦云名子者不以國不以日月不以隱疾不以山川則諸言不以者臣民亦不得以也此注以其言國故特云國君子耳其實雖非國君之子亦不得以國爲名其言廢名廢禮之徒唯謂國君之子若使臣民之名國家不爲之廢也然則臣民之名亦不以山川而孔子魯人尼丘魯山得以丘爲名者蓋以其有象故特以類命非常例

也

不以官不以山川不以隱疾隱痛疾患辟不祥也【疏】注隱痛至祥也正義曰鄭玄云隱疾衣中之疾也謂若黑臀黑肱矣

疾在外者雖不得言尚可指擿此則無時可辟俗語云隱疾難爲醫案周語單襄公曰吾聞成公之生也其母夢神規其臀以黑曰使有晉國故命之曰黑臀

此與叔虞季友復何以異而云不得名也且黑臀黑肱本非疾病以證隱疾非其類也詩稱如有隱憂是隱爲痛也以痛疾爲名則不祥之甚故以爲辟不祥

不以畜牲畜牲六畜【疏】注畜牲六畜○正義曰爾雅釋畜於馬牛羊豕狗雞之下題曰六畜牲故鄭衆服虔皆以六畜爲馬牛羊豕犬雞周禮牧人

掌牧六牲鄭玄亦以馬牛等六者。爲之然則畜牲物養之則爲畜共用則爲牲故并以六畜解六牲 一 不以器幣幣玉帛【疏】注幣玉帛○正

義曰周禮小行人合六幣圭以馬璋以皮璧以帛琮以錦琥以繡璜以黼然則幣玉帛者謂此圭璋璧琮帛錦繡黼之屬也。以。幣以幣爲玉帛則器者非徒玉

器服虔以爲俎豆罍彝犧象之屬皆不可以爲名也周人以諱事神名。終將諱之君父之名固非臣子所斥然禮既卒哭以木鐸

徇曰舍故而諱新謂舍親盡之祖而諱新死者故言以諱事神名終將諱之自父至高祖皆不敢斥言○周人以諱事神名絶句衆家多以名字屬下句鐸待

洛反徇似俊反本又作殉同舍音捨下同【疏】周人至諱之○正義曰自殷以往未有諱法諱始於周周人尊神之故爲之諱名以此諱法敬事明神故言周

人以諱事神子生三月爲之名終久必將諱之故須豫有所辟爲下諸廢張本也終將諱之謂死後乃諱之○注君父至斥言○正義曰君父之名固非臣

子所斥謂君父生存之時臣子不得指斥其名也禮稱父前子名君前臣名鄭玄云對至尊無大小皆相名是對父則弟可以名兄對君則子可以名父非此

則不可也文十四年傳曰齊公子元不順懿公之爲政也終不曰公曰夫己氏注云猶言某甲是斥君名也彼以不順故斥其名知平常不斥君也成十六年

傳曰欒書將載晉侯鍼曰書退國有大任焉得專之注云在君前故子名其父彼以對君故名其父知平常不斥父也雖不斥其名猶未是爲諱曲禮曰卒哭

乃諱。鄭玄云：敬鬼神之名也。諱，辟也。生者不相辟名，衞侯名惡，大夫有石惡，君臣同名，春秋不非，是其未爲之諱，故得與君同名。但言及於君則不斥君名耳。既言生已不斥，死復爲之加諱，欲表爲諱之節，故言然以形之。禮既卒哭，以木鐸徇曰：舍故而諱新，自寢門至於庫門。皆禮記檀弓文也。既引其文，更解其意。謂舍親盡之祖而諱新死者也。親盡謂高祖之父，服絕廟毀而親情盡也。卒哭之後則以鬼神事之，故言以諱事神。又解終將諱之所諱世數，自父上至高祖皆不敢斥言，此謂天子諸侯禮也。曲禮曰：逮事父母則諱王父母，不逮事父母則不諱王父母。鄭玄云：此謂庶人適士以上，廟事祖，雖不逮事父母，猶諱祖以其立廟事之，無容不爲之諱也。天子諸侯立親廟四，故高祖以下皆爲諱，親盡乃舍之。既言以諱事神，則是神名必諱。文王名昌，武王名發。詩雝禘大祖祭文王之廟也，其經曰克昌厥後。周公制禮，臨人有昌本之菹；七月之詩，周公所作，經曰一之日觱發；烝民詩曰四方爰發，皆不以爲諱而得言之者，古人諱者臨時言語有所辟耳。至於制作經典則直言不諱。曲禮曰：詩書不諱，臨文不諱。是爲詩爲書不辟諱也。由作詩不諱，故祭得歌之。尚書牧誓云今予發，武成云周王發，武王稱名告衆，史官錄而不諱，知於法不當諱也。金縢云元孫某，獨諱者，成王啓金縢之書，親自讀之，諱其父名，曰改爲某，既讀之後，史官始錄，依王所讀，遂即云某。武成牧誓則宣諸衆人，宣訖則錄，故因而不改也。古者諱名不諱字，禮以王父字爲氏，明其不得諱也。屈原云朕皇考曰伯庸，是不諱之驗也。

故以國則廢名國不可易故廢名

疏注國不至廢名○正義曰：國名受之天子，不可輒易。若以國爲名，終卒之後則廢名不諱。若未卒之前誤以本國爲名，則改其所名。晉之先君唐叔封唐，變父稱晉。若國不可易而晉得改者，蓋王命使改之。

以官則廢職以山川則廢主改其山川之名

疏注改其山川之名○正義曰：廢主謂廢其所主山川之名，不廢其所主之祭。知者，漢文帝諱恆，改北嶽爲常山，諱名不廢嶽是也。劉炫云：廢主謂廢其所主山川，不復更得其祀。故須改其山川之名，魯改二山是其事也。

以畜牲則廢祀名豬則廢豬，名羊則廢羊。以器幣則廢禮晉以僖侯廢司徒僖侯名司徒廢為中軍○疏廢祀廢禮○正義曰祀以牲為主無牲則祀廢器幣以行禮器少則禮䙷祀雖用器少一器而祀不廢且諸禮皆用器幣故以廢禮揔之宋以武公廢司空武公名司空廢為司城先君獻武廢二山二山具敖也魯獻公名具武公名敖更以其鄉名山○敖五羔反疏注二山至名山○正義曰晉語云范獻子聘於魯問具敖之山魯人以其鄉對獻子曰不為具敖乎對曰先君獻武之諱也是其以鄉名山也禮稱舍故而諱新親盡不復更諱計獻子聘魯在昭公之世獻武之諱久已舍矣而尚以鄉對者當諱之時改其山號諱雖已舍山不復名故依本改名以其鄉對猶司徒司空雖歷世多而不復改名也然獻子言之不為失禮而云名其二諱以自尤者禮入國而問禁入門而問諱獻子入魯不問故以之為慙耳是以大物不可以命公曰是其生也與吾同物命之曰同物類也謂同日疏注物類也謂同日○正義曰魯世家云桓公六年夫人生子與桓公同日故名之曰同是知同物為同日也言物類者辨此以為類命也○冬紀侯來朝請王命以求成于齊公告不能紀微弱不能自通於天子欲因公以請王命公無寵於王故告不能

附釋音春秋左傳注疏卷第六

春秋左傳注疏卷六校勘記

阮元撰盧宣旬摘錄

附釋音春秋左傳注疏卷第六 桓三年盡六年宋本春秋正義卷第六

〔經三年〕

以王法終治桓之事 案終下當有始字閩本監本毛本亦無穀梁注疏本並脫

又哀十三年十二月螽 宋本三作二非也

其年王室方定 監本毛本定作亂案昭廿三年天王居于狄泉自是以後居無定所至廿六年王子朝奔楚始得入于成周遂定成周以爲都監毛本作亂非也

是周司曆也魯司曆也 案也當讀爲耶如荀子其求物也養生也浦鏜改作非魯誤

哀十三年十二月螽 宋本三作二

而以自食爲文 岳本文下有者字

〔傳三年〕

至河東汾陽縣入河 宋本作汾陰案水經注云漢書謂之汾陰脽即其地也

騑騑翼翼是也 禮記騑騑作匪匪此因鄭注匪讀如四牡騑騑遂改作騑

故弁見獲而死 毛本死作免非也

齊侯送姜氏 釋文云本或作送姜氏于讙水經注汶水篇引傳文作齊侯送姜氏于下讙

齊侯送姜氏本或作送姜氏于讙公子則下卿送公子公女 此二十三字乃釋文閩本監本毛本誤作注

冬齊仲年來聘致夫人也 足利本仲年上補夷字非也

世本芮魏皆姬姓 諸本作姓此誤作如今訂正

〔經四年〕

皆無違矣 浦鏜正誤矣作失

則狩于禚 監本禚作禚非後同

則犯害去白 閩本監本毛本去白作民物亦非宋本作居民○今依宋本

〔傳四年〕

故書時合禮 岳本書作唯非陳樹華云天放菴翻岳本改作書不誤

駮出合禮 宋本毛本作合理

以時合禮地非禮也宋本地上有知字毛本合禮作合理非

〔經五年〕

下文周公如曹宋本周作州不誤

魯出朝聘例言如宋本監本毛本例下有亦字

楊雄方言云宋本毛本楊作揚非也案廣韻揚字下不言姓楊字注云姓出弘農天水二望漢書本傳云其先食采於楊因氏焉

舂黍謂之蚣蝑監本舂作春非下同

陸機毛詩疏云宋本機作璣非

其股狀如瑇瑁又浦鏜正誤又作文案廣雅疏證引作文段玉裁曰此當作乂乂者今之釵字或爲乂或爲文皆非也

爲下寶來書也宋本作寔來與傳合

地理志宋本志下有云字

〔傳五年〕

民莫有鬭心陳樹華云石經凡鬭字俱作鬬非是

不能相枝持也毛本枝作支文選李善注魏文帝與吳質書引杜注亦作支

高渠彌 史記秦本紀作高渠眯

爲魚麗之陳 後漢書劉表傳注引傳文作魚儷集韻云魚𩰬陣名通作麗

旝動而鼓 葉抄釋文旝作檜諸本皆作旝正義云旝字從㫃旌旗之類

又旝字從於旌旗之類 宋本作從㫃不誤〇今依訂正下說文載之㫃部同

周禮司常通帛爲旝 宋本作通帛爲旜是也〇今依訂正

衆屬軍史無所將 宋本史作吏不誤〇今依訂正

發其機以追敵 宋本亦作追閩本監本毛本作磓其機諸本作以機

況敢陵天子乎 監本毛本陵誤凌

言鄭志在苟免王討之非也 足利本後人記云非異本作罪

此爲因有告命之例 毛本爲作謂非

蕭叔大心 諸本作心此本誤以今訂正

仍叔之子 石經子字下增來聘二字非唐刻也

譏其夏至而秋末反也 監本末誤來

則秋未爲末　閩本監本毛本未誤末

言凡祀通下三句　毛本祀誤事

然凡之所論總包天子及諸國　閩本監本毛本子作地誤

比古人所名不同　閩本監本毛本比誤此

非謂孟月不得蒸也　閩本監本毛本蒸作烝宋本作祭是也

而傳言不時涉其中節　宋本節作氣

唯鄭玄立此爲義　案文獻通考祀后土門引作立爲此義

遠爲百穀祈膏雨　論語先進正義引杜注云雩之言遠也遠爲百穀祈膏雨也按邢氏所引爲完雩之言遠者凡從于之字有迂遠之義也

凡周之秋五月之中而早　諸本作五月惠棟校本作三月按依月令注作三是也秋三月三字連讀謂夏正之五月六月七月

此爲強牽天宿以附會不韋之月令　宋本不韋上有呂字

何當也吁嗟也　上也字閩本監本毛本作言宋本作已

故烝祭宗廟　纂圖本烝作蒸非

（經六年）

不言州公者承上五年冬經如曹　監本年誤筆

夏四月公會紀侯于成　陸氏穀梁音義曰左氏作杞侯陳樹華云三年書公會杞侯於郕此作紀侯疑傳寫之誤

國之之常禮　閩本監本毛本國之之作國家之宋本作國之常禮是也

而傳說鄭忽怒事於大閱之上　監本鄭誤郎

篡立未會諸侯也　淳熙本無也字足利本後人說云立異本作位

傳例在莊二十二年　宋本無例字是也

不稱太子者書始生也　案禮記內則正義引作不云世子書始生

（傳六年）

書曰寔來　詩韓奕正義云春秋桓六年州公寔來而左傳作實來惠棟云寔當作實石經傳作寔宋本同誤也陳樹華云案傳解經不容立異且公羊穀梁皆作寔是杜注乃云寔實也詩正義似未足據非也案錢大昕云孔氏所據乃服虔本非杜本也覲禮伯父實來注今文實作寔是實卽寔之古文春秋公羊穀梁爲今文左氏爲古文故二傳作寔來左氏作實來杜氏改從二傳失古文之舊矣

故變文言實來 岳本纂圖本閩本監本毛本實作寔

楚人德之 毛本德誤得

彼則懼而協來謀我 石經宋本淳熙本岳本纂圖本監本毛本來作以不誤

必弃小國 岳本前後皆作弃唯此處作棄非

楚之羸 顧炎武云石經羸誤作贏案顧炎武所據乃謬刻石經此處刓闕

天方授楚 宋本此節正義在君何急焉之下

○臣聞至可也 宋本○作疏此節正義在注詐稱功德以欺鬼神之下

今隨國民皆飢餒 閩本監本毛本作饑餒非

粢盛豐備 案惠棟云禹廟殘碑作資盛說文作𪏽云稷也又云𪏽或從次作粢字按凡經典言粢盛皆粢盛之誤齍𪏽粢三字古通用爲祭祀之黍稷餈粢二字同用爲周禮之粉餈不知何時淆亂而莫有正之者

是以聖王先成民而後致力於神 毛本民誤名詩旱麓篇思齊篇正義引傳文民上並有於字

謂民力之普存也 詩我將篇正義引傳文謂下有其字

謂其不疾瘯蠡也 釋文云瘯本又作蔟同蠡葉抄釋文引說文作族絫云族絫皮肥也錢大昕云說文疒部瘯字注云畜產疫病也此瘯蠡之

正字蠡癳聲相近故假借爲蠡耳瘯亦俗字當爲族六畜之疫曰族癳或作族絫絫癳亦聲相近

絜粢豐盛 後漢書列女傳注引傳文絜作潔

兄友弟恭 宋本淳熙本恭作共

禋絜敬也 岳本無也字足利本後人記云禋下異本有祀字

弃己之同族 纂圖本閩本監本毛本弃誤非

民饑餒也 釋文亦作饑宋本足利本作飢

夫民至於難 宋本作對曰夫民至於難閩本監本毛本夫誤今

百姓飢餒 閩本監本毛本飢作饑

季梁推此出理 宋本閩本監本毛本作推出此理

嫌其不寔故云其寔皆當兼此四謂 宋本寔並作實是也

但兄弟相敬 宋本敬作於

言敬其兄而友愛 浦鏜正誤云友愛下疑脫其弟二字

尚書歐陽說九族乃異姓有屬者 宋本乃作反詩葛藟正義引屬上有親字

異姓其服皆緦 宋本緦下有麻字

周禮小宗伯掌三族之別名 閩本監本毛本別作列非浦鏜云名字衍

夏會于成 山井鼎云足利本後人記云成作郕

齊使乞師于鄭 石經宋本淳熙本岳本纂圖本齊下有侯字山井鼎云足利本後人記云異本作齊侯使

人各有耦 文選沈休文奏彈王源注引作人各有偶案耦偶正俗字

接以大牢 釋文接如字鄭注禮記作捷讀此者亦或捷音案爾雅釋詁接捷也

以牲多少稱大少也 閩本監本毛本作大小非也

其寔接母 宋本寔作實不誤

則皆降等 宋本降下有一字

射天地四方 宋本淳熙本足利本無天地二字與定本合孔沖遠云今天地無誤也

立於阼階西鄉 山井鼎云足利本後人記云鄉異本作向案經傳鄉背字多作鄉不作向也

對曰名有五 石經名有二字初作曰名有三字後改刊

以名生爲信 論衡詰術篇生字在名字上按以生名以德名以類名語言一例論衡爲長

以德命爲義 論衡作德名案命名古同聲同義

以類命爲象 顧炎武云石經類誤德案石經類字殘闕右角尚可辨顧炎武所據乃謬刻

若孔子首象尼丘 盧文弨校本云禮記曲禮正義引孔子作仲尼

孔子生而首上汙頂 案史記孔子世家作圩頂索隱謂圩音烏窊也故孔子頂若反宇

娶於宋幷官氏 監本毛本幷作幵宋本作幷段玉裁云作幷與漢禮器碑合

取其意而遺其人 毛本遺作疑非

謂廢主謂廢國內之所主 宋本無謂廢主三字是也

鄭玄亦以馬牛等六者爲之 浦鏜正誤爲疑當字誤

以幣以幣爲玉帛 宋本以幣字不重是

周人以諱事神名終將諱之 釋文以周人以諱事神名絕句云衆家多以名字屬下句陳樹華云淮南子曰祝則名君高誘注云周人以諱事神敬之至也詩公劉正義引王基曰周人以諱事神書盤庚正義引亦以神字絕句禮記曲禮鄭注引春秋傳曰名終將諱之武進臧琳經義雜記云名終將諱之者鄭曲禮所謂卒哭乃諱是

以木鐸徇曰 釋文亦作徇又云本又作殉同纂圖本閩本監本毛本誤作狥下同

不復更得其祀　宋本其作共

名豬則廢豬　監本毛本豬作豬非

廢爲中軍　纂圖本軍下增也字非

更以其鄉名山　足利本後人記云名山下異本有者也二字

春秋左傳注疏卷六校勘記

珍倣宋版印

附釋音春秋左傳注疏卷第七 桓七年盡十八年

杜氏注　孔穎達疏

經七年春二月己亥焚咸丘。無傳焚火田也咸丘魯地高平鉅野縣南有咸亭譏盡物故書○焚扶云反 疏 注焚火至故書○正義曰咸丘地名以火焚地明為田獵故知焚是火田也不言蒐狩者以火田非蒐狩之法而直書其焚以譏其盡物也釋例曰咸丘魯地非蒐狩常處經不言蒐狩但稱焚咸丘言火田盡物非蒐狩之義是言火田非狩法故不書狩狩既非法雖得地亦譏不復譏其失地。地咸丘知地亦非也禮記王制云昆蟲未蟄不以火田則是已蟄得火田也又爾雅釋天云火田為狩似法得火田而譏其焚者說爾雅者李巡孫炎皆云放火燒草守其下風周禮羅氏蜡則作羅襦鄭云襦細密之羅此時蟄者畢矣可以羅罔圍取禽也今俗放火張羅其遺教然則彼火田者直焚其一叢一聚羅守下風非謂焚其一澤也禮天子不合圍諸侯不掩羣尚不盡取一羣豈容并焚一澤知其譏盡物故書也沈氏以周禮仲春火弊謂夏之仲春今周之二月乃夏之季冬故譏其盡物義亦通也

○夏穀伯綏來朝○綏須唯反

○鄧侯吾離來朝不總稱朝者各自行朝禮也穀國在南鄉筑陽縣北○筑音竹

傳七年春穀伯鄧侯來朝名賤之也辟陋小國賤之禮不足故書名以春來夏乃行朝禮故經書夏○辟匹亦反本又作僻同 疏 注辟陋至書夏○正義曰傳直云賤之不言賤意以穀鄧是南方諸侯近楚小國明以辟陋小國故賤之也賤之者以其朝禮不足故書名也曲禮云諸侯不生名今生書其名欲比之附庸但貫非附庸故仍書其爵介葛盧言來不言朝全不能行朝禮此則行朝禮但禮不足耳傳在春經在夏經書實朝之日故春來至夏乃書之世本鄧為曼姓莊十六年楚文王滅之穀則不知何姓是誰滅之服注云穀鄧密邇於楚不親仁善鄰以自固卒為楚所滅无同好

之救桓又有弒賢兄之惡故賤而名之衛冀隆難杜云傳曰要結外援好事鄰國以衛社稷又云服於有禮社稷之衛㝅鄧在南地屬衡岳以越棄彊楚遠朝惡人卒至滅亡故書名以賤之杜駮論先儒自謂一準丘明之傳今僻陋之語傳本無文杜何所準馮知其辟陋傳又稱莒之辟陋而經無貶文㝅鄧辟陋何以書名此杜義不通秦道靜釋云杞桓公來朝用夷禮故曰子杞文公來盟傳云賤之明賤其行夷禮也然則㝅鄧二君地接荆蠻來朝書名明是賤其辟陋也此則傳有理例故杜據而言之若必魯桓惡人不合朝聘何以伯糾來聘譏其父在仍叔之子譏其幼弱又魯班齊饋春秋所善美魯桓之有禮責三國之來伐而言遠朝惡人非其辭也○夏盟向求成于鄭既而背之盟向二邑名隱十一年王以與鄭故求與鄭成○盟音孟向傷亮反背音佩疏。注盟向至鄭成○正義曰此盟向之邑必有主據之言求成于鄭是主求成也隱十一年王以與鄭傳稱王不能有然則鄭雖得之亦不能有故今始求成既。而背之是背鄭歸王故王遷于郟若主不歸王則王無由得還之也○秋鄭人齊人衛人伐盟向王遷盟向之民于郟郟王城○郟古洽反○冬曲沃伯誘晉小子侯殺之曲沃伯武公也小子侯哀侯子

經八年春正月己卯烝無傳此夏之仲月非爲過而書者爲下五月復烝見瀆也例在五年○烝之承反夏戶雅反爲下于僞反復扶又反見賢遍反疏。八。年春正月己卯烝○正義曰衛氏難杜云上五年閉蟄而烝謂十月此正月烝則是過時而烝春秋有一貶而起二事者若武氏子來求賻一責天王求賻二責魯之不共此正月烝一責過時二責見瀆何爲不可而云非爲過時者秦氏釋云案周禮四時之祭皆用四仲之月此正月則夏之仲冬何爲不得烝而云過時也又傳無過時之文明知直爲再烝而瀆也○天王使家父來聘無傳家父天子大夫家氏父字○夏五月丁丑烝無傳○秋伐邾無傳○冬十月雨雪無傳今八月也書時失○雨于付反○祭公來逆

王后于紀祭公諸侯爲天子三公者王使魯主昏故祭公來受命而迎也天子無外故因稱王后卿不書舉重略輕○祭側界反

疏注祭公至略輕○正義曰隱元年云祭伯今而稱公知其爲天子三公公羊亦云祭公者何天子之三公也從周向紀不由魯國縱令因使過魯自當假道而去不須言來也凡言遂者因上事生下事之辭既書其來又言遂逆是先來見魯君然後向紀知王使魯主昏故祭公來受魯命而往迎也凡昏姻皆賓主敵體相對行禮天子嫁女於諸侯使諸侯爲主令與夫家爲禮天子聘后於諸侯亦使諸侯爲主令與后家爲禮嫁女則送女於魯令魯嫁女與人迎后則令魯爲主使魯遣使往逆故祭公受魯命也嫁王女者王姬至魯而後至夫家其王后昏后不來至魯者以王姬至魯待夫家之逆以爲禮故須至魯后則王命已成於魯無事故卽歸京師於逆稱王后舉其得王之命后禮已成於歸稱季姜申父母之尊言子尊不加於父母從父母之家而將歸於王據父母之家爲文故於歸申父母之尊也公不獨行必有卿從卿不書舉重略輕也知非卿不行者以傳云禮也釋例曰襄十五年劉夏逆王后于齊傳曰卿不行非禮也知祭公如紀時亦有卿卿不書舉重略輕猶鞌郄之戰唯書郤克林父此天子使公卿之文是杜約彼文知公行必卿從也異義公羊說天子至庶人皆親迎左氏說王者至尊無敵體之義不親迎鄭玄駮之曰文王親迎於渭濱卽天子親迎也天子雖尊其於后則夫婦也夫婦判合禮同一體所謂無敵豈施於此哉禮記哀公問曰冕而親迎不已重乎孔子對曰合二姓之好以繼先聖之後以爲天地之主非天子則誰乎是鄭以天子當親迎也此注之意猶以爲天子不親迎者以此時祭公迎后傳言禮也劉夏逆后譏卿不行皆不譏王不親行明是王不當親也文王之迎大姒身爲公子迎在殷世未可據此以爲天子禮也孔子之對哀公自論魯國之法魯周公之後得郊祀上帝故以先聖天地爲言耳其意非說天子禮也且鄭玄注禮自以先聖爲周公及駮異義則以爲天子二三其德自無定矣

傳八年春滅翼曲沃滅之○隨少師有寵楚鬭伯比曰可矣讎有釁不可失也釁瑕隙也無德者寵國之釁也○釁許覲反注同夏楚子合諸侯于沈鹿沈鹿楚地黃隨不會黃國今弋陽縣○弋餘職反使薳章讓黃責其不會楚子伐隨軍於漢淮之間季梁請下之弗許而後戰下之請服也○下遐嫁反注同

疏○漢淮之間○正義曰漢淮二水名漢淮之間漢北淮南禹貢云嶓冢導漾東流為漢又東為滄浪之水過三澨至于大別南入于江孔安國云泉始出山為漾漾水東南流為沔水至漢中東行為漢水釋例曰漢一名沔水出武都沮縣東經漢中魏興至南陽東南經襄陽至江夏安陸縣入江禹貢又云導淮自桐柏東會于泗沂東入于海釋例曰淮出義陽平氏縣桐柏山東北經汝陰淮南譙國沛國下邳至廣陵縣入海也

所以怒我而怠寇也少師謂隨侯曰必速戰不然將失楚師隨侯禦之望楚師遙見楚師○將失楚師一本無師字季梁曰楚人上左君必左君楚君也無與王遇且攻其右右無良焉必敗偏敗衆乃攜矣少師曰不當王非敵也弗從不從季梁謀戰于速杞隨師敗績隨侯逸速杞隨地逸逃也鬭丹獲其戎車與其戎右少師鬭丹楚大夫戎車君所乘兵車也戎右車右也寵之故以為右秋隨及楚平楚子將不許鬭伯比曰天去其疾矣去疾謂少師見獲而死○去起呂反注同隨未可克也乃盟而還○冬王命虢仲立晉哀侯之弟緡于晉虢仲王卿士虢公林父○緡亡巾反○祭公來遂逆王后于紀禮也天子娶於諸侯使同姓諸侯為之主祭公來受命於魯故曰禮

經九年春紀季姜歸于京師季姜桓王后也季字姜紀姓也書字者伸父母之尊○伸音申疏○注季姜至之尊○正義曰時當桓王故云桓王后也公羊傳曰其稱紀季姜何自我言紀父母之於子雖為天王后猶曰吾季姜是申父母之尊也公羊又曰京師者何天子之居也京者何大也師者何衆也天子之居必以衆大之辭言之○夏四月○秋七月○冬曹伯使其世子射姑來朝曹伯有疾故使其子來朝○射姑音亦又音夜疏○注曹伯至來朝○正義曰朝禮當君自親行不應使大子也當享而大子歎明年而曹伯卒知其有疾故使大子來朝也大子不合稱朝攝行父事故言朝也諸經稱世子及衛世叔申經作世字傳皆為大然則古者世之與大字義通也

傳九年春紀季姜歸于京師凡諸侯之女行唯王后書為書婦人行例也適諸侯雖告魯猶不書○為于偽反

○巴子使韓服告于楚請與鄧為好韓服巴行人巴國在巴郡江州縣○好音呼報反疏○注韓服至州縣○正義曰以巴所使故言巴行人行人謂使人也地理志巴郡故巴國江州是其治下縣也昭十三年楚共王與巴姬埋璧則巴國姬姓也此年傳文十六年與秦楚滅庸以後不見蓋楚滅之楚子使道朔將巴客以聘於鄧道朔楚大夫巴客韓服鄧南鄙鄾人攻而奪之幣鄾在今鄧縣南沔水之北○鄾音憂沔面善反殺道朔及巴行人楚子使薳章讓於鄧鄧人弗受言非鄧人所攻夏楚使鬭廉帥師及巴師圍鄾鬭廉楚大夫鄧養甥聃甥帥師救鄾三逐巴師不克二甥皆鄧大夫○聃乃甘反疏三逐巴師不克○正義曰三逐巴師謂鄧師逐巴師也不克謂楚巴不能克鄧故鬭廉設權以誘之鬭廉衡陳其師於巴師之中以戰而北衡橫也分巴師為二部鬭廉橫陳於其間以與鄧師戰而偽北北走也○

衡如字一音橫陳直覲反注同又如字北如字一音佩嵇康音胸背 鄧人逐之背巴師而夾攻之楚師僞走鄧師逐之背巴師巴師攻之楚師自前還與戰○背音佩注同夾古洽反又古協反 鄧師大敗鄾人宵潰宵夜也○潰戶對反 ○秋虢仲芮伯

梁伯荀侯賈伯伐曲沃梁國在馮翊夏陽縣荀賈皆國名○夏戶雅反 【疏】注梁國至國名○正義曰地理志云馮翊夏陽縣故少梁也是梁在夏陽也僖十七年傳曰惠公之在梁也梁伯妻之梁嬴孕過期既以國配嬴則梁爲嬴姓世本荀賈皆姬姓僖十九年秦人滅梁荀賈不知誰滅之以晉大夫有荀氏賈氏蓋晉滅之以賜大夫

○冬曹大子來朝賓之以上卿禮也諸侯之適子未誓於天子而攝其君則以皮帛繼子男故賓之以上卿各當其國之上卿○適丁歷反 【疏】注諸侯至上卿○正義曰繼子男以上皆周禮典命職文也鄭玄云誓猶命也言誓者明天子既命以爲之嗣樹子不易也釋例曰周禮諸侯之適子誓於天子則下其君禮一等未誓則以皮帛繼子男此謂公侯伯子男之世子出會朝聘之儀也誓者告於天子正以爲世子受天子報命者也未誓謂在國正之而未告天子者也曹之世子未誓而來故賓之以上卿謂比於諸侯之上卿繼子男之未命數相準故也是言曹大子由未誓之故賓之以上卿謂以賓客待之同上卿之禮也卿禮飧饔積膳之數掌客聘禮略有其事傳不言未誓知曹大子必未誓者若誓則下其君一等而已侯伯之子當如子男不得徒以上卿之禮待之也釋例總論世子故言一比於諸侯之上卿此指說曹國故分明辨之云各如其國之上卿僖二十九年傳曰在禮卿不會公侯會伯子男可也昭二十三年傳曰列國之卿當小國之君固周制也然則小國之君乃當大國之卿小國之世子必不得當大國之卿故知各如其國之上卿耳何休膏肓以爲左氏以人子安處父位尤非衰世救失之宜於義左氏爲短鄭箴云必如所言父有老耄罷病孰當理其政預王事也○蘇云誓於天子下君一等未誓繼子男並是降下其君寧是安居父位

享曹大子初獻樂奏而歎酒始獻○

享許兩反施父曰曹大子其有憂乎非歎所也施父魯大夫○施色豉反人名字父音甫疏正義曰服虔云古之爲享食所以觀威儀省禍福無喪而感憂必讎焉今大子臨樂而歎是父將死而兆先見也

經十年春王正月庚申曹伯終生卒未同盟而赴以名○夏五月葬曹桓公無傳○秋公會衛侯于桃丘弗遇無傳衛侯與公爲會期中背公更與齊鄭故公獨往而不相遇也桃丘衛地濟北東阿縣東南有桃城○中如字一音丁仲反背音佩○冬十有二月丙午齊侯衛侯鄭伯來戰于郎改侵伐而書來戰善魯之用周班惡三國討有辭○惡烏洛反又音烏路反疏注改侵至有辭○正義曰周禮大司馬以九伐之法正邦國賊賢害民則伐之負固不服則侵之然則侵伐者師旅討罪之名也魯以周禮爲班則魯有禮矣三國伐有禮是討有辭矣春秋善魯之用周班不使三國得伐之故改侵伐而書來戰言若三國自來戰而魯人不與戰也釋例曰齊侯衛侯鄭伯來戰于郎夫子善魯人之秉周班惡三國之伐在禮故正王爵以表周制去侵伐以見無罪此聖人之所以扶擬王室敦崇大教故改常例以持見之是其義也

傳十年春曹桓公卒終施父之言○虢仲譖其大夫詹父於王虢仲王卿士詹父屬大夫○譖側鴆反詹章廉反疏注虢仲至大夫○正義曰周禮每卿之下皆有大夫傳言譖其大夫知是屬己之大夫非虢大夫者若虢國大夫虢仲自得加罪無爲譖之於王且其若是虢人不得以王師伐虢故也詹父有辭以王師伐虢○夏虢公出奔虞虞國在河東大陽縣疏注虞國至陽縣○正義曰譜云虞姬姓也周大王之子大伯之弟仲雍是爲虞仲嗣大伯之後武王克商封虞仲之庶孫以爲虞仲之後處中國爲西吳後世謂之

虞公僖五年晉滅之地理志河東大陽縣周武王封大伯後於此是爲虞虞公志言大伯後者以仲雍嗣大伯故也○秋秦人納芮伯萬于芮四年圍魏所執者○初虞叔有玉虞叔虞公之弟疏注虞叔虞公之弟○正義曰祭叔既爲祭公之弟知虞叔亦是虞公之弟

虞公求旃旃之也○旃之然反弗獻既而悔之曰周諺有之匹夫無罪懷璧其罪人利其璧以璧爲罪○諺音彥疏匹夫無罪○正義曰士大夫以上則有妾媵庶人惟夫妻相匹其名既定雖單亦通故書傳通謂之匹夫匹婦也吾焉用此其以賈害也賈買也○焉於虔反賈音古注同乃獻又求其寶劍叔曰是無厭也無厭將及我將殺我○厭於鹽反下同○遂伐虞故虞公出奔共池共池地名闕○共音洪一音恭○冬齊衛鄭來戰于郎我有辭也初北戎病齊在六年諸侯救之鄭公子忽有功焉齊人餼諸侯使魯次之魯以周班後鄭鄭人怒請師於齊齊人以衛師助之故不稱侵伐不稱侵伐而以戰爲文明魯直諸侯曲故言我有辭以禮自釋交綏而退無敗績○綏荀隹反先書齊衛王爵也鄭主兵而序齊衛下者以王爵次之也春秋所以見魯猶秉周禮○見賢遍反疏注鄭主至周禮○正義曰傳言先書齊衛則齊衛不合先書當先書鄭也春秋之例主兵者先書此則鄭人主兵鄭宜在先而先序齊衛者王爵齊衛爲侯尊於鄭伯故以王爵尊卑爲序也不依主○兵之例而以王爵序者魯班諸侯之戍以王爵爲次鄭忽負功懷怒致有此師故特改常例還以王爵次之見魯猶秉周禮故也

經十有一年春正月齊人衛人鄭人盟于惡曹惡曹地闕○夏五月癸未鄭伯寤生

卒同盟於元年赴以名

○秋七月，葬鄭莊公。無傳三月而葬速

○九月，宋人執鄭祭仲。祭氏仲名不稱行人聽迫脅以逐君罪之也行人例在襄十一年釋例詳之○聽吐定反

【疏】注祭氏至詳之○正義曰莊二十五年陳侯使女叔來聘傳曰嘉之故不名是諸侯之卿嘉之乃不名則於法當書名祭仲行無可嘉知仲非其字故云祭氏仲名也祭仲鄭卿而至宋見執必是行至宋也行使被執例稱行人此當云執鄭行人而不稱行人者聽宋迫脅以逐出其君罪之故不稱行人昭八年楚人執陳行人。干徵師殺之傳曰罪不在行人也以罪不在則稱行人知祭仲罪在其身故去行人也釋例曰祭仲之如宋非會非聘與於見誘而以行人應命不能死節挾僞以篡其君故經不稱行人以罪之是說罪。仲之意襄十一年楚人執鄭行人良霄傳曰書曰行人言使人也是變例也傳稱誘祭仲而執之則本非行人故經不言杜必知以行人應命罪之故不稱行人者祭仲若不至宋宋人何得執之既往至宋即是因事而行亦既因事而行便爲使人之例杜以傳文稱誘故序其本意言非聘非會聽宋迫脅故不稱行人罪之輕與齊人執鄭詹文亦何異劉君以祭仲是字鄭人嘉之妄規杜氏就如劉言既云罪其逐君何以嘉而稱字杜以蕭叔非字故知祭仲是名仲既書名爲罪則不稱行人是其貶責劉云祭仲本非行人未知有何所據

突歸于鄭。突厲公也爲宋所納故曰歸例在成十八年不稱公子從告也文連祭仲故不言鄭

【疏】注突厲至言鄭○正義曰成十八年傳例曰諸侯納之曰歸知此爲宋所納故曰歸也突實公子而不稱公子傳無褒貶之例知從告者之辭告者不言公子故曰不稱也十五年許叔入于許十七年蔡季歸于蔡皆以字繫國突不繫鄭者以文連祭仲祭仲之上已有鄭字蒙上鄭文故不言鄭也以宋人執仲納突乃是一事連書故突得蒙上文其鄭忽奔衛則鄭人別告故不連上文

鄭忽出奔衛。忽昭公也莊公既葬不稱爵者鄭人賤之以名赴

【疏】注忽昭至名赴○正義曰僖九年傳曰宋桓公卒未葬而襄公會諸侯故曰子里克殺奚齊于次書曰殺其君之子未葬也彼以未葬故繫父知既葬則成君此莊公既

葬則忽成君矣宜書鄭伯出奔今書忽之名知鄭人賤之以名赴也其賤之意說在忽之復歸○柔會宋公陳侯蔡叔盟于折無傳柔魯大夫未賜族者蔡叔蔡大夫叔名也折地闕○折之設反又市列反[疏]注柔魯至地闕○正義曰以柔不稱族與無駭相類是無族可稱知其未賜族也亦以蔡叔無善可嘉知叔是名叔亦無族蓋亦未賜族也○公會宋公于夫鍾。無傳夫鍾成地○夫音扶冬十有二月公會宋公于闞無傳闞魯地在東平須昌縣東南。○闞口暫反須宣踰反

傳十一年春齊衛鄭宋盟于惡曹宋不書經闕[疏]注宋不書經闕○正義曰丘明作傳本以解經經傳不同皆傳是其實今傳有宋而經無宋知是經之闕文宋爲大國傳處鄭下是史文舊闕傳先舉經之所有乃以闕者實之故後言宋耳非謂盟之序列宋在下也服虔以爲不書宋宋後盟宋若後盟盟本無宋傳不得言齊衛鄭宋爲此盟也傳之上下例不虛舉經文舉此盟者爲經闕宋故也○楚屈瑕將盟貳軫貳軫二國名○屈居勿反楚大夫氏貳音二軫之忍反皆國名鄖人軍於蒲騷將與隨絞州蓼伐楚師。鄖國在江夏雲。杜縣東南有鄖城。蒲騷鄖邑絞國名州國在南郡華容縣東南蓼國今義陽棘陽縣東南湖陽城○鄖音云國名騷音蕭又音繆絞古卯反蓼音了本或作鄝同隨絞州蓼四國名夏戶雅反鄖本亦作溳音云棘紀力反湖音胡莫敖。患之莫敖楚官名卽屈瑕○敖五刀反鬬廉曰鄖人軍其郊必不誡且日虞四邑之至也虞度也四邑隨絞州蓼也邑亦國也○且日人逸反度待洛反[疏]注邑亦國也。○正義曰書云欲宅洛邑傳每云敝邑是也君次於郊郢以禦四邑君謂屈瑕也郊郢楚地○郢以井反又以政反[疏]注君謂屈瑕也○正義曰禮坊記云禮君不稱天大夫不稱君恐民之惑也然則大夫不得稱君此謂屈瑕爲君者楚僭王號縣尹稱公故呼卿爲君大夫正法當呼爲主昭

元年傳醫和謂趙文子曰主相晉國是其事也祁盈之臣謂祁盈爲君伯有之臣謂伯有爲公是家臣稱其主耳我以銳師宵加於鄭鄭有虞心而恃其城恃近其城○近附近之近疏鄭有虞心○正義曰鄭人日虞四邑之至冀其與己合勢有虞度外援之心而又自恃近城故無鬭志莫有鬭志若敗鄭師四邑必離莫敖曰盍請濟師於王盍何不也濟益也○盍戶各反濟箋計反對曰師克在和不在衆商周之不敵君之所聞也商紂也周武王也傳曰武王有亂臣十人紂有億兆夷人○億於力反疏注商紂至夷人○正義曰古文尚書泰誓曰受有億兆夷人離心離德予有亂臣十人同心同德昭二十四年傳引之云亦有離德已與本小殊此注改予爲武王又倒其先後者便文耳雖古傳曰非傳本文劉炫云欲以證商周之不敵故先少而後多非便文成軍以出又何濟焉莫敖曰卜以決疑不疑何卜遂敗鄭師於蒲騷卒盟而還卒盟貳軫○鄭昭公之敗北戎也在六年齊人將妻之昭公辭祭仲曰必取之君多內寵子無大援將不立三公子皆君也子突子亹子儀之母皆有寵○妻七計反下注同援於眷反亹亡匪反本或作亹弗從○夏鄭莊公卒初祭封人仲足有寵於莊公祭鄭地陳留長垣縣東北有祭城封人守封疆者因以所守爲氏○疆居良反莊公使爲卿爲公娶鄧曼生昭公故祭仲立之曼鄧姓○爲公于僞反曼音萬宋雍氏女於鄭莊公曰雍姞生厲公雍氏姞姓宋大夫也以女妻人曰女○雍音於恭反女音尼據反注曰女同姞音其吉反又音其秩反雍氏宗有寵於宋莊公故誘祭仲而執之祭仲之如宋非會非聘見誘而以行人應命○應應對之

應疏。注祭仲至應命○正義曰傳言誘而執之則祭仲被誘如宋在宋見執執不在會知非會也被誘而往知非聘也直爲見誘而以行人應彼宋命也行人謂行往宋耳劉炫云杜欲成不稱行人之義故以行人言之曰不立突將死亦執厲公而求賂焉祭仲與宋人盟以厲公歸而立之○秋九月丁亥昭公奔衞己亥厲公立

經十有二年春正月○夏六月壬寅公會杞侯莒子盟于曲池曲池魯地魯國汶陽縣北有曲水亭○汶音問○秋七月丁亥公會宋公燕人盟于穀丘穀丘宋地燕人南燕大夫○八月壬辰陳侯躍卒無傳厲公也十一年與魯大夫盟於折不書葬魯不會也壬辰七月二十三日書於八月從赴○躍羊略反疏注厲公至從赴○正義曰躍爲厲公世本文也莊二十二年傳曰陳厲公蔡出也故蔡人殺五父而立之五父即佗六年殺佗而厲公立也陳世家以佗與五父爲二人言蔡人爲佗殺五父及桓公大子免而立佗是爲厲公立七年大子免之三弟躍林杵臼共弒厲公而躍立是爲利公利公立五月卒林立是爲莊公案傳五父佗一人而世家以爲二人案經蔡人殺佗在桓公卒之明年不得爲佗立七年也佗以六年見殺躍以此年始卒不得爲躍立五月也既以佗爲厲公又妄稱躍爲利公世本本無利公皆是馬遷妄說束晳言馬遷分一人以爲兩人以無爲有謂此事也壬辰是七月二十三日上有七月書於八月之下如此類者注皆謂之日誤今云從赴者以其終不可通蓋欲兩解故也以五年正月甲戌己丑陳侯鮑卒甲戌非正月之日而以正月赴文傳言再赴是赴以正月也彼以十二月之日爲正月赴魯知赴者或有以前月之日從後月而赴故因此以示別意○公會宋公于虛虛宋地○虛去魚反○冬十有一月公會宋公于龜。龜宋地○丙戌公會鄭伯盟于武父武父鄭地陳留濟陽縣東北有武父城○父音甫地

名有父字者皆同甫音○丙戌衛侯晉卒無傳重書丙戌非義例因史成文也未同盟而赴以名○重直用反下同【疏】注重書至以名○正義曰春秋之中唯此重書日其餘亦應有一日兩事各書日者但更無其日不可復知計赴告之體本應皆以日告史官書策復應各書其日但他國之告或有詳略魯史記注多違舊章致使日與不日無復定準及其仲尼書經不以日月褒貶或略或詳非此所急故日月詳略皆依舊文此重書丙戌非是義例以舊史所重故因史成文耳○十有二月及鄭師伐宋丁未戰于宋既書伐宋又重書戰者以見宋之無信也莊十一年傳例曰皆陳曰戰尤其無信故以獨戰爲文○見賢遍反陳直覲反【疏】注既書至爲文○正義曰春秋之例戰不言伐以其伐可知故略其文也伐者討有罪之辭言戰又言伐者皆是罪彼所伐之國此既書伐宋又重書戰者以見宋之無信言以鍾鼓聲其罪而伐之彼不服罪而反與我戰所以深責之也莊二十八年齊人伐衛衛人及齊人戰此文亦當如彼宜云及宋人戰今直言戰于宋者尤其無信故以獨戰爲文皆陳曰戰戰是敵辭不言及宋戰不使宋得敵也十年郎之戰我有禮彼無禮齊鄭無辭以罪我不令我與彼敵彼自獨戰爲文此戰我有信而宋無信我有辭以責宋不使宋敢敵我我自獨戰爲文郎戰我有辭故言戰不言伐此戰宋無辭故言伐不言與宋戰二者雖文皆獨戰而義存彼此俱是善惡有殊不得相敵故也

傳十二年夏盟于曲池平杞莒也隱四年莒人伐杞自是遂不平○公欲平宋鄭秋公及宋公盟于句瀆之丘句瀆之丘即穀丘也宋以立厲公故多責賂於鄭鄭人不堪故不平○句古侯反瀆音豆宋成未可知也故又會于虛冬又會于龜宋公辭平故與鄭伯盟于武父宋公貪鄭賂故與公三會而卒辭不與鄭平遂帥師而伐宋戰焉宋無信也君子曰苟信不繼盟無益也詩云君子屢盟亂

是用長無信也詩小雅言無信故數盟數盟則情。疏情疏。而憾結故云長亂〇屢力俱反本又作婁音同長丁丈反注同數音朔下同憾戶暗反

〇楚伐絞軍其南門莫敖屈瑕曰絞小而輕輕則寡謀請無扞采樵者以誘之扞衛也樵薪也〇輕遣政反扞戶旦反樵在遙反從之絞人獲三十人。獲楚人也明日絞人爭出驅楚役徒於山中楚人坐其北門而覆諸山下坐猶守也覆設伏兵而待之〇覆扶又反注同大敗之為城下之盟而還城下盟諸侯所深恥疏注城下至深恥〇正義曰宣十五年楚圍宋傳稱華元謂子反曰敝邑易子而食。析骸以爨雖然城下之盟有以國斃不能從也寧以國斃不肯從城下之盟是其深恥也必為深恥者諸侯當好事四鄰以衛社稷相時而動量力而行今乃構怨彊敵兵臨城下力屈勢沮求服受盟是其不知之甚將為鄰國所笑故深恥之伐絞之役楚師分涉於彭彭水在新城昌魏縣。疏注彭水至魏縣〇正義曰釋例云彭水出新城昌魏縣東北至南鄉筑陽縣入漢羅人欲伐之使伯嘉諜之。三巡數之羅熊姓國在宜城縣西山中後徙南郡枝江縣伯嘉羅大夫諜伺也巡徧也〇諜徒協反數色主反枝質而反伺音笥徧音遍疏注羅熊至徧也〇正義曰羅熊姓世本文也說文云。軍中反間也謂詐為敵國之人入其軍中伺候間隙以反報其主故此訓諜為伺而兵書謂之反間也巡徧也謂巡遶徧行之

經十有三年春二月公會紀侯鄭伯己巳及齊侯宋公衛侯燕人戰齊師宋師衛師燕師敗績大崩曰敗績例在莊十一年或稱人或稱師史異辭也衛宣公未葬惠公稱侯以接鄰國非禮也疏公會至敗績〇正義曰傳稱宋多責賂於鄭故以紀魯及齊與宋衛燕戰然則此戰之興本由宋鄭相怨雖復。各連同好當以宋鄭為主其序紀在鄭上宋處齊下者若魯人不與

而鄭國自行則以主兵爲先若與魯同行魯史所記則當以魯爲主不得復先主兵亦既不先主兵卽以大小爲序故紀先鄭也宋使齊爲主猶隱四年州吁先伐鄭使宋爲主故齊先宋此以公在會故不以主兵爲先尊卑爲序故紀在鄭先若然莊二十六年會宋人齊人伐徐杜云宋主兵故序齊上彼魯亦在而先主兵者彼是魯之微人所會之國又少此則公自在會及所戰之國歷序又多故不與彼同也戰稱將敗稱師是史策之常法也史所以然者師是將之所帥戰則舉將爲重敗則羣師盡崩固當舉師言敗若其敗還書將則是將身獨敗無以見師之大崩故戰則稱將敗則稱師言其衆師盡敗非獨將身敗也此燕人謂將也楚子傷目故稱楚子敗績此若云燕人敗績則是燕將身傷以此不得不稱師敗唯莊二十八年衛人敗績違常文耳○注大崩至禮也○正義曰言史異辭者決莊二十八年衛人及齊人戰衛人敗績也此敗稱師而彼敗稱人是史異辭也史非一人立辭自異非襃貶之例也此二者於理則師是而人非但不以爲義故合各從其本耳杜以既葬爲成君雖則踰年猶待葬訖故以惠公爲非禮釋例曰父雖未葬喪服在身踰年則於其國內卽位稱君伐鄭之役宋公衛侯是也春秋書魯事皆踰年卽位稱公不可曠年無君則知他國亦同然據父未葬於其國內雖得伸其尊若以接鄰國則違禮失制也是言先君未葬則不得稱爵成君以接鄰國也杜言違禮失制禮制亦無明文案文八年八月天王崩九年春毛伯來求金傳曰不書王命未葬也彼以踰年未葬不得稱王命使是其禮制未可以此知接鄰國則違禮制也

○三月葬衛宣公無傳 ○夏大水無傳 ○秋七月 ○冬十月

傳十三年春楚屈瑕伐羅鬭伯比送之還謂其御曰莫敖必敗舉趾高心不固矣趾足也 遂見楚子曰必濟師難言屈瑕將敗故以益師諷諫○見賢遍反齊箋計反難乃旦反諷方鳳反本亦作風 楚子

辭焉不解其旨故拒之○解戶買反入告夫人鄧曼鄧曼曰大夫其非衆之謂鄧曼楚武王夫人言伯比意不在於益衆也其謂君撫小民以信訓諸司以德而威莫敖以刑也莫敖狃於蒲騷之役將自用也狃忕也蒲騷在十一年○狃女久反忕時世反又時設反必小羅君若不鎮撫其不設備乎夫固謂君訓衆而好鎮撫之撫小民以信也○好呼報反又如字召諸司而勸之以令德訓諸司以德也見莫敖而告諸天之不假易也諸之也言天不借貸慢易之人威莫敖以刑也○易以豉反注同借子夜反貸他代反慢武諫反不然夫豈不知楚師之盡行也楚子使賴人追之不及賴國在義陽隨縣賴人仕於楚者○盡津忍反此類可以意求

疏○大夫至行也○正義曰大夫伯比言濟衆者非益衆之謂也其此伯比之意當謂君宜撫慰小人士卒以言信也教訓諸司長率以令德而威懼莫敖以刑罰也莫敖狃於蒲騷之役狃貫也貫於蒲騷之得勝遂恃勝以爲常將自用其心不受規諫必輕小羅國以爲無能君若不以言辭刑罰鎮重撫慰之莫敖其將不設備乎夫謂伯比伯比之意固當謂君教訓衆民而好以言辭鎮撫之召軍之諸司而勸勉之以善德見莫敖而告之道上天之意不借貸慢易之人不使慢易之人得勝言其必須敬懼也其意當如此耳若其不然此伯比豈不知楚師之盡行也而更請益師乎○注狃忕也○正義曰說文云狃狎也忕習也郭璞云貫忕也今俗語皆然則狃忕皆貫習之義以貫得勝則輕易前敵將自用其意不復持重

莫敖使徇于師曰諫者有刑徇宣令也○徇似俊反及鄢亂次以濟鄢水在襄陽宜城縣入漢○鄢於晚反又於萬反亂次以濟本或作亂次以濟其水

疏注鄢水至入漢○正義曰釋例曰鄢水出新城沶鄉縣東南經襄陽至宜城縣入漢

遂無次且不設備及羅羅與盧戎

兩軍之盧戎南蠻○盧如字本或作盧音同大敗之莫敖縊于荒谷羣帥囚于冶父縊自經也荒谷冶父皆楚地○縊一豉反荒如字本或作巟音同冶音也以聽刑楚子曰孤之罪也皆免之○宋多責賂於鄭突立賂鄭不堪命故以紀魯及齊與宋衛燕戰不書所戰後也公後地期而及其戰故不書所戰之地

疏。注公後至之地○正義曰兩敵將戰必豫期戰地公未見紀鄭紀鄭已與齊宋先設戰期公不及設期唯及其戰故言戰而不書所戰之地言此地非公所期故不書也釋例曰桓十三年戰不書所者期戰所在之地也公會戰而後其期猶及諸侯共其成敗故備書諸國而不書地成十六年傳曰戰之日齊國佐至於師此其類也然則諸戰書日者日即從月計此經當云二月己巳公會紀侯鄭伯今退己巳於鄭伯之下者春秋之例公之出會例多以月要盟戰敗例多以日故己巳之文在公會紀侯鄭伯之下十二年十二月及鄭師伐宋丁未戰于宋亦其類也服虔云下日者公至而後定戰日地之與日當同時設期公既不及期地安得及期日也劉炫云公會紀鄭告廟而行始行即書會也其期戰之日則戰罷乃告廟史官雖連幷其文而存其本旨己巳是戰行日故下日以附戰

○鄭人來請脩好○好呼報反

經十有四年春正月公會鄭伯于曹。脩十二年武父之好以曹地曹與會○好呼報反與音預○無冰無傳書時失○夏五不書月闕文鄭伯使其弟語來盟○秋八月壬申御廩災御廩。公所親耕以奉粢盛之倉也。天火曰災例在宣十六年○廩力錦反倉也

疏注御廩至六年○正義曰傳稱御廩災乙亥嘗書不害也明嘗之所用是御廩之所藏也禮記祭義云天子爲。藉千畝諸侯百畝躬秉耒以事天地山川社稷先古敬之至也穀梁傳曰天子親耕以共粢盛王后親蠶以共祭服國非無良農工女也以爲人之所盡

事其祖禰不若以己所自親者也月令季秋乃命冢宰藏帝藉之收於神倉鄭玄云重粢盛之委也帝藉所耕千畝也藏祭祀之穀故爲神倉以此諸文知御廩藏公所親耕以奉粢盛之倉也廩即倉之別名周禮廩人爲倉人之長其職曰大祭祀則共其接盛鄭玄云接讀爲扱扱以授舂人大祭祀之穀藉田之收藏於神倉者不以給小用是公所親耕之粟擬共祭祀藏於倉廩故謂之御廩災其屋而不損其穀故曰書不害也

乙亥嘗先其時亦過也既戒日致齊。廩雖。災苟不害嘉穀則祭不應廢故書以示法○先悉薦反又如字齊側皆反

疏注先其至示法○正義曰八月建未未是始殺故云先其時亦過也周禮大宰祀五帝前期十日帥執事而卜日遂戒享先王亦如之鄭玄云十日者容散齊七日。致齊三日日壬申在乙亥之前三日是致齊之初日也既已戒日致齊御廩雖災苟其不害嘉穀有穀可以共祭祀則祭不應廢故書以示法也若害穀則當廢不可苟用他穀故也先時亦過過則當書但書過已有成例故傳指言不害故沈氏云杜以先時亦過過則當書傳何以事言不害此丘明之意若非先時有災不害亦書若非御廩有災先時亦書進退明例也服虔云魯以壬申被災至乙亥而嘗不以災害爲恐故衞難杜云若救之則息不害嘉穀則傳當有救火之文若如宋災傳舉救火今直言不害明知不以災爲害杜必爲不害嘉穀者秦氏答云傳所以不載救火者傳以指釋經文略舉其要所以不載救火至於宋鄭之災彼由簡牘備載詳略不等不可相難也

○冬十有二月丁巳齊侯祿父卒無傳隱六年盟於艾○宋人以齊人。蔡人。衞人。陳人伐鄭凡師能左右之曰以例在僖二十六年

傳十四年春會于曹曹人致餼禮也熟曰饔生曰餼

疏注熟曰饔生曰餼○正義曰周禮外內饔皆掌割亨之事亨人給外內饔之爨亨煑饔者煑肉之名知熟曰饔哀二十四年傳稱晉人餼臧石牛以生牛賜之知生曰餼又聘禮致饔餼五牢飪一牢腥二牢餼二牢飪是熟

肉腥是生肉知餼是未殺鄭玄以爲生牲曰餼唯瓠葉箋云腥曰餼欲以牽爲牽行故餼爲已殺非定解也定解猶以生爲餼傳諸言餼者皆致生物於賓也

○夏鄭子人來尋盟且脩曹之會 子人即弟語也其後爲子人氏 ○秋八月壬申御廩災乙亥嘗書不害也 災其屋救之則息不及穀故曰書不害 ○冬宋人以諸侯伐鄭報宋之戰也 在十二年 焚渠門入及大逵 渠門鄭城門逵道方九軌○逵九龜反 伐東郊取牛首 東郊鄭郊牛首鄭邑 以大宮之椽歸爲盧門之椽。 大宮鄭祖廟盧門宋城門告伐而不告入取故不書○大音泰椽直專反榱也圜曰椽方曰桷說文云周謂之椽齊魯謂之桷

經十有五年春二月天王使家父來求車。 無傳 ○三月乙未天王崩 無傳桓王也 夏四月己巳葬齊僖公 無傳 五月鄭伯突出奔蔡 突既篡立權不足以自固又不能倚任祭仲反與小臣造賊盜之計故以自奔爲文罪之也例在昭三年○倚於綺反 疏注突既至三年○正義曰凡諸侯出奔皆被逐而出非皆以自奔爲文以故此注迹突之惡言其罪之之意釋例曰諸侯奔亡。皆迫逐而苟免非自出也傳稱衛孫林父甯殖出其君名在諸侯之策此以臣名赴告之文也仲尼之經更沒逐者主名以自奔爲文責其不能自安自固所犯非徒所逐之臣也言其所犯處多非徒逐者獨惡君不能君故臣亦不臣臣之逐君其罪已著沒其臣名獨見君罪言罪不純在其臣故也衛獻公出奔不名鄭伯突及北燕伯款蔡侯朱等皆書名者從彼告辭故釋例曰衛赴不以名而燕赴以名隨赴而書之義在彼不在此也言責其不能自安自固自奔即是身罪名與不名不復著義故從告也昭三年傳曰書曰北燕伯款出奔齊罪之也是變例也 鄭世子忽復歸于鄭 忽實居君位故今還以復其位之例爲文也稱世子者忽爲大子有母氏之寵宗卿之援有功於諸侯此大子

之戚者也而守介節以失大國之助知三公子之彊不從祭仲之言修小善絜小行從匹夫之仁忘社稷之大計故君子謂之善自爲謀言不能謀國也父卒而不能自君鄭人亦不君之出則降名以赴入則逆以大子之禮始於見逐終於見殺三公子更立亂鄭國者實忽之由復歸例在成十八年○介音界行下孟反更音庚

【疏】注忽實至八年○正義曰成十八年傳曰復其位曰復歸忽本既居君位然後出奔故今還以復位之例爲文也經言復歸明是復位之例注言此者以忽之出奔不稱鄭伯歸言世子又非君號非君而稱復歸嫌其不是復位故明之禮父在稱世子忽父之喪於今五年世子非所當稱故迹其稱之意鄧曼所生立爲世子是有母氏之寵也宗卿謂同姓之卿祭仲之女曰雍姬則祭仲姬姓是同宗卿也救齊敗戎是有功也而守介節謂守瑣瑣之狷介之節不娶齊女也經書鄭忽出奔不稱鄭伯是降名以赴也今稱世子復歸是逆以大子之禮也逆以大子之禮者以稱突是庶子無道出奔更欲擇君莫踰於忽以本是世子故迎之使還爲是世子所以得歸鄭以世子名不告以嘗爲君告時史因其告辭書曰世子實復本位書曰復歸而忽之爲君不能自固始於見逐終於見殺三公子更立爲君亂鄭國者實忽之由釋例與此注盡同其末云故仲尼因以示義言因舊史之文卽稱世子示鄭人本有不以爲君之義忽於隱公之世每稱公子六年稱大子則救齊之時已立爲大子故也

○許叔入于許

許叔莊公弟也隱十一年鄭使許大夫奉許叔居許東偏鄭莊公既卒乃入居位許人嘉之以字告也叔本不去國雖稱入非國逆例

【疏】注許叔至逆例○正義曰入者自外之辭本其所自之處言其自許東偏而入于許國非從外國入也鄭莊公以十一年卒許叔今始入者蓋鄭突不使其復忽既得位親仁善鄰存許以德許人冀其爲己之援故此年始得入也小白陽生入皆稱名此叔稱字故云許人嘉之以字告也杜知是字者以蔡季子來歸亦以書字故知之也杜以傳例云凡去其國國逆而立之曰入嫌此亦爲國逆之例釋例曰諸在例外稱入直是自外入內記事常辭義无所取賈氏雖夫人姜氏之入皆以爲例由先儒以爲國逆故言許叔本不去國非國逆之正

例國逆正例據去國而來許叔本非去國故云非國逆例其實許始復國許叔得還上下交歡同心迎逆指其實事有國逆之理故於釋例云許叔有國逆之文但非國逆正例耳劉君不達此旨妄規杜失非也

○公會齊侯于艾○邾人牟人葛人來朝無傳三人皆附庸之世子也其君應稱名故其子降稱人牟國今泰山牟縣葛國在梁國寧陵縣東北○牟亡侯反

疏注三人至東北○正義曰三國俱稱人合行禮知其尊卑同也以邾子未得王命知牟葛之等是附庸鄭黎來來朝附庸書名此若君自親來則亦應稱名若遣臣來聘又不得稱朝曹伯使世子射姑來朝是世子有稱朝之義知此三人皆附庸世子攝行父事而來朝也諸侯之卿稱名大夫降稱人是人之於名例差一等若附庸其君應稱名故其子降稱人釋例曰王之世子不名諸侯世子則名會王世子于首止曹世子射姑來朝是也附庸世子稱人邾人牟人葛人來朝是也是言世子稱謂之等級也地理志泰山郡牟縣故牟國也陳留郡寧陵縣應劭曰故葛伯國然則於晉屬梁國也

○秋九月鄭伯突入于櫟櫟鄭別都也今河南陽翟縣未得國直書入無義例也櫟音歷翟徒歷反

○冬十有一月公會宋公衛侯陳侯于袲伐鄭袲宋地在沛國相縣西南○先行會禮而後伐也○袲昌氏反相息亮反

疏注先行會禮○正義曰知非不與謀言會者以言于袲故知此行會禮也若不言地直言會則是不與謀例也召陵會杜注云於召陵先行會禮與此同也

傳十五年春天王使家父來求車非禮也諸侯不貢車服車服上之所以賜下天子不私求財諸侯有常職貢

○祭仲專鄭伯患之使其壻雍糾殺之將享諸郊雍姬知之謂其母曰父與夫孰親其母曰人盡夫也父一而已胡可比也婦人在室則天父出則天夫女以為疑故

母以所生為本解之遂告祭仲曰雍氏舍其室而將享子於郊吾惑之以告祭仲殺雍糾尸諸周氏之汪汪池也周氏鄭大夫殺而暴其尸以示戮也○舍音捨汪烏黃反暴步卜反公載以出愍其見殺故載其尸共出國曰謀及婦人宜其死也○夏厲公出奔蔡○六月乙亥昭公入○許叔入于許○公會齊侯于艾謀定許也○秋鄭伯因櫟人殺檀伯而遂居櫟檀伯鄭守櫟大夫○檀徒丹反○冬會于袲謀伐鄭將納厲公也弗克而還

經十有六年春正月公會宋公蔡侯衛侯于曹○夏四月公會宋公衛侯陳侯蔡侯伐鄭春既謀之今書會者魯諱議納不正蔡常在衛上今序陳下蓋後至【疏】注春既至後至○正義曰宣七年傳例云與謀曰及不與謀曰會此春既謀之例當言及今書會者魯諱與諸侯聚議納不正之人故從不與謀之文釋例曰魯既春會于曹以謀伐鄭夏遂與師而更從不與謀之文者厲公篡大子忽之位謀而納之非正故諱之從不與謀之例是其義也諸侯之序以大小為次班序譜稱自隱至莊十四年四十三歲征伐盟會者凡十六國時無霸主會同不幷無有成序其間蔡與衛凡七會六在衛上唯此處在陳下故以為蓋後至也○秋七月公至自伐鄭用飲至之禮故書○冬城向傳曰書時也而下有十一月舊說因謂傳誤此城向亦俱是十一月但本事異各隨本而書之耳經書夏叔弓如滕五月葬滕成公傳云五月叔弓如滕即知但稱時者未必與下月異也又推校此年閏在六月則月卻而節前水星可在十一月而正也詩云定之方中作于楚宮此未正中也功役之事皆總指天象不與言曆數同也故傳之釋經皆通言一時不月別○向失亮反定丁佞反【疏】注傳曰至月別○正義曰杜以城向與下同月

故檢叔弓如滕經傳之異如滕與葬同月知此城向與出奔同月但本事既異各隨本而書之下有月而此無月耳其實同是十一月也但十一月水星昏猶未正故復推校曆數此年月却節前水星可在十一月而正又方者未至之辭故以定之方中爲方欲向中而實未正中十一月可以興土功書時非傳誤也劉炫規過以爲案周語云辰角見而雨畢天根見而水涸駟見而隕霜火見而清風戒寒故先王之教曰雨畢而除道水涸而成梁隕霜而冬裘具清風至而脩城郭故夏令曰九月除道十月成梁營室之中土功其始先儒以爲建戌之月霜始降房星見霜降之後寒風至而心星見鄭玄云辰角見謂九月本天根見謂九月末天根謂氐星是也自然火見是建亥之月又春秋城楚丘是正月而杜引詩云定之方中未正中也定星豈正月未正中乎據此諸文則火見土功必在建亥之月則建戌之月必無土功之理而杜以爲建戌之月得城向者非也今以爲周語之文單子見隙不除道故譏爲此言故所舉時節並在早月也月令孟冬天子始裘單子云隕霜而冬裘具九月已裘是其早也且周語之文據尋常節氣九月而除道十月而興土功杜以此年閏在六月則建戌之月二十一日已得建亥節氣是十月節氣在九月之中土功之事何爲不可諸侯城楚丘自在正月衛人初作宮室必在其前杜云定星方欲正中於理何失劉君廣引周語之文以規杜杜以月却節前何須致難○十有一月衛侯朔出奔齊惠公也朔讒構取國故不言二公子逐罪之也

傳十六年春正月會于曹謀伐鄭也前年冬謀納厲公不克故復更謀○復扶又反○夏伐鄭秋七月公至自伐鄭以飲至之禮也○冬城向書時也○初衛宣公烝於夷姜生急子夷姜宣公之庶母也上淫曰烝○烝之承反急如字詩作伋上時掌反一音如字 疏注夷姜至曰烝○正義曰晉獻公烝於齊姜惠公烝於賈君皆是淫父之妾知此亦父妾故云庶母也成二年傳稱楚莊王以夏姬予連尹襄老襄老死其子黑要烝焉淫母而謂之烝知烝是上淫蓋訓烝爲進言自進與之淫

也世家云初宣公愛夫人夷姜烝淫而謂之夫人馬遷謬耳屬諸右公子爲之娶於齊而美公取之生壽及朔屬壽於左公子（左右媵之子因以爲號○屬音燭下同爲于僞反媵羊政反）【疏】（注左右至爲號○正義曰公子法無左右明其因母爲號公羊稱諸侯取一國則二國往媵之以有二媵故分爲左右說公羊者言右媵貴於左媵義或當然此左右公子蓋宣公之兄弟也）夷姜縊（失寵而自縊。死）宣姜與公子朔構急子（宣姜宣公所取急子之妻構會其過惡○構古豆反會古外反）公使諸齊使盜待諸莘將殺之（莘衛地陽平縣西北有莘亭○公使所吏反莘所巾反）壽子告之使行（行去也）不可曰棄父之命惡用子矣（惡安也○惡音烏注同）有無父之國則可也及行飲以酒壽子載其旌以先盜殺之急子至曰我之求也此何罪請殺我乎又殺之二公子故怨惠公十一月左公子洩。右公子職立公子黔。牟。（黔牟羣公子○飲以酒於鴆反一本以作之洩息列反黔其廉反又音琴）【疏】（載其旌○正義曰代之而載其旌蓋旌有。志識故也世家云與太子白旆而告盜曰見白旆者殺之或當以白旆爲旌但馬遷演此文而爲之說其辭至鄙未必其言可信也）惠公奔齊

經十有七年春正月丙辰公會齊侯紀侯盟于黃（黃齊地）○二月丙午公會邾儀父盟于趡（趡魯地稱字義與蔑盟同二月無丙午丙午三月。四日也日月必有誤○趡翠軌反）○夏五月丙午及齊師戰于奚（奚魯地背陳曰戰○陳直覲反）○六月丁丑蔡侯封人卒（十。一年大夫盟于折）○秋八月蔡季自陳

歸于蔡季蔡侯弟也言歸爲陳所納○癸巳葬蔡桓侯無傳稱侯蓋謬誤三月而葬速疏注稱侯蓋謬誤○正義曰五等諸侯卒則各書其爵葬則舉謚稱公禮之常也此無貶責而獨稱侯故云蓋謬誤也釋例曰卒而外赴者皆正爵而稱名愼死考終不敢違大典也書葬者皆從主人私稱客主之人敬各有本謙敬各得其所而後二國之禮成也葬蔡桓侯獨不稱公劉賈許曰桓卒而季歸無臣子之辭也蔡侯無子以弟承位羣臣無廢主社稷不乏祀故傳稱蔡人嘉之非貶所也杞伯稱子傳爲三發蔡侯有貶傳亦宜說史書謬誤疑有闕文是其疑之意也○及宋人衞人伐邾○冬十月朔日有食之甲乙者曆之紀也晦朔者日月之會也日食不可以不存晦朔晦朔須甲乙而可推故日食必以書朔日爲例

傳十七年春盟于黃平齊紀且謀衞故也齊欲滅紀衞逐其君○及邾儀父盟于趡尋蔑之盟也蔑盟在隱元年○夏及齊師戰于奚疆事也爭疆界也○疆居良反注及下皆同於是齊人侵魯疆疆吏來告公曰疆場之事愼守其一而備其不虞虞度也不度猶不意也○場音亦度待洛反下同

疏注疆場至不虞○正義曰疆場謂界畔也至此易主故名曰場典封疆者不得己往侵人無使人來侵己謹愼守其一家之所有以備不意度之事姑

盡所備焉事至而戰又何謁焉齊背盟而來公以信待故不書侵伐○背音佩下同○蔡桓侯卒蔡人召蔡季于陳桓侯無子故召季而立之季內得國人之望外有諸侯之助故書字以善得衆稱歸以明外納○秋蔡季自陳歸于蔡蔡人嘉之也嘉之故以字告○伐邾宋志也邾宋爭疆魯從宋志背趡之盟○冬十月朔日有食之

不書日官失之也天子有日官諸侯有日御日官日御典曆數者疏注日官至曆數○正義曰周禮太史掌正歲年以序事頒告朔于邦國然則天子掌曆者謂大史也大史下大夫非卿故不在六卿之數傳言居卿則是尊之若卿故知非卿而位從卿故言居卿也平曆數者謂掌作曆數平其遲速而頒於邦國也晦朔弦望交會有期日月五星行道有度曆而數之故曰曆數也日官居卿以底。日禮也日官天子掌曆者不在六卿之數而位從卿故言居卿也底平也謂平曆數○底音旨下同日御不失日以授百官于朝日官平曆以班諸侯諸侯奉之不失天時以授百官○初鄭伯將以高渠彌爲卿昭公惡之固諫不聽昭公立懼其殺己也辛卯弒昭公而立公子亹。公子亹昭公弟○惡烏路反下及注所惡皆同亹音尾君子謂昭公知所惡矣公子達。曰公子達魯大夫疏。君子至惡矣○正義曰弒君者人臣之極惡也昭公惡其人其人果行大惡是昭公知所惡矣言昭公惡之不妄也韓子以爲君子言知所惡者非多其知之。明而嫌其心不斷也曰知之若是其。明也而不。如早誅焉以及於死故言知所惡以見其無權也昭公知其惡而不能行其誅致使渠彌含憎懼死以徼幸故昭公不免於弒戒人君使。彊於斷也○注公子達魯大夫○正義曰知非鄭人者若是鄭人當在君子之前言之傳先載君子之議後陳子達之言是達聞其言而評之與臧文仲聞蓼六之滅其事相類故知。是魯人也高伯其爲戮乎復惡已甚矣。復重也本爲昭公所惡而復。弒君重爲惡也○復扶又反注同一音服則乖注意重直用反下同

經十有八年春王正月公會齊侯于濼濼水在濟南曆城縣西北入濟○濼盧篤反又力角反一音洛說文匹沃反

○公與夫人姜氏遂如齊公本與夫人俱行至濼公與齊侯行會禮故先書會濼既會而相隨至齊故曰遂疏公與至如齊○

正義曰傳十一年公及夫人會齊侯于陽穀彼言及此不言及者公羊傳曰公何以不言及夫人夫人外也言夫人淫於齊侯而疎外公故不言及也穀梁傳曰不言及夫人何也以夫人之伉不稱數也言夫人驕伉不可及故舍而不數也杜無明解傳載申繻之言譏公男女相瀆蓋以相褻瀆之故果致大禍時史譏其男女無別故不書及也○注公本至曰遂○正義曰據傳文知其嚮會之時時卽與夫人俱行至於濼水之上不言及夫人會者夫人從公行耳其會之時夫人不與既會乃相隨嚮齊故如齊之上。始書夫人公自因會而行故言遂耳

○夏四月丙子公薨于齊不言。戕諱之也。戕例在宣十八年○戕在良反

丁酉公之喪至自齊無傳告廟也丁酉五月一日有日而無月

○秋七月○冬十有二月

己丑葬我君桓公無傳九月乃葬緩慢也

傳十八年春公將有行遂與姜氏如齊始議行事

申繻曰女有家男有室無相瀆也謂之有禮易此必敗女安夫之家夫安妻之室違此則爲瀆今公將姜氏如齊故知其當致禍亂○瀆徒木反疏女有家男有室○正義曰沈氏云卿大夫稱家家者內外之大名戶內曰室但男子一家之主職主內外故曰家婦人主閨內之事故爲室也劉炫云釋宮云宮謂之室其內謂之家則家之。與室義無以異欲見男女之別故以室屬之其實室家同也

公會齊侯于濼遂及文姜如齊齊侯通焉

公謫之謫譴也○謫直革反責也王又工革反譴遣戰反以告夫人告齊侯

○夏四月丙子享公齊侯爲公設享燕之禮○爲于僞反

使公子彭生乘公公薨于車上車曰乘彭生多力拉公。幹而殺之○乘如字又純證反注同上時掌反拉力荅反幹古旦反疏注上車至殺之○正義曰莊元年公羊傳曰夫人譖公於齊侯齊侯怒與之飲酒於其出焉使公子彭生送之於其乘焉搚幹而殺之何休云

搚折聲也齊世家云襄公使力士彭生抱上魯君車因搚殺魯桓公下車則死矣搚摺拉音義同也魯人告于齊曰寡君畏君之威不敢寧居來脩舊好禮成而不反無所歸咎惡於諸侯請以彭生除之除恥辱之惡也○好呼報反咎其九反齊人殺彭生不書非卿○秋齊侯師于首止陳師首止討鄭弒君也首止衛地陳留。襄邑。縣東南有首。鄉子亹會之高渠彌相不知齊欲討己○相息亮反七月戊戌齊人殺子亹而轘高渠彌車裂曰轘○轘音患裂音列疏。注車裂曰轘○正義曰襄二十二年傳稱轘觀起於四竟又曰觀起車裂是其事也周禮。滌。狼氏誓僕右曰殺誓馭曰車轘然則周法有此刑也祭仲逆鄭子于陳而立之鄭子昭公弟子儀也是行也祭仲知之故稱疾不往人曰祭仲以知免仲曰信也時人。譏祭仲失忠臣之節仲以子亹爲渠彌所立本既不正又不能固位安民宜其見除故卽而然譏者之言以明本意○知音智又如字○周公欲弒莊王而立王子克莊王桓王太子王子克莊王弟子儀○弒申志反辛伯告王遂與王殺周公黑肩王子克奔燕辛伯周大夫初子儀有寵於桓王桓王屬諸周公辛伯諫曰並后妾如后○屬音燭匹嫡庶如嫡○嫡丁曆反注同兩政臣擅命○擅市戰反耦國都如國亂之本也周公弗從故及及於難也○難乃旦反

附釋音春秋左傳注疏卷第七

春秋左傳注疏卷七校勘記　阮元撰盧宣旬摘錄

附釋音春秋左傳注疏卷第七 桓七年盡十八年宋本春秋正義卷第七

（經七年）

高平鉅野縣南有咸亭 續漢郡國志作西有咸亭

不復譏其失地地咸丘 宋本監本毛本次地字作也

（傳七年）

今僻陋之語傳本無文 宋本僻作辟與注合

注盟向至鄭成 宋本此節正義在注郟王城之下

既而背之 監本毛本而誤有

（經八年）

春正月己卯烝 閩本春上有八年二字

以爲天地之主非天子則誰乎 宋本作以爲天地宗廟社稷之主君何謂已重乎此言繼先聖之後爲天地之主非天子則誰乎

明是王不當親也浦鏜正誤云親下當脫迎字

〔傳八年〕

漢淮之間宋本此節正義在乃盟而還之下

東經漢中魏興閩本監本毛本興作典誤

導淮自桐柏閩本監本毛本柏作栢下同

不從季梁謀淳熙本謀作戰

冬王命虢仲立晉哀侯之弟緡于晉石經作緡于晉顧炎武云石經凡從民字皆改從氏避諱省筆案史記十二諸侯年表作湣

〔經九年〕

〔傳九年〕

注韓服至州縣宋本以下正義二節總入鄧師大敗節注下

此年傳文十六年與秦楚滅庸宋本年下有見字

鄾在今鄧縣南沔水之北文選李善注沈休文齊安陸昭王碑引注文作鄾今鄧鄉縣南江水之北案江字誤

夏楚使鬬廉帥師石經初刻作楚子使後刊去子字

荀侯陳樹華云應劭班叔皮北征賦注引作郇侯漢書地理志同

未誓於天子而攝其君山井鼎云足利本後人記云異本君下有事字

注諸侯至上卿宋本以下正義二節總入篇末

蘇云誓於天子下君一等浦鏜正誤蘇改作所

（經十年）

惡三國之伐在檀閩本監本毛本三誤二在檀宋本監本毛本作有禮閩本亦誤在檀

此聖人之所以扶奬王室宋本奬作斃

（傳十年）

終施父之言纂圖本言下有乎字非也

注號仲至大夫宋本以下正義二節總入出奔虞注之下

注虞叔虞公之弟宋本以下正義二節總入注文共池地名闕之下

周諺有之匹夫無罪石經此行九字之匹夫三字磨改周諺有之文選李善鷦鷯賦注引作周在有言

故韋昭通謂之匹夫匹婦也　閩本監本毛本亦誤作韋昭宋本作書傳是也○今正

吾焉用此其以賈害也　文選李善鷦鷯賦注引傳文作吾焉用之以賈其害

乃獻又求其寶劍　石經宋本淳熙本岳本足利本獻下有之字

齊人饋諸侯　案說文米部氣字引春秋傳作齊人來氣諸侯又曰或從既作槩或從食作餼惠棟云或從既者禮記既稟稱事是也或從食者今通用也古氣字作气故气爲古氣字氣爲古餼字許氏引作氣所謂述春秋傳以古文也

則齊衞不合先書　宋本脫則齊衞三字

不依主兵之例　毛本兵作賓非

〔經十一年〕

楚人執陳行人于徵師殺之　宋本于作干是也○今訂正

是說罪重之意　監本毛本重作治亦非宋本正德本作仲是也○依改作仲

公會宋公于夫鍾　纂圖本閩本監本毛本改作夫鐘非

在東平須昌縣東南　郡國志引注文南下有有闞城三字

〔傳十一年〕

將與隨絞州蓼伐楚師 釋文云蓼本或作鄝同陳樹華云詩鄭箋引同

鄖國在江夏雲社縣東南有鄖城 鄖國淳熙本岳本足利本作鄖國宋本同雲社岳本監本毛本並作雲杜不誤按鄖城釋文作溳音云本亦作鄖郡國志引鄖城下有故國二字

莫敖患之 漢書五行志作莫囂顏師古曰莫囂楚官名也字或作敖

注邑亦國也 宋本以下正義四節總入注文卒盟貳軫之下

縣尹稱公 監本毛本尹作令非

傳曰武王有亂臣十人 陳樹華云臣字疑轉寫者所增是也說詳襄二十八年

此注改予爲武王 宋本改改作引按武王有亂臣十人叔孫穆子語見襄二十八年傳孔疏云引予爲武王者非也惟襄廿八年不引紂有億兆夷人之句而昭廿四年萇宏所引有之杜注蓋隱括其辭耳

祭鄭地 監本祭上有宜字閩本毛本作注亦非

注祭仲至應命 宋本此節正義入厲公立之下

〔經十二年〕

又妄稱躍爲利公 毛本利誤厲

公會宋公于龜石經凡龜字作𪚰

〈傳十二年〉

詩云君子屢盟釋文屢作婁云本又作屢婁乃古屢字漢書凡屢字俱作婁

數盟則情疏諸本作疏足利本作疎

情疏而憾結釋文亦作而岳本作則非也

絞人獲三十人石經三十作卅

析骸以爨閩本監本毛本析作折非

注彭水至魏縣宋本以下正義二節總入篇末

使伯嘉諜之石經凡諜字作諜

〈經十三年〉

說文云軍中反閒也宋本云下有諜字是也閩本監本毛本作諜說文云非也

〈傳十三年〉

雖復各連同好閩本監本毛本各誤名

謂其御曰 漢書五行志中作謂其馭曰案馭古文御字

舉趾高 漢書五行志作舉止高案儀禮士昏禮注云古文止作趾詩七月篇四之日舉趾漢書食貨志作四之日舉止案說文無趾字止下云下基也象艸木出有止故以止爲足古書足趾字多作止

狃忕也 案忕字从心大聲諸本誤多一點唐初說文有之今本說文改爲愧閱之段玉裁云

蒲騷在十一年 宋本淳熙本足利本下有役字

賴人仕於楚者 案者下脫一○

大夫至行也 宋本以下正義三節總入皆免之之下

非益衆之謂也 宋本非上有其字

夫謂伯比伯比之意 閩本監本毛本脫伯比二字

召軍之諸司而勸勉之以善德 毛本召誤兆

及鄢亂次以濟 釋文云本或作亂次以濟其水案水經注沔水引作以濟淇水乃轉寫其譌爲淇也

羅與盧戎兩軍之 釋文作盧戎云如字本或作盧音同

莫敖縊于荒谷 釋文云荒本或作荒陳樹華云案說文荒當作荒淳熙本監本毛本于作於非也按荒當是古本古字後人改之

注公後至之地 宋本此節正義入下節之後

（經十四年）

脩十二年武父之好以曹地曹與會 纂圖本監本毛本脫下曹字

公所親耕以奉粢盛之倉也 宋本岳本公上有藏字與疏合山井鼎云足利本所上有藏字所乃公字之誤岳本脫也字

天子爲藉千畝 閩本監本毛本藉作籍非下同

大祭祀之穀藉田之取藏於神倉者 宋本取作收案周禮注作收

既戒曰致齊廩雖灾 毛本亦誤曰諸本作日宋本淳熙本足利本廩上有御字灾宋本淳熙本作災同

致齊三日 毛本致作至非下戒日致齊同

宋人以齊人蔡人衞人陳人伐鄭 公羊衞人在蔡人上

（傳十四年）

以大宮之椽歸爲盧門之椽 監本盧誤虛

故不書 毛本作故不入誤也

（經十五年）

天王使家父來求車 儀禮士冠禮注引作家甫

諸侯奔亡 閩本監本毛本亡誤也

杜知是字者以蔡季子來歸 宋本以蔡下有季歸於蔡四字此等皆迥非他宋本所能及

公會宋公衛侯陳侯于袲伐鄭 公羊宋公上有齊侯二字說文袲字注引春秋傳曰公會齊侯于袲陳樹華云是袲乃袲之變體而宋公上當有齊侯也

在沛國相縣西南 陳樹華云郡國志引杜預曰在縣西南一名犖一名犖三字似杜注

〔傳十五年〕

使其壻雍糾殺之 石經壻作聓

〔經十六年〕

又推校此年閏在六月 淳熙本此誤如閏誤門

〔傳十六年〕

作于楚宮 淳熙本足利本于作爲

生急子 釋文云急詩作伋詩芄蘭篇正義引傳亦作伋史記漢書古今人表並同

注夷姜至曰烝 宋本以下正義三節總入惠公奔齊之下

傳稱楚莊王以夏姬予連尹襄老 毛本作連君非也

失寵而自縊死 宋本淳熙本岳本纂圖本足利本縊作經

宣姜與公子朔構急子 石經初刻構作搆後改從木旁構按說文無从手之搆

左公子洩 漢書古今人表洩作泄是也

立公子黔牟 閩本監本毛本黔誤黚注同

蓋旌有志識故也 閩本監本無志字

(經十七年)

丙午三月四日也 纂圖本月下增初字非也

夏五月丙午及齊師戰于奚 石經宋本無夏字與序疏合

十三年大夫盟于折 宋本淳熙本岳本纂圖本足利本三作一不誤○今依訂正

(傳十七年)

注稱侯蓋誤 宋本蓋下有謬字

疆場之事 監本場誤埸惠棟云古文作畺易周禮有畺地易地場統碑疆易不爭呂君碑愼守畺易蓋用此文說文云畺畍也從畕三其畍畫也或從疆土案漢書禮樂志吾易久遠晉灼曰易疆易也又食貨志云瓜瓠果蓏殖於疆易

疆場至不虞 毛本場誤埸亦此節正義宋本在注故不書侵伐之下

日官居卿以底日禮也 石經宋本岳本作底是也顧炎武云五經無底字皆是底字唯左傳襄二九年處而不底昭元年勿使有所壅閉湫底音丁禮反今說文底字有下一畫誤字當從氏非也說詳宣三年傳

注日官至曆數 此節正義閩本監本毛本在注底平也謂平曆數之下宋本入注以授百官之下

辛卯弒昭公而立公子亹 宋本弒作殺非案子亹韓子難篇作子亶

公子達曰 韓子難篇作公子圉

君子至惡矣 宋本以下正義二節總入篇末

非多其知之明 閩本監本毛本明誤名

曰知之若是其明也 毛本明作名非

而不如早誅焉 閩本監本如作于非

戒人君使彊於斷也 毛本彊作疆非也

故知是魯人也　宋本無是字

復惡已甚矣　惠棟云韓非子復惡作報惡鄭注周禮大司寇云復猶報也杜訓爲重失之

本爲昭公所惡而復弑君　文選李善注長笛賦引弑作殺

（經十八年）

故如齊之上始書夫人　閩本監本毛本始作加

不言戕諱之也戕例在宣十八年　宋本淳熙本戕作戕不誤釋文亦作戕

（傳十八年）

申繻曰　陳樹華云管子大匡篇作申俞

則家之與室義無以異　監本毛本與誤爲

拉公幹而殺之　陳華云幹玉篇引作骭

注上車至殺之　宋本此節正義在注不書非卿之下

陳留襄邑縣東南有首鄉　郡國志引杜預曰在襄邑東南有首止城

注車裂曰轘　宋本此節正義在是行也節注下

周禮滌狼氏周禮秋官滌作條杜子春云條當爲滌器之滌此依杜注遂改條爲滌案滌器之滌古音同條毛本狼作狠非也

祭仲逆鄭子于陳而立之陳樹華云史記作公子嬰於陳而立之是爲鄭子索隱曰左傳以鄭子名子儀此云嬰蓋別有所見也按儀同倪倪即兒小兒也故左作儀史作嬰

時人譏祭仲失忠臣之節纂圖本監本毛本譏誤知

春秋左傳注疏卷七校勘記

附釋音春秋左傳注疏卷第八 莊元年盡十年

杜氏注　孔穎達疏

莊公 〇陸曰莊公名同桓公子母文姜謚法勝敵克亂曰莊 疏 正義曰魯世家云莊公名同桓公之子文姜所生即桓六年子同生者也以莊王四年即位謚法勝敵克壯曰莊是歲歲在鶉火

經元年春王正月〇三月夫人孫于齊 夫人莊公母也魯人責之故出奔內諱奔謂之孫猶孫讓而去〇遜本亦作孫音同注及傳同 疏 〇元〇年〇春王正月〇正義曰此月無事而空書月者莊雖不即君位而亦改元朝廟與民更始史書其事見此月公宜即位而父弒母出不忍即位故空書其文閔僖亦然〇注夫人莊公母至而去〇正義曰夫人孫意傳文不明故云魯人責之蓋責其訴公於齊侯而使公見殺故慚懼而出奔也公羊傳曰孫者何孫猶孫也內諱奔謂之孫穀梁傳曰孫之爲言猶孫也諱奔也杜用彼爲說昔帝堯孫位以讓虞舜故假彼美事而爲之名猶孫讓而去釋例曰使若不爲臣子所逐自孫位而去者

〇夏單伯送王姬 無傳單伯天子卿也單采地伯爵也王將嫁女於齊既命魯爲主故單伯送女不稱使也王姬不稱字以王爲尊且別於內女也天子嫁女於諸侯使同姓諸侯主之不親昏尊卑不敵〇單音善采七代反別彼列反 疏 注單伯至不敵〇正義曰檢經上下公卿書爵大夫書字單伯書爵故爲卿也單者天子畿內地名人君賜臣以邑令采取賦稅謂之采地禮運曰諸侯有國以處其子孫大夫有采以處其子孫是謂食邑爲采地單氏世仕王朝此及文公之世皆云單伯成公以下。常稱單子知伯子皆爵也此時稱伯後降爲子耳又解不稱王使之意王於時將遣魯主昏必先有命豈得未嘗命魯徑送女來故知王已命魯爲主魯已承受王命單伯送女付魯而已不復重宣王命故不稱使也十一年王姬不云王使送者爲送者微也以姬繫王不稱女字以王爲尊故繫之於王且以別於內女內女則以字配姓謂之伯姬。是也公羊傳曰使我主之曷爲使我主之天子嫁女乎諸侯必使諸侯同姓者主之諸侯嫁女于大夫必使大夫同姓者主之所以然者昏之行禮必賓主相敵天子於諸侯諸侯於大夫不親昏者尊卑不敵故也二王之後雖王所賓客示崇先代而已不得卽與王敵嫁於二王之後亦使諸侯主之秦漢以來使三公主之呼爲公主○秋築

王姬之館于外公在諒闇慮齊侯當親迎不忍便以禮接於廟又不敢逆王命故築舍於外○諒音梁又音亮迎魚敬反

疏注公在至於外○正義曰穀梁傳曰築之外變之正也仇讎之人非所以接昏姻也衰麻非所以接弁冕也其意言公與齊爲讎又身有重服不得與齊侯爲禮故築于外也左氏先儒亦用此爲說杜案傳文稱請以彭生除之齊人雖爲殺彭生心實讎齊但不敢逆王命故以諒闇爲辭故築館于外杜謂諸侯之喪既葬則衰麻除矣不得以喪服爲言也若讎不除服未釋則諸侯之國同姓多矣天王不應強使魯侯冒斬衰接父讎與之行吉禮也以此益明杜諒闇之言爲得其實徒以昏姻吉禮行事在廟公在諒闇之內慮齊侯當來親迎迎不可便以。全吉之禮接賓於廟又讎除服釋不敢逆王命辭主昏故築舍於外使齊侯從外迎之○

冬十月乙亥陳侯林卒無傳未同盟而赴以名

○王使榮叔來錫桓公命無傳榮叔周大夫榮氏叔字錫賜也追命桓公褒稱其德若昭七年王追命衞襄之比○比必利反

疏注榮叔。之比○正義曰公羊傳曰錫者何賜也命者何加我服也又詩唐風無衣之篇晉人爲其君請命於天子之使以無衣爲辭則王錫諸侯當有服也傳稱王賜晉惠公命受玉惰則王賜又有玉也但賜諸侯以玉者欲使執而朝覲所以合瑞。今追命桓公若追命衞襄之比止應褒稱其德賜之策書或當有服以表尊卑不復合瑞未必有玉也釋例曰天子錫命其詳未聞諸侯或卽位而見錫或歷年乃加錫或已薨而追錫魯桓薨後見錫則亦衞襄之比也魯文卽位見錫則亦晉惠之比也魯成八年齊靈二十三年乃見錫隨恩所加得失存乎其

事言存乎其事者觀其錫之早晚知恩之厚薄觀其人之善惡知事之得失故傳不復顯言其是非也杜於追命衛襄之下注云命如今之哀策魏晉以來唯天子崩乃有哀策將葬於是遣奠讀之陳大行功德敘臣子哀情非此類也人臣之喪不作哀策良臣既卒或贈之以官褒德敘哀載之於策將葬賜其家以告柩如今哀策蓋此謂也

○王姬歸于齊無傳不書逆公不與接

疏注不書逆公不與接○正義曰成九年伯姬歸于宋杜云宋不使卿逆非禮以逆者非卿故不書此云公不與接者杜意以公不與接雖卿亦不書也所與知者十一年齊侯來逆共姬而經不書故也又嫁伯姬于宋魯與宋無故此時有故知不與接也春秋之例送女不書者取受我而厚之此單伯書者為逆至於魯不至於齊故也

○齊師遷紀郱鄑郚無傳齊欲滅紀故徙其三邑之民而取其地郱在東莞臨朐縣東南郚在朱虛縣東南北海都昌縣西有訾城○郱蒲丁反鄑子斯反郚音吾朐其俱反訾子斯反

疏注齊欲至訾城○正義曰齊人遷此三邑非三邑之人自遷也故知齊欲滅紀故徙其三邑之民而取其地也蘇氏云直取其地不取其民故云遷不云取不言所往之處者志在去之而已非欲安存其人故與宋人遷宿文同其又異於郱遷也釋例曰郱遷于夷儀則以自遷為文宋人遷宿齊人遷陽則以宋齊為文各從彼此所遷之實記注之常辭亦非例也郱在東莞言郡鄑在朱虛不言郡者釋例土地名朱虛亦屬東莞使之蒙上郡

傳元年春不稱即位文姜出故也文姜與桓俱行而桓為齊所殺故不敢還莊公父弒母出故不忍行即位之禮據文姜未還故傳稱文姜出也姜於是感公意而還不書不告廟○父殺音試一音如字

疏注文姜至告廟○正義曰不稱即位為文姜出故也則即位之日文姜未還故知莊公以父弒母出不忍行其即位之禮也經書三月夫人孫于齊則是夫人來而復去故知文姜於是感公意而還也三月以來經傳皆無夫人還事故解之還不書不告廟釋例曰文姜之身終始七如齊再如莒皆以淫行書行而不書反則元年之還亦不告廟推此可知也公羊傳曰夫人固在齊矣其言

孫于齊何念母也正月以存君念母以首事穀梁傳曰接練時錄母之變始。人之也其意言文姜往年如齊至此年三月猶尚不反三月練祭念及其母乃書其出奔非三月始從魯去也左氏先儒皆用此說杜不然者史之所書據實而錄未有虛書其事者也夫人若遂不還則孫已久矣何故至是三月始言孫于齊乎公若念及於母自可迎使來歸何以反書其孫豈莊公召命史官使書其母孫乎又禮三年之喪期月而練桓公以往年四月薨至今年三月未得一期何故已得爲練而云接練錄變存君念母也若以經無還文即言留齊不反則自是以後亦無還文二年夫人會齊侯于禚豈復自齊會之哉以此知三月始從魯去也

○三月夫人孫于齊不稱姜氏絕不爲親禮也

姜氏齊姓於文姜之義宜與齊絕而復奔齊故於其奔去姜氏以示義○復扶又反去起呂反

【疏】注姜氏至示義○正義曰文姜終始皆稱姜氏唯此一文獨異故傳解其意云不稱姜氏絕不爲親言於夫人之義宜與齊絕不復爲親也姜氏者齊之姓也禮婦人在家則天父出嫁則天夫爲夫斬衰三年爲兄大功九月今兄殺己夫於文姜之義宜與齊絕姜意不天與齊絕而復奔之故於其奔也特去姜氏去姜氏者若言夫人不是齊女不姓姜氏以示應絕之義應絕不絕所以刺文姜也傳言禮者爲夫絕兄禮之意也公羊傳曰夫人何以不稱姜氏貶曷爲貶與弒公也其與弒公奈何夫人譖公於齊侯公曰同非吾子齊侯之子也齊侯怒使公子彭生擠幹而殺之穀梁傳亦云不言氏姓貶之也左氏先儒取二傳爲說言傳稱絕不爲親禮也謂莊公絕母不復以之爲親爲父絕母得禮尊父之義故曰禮也杜不然者釋例曰文姜與公如齊以淫見譖懼而歸訴於襄公襄公殺公而委罪於彭生弒公之謀姜所不與疑懼而自留於齊莊公感其不反以闕卽位之禮故姜氏自齊而還魯魯人探情以責之故復出奔夫子以爲姜氏罪不與弒於莊公之義當以母淫於齊人而絕其齊親內全母子之道故經不稱姜氏傳曰絕不爲親禮也明絕之於齊也文姜稱夫人明母義存也哀姜外淫故孫稱姜氏明義異也觀此解之意夫。宜與齊絕釋例之文言莊公宜與齊絕者夫人猶尚宜絕莊公固宜絕

矣先儒謂莊公宜與母絕杜意莊公宜與齊絕故偏據莊公爲文所以。排舊說耳其實夫人及公俱當與齊絕也

○秋築王姬之館于外爲外禮也 齊彊魯弱又委罪於彭生魯不能讎齊然喪制未闋故異其禮得禮之變○未闋苦穴反

疏 注齊彊。之變○正義曰傳不直言禮而云爲外禮者築之是常未足褒美正爲築之于外是應變之禮故解其意齊彊魯弱又委罪彭生魯既不能讎齊雖內實深讎外若無怨既不敢辭王命又不欲見齊侯因其喪制未闋故異其禮爲之於外是其得禮之變也樂息爲闋則闋訓爲息也未闋言其未止息也王姬之館必築之者公羊傳曰主王姬者必爲之改築於路寢則不可小寢則嫌羣公子之舍則以卑矣其道必爲之改築者也穀梁傳曰於廟則已尊於寢則已卑爲之築節矣鄭箴膏肓云宮廟朝廷各有定處無所館天子之女故宜築于宮外是言須築之意也但杜意若其內不恨齊非有喪制不須築於城之外耳此言外者謂城之外說公羊穀梁者亦以爲城外然王姬來嫁必須築館所以十一年王姬不築館者或因其舊館或築而不書也

經二年春王二月葬陳莊公 無傳魯往會之故書例在昭六年

○夏公子慶父帥師伐於餘丘 無傳於餘丘國名也莊公時年十五則慶父莊公庶兄

疏 二。年注於餘至庶兄○正義曰公羊穀梁皆以於餘丘爲邾之別邑左氏無傳正以春秋。之至未有伐人之邑而不繫國者此無所繫故知是國釋例注闕不知其處蓋近魯小國也莊公時年十五者以桓六年生至此二年爲十五莊二十七年公羊傳曰公子慶父公子牙公子友皆莊公之母弟也左氏先儒用此爲說杜以不然故明之釋例曰經書公子慶父伐於餘丘而公羊以爲莊公母弟計其年歲既未能統軍又無晉悼王孫滿幼知之文此蓋公羊之妄而先儒會不覺悟取以爲左氏義今推案傳之上下羽父之弑隱公皆諮謀於桓公則桓公已成人也傳曰生桓公而惠公薨指明仲子唯有此男非謂生在薨年也桓以成人而弑隱卽位乃娶於齊自應有長庶故氏曰孟此明證也公疾問後於叔牙牙稱慶

父材疑同母也傳稱季友文姜之愛子與公同生故以死奉般清義相推考之左氏有若符契是杜明其異母之意也氏曰孟氏傳文實然而經稱仲孫杜無明釋八年傳稱仲慶父其舉謚稱之則謂之共仲蓋慶父雖爲庶長而以仲爲字其後子孫以字爲氏是以經書仲孫時人以其庶長稱孟故傳稱孟孫其以謚配字而謂之共仲猶臧僖伯管敬仲之類也劉炫云蓋慶父自稱仲欲同於正適言己少次莊公爲三家之長故以莊公爲伯而自稱仲春秋之例皆傳言實而經順其意經稱當時之事書其自稱之辭其人自稱仲孫不得不書爲仲傳序已適之事舉其時人之語時人呼爲孟氏不得不以孟錄論語云孟孫問孝於我是時人呼云孟氏也楚公子棄疾弑君取國改名爲居經書楚子居卒是從其自稱也

○秋七月齊王姬卒無傳魯爲之主比之內女疏注魯爲至內女○正義曰他國夫人之卒例皆不書唯魯女爲諸侯之妻書其卒耳王姬非是內女亦書其卒爲比之內女故也檀弓曰齊。告王姬之喪魯莊公爲之大功或曰由魯嫁故爲之服姊妹之服是其比內女也

○冬十有二月夫人姜氏會齊侯于禚夫人行不以禮故還皆不書不告廟。也。禚齊地○禚諸若反

○乙酉宋公馮卒無傳再與桓同盟○馮皮冰反疏注再與桓同盟也○正義曰桓十一年盟于折十二年于穀丘是再也

傳二年冬夫人姜氏會齊侯于禚書姦也文姜前與公俱如齊後懼而出奔至此始與齊好會會非夫人之事顯然書之傳曰書姦姦在夫人文姜。比年出會其義皆同

經三年春王正月溺會齊師伐衛溺魯大夫疾其專命而行故去氏○溺乃狄反去起呂反疏三。年注溺魯至去氏○正義曰隱四年翬會宋公陳侯蔡人衛人伐鄭傳曰羽父請以師會之公弗許故請而行故書曰翬帥師疾之也彼不稱公子傳言疾之今溺亦不稱公子傳亦

言疾之知其事與畫同疾其專命而行故去氏也公子非氏貶與氏同故言氏也

○夏四月葬宋莊公傳無○五月葬桓王○秋紀季以酅入于齊季紀侯弟酅紀邑在齊國東安平縣齊欲滅紀故季以邑入齊爲附庸先祀不廢社稷有奉故書字貴之

○酅戶圭反本又作攜

疏注季紀至貴之○正義曰公羊傳曰紀季者何紀侯之弟也何以不名賢也何賢乎紀季請後五廟以存姑姊妹穀梁傳曰酅紀之邑也入于齊者以酅事齊也杜取彼爲說知季是紀侯之弟以酅邑入齊爲附庸之君附屬齊國也諸侯之卿例當書名善其能自存立故書字貴之也釋例曰齊侯鄭伯詐朝于紀欲以襲之紀人大懼而謀難於魯請王命以求成于齊公告不能齊遂偪之遷其三邑國有旦夕之危而不能自入爲附庸故分季以酅使請事于齊大去之後季爲附庸先祀不廢社稷有奉季之力也故書字不書名書入不書叛也判分也傳曰始分爲紀侯大去張本也劉賈謂紀季以酅奔齊不言叛不能專酅也傳稱紀侯不能下齊以與紀季季非叛也紀亡之後叔姬歸于酅明爲附庸猶得專酅故可歸也是杜具說貴之意也以叔姬歸酅知酅爲附庸附庸之君雖無爵命而分地建國南面之主得立宗廟守祭祀僖二十一年傳曰任宿須句顓臾皆風姓也實司大皥與有濟之祀論語云夫顓臾昔者先王以爲東蒙主須句顓臾皆附庸也得祀所出之祖主其竟內山川明得祀先君奉社稷

○冬公次于滑滑鄭地在陳留襄邑縣西北傳例曰凡師過信爲次兵未有所加所次則書之既書兵所加則不書其所次以事爲宜非虛次○滑乎八反又于八反

疏注滑鄭至虛次○正義曰此解略而釋例詳釋例曰凡師一宿爲舍再宿爲信過信爲次此周公之典以詳錄師出入行止遲速因爲之名也兵事尚速老師費財不可以久故春秋告命三日以上必記其次舍之與信不書者輕碎不以告也兵未有所加所次則書之以示遲速公次于滑師次于郎是也既書兵所加則不書其所次以事爲宜非虛次諸久兵而不書次是也既書兵所加而又書次者義在取於次遂伐楚次于陘盟于牡丘遂次于匡是也所記或次在事前次以成事也或次

在事後事成而次也皆隨事實無義例也杜言既書兵所加則不書其次者或伐或戰曠日持久其間必有三日之次既書戰伐則不書次雖次在事前次在事後皆不書也既書兵所加而又書次者義在取於次齊侯伐楚楚彊齊欲綏之以德故不速進而次于陘盟于牡丘本爲救徐。各使大夫救徐次匡以爲之援義取於次故書兵所加而又書其次次在事前謂僖元年齊師宋師曹師次于聶北救邢也次在事後謂襄二十三年叔孫豹帥師救晉次于雍榆也聶北之下公羊傳曰曷爲先。先言次而後言救君也雍榆之下公羊傳曰曷爲。言救而後言次先通君命也左氏先儒取彼爲說言齊桓君也進止自由故先次後救叔孫臣也先通君命故先救後次杜以傳無此言故改正其謬言此二事或次以成事或事成而次皆隨事實先後而書之無義例也先儒又言書次者皆美之辭釋例曰叔孫救晉次于雍榆傳曰禮者善其宗助盟主非以次爲禮也齊桓次于聶北救邢亦以存邢具其器用師人無私見善不在次也而賈氏皆卽以爲善次次之與否自是臨時用兵之宜非禮之所素制也言非素制者非禮家制此。名以爲善號也沈氏云將會鄭伯非軍旅而書次者古者君行師從卿行旅從故亦從師行之例也

傳三年春溺會齊師伐衛疾之也傳重。明上例○重直用反○夏五月葬桓王緩也以桓十五年三月崩七。年乃葬故曰緩○秋紀季以酅入于齊紀於是乎始判判分也言分爲附庸始於此○冬公次于滑將會鄭伯謀紀故也鄭伯辭以難厲公在櫟故○難乃旦反櫟音歷或音書灼反凡師一宿爲舍再宿爲信過信爲次爲經書次例也舍宿不書輕也言凡師通君臣【疏】。傳注爲經至君臣○正義曰舍者。軍行一日止而舍息也信者住經再宿得相信問也穀梁傳曰次止也則次亦止舍之名過信以上雖多日亦爲次不復別立名也通君臣者公次于滑君也叔孫豹次于雍榆臣也但是

師行皆從此例君將不言帥師故止云公次亦師次也非師之次則不在此例釋例譏賈氏云若魯公次乾侯之比非爲用師不應在例而復例之亦爲濫也

經四年春王二月夫人姜氏享齊侯于祝丘無傳享。食也兩君相見之禮非夫人所用直書以見其失祝丘魯地○食音嗣又如字本或作會以見賢遍反疏四年注享食至魯地○正義曰鄭玄儀禮注云饗謂享大牢以飲賓則享是飲酒大禮與會小別而以享爲會者言夫人與齊侯會而設享禮故書享齊侯也定十年夾谷之會傳稱齊侯將享。公孔丘拒之乃不果享是享者兩君相見之禮二十年穀梁傳曰婦人不言會言會非正也饗甚矣是享非夫人所當用也禮不合用而夫人用之故直書以見其失也定本享會作享食也

○三月紀伯姬卒無傳隱二年裂繻所逆者內女唯諸侯夫人卒葬皆書恩成於敵體疏注隱二至敵體○正義曰穀梁傳曰外夫人不卒此其言卒何也吾女也適諸侯則尊同以吾爲之變卒之也爲之變者爲之服也禮諸侯絕期尊同則爲之變服服大功九月恩成於敵禮故書其卒適大夫則略之釋例曰內女唯諸侯夫人卒乃書恩成於敵體其非適諸侯則略之以服制相準也生書其來而死不錄其卒從外大夫之比也

○夏齊侯陳侯鄭伯遇于垂無傳

○紀侯大去其國以國與季季奉社稷故不言滅不見迫逐故不言奔大去者不反之辭疏注以國至之辭○正義曰傳稱紀侯不能下齊以與紀季是往年分酅與之紀國猶在今則全以紀。與之故云以國與季釋例曰紀侯力若慮窮自以列國不忍屈辱於齊使季以酅求安而脫身外寓季果爲附庸社稷有奉故不言滅不見迫逐故不言奔大去者不反之辭蓋時史即實而言仲尼弗改故傳不言故書書曰也是說大去之意也滅人國者皆毀其宗廟遷其社稷紀季雖降爲附庸得自立廟社而其國不滅也諸侯之奔皆被逐而出此則不見迫逐故不言奔時史謂之大去仲尼以爲得理故因而用之十二年叔姬歸于酅則紀季雖全得紀國亦不移就紀都紀之宗廟社稷皆遷之於酅承祀如本故爲不滅雖云國祚不滅其實爲齊所吞紀之器物財

賄亦應爲齊。得成二年傳稱紀甗玉磬目之以紀得非滅紀所得也季旣入臣於齊縱使齊不自取必應以之爲賂假令季以賂齊亦是滅紀所得也○

六月乙丑齊侯葬紀伯姬無傳紀季入酅爲齊附庸則紀侯大去其國齊侯加禮初附以崇厚義故攝伯姬之喪而以紀國夫人禮葬之

【疏】注紀季至葬之○正義曰紀侯由齊大去則是齊爲紀讎而葬其夫人故解其意云云雖爲齊侯所葬亦由魯往會之故書釋例曰紀侯大去其國令弟納邑附齊齊侯嘉而愍之恩及伯姬。姬魯女故以來告大夫會葬故書齊侯葬紀伯姬也不書諡者亡國之婦夫妻皆降莫與之諡而賈許方以諸侯禮說又失之也

○秋七月○冬公及齊人狩于禚無傳公越竟與齊微者俱狩失禮可知○狩于又反竟音境本又作境

傳四年春王正月楚武王荊尸授師孑。焉以伐隨尸陳也荊亦楚也更爲楚陳兵之法。揚雄方言孑者戟也然則楚始於此參用戟爲陳○孑吉熱反方言云楚謂戟爲孑爲陳直覲反

【疏】。注尸陳至爲陳○正義曰尸陳也釋詁文荊卽楚之舊邑故云荊亦楚也楚本小國地狹民少雖時復出師未自爲。法式今始言荊尸則武王初爲此楚國陳兵之法名曰荊尸使後人用之宣十二年傳稱荊尸而舉是遵行之也楊雄以爾雅釋古今之語作書擬之采異方之語謂之方言方言云戟謂之孑郭璞云取名於鉤孑也戟是擊刺之兵有上刺之刃又有下鉤之刃故以鉤孑爲名也始云授師孑焉是往前未以此器授師故云然則楚始於此參用戟爲陳言參用之者參雜用之陳之所用非專用戟

將齊入告夫人鄧曼曰余心蕩將授兵于廟故齊蕩動散也○將齊側皆反注同鄧曼歎曰王祿盡矣盈而蕩天之道也先君其知之矣故臨武事將發大命而蕩王心焉楚爲小國。僻陋在夷至此武王始起其衆僭號稱王陳兵授師志意盈滿臨齊而散故鄧曼以天地鬼神爲徵應之符○僻匹亦反僭子念反應應對之應若師徒無虧王薨於行國

之福也王薨於行不死於敵王遂行卒於樠木之下樠木木名○樠朗蕩反又莫昆反又武元反【疏】注樠木木名○正義曰此字之音或爲曼或爲朗若以㒼爲聲當作曼以兩爲聲當作朗字體難定○或兩爲之音杜直云木名不知木何所似木有似榆者俗呼爲朗榆蓋爲朗也

令尹鬬祁莫敖屈重除道。梁溠。營軍臨隨隨人懼行成時。秘王喪故爲奇兵更開直道溠水在義陽厥縣西東南入鄖水梁橋也隨人不意其至故懼而行成○重直用反一音直容反溠高貴鄉公音側嫁反水名字林壯加反鄖音云或作員【疏】注時秘至行成○正義曰除道謂除治新路故知更開直道梁溠爲作梁於溠故爲橋也釋例曰義陽厥縣西有溠水源出縣北從縣西東南至隨縣入鄖水杜以溠解溠蓋聲相近而字轉耳

莫敖以王命入盟隨侯且請爲會於漢汭而還汭內也謂漢西○汭如銳反水曲曰汭濟漢而後發喪【疏】且請至發喪正義曰莫敖既與隨侯盟且又請隨侯與楚爲會禮於漢水之汭而我還楚也隨侯畏楚遂從莫敖爲會禮會訖隨侯因濟漢還國而後發王喪也

○紀侯不能下齊。以與紀季不能降屈事齊盡以國與季明季不叛○下遐嫁反

夏紀侯大去其國違齊難也違辟也○難乃旦反

經五年春王正月○夏夫人姜氏如齊師無傳書姦【疏】五。年夫人至齊師○正義曰於時齊無征伐之事不知師在何處蓋齊侯疆理紀地有師在紀杜云書姦姦發夫人當向紀地從之不言會者往其軍內就齊侯耳不行會禮

○秋郳犂來來朝附庸國也東海昌慮縣東北有郳城犂來名○郳五兮反國名後爲小邾犂力兮反慮如字又力於反

○冬公會齊人宋人陳人蔡人伐衛

傳五年秋郳犂來來朝名未王命也未受爵命爲諸侯傳發附庸稱名例也其後數從齊桓以尊周室王命以爲小邾子

○數音朔疏注未受至邾子○正義曰郳者附庸之國犂來其君之名傳言未王命者解其稱名之意由未得爵命爲諸侯故稱名也經書其名傳言未王命此傳所發即是附庸稱名之例例當稱名故儀父稱字爲貴之也郳之上世出於邾國世本云邾顏居邾肥徙郳宋仲子注云邾顏別封小子肥於郳爲小邾子則顏是邾君肥始封郳譜云小邾邾俠之後也夷父顏有功於周其子友別封爲附庸居郳。曾孫犂來始見春秋附從齊桓以尊周室命爲小邾子穆公之孫惠公以下春秋後六世而楚滅之世本言肥杜譜言友當是一人僖七年經書小邾子來朝知齊桓請王命命之

○冬伐衛納惠公也惠公朔也桓十六年出奔齊

經六年春王正月王人子突救衛。王人王之微官也雖官卑而見授以大事故稱人而又稱字

疏六年注王人至稱字○正義曰昭十二年傳稱叔孫昭子三命踰父兄則昭子之父叔孫豹再命也再命而名見於經知諸侯之卿再命三命皆書名一命乃稱人諸侯之臣既然則王朝之臣亦然周禮王之上士三命中士再命下士一命故杜以爲劉夏石尙稱名氏者上士中士也稱王人者下士也僖八年公羊傳曰王人微者知此王人亦微者故云王人王之微官也春秋之世二字而子在上者皆是字故知子突是字救衛必以師救而文不稱師於例爲將卑師少以卑官而帥少師救衛不能使衛侯不入是無功也無功而稱字者以朔既讒構取國而又不能於民王意即定黔牟不欲使朔得入故遣師救之時史惡諸侯逆王命故尊王使言子突雖則官卑蒙王授以大事故稱人而又稱字貴王人所以責諸侯也釋例曰莊六年五國諸侯犯逆王命以納衛朔大其事故字王人謂之子突是說進之意也進之不稱名而越稱字者王之上士下士爵同而命異耳進之同中士未足以爲榮故超從大夫之例稱字以貴之也文二年垂隴之會晉士穀堪

其事即書名氏似若眞爲卿然故不復稱人此書子突止爲救。責諸侯非是人實堪進故稱人依其本班稱字見其別有所爲耳穀梁傳曰王人卑者也。名實之也善救衛也救者善則伐者不正矣杜意取彼爲說唯以子突爲字耳范甯注穀梁亦云此名當爲字誤爾○夏六月衛侯朔入于衛朔爲諸侯所納不稱歸而以國逆爲文朔懼失衆心以國逆告也歸入例在成十八年

【疏】注朔爲至八年○正義曰去年齊宋陳蔡伐衛傳曰納惠公也此年衛侯得入則是諸侯納之當言歸而經書入成十五年宋華元奔晉宋人迎而反之當言復歸而經書歸釋例曰朔懼有違衆之犯而以國逆告華元實國逆欲挾晉以自助故以外納赴春秋從而書之示二子之情也凡諸侯外納有三一者以言語告請得入蔡季歸于蔡是也二者與師送入其國楚人圍。陳納頓子于頓是也三者所納之君別在他國而諸侯師伐彼國令其得入今公及諸侯伐衛是也○秋公至自伐衛。無。傳告於廟也○螟無傳爲災螟亡丁反○○冬齊人來歸衛俘公羊穀梁經傳皆言衛寶此傳亦言寶唯此經言俘疑經誤俘因也○俘芳夫反

【疏】注公羊至因也○正義曰釋例曰齊人來歸衛寶公羊穀梁經傳及左氏傳皆同唯左氏經獨言衛俘考三家經傳有六而其五皆言寶此必左氏經之獨誤也案說文保從人𤓽省聲古文保不省然則古字通用寶或。保字與俘相似故誤作俘耳杜既以爲誤而又解俘爲因是其不敢正決故且從之

傳六年春王人救衛○夏衛侯入放公子黔牟于周放甯跪于秦殺左公子洩右公子職甯跪衛大夫宥之以遠曰放○甯乃定反跪其毀反宥音又乃即位君子以二公子之立黔牟爲不度矣夫能固位者必度於本末而後立衷焉不知其本不謀知本之不枝弗強本末終始也衷節適也譬之樹木本弱者其枝必披非人力所能強成○度待洛反下同衷丁仲反注同王音忠強其丈反注同披普靡反又普知反

詩云本枝百世詩大雅言文王本枝俱茂蕃滋百世也○蕃音煩疏君子至百世○正義曰君子以二公子之立黔牟也爲不知揆度形勢矣夫立人爲君使能自堅固其位者必當揆度於本末度其本者謂其人才德賢善根本牢固度其末者謂其久終能保有邦國蕃育子孫知其堪能自固而後立其衷焉衷謂節適言使得節適時乃立之也若不能知其本之可立與否則不當謀之如似樹木知其根本之弱不能生長枝葉以喻所立之人材力劣弱不能保有邦國蕃育子孫則不須自強立之詩以樹木本幹喻適枝葉喻庶言文王子孫本幹枝葉適子庶子皆傳國百世由文王之德堪使蕃滋故也劉炫云度其本謂思所立之人有母氏之寵有先君之愛有彊臣之援爲國人所信服也度其末謂思所立之人有度量有知謀有治術爲下民所愛樂也

○冬齊人來歸衛寶文姜請之也公親與齊共伐衛事畢而還文姜淫於齊侯故求其所獲珍寶使以歸魯欲說魯以謝慙○說音悅

○楚文王伐申過鄧鄧祁侯曰吾甥也祁謚也姊妹之子曰甥○祁巨支反字林上尸反疏注祁謚至曰甥○正義曰謚法經典不易曰祁衛有石祁子亦謚也釋親云謂我舅者吾謂之甥是姊妹之子曰甥止而享之騅甥聃甥養甥請殺楚子皆鄧甥仕於舅氏也○騅音佳鄧侯弗許三甥曰亡鄧國者必此人也若不早圖後君噬齊若齧腹齊喻不可及○噬市制反齊粗兮反齧五結反其及圖之乎圖之此爲時矣鄧侯曰人將不食吾餘言自害其甥必爲人所賤疏人將不食吾餘○正義曰食謂噉之爲甥設享而因享害之所有餘食更爲人設之將賤吾不肯復食噉吾之餘食也膏肓以爲楚鄧彊弱相縣若從三甥之言楚子雖死鄧滅曾不旋踵若刳腹去疾炊炭止沸左氏爲短鄭箴云楚之彊盛從滅鄧以後於時楚未爲彊何得云彊弱相縣蘇氏云三甥既有此語左氏因史記之文錄其實事非君子之論何以非之對曰若不從三臣抑社稷實

不血食而君焉取餘言君無復餘○焉於虔反復扶又反下文同弗從還年楚子伐鄧伐申還之年十六年楚復伐鄧滅之魯莊公十六年楚終強盛爲經書楚事張本疏注魯莊公十六年○正義曰知非楚文王十六年者以文王莊五年卽位至十九年卒唯十五年耳

經七年春。夫人姜氏會齊侯于防防魯地○夏四月辛卯夜恆。星不見恆常也謂常見之星辛卯四月五日月光尚微蓋時無雲日光不以昬沒○不見賢遍反注及傳皆同疏七年注恆常至昬沒○正義曰恆常釋詁文夜者自昬至旦之總名但此經不言夜中則此言夜者夜未至中謂初昬之後耳非竟夜不見星也穀梁夜作昔傳曰日入至於星出謂之昔不見者可以見也必如彼言星出以前名之曰昔則名昔之時法當未有星矣何以怪其不見而書爲異也明經所言夜者夜昬之後星應見之時而不見耳公羊傳曰恆星者何列星也言天官列宿常見之星也於時周之四月則夏之仲春月令仲春之月日在奎昬弧中鄭玄云弧在輿鬼南則於時南方之星盡當列見謂常見之星者謂南方星也杜以長曆校之知辛卯是四月五日也杜以五日月光尚微不能奄星使不見若有雲蔽當時復無雲蓋日光不以昬沒是故以爲異也夜中星隕。如雨如而也夜半乃有雲星落而且雨其數多皆記異也日光不匿恆星不見而云夜中者以水漏知之○夜中夜半也丁仲反又如字隕于閔反落也匿女力反疏注如而至知之○正義曰。羊說如雨者言其狀似雨也此傳言星隕如雨與雨偕也偕訓爲俱與雨俱下不得爲狀似雨也故轉如爲而謂星落而且雨其數多與。雜下所落非一星也非常爲異害物爲災此二事雖是天之變異不見物被災害皆記異也星隕非常固可記異雨乃常事亦言之者見星之隕其勢宜明時乃陰雨雨內見星所以爲異主言星之異不言雨之爲異也夜之早晚以星爲驗日光不匿恆星不見而云夜中者以水漏知之漏者晝夜百刻於時春分之月夜當五十刻二十五刻而夜半也○秋大水傳無○無麥苗今五月周之秋平地出水漂殺熟麥及五稼之苗○漂匹妙反又匹遙反疏注今五至之苗○正義曰直言無麥苗似是麥之苗而知麥苗別者公羊傳曰曷為先言無麥而後言無苗待無麥然後書無苗如彼傳文知麥苗別也且此秋今之五月麥已熟矣不得方云麥之無苗故知熟麥及五稼之苗皆為水漂殺也種之曰稼斂之曰穡月令五時食穀黍稷麻麥豆周禮謂之五穀故云五稼之苗何休云禾初生曰苗秀曰禾○冬夫人姜氏會齊侯于穀無傳穀齊地今濟北穀城縣

傳七年春文姜會齊侯于防齊志也文姜數與齊侯會至齊地則姦發夫人至魯地則齊侯之志故傳略舉二端以言之○數音朔疏注文姜至言之○正義曰文姜數與齊侯會者二年于禚四年于祝丘五年如齊師此年于防于穀是也哀十五年傳稱齊致禚媚杏於衛則禚是齊地定五年傳稱季平子行東野卒于房則防是魯地傳於齊地言書姦於魯地言齊志故知至齊地則姦發夫人至魯地則齊侯之志也二年會之始此年會之末故傳略舉二端以言之明其餘意同也杜于禚于穀皆言齊地于祝丘言魯地見其有二意若其不然桓五年經書城祝丘祝丘魯地不須解之釋例曰婦人無外事見兄弟不踰閾故其他行非禮所及亦例所不存而當其時實有出入或以事宜或以淫縱小君之行不得不書故直書其行而其善惡各繫於本會于禚傳稱書姦夫人入齊地也會于防傳稱齊志齊侯入魯地也於經無例傳以實言之○夏恆星不見夜明也星隕如雨與雨偕也偕俱也○偕音皆○秋無麥苗不害嘉穀也黍稷尚可更種故曰不害嘉穀

經八年春王正月師次于郎以俟陳人蔡人無傳期共伐郕陳蔡不至故駐師于郎以待之疏八年注期共至待之○正義曰唯言以俟陳蔡不知何故待之下有師及齊師圍郕或與陳蔡同討故云期共伐郕陳蔡不至故待之賈逵及說穀梁者皆云陳蔡欲伐魯故

待之陳蔡於魯竟絕路遙春秋以來未嘗構怨何因輒伐魯也又俟者相須同行之辭非防寇拒敵之稱若是畏其來伐當謂之禦不得稱俟故知期共伐郕耳何休服虔亦言欲共伐郕

○甲午治兵治兵於廟習號令將以圍郕

疏注治兵至圍郕○正義曰周禮中春教振旅中秋教治兵穀梁傳曰出曰治兵習戰也入曰振旅習戰也公羊傳曰出曰祠兵入曰振旅其禮一也皆習戰也釋天云出為治兵尚威武也入為振旅反尊卑也孫炎云出則幼賤在前貴勇力也入則尊老在前復常法也彼言治兵振旅皆謂因田獵而選車徒教戰法習號令知此治兵亦是習號令此治兵於廟欲就尊嚴之處使之畏威用命耳但軍旅之衆非廟內所容止應告於宗廟出在門巷習之昭十八年傳稱鄭人簡兵大蒐將為蒐除杜云治兵於廣城內地迫故除廣之是告於廟習於巷也下有圍郕知治兵為圍郕也沈云周禮中秋治兵月令孟春令云是月也不可以稱兵所以甲午治兵者以為圍郕故非時治兵猶如備難而城雖非時不譏沈又云治兵之禮必須告廟告廟雖是內事治兵乃是外事故雖告廟仍用甲午且治兵則征伐之類又為圍郕雖在郊內亦用剛日甲午治兵公羊以為祠兵謂殺牲饗士卒

○夏師及齊師圍郕郕降于齊師二國同討而齊獨納郕○降戶江反傳皆同

疏師及至齊師○正義曰於例將卑師衆稱師此直言師則公不自將傳稱仲慶父請伐齊師聞郕降齊師在國請耳非是軍中請也

○秋師還時史善公克己復禮全軍而還故特書師還

疏注時史至師還○正義曰春秋之例公行征伐還則書至命將出師未有書師還者也慶父請伐齊師欲以自圍郕之師迴伐齊師若用其言則方相戰鬭師或喪敗公乃自責無德引罪歸己時史善公克己復禮全軍而還喜其得還故特書師還也傳言君子是以善魯莊公君子謂當時之史書此師還以善魯莊公也仲尼以為得理故因而用之克己復禮論語文也克勝也己雖恨齊勝情而止責己而不責於人合於人合於禮意僖三十年秦晉圍鄭傳稱秦人竊與鄭盟子犯請擊秦師晉侯不許與此事同而彼無善文者魯莊中平之主能有善事故為可嘉晉文身為霸主

而私自恨鄭引秦共伐而秦人背之失其所與則爲不知得免不知之譏已爲幸矣雖不從子犯未足可尚時史不書其事故仲尼亦無褒文○冬十有一月癸未齊無知弒。其君諸兒稱臣臣之罪也○兒如字一音五兮反

傳八年春治兵于廟禮也夏師及齊師圍郕郕降于齊師仲慶父請伐齊師齊不與魯共其功故欲伐之公曰不可我實不德齊師何罪罪我之由夏書曰皐陶邁種德夏書逸書也稱皐陶能勉種德邁勉也○夏戶雅反後放此陶音遙德乃降【疏】。夏書至乃降○正義曰此虞書。皐。陶謨之文以述禹事故傳謂之夏書孔安國以爲邁行種布降下也言皐陶能行布其德德乃下洽於民故民歸之今引之斷章取證降義當言皐陶能布行其德由其有德乃爲人降服也杜不見古文故以爲逸書以邁爲勉言皐陶能勉力種樹功德不知德乃降亦是書文謂爲莊公之語故隔從下注言能慕皐陶之種德乃人自降服之自恨不能如皐陶也姑務脩德以待時乎言苟有德乃爲人所降服姑且也秋師還君子是以善魯莊公傳言經所以即用舊史之文

○齊侯使連稱管至父戍葵丘連稱管至父皆齊大夫戍守也葵丘齊地臨淄縣西有地名葵丘○稱尺證反又如字瓜時而往曰及瓜而代期戍公問不至問命也○期音基本亦作朞請代弗許故謀作亂僖公之母弟曰夷仲年生公孫無知有寵於僖公衣服禮秩如適適大子○適丁歷反注同襄公絀之二人因之以作亂二人連稱管至父○絀勑律反連稱有從妹在公宮無寵使閒公伺公之閒隙○從才用反下從者皆同閒如字注同或古莧反非曰捷吾以女爲夫人捷克也宣無知之言○捷在接反女

音汝○冬十二月齊侯游于姑棼遂田于貝丘姑棼貝丘皆齊地田獵也樂安博昌縣南有地名貝丘○棼扶云反貝補蓋反樂音洛見大豕從者曰公子彭生也公見大豕而從者見彭生皆妖鬼公怒曰彭生敢見射之豕人立而啼公懼隊于車傷足喪屨反誅屨於徒人費誅責也○敢見賢遍反射食亦反啼田兮反隊直類反喪息浪反屨九具反費音祕弗得鞭之見血走出遇賊于門劫而束之費曰我奚御哉袒而示之背信之費請先入詐欲助賊○御魚呂反袒音但伏公而出鬭死于門中石之紛如死于階下石之紛如齊小臣亦鬭死○紛敷文反遂入殺孟陽于牀孟陽亦小臣代公居牀○牀士良反曰非君也不類見公之足于戶下遂弑之而立無知。經書十一月癸未長曆推之月六日也傳云十二月傳誤初襄公立無常政令無常鮑叔牙曰君使民慢亂將作矣奉公子小白出奔莒鮑叔牙小白傅小白僖公庶子○鮑步卯反亂作管夷吾召忽奉公子糾來奔管夷吾召忽皆子糾傅也子糾小白庶兄來不書皆非卿也爲九年公伐齊納子糾齊小白入于齊傳○召時照反糾居黝反初公孫無知虐于雍廩雍廩齊大夫爲殺無知傳○廩力錦反

經九年春齊人殺無知無知弑君而立未列於會故不書爵例在成十六年疏九年注無知至六年○正義曰無知弑君自立則是爲齊君矣而不言弑其君者爲未列於會故不書爵不書爵者正謂不書弑其君也釋例曰諸侯不受先君之命而簒立得與諸侯會者則以成君書之齊商人蔡侯般之屬是也若未得接於諸侯則不稱爵楚公子棄疾殺公子比蔡人殺陳佗齊人殺無知衛人殺州吁公子瑕之屬是也諸侯纂立雖以會諸侯爲

正此列國之制也至於國內策名委質卽君臣之分已定故雖殺不成君亦與成君同義也是言殺而不稱君之。義也曹伯負芻殺大子而自立成十五年晉侯討而執之十六年曹人請于晉曰若有罪則君列侯會矣是列會則成君故指彼以爲例

○公及齊大夫盟于蔇齊亂無君故大夫得敵於公蓋欲迎子糾也來者非一人故不稱。名蔇魯地琅邪繒縣北有蔇亭○蔇其器反繒才陵反

疏注齊亂至蔇亭○正義曰僖二十九年傳曰在禮卿不會公侯會伯子男可也是大夫不得敵公也若敵公則經沒公不書而貶卿稱人翟泉之盟是也此不沒公者齊亂無君故大夫得敵公既得敵公當書名氏而直言齊大夫者來者非一人故不稱名也文十年宋人殺其大夫傳曰不稱名衆也是衆則不得書名

○夏公伐齊納子。糾

疏公伐齊納子糾○正義曰公羊傳曰糾者何公子糾也何以不稱公子君前臣名也何休曰嫌當爲齊君在魯君前不爲臣禮故去公子見臣於魯也賈逵云不言公子次正也公羊之說不可通於左氏次正不稱公子其事又無所出案今定本經文糾之上且有子字自外入內不稱公子者多唯有楚公子比稱公子蓋告辭有詳略故爲文不同此有伐齊之文故不須言于齊納捷菑于邾爲無伐邾之文故須言于邾

齊小白入于齊二公子各有黨故雖盟而迎子糾當須伐乃得入又出在小白之後小白稱入從國逆之文本無位

疏注二公至無位○正義曰傳稱鮑叔牙以小白奔莒管夷吾召忽奉子糾來奔則二子在國寵均勢敵故國內各有其黨今齊大夫來盟于蔇直是子糾之黨來迎子糾耳小白之黨猶自向莒迎小白也若其舉國同心共推子糾來迎卽宜付之不須以盟要之今既與之盟而興師送糾是二公子各自有黨糾須伐乃得入故公伐齊也昭十三年傳稱桓公有國高以爲內主則國子高子是小白之黨也彼云小白既早公送子糾又遲公伐齊納子糾始行卽書小白入齊得告乃書故至齊之時出小白之後然傳例曰凡去國國逆而立之曰入小白稱入從國逆之文以其本無位也若本有位則當云復歸賈服以爲齊大夫來迎子糾公不亟遣而盟以要之齊人歸迎小白謂迎小白者疑是盟蔇

大夫故杜言各自有黨以解之○秋七月丁酉葬齊襄公無傳九月乃葬亂故○八月庚申及齊師戰于乾時我師敗績小白既定而公猶不退師歷時而戰戰遂大敗不稱公戰公敗諱之乾時齊地時水在樂安界。岐流旱則竭涸故曰乾時○乾音干岐其宜反又巨移反涸戶各反【疏】注小白至乾時○正義曰公以夏伐齊已出小白之後齊人得葬襄公便是國寧位定公可退而不退戰而敗績是公之罪時史書策不稱公戰公敗爲公諱也若言此戰非公是將卑師衆故直言師戰師敗耳此戰雖諱猶書敗升陘之戰敗亦不實者彼爲獲公胄恥諱之深故不書敗也○九月齊人取子糾殺之公子爲賊亂則書齊書告殺而書齊取殺者時史惡齊志在譎以求管仲非不忍其親故極言之○惡烏路反譎古穴反【疏】取子糾殺之○正義曰此名糾耳稱子者公羊傳曰其稱子糾何貴也其貴奈何宜爲君者也何休云以君薨稱子某言之者著其宜爲君從未踰年君例賈逵云稱子者愍之案定本上納子糾已稱子則此言子非愍之也沈云齊人稱子糾故魯史從其所稱而經書子糾知者傳云子糾親也請君討之豈復是愍之乎劉與賈同注公子至言之○正義曰諸侯之子臣爲卿乃見經公子爲賊亂者則書其名不問位之貴賤釋例曰禍福不告則不書然則國之大事見告則皆承告而書貴賤各以所告爲文也福莫大於享國有家禍莫甚於骨肉相殘故公子取國及爲亂見殺者亦皆書之不必繫於爲卿故子糾意恢以公子見書於經也是說公子書經之意也○冬浚洙無傳洙水在魯城北下合泗浚深之爲齊備○浚蘇俊反深也洙音殊水名泗音四【疏】注洙水至齊備○正義曰釋例云洙水出魯國東北西南入沂水下合泗公羊傳曰洙者何水也浚之者何深之也曷爲深之畏齊也是畏齊故深之爲阻固也

傳九年春雍廩殺無知○公及齊大夫盟于蔇齊無君也○夏公伐齊納子糾

桓公自莒先入桓公小白○秋師及齊師戰于乾時我師敗績公喪戎路傳乘而歸戎路兵車傳乘乘他車○喪息浪反傳直專反又丁戀反傳乘繩證反注傳乘字同乘他如字○秦子梁子以公旗辟于下道二子公御及戎右也以誤齊師○辟音避本亦作辟一音婢亦反是以皆止止獲也鮑叔帥師來言曰子糾親也請君討之鮑叔乘勝而進軍志在生得管仲故託不忍之辭管召讎也請受而甘心焉管仲射桓公故曰讎甘心言欲快意戮殺之○召詩照反讎市由反射食亦反乃殺子糾于生竇○生竇魯地竇音豆召忽死之管仲請囚鮑叔受之及堂阜而稅之堂阜齊地東莞蒙陰縣西北有夷吾亭或曰鮑叔解夷吾縛於此因以爲名○稅本又作說同上活反一音失銳反解古買反縛扶略反歸而以告曰管夷吾治於高傒高傒齊卿高敬仲也言管仲治理政事之才多於敬仲○治直吏反注同傒音兮使相可也

疏鮑叔至可也○正義曰此傳大略世有管子書者或是後人所錄其言甚詳其小匡篇曰桓公自莒反於齊使鮑叔牙爲宰鮑叔辭曰君有加惠於臣使臣不凍餒則是君之賜也若必治國家則非臣之所能也其唯管夷吾乎臣之所不如夷吾者五寬惠愛民臣不如也治國不失秉臣不如也忠信可結於諸侯臣不如也制禮義可法於四方臣不如也介冑執枹立於軍門使百姓皆知勇臣不如也夫管子民之父母也將欲治其子不可棄其父母公曰管夷吾親射寡人中鉤殆於死今乃用之可乎鮑叔曰彼爲其君勤也君若宥而反之其爲君猶是也公曰然則爲之奈何鮑叔曰君使人請之魯公曰夫施伯魯之謀臣也彼知吾將用之必不吾與鮑叔曰君詔使者曰寡君有不令之臣在君之國願請之以戮於羣臣魯君必諾且施伯之知夷吾之才必將致魯之政夷吾受之則魯能弱齊矣夷吾不受彼知其將反齊必殺之君亟請之不然無及公乃使鮑叔行成曰公子糾親也請君討之魯人

爲殺公子糾又曰管仲讎也請受而戮之魯君許諾施伯謂魯侯曰勿與非戮之也將用其政也管仲天下之賢人今齊求而得之則必長爲魯國憂君何不殺之而授其屍魯君曰諾將殺管仲鮑叔進曰殺之齊是戮齊也殺之魯是戮魯也寡君願先得之以徇於國爲羣臣戮若不生得是君與寡君之賊比也非敝邑之所請也使臣不敢受命於是乎魯君乃不殺遂生束縛而以與齊鮑叔受而哭之三舉施伯從而笑之謂大夫曰管仲必不死矣鮑叔之不忍戮賢人其知稱賢以自成也至於堂阜之上鮑叔祓而浴之三桓公親迎於郊遂與歸禮之於廟三酌而問爲政焉外傳齊語與管子大同管子當是本耳管子無治於高傒之言鮑叔之美管子其言非一說者各記所聞故不同耳 公從之○相息亮反

經十年春王正月公敗齊師于長勺 齊人雖成列魯以權譎稽之列成而不得用故以未陳爲文例在十一年長勺魯地○勺上酌反陳直覲反十一年經注同 疏 ○十年注齊人至魯地○正義曰例稱敵未陳曰敗某師皆陳曰戰此傳稱齊人成陳擊鼓不應稱敗齊師故解之孫子兵書曰奮稽之使失其先後謂稽留彼敵不時與戰使先後失其次第魯以曹劌之語權謀譎詐以稽留之列成而不得用與未陳相似故以未陳爲文釋例曰長勺之役雖俱陳而鼓音不齊檇李之後越人患吳之整以死士亂吳雖皆已陳猶以獨克爲文舉其權詐是也此注稽或作掩誤耳今定本作稽

○二月公侵宋 無傳侵例在二十九年 ○三月宋人遷宿 無傳宋強遷之而取其地故文異於邢遷○強其丈反 ○

夏六月齊師宋師次于郎 不言侵伐齊爲兵主背蔇之盟義與長勺同○背音佩傳同 疏 注不言至勺同○正義曰此春敗齊師于長勺傳稱齊師伐我則今次于郎亦是欲來伐我而經並不稱侵伐侵伐者責罪之文也桓十年齊侯鄭伯來戰于郎傳曰我有辭也故不稱侵伐則知此與長勺不書侵伐亦爲我有辭也我有辭者齊來伐我爲公伐齊納子糾來報伐也公之伐齊大夫來盟于蔇許以子糾爲君令魯伐齊納子糾彼自背盟

伐魯非責魯也魯有此辭故齊人不合伐也杜言二公子各有黨則迎子糾者非小白之徒而責齊背盟者言彼旣盟大夫背盟而從小白誤公使伐齊耳不言桓公背盟也杜以傳於長勺之役有伐我之語故就傳爲解而以此同之

公敗宋師于乘丘乘丘魯地乘繩證反○秋九月荆敗蔡師于莘荆楚本號後改爲楚楚辟陋。在夷於此始通。上國然告命之辭猶未合典禮故不稱將。帥莘蔡地○莘所巾反將率子匠反率又作帥同所類反

疏注荆楚至蔡地○正義曰荆楚一。木二名故以爲國號亦得二名終莊公之世經皆書荆僖之元年乃書楚人伐鄭蓋於爾時始改爲楚以後常稱楚也他國雖將有尊卑師有多少或稱師或稱將不得直書國名史之書策承彼告辭此直稱國知其告命之辭未合典禮故不稱將帥也

以蔡侯獻舞歸獻舞蔡季

疏以蔡侯獻舞歸○正義曰穀梁傳曰以歸猶愈乎執也杜於隱七年注云但言以歸非執也則以歸者直將與其歸不被因執其恥輕於執也釋例得獲例曰敵國交兵亦有兵器之獲欲殊別君臣故於君曰滅於臣曰獲國君者社稷之主百姓之望當與社稷宗廟共其存亡者也而見獲於敵國雖存若亡死之與生皆與滅同至於偏軍元帥君之臣僕出身致命榮辱得失自其常事故傳曰胡子髡沈子逞滅獲陳夏齧君臣之辭也如杜此言師敗身虜亦應稱滅此不言滅而云以歸者釋例所云據宗廟社稷已亡而君見獲於敵君身雖在與亡無異皆以滅爲文則定六年鄭遊速帥師滅許以許男斯歸是也若社稷宗廟不亡君身見獲於敵則云以歸此蔡侯獻舞歸是也劉炫云在陳死則稱滅以還者則言以歸以規杜氏非也

○冬十月齊師滅譚譚國在濟南平陵縣西南傳曰譚無禮此直釋所以見滅經無義例他皆放此滅例在文十五年○譚徒南反

譚子奔莒不言出奔國滅無所出

疏注不言至所出○正義曰公羊傳曰何以不言出國已滅矣無所出也

歲魯

傳十年春齊師伐我不書侵伐齊背蔇之盟我有辭公將戰曹劌請見曹劌魯人○劌古衛反見賢遍反下同

疏

注曹劌魯人○正義曰史記作曹沫亦云魯人 其鄉人曰肉食者謀之又何閒焉 肉食在位者閒猶與也○閒閒廁之閒注同與音預 疏 注肉食至與也○正義曰孟子論庶人云五畝之宅樹之以桑五十者可以衣帛雞豚狗彘之畜無失其時七十者可以食肉是賤人不得食肉故云在位者也襄二十八年傳說子雅子尾之食云公膳日雙雞昭四年傳說頒冰之法云食肉之祿冰皆與焉大夫命婦喪浴用冰蓋位為大夫乃得食肉也閒謂閒雜言不應閒其中而為之謀故云閒猶與也 劌曰肉食者鄙未能遠謀乃入見問何以戰公曰衣食所安 疏 衣食所安○正義曰公意衣食二者雖所以安身然亦不敢專己有之必以之分人 弗敢專也必以分人對曰小惠未徧民弗從也 分公衣食所惠不過左右故曰未徧○徧音遍注同 公曰犧牲玉帛 疏 犧牲玉帛○正義曰四者皆祭神之物曲禮曰天子以犧牛諸侯以肥牛鄭玄云犧純毛也肥養於滌也然則牲謂三牲牛羊豕也犧者牲之純色也魯自得用天子之禮要犧牲相配之語未必為得用乃言之也 弗敢加也必以信 祝辭不敢以小為大以惡為美○犧許宜反 對曰小信未孚神弗福也 孚大信也 疏 注孚大信也○正義曰孚亦信耳以言小信未孚故解孚為大信以形之 公曰小大之獄雖不能察必以情 必盡己情察審也 對曰忠之屬也 上思利民忠也○屬音蜀 疏 注上思利民忠也○正義曰桓六年傳文也言以情審察不用使之有枉則是思欲利民故為忠之屬也 可以一戰戰則請從公與之乘 共乘兵車○從才用反乘繩證反 戰于長勺公將鼓之劌曰未可齊人三鼓劌曰可矣齊師敗績公將馳之劌曰未可下視其轍 視車跡也○三息暫反又如字轍直列反 登軾而望之 疏 登軾而望之○正義曰考工記云兵車之廣六尺有六寸三分車

廣去一以爲隧隧謂輿內前後深四尺四寸也三分其隧一在前二在後以揉其式式在輿間從前量之深一尺四寸三分寸之二也以其廣之半爲之式崇崇三尺三寸也謂當車輿之內去前軫一尺四寸三分寸之二下去車板三尺三寸橫施一木名之曰軾得與人空於其後時依倚之曹劌登軾得臣云君馮軾皆謂此也

曰可矣遂逐齊師既克公問其故對曰夫戰勇氣也一鼓作氣再而衰三而竭彼竭我盈故克之夫大國難測也懼有伏焉恐詐奔○軾音式伏如字舊扶又反吾視其轍亂望其旗靡故逐之旗靡轍亂怖遽○旗音其靡音美怖普布反遽其據反

○夏六月齊師宋師次于郎公子偃曰宋師不整可敗也公子偃魯大夫宋敗齊必還請擊之公弗許自雩門竊出蒙皐比而先犯之雩門魯南城門皐比虎皮○雩音于比音毗注同

疏○注雩門至虎皮○正義曰雩門爲魯南城門蓋時人猶以名之故知也僖二十八年傳稱胥臣蒙馬以虎皮此云蒙皐比而先犯之事與彼同知皐比是虎皮也以胥臣之事譬之必知定是虎皮其名曰皐比則其義未聞樂記云倒載干戈包之以虎皮名之曰建櫜鄭玄以爲兵甲之衣曰櫜櫜韜也而其字或作建皐故服虔引以解此

公從之大敗宋師于乘丘齊師乃還○蔡哀侯娶于陳息侯亦娶焉息嬀將歸過蔡蔡侯曰吾姨也妻之姊妹曰姨

疏○注妻之姊妹曰姨○正義曰釋親云妻之姊妹同出爲姨孫炎云同出俱已嫁也

止而見之弗賓不禮敬也息侯聞之怒使謂楚文王曰伐我吾求救於蔡而伐之楚子從之秋九月楚敗蔡師于莘以蔡侯獻舞歸○齊侯之出也過譚譚不禮焉及其入也諸侯皆賀譚

又不至以九年入過古禾反○冬齊師滅譚譚無禮也譚子奔莒同盟故也傳言譚不能及遠所以亡

附釋音春秋左傳注疏卷第八

珍倣宋版印

春秋左傳注疏卷八校勘記　阮元撰盧宣旬摘錄

附釋音春秋左傳注疏卷第八 莊元年盡十年宋本春秋正義卷第八石經春秋經傳集解莊公第三盡卅二年

〔莊公〕

卽桓六年子同生者也 浦鏜正誤者疑是字之誤或下脫是字盧文弨校本者作是字按不當作是

〔經元年〕

元年春王正月 宋本無元年春三字此節正義在春王正月下閩本監本毛本同

夫人孫于齊 釋文孫作遜云本亦作孫段玉裁云此二字妄人互易之昭廿五年音義可證古經典無遜字

注夫人莊公母至而去 宋本無莊公母三字此節正義在夫人孫于齊下閩本監本毛本同

成公以下當稱單子 宋本當作常是也○今訂作常

謂之伯姬是也 宋本伯姬下有叔姬二字閩本監本毛本亦脫

不可便以全吉之禮接賓於廟 重修監本全誤金

注榮叔至之比 諸本有至字此本脫

今追命桓公 毛本今誤令

〔傳元年〕

三月以來經傳皆無夫人還事　浦鏜正誤來作前

接練時錄母之變始人之也　閩本監本毛本人誤念

夫宜與齊絶　宋本閩本監本毛本夫下有人字

所以排舊說耳　監本毛本排誤非

注齊彊至之變　諸本有至字此本脫

〔經二年〕

二年注於餘至庶兄　宋本閩本監本毛本脫二年二字

正以春秋之至　宋本之至作上下不誤毛本至作旨

齊告王姬之喪　案禮記告作穀鄭注云穀當爲告聲之誤遂改穀爲告

冬十有二月　七經孟子考文云足利本二作一非

〔傳二年〕

不告廟也䆉齊地　淳熙本脫也字按玉篇禾部䆉云齊地名而示部䆉字不云地名蓋顧希馮所據春秋字从禾說文無䆉

文姜此年出會宋本淳熙本岳本纂圖本閩本監本毛本此作比是也○今依訂正

〔經三年〕

三年注溺會至去氏宋本閩本監本毛本脫三年二字

請後五廟以存姑姊妹毛本後誤復

齊侯鄭伯詐朝于紀侯以襲之宋本下侯字作欲

寔司大皡宋本寔作實案皡當作暤从日不从白也說詳僖廿一年傳

各使大夫救徐閩本監本毛本各誤名

曷爲先先言次而後言救君也宋本先字不重

曷爲言救而後言次宋本言上有先字是也

非禮家制此名宋本名上有次字是也

〔傳三年〕

傳重盟上例釋文亦作盟宋本淳熙本纂圖本岳本監本毛本作明不誤○今訂作明

七年乃葬故曰緩岳本年作月非也

傳注爲經至君臣　宋本監本毛本無傳字

舍者軍行一日止而舍息也　閩本監本軍誤君

（經四年）

享食也　釋文云食音嗣又如字本或作會正義引定本云享會作享食

饗謂享大牢以飲賓　閩本監本毛本亨作享案古享獻之享烹飪之烹亨通之亨皆作亨也

傳稱齊侯將享公　毛本享作亨

定本享會作享食也　宋本無也字

隱二年　纂圖本二誤三

今則全以紀與之　宋本與上有國字

亦應爲齊得　宋本齊下有所字

恩及伯姬姬魯女　宋本作伯姬伯姬魯女

（傳四年）

授師孑焉　宋本孑作子案毛居正六經正誤從孑

揚雄方言 宋本淳熙本閩本監本揚作楊是也此本正義亦作揚○今改作楊

注尸陳至爲陳 宋本以下正義四節總入濟漢而後發喪句下

未自爲法式 宋本法作灋

僻陋在夷 宋本淳熙本僻作辟釋文云僻匹亦反案陳樹華云釋文當作辟若本作僻無煩音切矣此皆傳寫之誤

或兩爲之音 宋本或作故

不知木何所似 毛本木誤本

除道梁溠 說文引作除涂梁溠

時祕王喪 閩本監本祕作秘俗字

且又請隨侯與楚爲會禮於漢水之汭 閩本監本毛本與誤畏

以與紀季 山井鼎云足利本及宋板後人記云以下異本有國字非

〔經五年〕

五年夫人至齊師 諸本脫五年二字

〔傳五年〕

曾孫摯來 監本毛本曾誤會

（經六年）

春王正月 公羊穀梁正作三

六年注王人至稱字 諸本脫六年二字

止爲敎責諸侯 宋本責作貴非也

名貴之也 宋本名上有稱字是也

楚人圍陳納頓子于頓是也 毛本陳作成誤

無傳告於廟也 閩本無傳二字空缺

寶或作保字與俘相似 閩本監本毛本亦脫作字據宋本補

（傳六年）

必度於本末 岳本於誤其

注祁謚至曰甥 宋本以下正義三節總入十六年節注下

騅甥聃甥養甥請殺楚子 纂圖本閩本監本毛本耼作聃誤石經宋本作耼後同是也

後君噬齊 淳熙本齊作臍玉篇引亦作臍

若齧腹齊 釋文標齧也兩字臧禮堂云若上當有噬齧也三字

楚子雖死鄧滅曾不旋踵 毛本曾誤會

〔經七年〕

七年春夫人姜氏 纂圖本監本毛本春下衍秋字

恒星不見 岳本纂圖本監本毛本恒作恆案石經避唐穆宗諱宋本避宋真宗諱後同○今訂正

七年注恆常至昏沒 諸本脫七年二字

夜中星隕如雨 論衡藝增篇引作星霣如雨周禮大司樂正義引作星霣而雨公羊作霣字林云霣即隕字也

正義曰羊說如雨者 宋本閩本監本毛本羊上有公字

與雜下所落非一星也 宋本監本毛本與下有雨字是也

〔傳七年〕

傳稱季平子行東野卒于房 宋本亦作房與定五年傳合案隱元年宣八年成十七年正義引並作房閩本監本毛本改作防

〔經八年〕

八年注期共至待之 諸本脫八年二字

入則尊老在前復常法也 閩本監本毛本法作灋下同

知此治兵亦是習號令 宋本令下有也字

杜云治兵於廣 宋本閩本監本毛本廣作廟不誤

時史善公克己復禮 宋本已作己不誤正義同

責己而不責於人合於人合於禮意 案合於人三字衍文宋本閩本監本毛本無

齊無知弑其君諸兒 纂圖本閩本監本毛本弑作殺非

〔傳八年〕

夏書至乃降 宋本此節正義在秋師還節注下

此虞書皐陶謨之文 陳樹華云皐陶謨當作大禹謨

冬十二月 石經十下有有字

隊于車 石經隊作墜

劫而東之纂圖本閩本監本毛本劫作刼非

經書十一月癸未閩本一作二誤

長曆推之月六日也山井鼎云足利本後人記云月六日異本作十一月六日

（經九年）

是言殺而不稱君之義也宋本監本毛本義作意

故不稱名毛本名誤君

夏公伐齊納子糾臧琳云子字衍文沿唐定本之誤正義於此引賈逵云不言子者愍之可證賈景伯本於此無子字公子次正也又於後九月齊人取子糾殺之下引賈逵云稱

故杜言各自有黨以規之閩本規作解宋本監本毛本作排

時水在樂安界岐流旱則竭涸宋本岐作歧俗字

（傳九年）

鮑叔帥師來言曰案石經叔帥師來四字重刻

及堂追而稅之案文選解嘲注引作脫釋文亦作稅云本又作說

東萊蒙陰縣西北有夷吾亭 淳熙本脫北字

或曰鮑叔解夷吾縛於此 閩本監本縛誤縛

鮑叔至可也 宋本此節正義在公從之句下

使臣不凍餒 毛本餒誤綏

臣之所不如夷吾者 閩本如誤加

寡君願生得之以徇於國 監本毛本徇作狗非也

遂生束縛而以與齊 浦鏜正誤據管子以上增桎字

鮑叔之不忍戮賢人其知知稱賢以自成也 案管子知字不重

魯以權譎稽之 正義云此注稽或作掩誤耳今定本作稽

(經十年)

十年注齊人至魯地 諸本脫十年二字

權謀譎詐 宋本權上有設字

令魯伐齊納子糾 閩本監本毛本令誤今

楚辟陋在夷於此始通中國　重修監本在誤淮宋本淳熙本中作上是也

故不稱將帥　釋文帥作率又作帥按正義作將帥

荊楚一木二名　監本毛本一木誤一本

〔傳十年〕

注曹劌魯人　宋本以下正義七節總入吾視其轍亂節注下

史記作曹沫　閩本監本沫誤洙

七十者可以食肉　宋本作肉食

冰皆與焉　閩本監本毛本冰作氷非下同

閒謂閒雜　毛本謂作爲非

視車跡也　案文選李善注七命引注文轍車跡也

深一尺四寸三分寸之二也　監本毛本作寸之三非也

旗靡轍亂怖遽　釋文遽下有也字

注雩門至虎皮　宋本此節正義在公從之節下

注妻之姊妹曰姨宋本此節正義在秋九月節下

冬齊師滅譚譚無禮也山井鼎云足利本後人記云禮下異本有故字非也

春秋左傳注疏卷八校勘記

附釋音春秋左傳注疏卷第九 莊十一年盡二十二年

杜氏注　孔穎達疏

經十有一年春王正月無傳○夏五月戊寅公敗宋師于鄑鄑魯地傳例曰敵未陳曰敗某師○鄑子斯反[疏]十一年公敗宋師于鄑○正義曰往年公敗宋師于乘丘今為乘丘之役侵我則是報復前怨魯當無辭亦不稱侵伐者莊立以來未嘗犯宋宋黨齊伐我故敗于乘丘今復重來更是宋之可責非魯罪也○秋宋大水公使弔之故書○冬王姬歸于齊魯主昏不書齊侯逆不見公

傳十一年夏宋為乘丘之役故侵我公禦之宋師未陳而薄之敗諸鄑凡師敵未陳曰敗某師通謂設權譎變詐以勝敵彼我不得成列成列而不得用故以未陳獨敗為文○為乘于偽反陳直覲反下及注皆同[疏]○注通謂至為文○正義曰設權譎變詐以勝敵者謂若長勺之役待齊人三鼓氣衰乃擊之定十四年檇李之役越子患吳之整使罪人屬劍自剄吳師屬之目越子因而伐之此二者敵雖已陳設權勝之成列而不得用也此及昭元年晉荀吳敗狄于大鹵傳皆云未陳而薄之是其未成列也彼我不得成列與成列而不得用皆以未陳獨敗為文言彼不能拒而此獨克之也昭五年叔弓敗莒師于蚡泉傳曰莒未陳也此已發例彼復發者釋例曰魯敗宋莒再發未陳之例者嫌君臣有異也皆陳曰戰堅而有備各得其所成敗決於志力者也[疏]注堅而至者也○正義曰戰者共鬬之辭彼此成列權無所施故為各得其所成敗決於志力者也兩國交戰必有勝負或有未至成敗各自收斂故有言戰不言敗者桓十年齊侯鄭伯來戰于郎十二年及鄭師伐宋丁

未戰于宋如此之類交戰而未至於敗故不書敗也或有彼實未陳應從未陳
之例亦書戰者或有實敗而不書敗者皆從告辭也釋例曰令狐之役晉人潛
師夜起而書戰者晉諱背其前意而夜薄秦師以戰告也河曲之戰秦晉交綏
長岸之戰吳楚兩敗交綏並退軍士未憖吳楚俱病莫肯以告故皆書戰而不
書敗也郯之戰上軍先陳林
父乃敗故書戰又書敗也

大崩曰敗績師徒撓敗若沮岸崩山喪其功績故
曰敗績○撓乃孝反一音乃巧反沮
在呂反壞也一音子餘反
岸崩謂之沮喪息浪反

【疏】注師徒至敗績○正義曰師徒撓敗成二年傳文
穀梁傳曰高曰崩厚曰崩解其師非高厚而稱崩
意沮訓壞也沮岸謂河岸崩也師旅大敗似岸崩山崩也績訓為功喪其功績
故曰敗績唯成十六年言楚子鄭師敗績者釋例曰鄢陵之戰楚師徒未大崩
楚子傷目而退故指事而言也言楚子身敗非師敗也故言楚子敗績僖十五
年晉侯及秦伯戰于韓獲晉侯其君被獲而不書敗者晉侯戎馬還濘而止為
秦所獲晉師不大崩故不書敗也城濮之戰傳稱楚左右師潰子玉收其卒而止
故不敗是二軍敗而經書敗績鄢陵之戰傳稱子反曰臣之卒實奔是一軍敗
而杜云師未大崩然則績者是大崩之名敗
多存少乃稱敗績敗少存多則不稱敗績也

得雋曰克謂若大叔段之比才力
足以服衆威權足以自
固進不成為外寇強敵退復狡壯有二君之難而實非二君克而勝之則不言
彼敗績但書所克之名○雋音俊本或作俊比必利反復扶又反狡壯交卯反
下測亮反
難乃旦反

【疏】注謂若至之名○正義曰克訓勝也戰勝其一師獲得其軍內之雄
雋者故云得雋曰克春秋稱克者唯有叔段一事而已既非敵國
相伐又非君之討臣而於戰陳之例別立此名彼傳復云如二君故曰克故具
迹叔段之事以充之凡例乃是舊典非獨為段發故云叔段之比釋例與此盡
同

覆而敗之曰取某師覆謂威力兼備若羅網所掩覆
一軍皆見禽制故以取為文

【疏】注覆謂至為文○正
義曰取謂盡取無遺
漏之意也哀九年宋皇瑗取鄭師于雍丘傳稱皇瑗圍鄭師每日遷舍壘合鄭
師哭是自知盡死無逃逸之路也又曰使有能者無死是其合軍之內死生在

宋也取狀如此而云覆而敗之知其如羅網掩覆一軍皆見禽制故以取爲文服虔云覆隱也設伏而敗之謂攻其無備出其不意敵人不知敗之易故曰取即如服言與未陳何異而別以爲例謂之取也荀吳敗狄于大原於越敗吳于檇李並攻其無備出其不意而經不言取鄭二公子敗燕師于北制鄭人大敗戎師是設伏敗之而傳不言取服謂此爲取何也宋鄭師壘合而哭自知必敗非敵人不知而書取何也

京師敗曰王師敗績于某王者無敵於天下天下非所得與戰者然春秋之世據有其事事列於經則不得不因申其義有時而敗則以自敗爲文明天下莫之得校○京師敗本或作京師敗績者非校音教

疏注王者至得校○正義曰此亦周公舊凡杜解舊凡之意得有王師敗績者以周公制禮理包盛衰故周禮載大喪及王師不功之事故舊凡例有敗績之文杜以尊卑逆順言之天王不應有戰敗之事遂申說凡例故云無敵於天下天下非所得與戰者然春秋之世據有其事成元年王師敗績于茅戎是事列於經丘明不得不因申舊凡之義蘇氏之說義亦如此沈氏不解杜意以京師敗績非周公舊凡是孔子新意丘明爲傳不得不因申孔子新意之義劉炫亦不達杜旨謂杜與沈氏意同非也

○秋宋大水公使弔焉曰天作淫雨害於粢盛若之何不弔不爲天所愍弔對曰孤實不敬天降之災又以爲君憂拜命之辱謝辱厚命

臧文仲曰宋其興乎臧文仲魯大夫禹湯罪己。其興也悖焉。悖盛貌○悖蒲忽反一作勃同桀紂罪人其亡也忽焉忽速貌○紂直久反

疏禹湯罪己桀紂罪人○正義曰湯誥云其爾萬方有罪在予一人是罪己也泰誓數紂之罪云焚炙忠良刳剔孕婦是罪人也禹桀之時書多亡矣固亦應有此事沈引帝王世紀云禹見罪人下車泣之是罪己也桀殺關龍逢是罪人也

且列國有凶稱孤禮也列國諸侯無凶則常稱寡人

疏注列國至寡人○正義曰列國謂大國也曲禮曰庶方小侯自稱曰孤諸侯與民言自稱曰寡人其

在凶服曰適子孤鄭玄云與臣言亦自謂寡人是無凶則常稱寡人有凶則稱孤也言懼而名禮其庶乎言懼罪己名禮稱孤其庶庶幾於與○言懼而名禮絕句或以名絕句者非既而聞之曰公子御說之辭也宋莊公子○御魚呂反本或作禦說音悅臧孫達曰是宜爲君有恤民之心疏既而至之心○正義曰謂御說明年爲君之後方始聞之聞之時已爲君故云是人宜其爲君也傳以御說有禮故以此言實之

○冬齊侯來逆共姬齊桓公也○共音恭○乘丘之役在十年公以金僕姑射南宮長萬金僕姑矢名南宮長萬宋大夫○射食亦反長丁丈反疏注金僕姑矢名○正義曰用之射人必知是矢其名僕姑其義未聞公右歂孫生搏之搏取也不書獲萬時未爲卿○歂市專反搏音博疏公右歂孫生搏之○正義曰檀弓云魯莊公及宋人戰于乘丘縣賁父御卜國爲右車右與此不同者禮記後人所錄聞於所聞之口其事未必實也案傳云公子偃先犯宋師公從而大敗之則本非交戰禮記稱馬驚敗績公隊佐車授綏御與車右皆死之必如記言則是魯師敗績○安得稱公敗宋師于乘丘傳記不同固當記文妄耳宋人請之宋公靳之戲而相愧曰靳魯聽其得還○靳居覲反服云恥而惡之曰靳疏注戲而相愧曰靳至得還○正義曰服虔云恥而惡之曰靳傳稱宋人請之若是恥惡其人不應爲之請魯故杜以爲戲而相愧曰靳鄭玄注禮記儒行云遭人名爲儒而以儒靳故相戲俗有靳故之語知是戲而相愧之名也公羊傳以爲宋萬與閔公博婦人皆在側萬曰甚矣魯侯之淑魯侯之美閔公矜此婦人妬其言曰此虜也魯侯之美惡乎至何休云惡乎至猶何所至萬怒搏閔公絕其脰是其靳之事也曰始吾敬子今子魯囚也吾弗敬子矣病之萬不以爲戲而以爲己病爲宋萬弒君傳

經十有二年春王三月紀叔姬歸于酅無傳紀侯去國而死叔姬歸魯紀季自定於齊而後歸之全守節義以終婦道

故繫之紀而以初嫁爲文賢之也來疏。十。二。年注紀侯至大歸○正義曰公羊傳曰其言歸于鄭何隱之也何隱爾其歸不書非寧且非大歸○鄭音攜

國亡矣徒歸于叔爾穀梁傳曰其曰歸何吾女也。夫國喜得其所故言歸焉爾杜略取彼意爲說釋例與此盡同大意以其賢愍其國亡乃依附於叔故書之耳

○夏四月○秋八月甲午宋萬弑其君捷及其大夫仇牧捷閔公不書葬亂。也萬及仇牧皆宋卿仇牧稱名不警而遇賊無善事可褒○警居領反疏注捷閔至可褒○正義曰隱十一年公羊傳曰君弑臣不討賊非臣也子不復讎非子也葬生者之事也春秋君弑賊不討不書葬以爲不繫乎臣子也左氏無此義故杜明之不書葬爲亂故也凡葬魯不會則不書若使宋亂不葬魯本無可會之理兼見此義故言亂也萬及仇牧並名見於經知皆卿也萬不書氏者釋例曰宋萬賈氏以爲未賜族案傳稱南宮長萬則爲己氏南宮不得爲未賜族也推尋經文自莊公以上諸弑君者皆不書氏閔公以下皆書氏亦足明時史之異同非仲尼所皆貶也是杜意以爲史有詳略无義例也文八年宋人殺其大夫司馬傳曰司馬握節以死故書以官然則有善可褒當變文以見義此仇牧書名不警而遇賊無善可褒故不變其文公羊。書其不畏彊禦故言此以異之

○冬十月宋萬出奔陳奔例在宣十年

傳十二年秋宋萬弑閔公于蒙澤蒙澤宋地梁國有蒙縣疏。注蒙澤至蒙縣○正義曰昭十三年楚弑其君虔于乾谿書地此弑閔公于蒙澤不書地者釋例曰先儒旁采二傳橫生異例宋之蒙澤楚之乾谿俱在國內閔公之弑則以不書蒙澤國內爲義楚靈王復以地乾谿爲失所明仲尼本不以爲義例則丘明亦無異文也是亦言史自詳略無義例也遇仇牧于門批而殺之手批之也○批普迷反又蒲穴反字林云擊也父節反遇大宰督于東宮之西又殺之殺督不書宋不以告○大音泰立子游子游宋公子

疏注子游宋公子○正義曰世族譜子游雜人不知何公之子羣公子奔蕭公子御說奔亳蕭宋邑今沛國蕭縣亳宋邑蒙縣西北有亳城○亳步各反南宮牛猛獲帥師圍亳牛長萬之子猛獲其黨。一○。冬十月蕭叔大心叔蕭大夫名

疏注叔蕭大夫名○正義曰卿大夫采邑之長則謂之宰公邑之長則曰大夫此則是宋蕭邑大夫也以此年有功宋人以蕭邑別封其人爲附庸二十三年經書蕭叔朝公附庸例稱名故杜以叔爲名及戴武宣穆莊之族宋五公之子孫以曹師伐之殺南宮牛于師殺子游于宋立桓公桓公御說猛獲奔衛南宮萬奔陳以乘車輦其母一日而至乘車非兵車駕人曰輦宋去陳二百六十里言萬之多力○南宮萬奔陳本或作長萬長衍字也下亦然乘繩證反注同宋人請猛獲于衛衛人欲勿與石祁子曰不可石祁子衛大夫天下之惡一也惡於宋而保於我保之何補得一夫而失一國與惡而弃好非謀也宋衛本同好國好呼報反注同○衛人歸之亦請南宮萬于陳以賂

疏于陳以賂正義曰。斷以賂爲句言用賂請于陳也請猛獲于衛不言以賂蓋於衛無賂陳人使婦人飲之酒而以犀革裹之比及宋手足皆見宋人皆醢之醢肉醬幷醢猛獲故言皆○亦請南宮長萬於陳以賂絕句飲於鴆反犀音西裹音果比必利反見賢遍反醢音海

經十有三年春齊侯宋人陳人蔡人邾人會于北杏北杏齊地○杏戶猛反○夏六月齊人滅遂遂國在濟北蛇丘縣東北○蛇音移○秋七月○冬公會齊侯盟于柯此柯今濟北東阿齊之阿邑猶祝柯

今爲祝阿○柯古何反

傳十三年春會于北杏以平宋亂宋有弑君之亂齊桓欲脩霸業 疏 ○十三年傳注宋有至霸業○正義曰桓二年會于稷以成宋亂者爲會之意欲平除宋督弑君之賊此云平宋亂者宋萬已誅宋新立君其位未定齊桓欲脩霸業爲會以安定之非欲平除新君故宋人聽命來列於會也遂人不至○夏齊人滅遂而戍之戍守也○冬盟于柯始及齊平也始與齊桓通好○好呼報反○宋人背北杏之會○背音佩十四年經注同

經十有四年春齊人陳人曹人伐宋背北杏會故○夏單伯會伐宋既伐宋單伯乃至故曰會伐宋單伯周大夫 疏 ○十四年注既伐至大夫○正義曰傳稱諸侯伐宋齊請師于周則伐事已成單伯始至故云會伐宋言來就宋地會之也元年注云單伯天子卿也此云周大夫者大夫亦卿之揔號故兩言之○秋七月荆入蔡入例在文十五年○冬單伯會齊侯宋公衞侯鄭伯于鄄鄄衞地今東郡鄄城也齊桓脩霸業卒平宋亂宋人服從欲歸功天子故赴以單伯會諸侯爲文○于鄄音絹甄城音絹一音真或音旃又舉然反或作鄄 疏 會單伯至于鄄○正義曰春秋因魯史之文魯史自書其事他國者皆言已往會之不問君之與臣會諸侯者皆魯人在會字之上若微人往會則會上無字直言其會明魯往會之微人不合書名書其所爲之事而已十六年會齊侯宋公陳侯衞侯鄭伯許男滑伯滕子同盟于幽是也若魯人不與而諸侯自會則并序諸侯言會于某十五年齊侯宋公陳侯衞侯鄭伯會于鄄是也雖霸主召會諸侯霸主之身列在諸侯之上耳不言霸主會諸侯以其俱是王臣不得與諸侯爲主故也若霸主之國遣大夫往會諸侯雖政在霸國大夫名列諸侯之下由非諸侯之主列位從其班爵文

十四年公會宋公陳侯衛侯鄭伯許男曹伯晉趙盾同盟于新城是也若王臣在會不問尊卑皆列諸侯之上僖八年公會王人齊侯宋公衛侯許男曹伯陳世子。款盟于洮九年公會宰周公齊侯宋子衛侯鄭伯許男曹伯于葵丘是也此會魯人不與單伯宜列在諸侯之上下言會于鄄耳今會字乃在齊侯之上是齊桓歸功天子故赴以單伯會諸侯爲文所以尊天子示名義也此會魯自不與魯所與者皆魯人在上史文以魯爲主耳當會之時以大小爲序魯不在上也釋例曰魯爲春秋主常列諸侯上非其實次也子帛卿也依魯大夫之比列於莒上故傳曰魯故也叔孫豹曰宋衛吾匹也又曰諸侯之會寡君未嘗後衛君是魯在衛上也宋既先代之後又襄公一合諸侯以紹齊桓之伯。宋在齊上則魯次宋也

傳十四年春諸侯伐宋齊請師于周齊欲崇天子故請師假王命以示大順經書人傳。諸侯。者摠衆國之辭

疏 注齊欲至之辭○正義曰齊既以諸侯伐宋而更請師于周者齊桓始脩霸業方欲尊崇天子故請師假王命以示大順耳非慮伐不克而藉王威也經書人而傳言諸侯先儒以爲諸如此。輩皆是諸侯之身釋例曰傳滅入例衛侯燬滅邢同姓故名又云穀伯綏鄧侯吾離來朝名賤之也又云不書蔡許之君乘楚車也謂之失位此皆貶諸侯之例例不稱人也諸侯在事傳有明文而經稱人者凡十一條丘明不示其義而諸儒皆據案生意原無所出貶諸侯而去爵稱人是爲君臣同文非。正等差之謂也又澶淵大夫之會傳曰不義其人案經皆去名稱人至諸侯親城緣陵傳亦曰不書其人而經總稱諸侯此大夫及諸侯經傳所以爲別也通校春秋自宣公五年以下百數十年諸侯之咎甚多而皆無貶稱人者益明此蓋當時告命記注之異非仲尼所以爲例故也是言諸侯之貶或書名或沒而不書必不得稱人故以此經書人傳言諸侯爲總衆國之辭僖元年齊師宋師曹師救邢於例將卑師衆稱師則三國皆大夫帥也傳稱諸侯救邢亦是總衆國之辭與此同也

夏單伯會之取成于宋而還○鄭厲公自櫟侵鄭厲公以桓十五年入

櫟遂居之○櫟音歷及大陵獲傅瑕大陵鄭地傅瑕鄭大夫傅瑕曰苟舍我吾請納君與之盟而赦

之六月甲子傅瑕殺鄭子及其二子而納厲公鄭子莊四年稱伯會諸侯今見殺不稱君無謚者微弱臣子不

以君禮成喪告諸侯○舍音捨鄭子子儀初內蛇與外蛇鬬於鄭南門中內蛇死六年而厲公入疏

六年而厲公入○服虔云蛇北方水物水成數六故六年而厲公入公聞之問於申繻曰猶有妖乎對曰人之所

忌其氣燄以取之妖由人興也尚書洛誥無若火始燄燄未盛而進退之時以喻人心不堅正○蛇市奢反繻音須妖於驕反

燄以音豔誥古報反人無釁焉妖不自作人弃常則妖興故有妖疏猶有至有妖○正義曰公聞厲公之入問

於申繻曰猶有蛇妖而厲公得入乎古者由猶二字義得通用申繻對公曰人之所忌謂子儀畏懼厲公心不堅正其畏忌之氣燄燄未盛而進退之時以取

此妖來應人也蛇鬬之事由人興也若使人無釁隙焉則妖變不能自作人棄其常則妖自興以此故有妖棄常謂既不能攝又不能弱失常度也厲公

入遂殺傅瑕使謂原繁曰傅瑕貳言有二心於己○釁許靳反周有常刑既伏其罪矣納我

而無二心者吾皆許之上大夫之事吾願與伯父圖之上大夫卿也伯父謂且原繁疑原繁有二心

寡人出伯父無裏言無納我之○裏音里言入又不念寡人不親附己寡人憾焉對曰先君桓

公命我先人典司宗祏桓公鄭始受封君也宗祏宗廟中藏主石室言己世爲宗廟守臣○憾戶暗反祏音石藏主石函也守手又反

疏注桓公至守臣○正義曰桓公初封西鄭蓋其畿內之國周禮王子母弟有功者得立祖王之廟故桓公始封爲君即命臣使典宗祏宗祏者慮有非常

火災於廟之北壁內爲石室以藏木主有事則出而祭之既祭納於石室祏字從示神之也社稷有主而外其心其何貳如
之苟主社稷國內之民其誰不爲臣臣無二心天之制也子儀在位十四年矣
子儀鄭子也而謀召君者庸非二乎庸用也莊公之子猶有八人若皆以官爵行賂勸
貳而可以濟事君其若之何臣聞命矣乃縊而死○莊公之子猶有八人傳唯見四人子忽子亹子儀並死
獨厲公在八人名字記傳無聞縊一賜反○蔡哀侯爲莘故繩息嬀以語楚子○莘役在十年繩譽也爲莘于偽反下所
巾反語魚據反繩食承反說文作譝譽音餘又如字疏注繩譽也○正義曰字書繩作譝字從言訓爲譽楚子如息以食入享遂
滅息爲設享食之具○食音嗣注同以息嬀歸生堵敖及成王焉未言未與王言○堵敖丁古反下五羔反杜云楚人
謂未成君爲敖史記作杜敖楚子問之對曰吾一婦人而事二夫縱弗能死其又奚言楚子
以蔡侯滅息遂伐蔡欲以說息嬀○說音悅秋七月楚入蔡君子曰商書所謂惡之易也
如火之燎于原不可鄉邇其猶可撲滅者其如蔡哀侯乎商書盤庚言惡易長而難滅○易以豉反
注同燎力召反又力弔反鄉許亮反撲普卜反般步丹反本又作盤長丁丈反○冬會于鄄宋服故也
經十有五年春齊侯宋公陳侯衛侯鄭伯會于鄄○夏夫人姜氏如齊無傳夫人文姜
齊桓公姊妹父母在則禮有歸寧沒則使卿寧疏注夫人至卿寧○正義曰文姜僖公之女故爲桓公姊妹詩美后妃之德云歸寧父母是父母在則禮有

歸寧襄十二年傳曰秦嬴歸于楚楚司馬子庚聘于秦爲夫人寧禮也是父母沒則使卿寧兄弟不得自歸也但不知今桓公有母以否故杜不明言得失

○秋宋人齊人邾人伐郳宋主兵故序齊上○郳五兮反○鄭人侵宋○冬十月

傳十五年春復會焉齊始霸也始爲諸侯長○復扶又反長丁丈反○秋諸侯爲宋伐郳郳附庸屬宋而叛故齊桓爲之伐郳○爲宋于僞反○鄭人間之而侵宋○間間廁之間一本作閒

經十有六年春王正月○夏宋人齊人衞人伐鄭宋主兵也班序上下以國大小爲次征伐則以主兵爲先春秋之常也他皆放此【疏】十六年注宋主至放此○正義曰往年齊桓。始霸未敢卽尸其任救患討罪今爲宋伐鄭仍使宋自報怨故宋主兵序於齊上也諸侯會許男在曹滑之上班序上下以國大小爲次不以爵之尊卑也隱五年邾人鄭人伐宋附庸在伯爵之上是以主兵爲先也歷檢上下皆然知是春秋常法禮記祭義云有虞氏貴德而尚齒夏后氏貴爵而尚齒殷人貴富而尚齒周人貴親而尚齒而春秋序會不先同姓而大國在上者孔子脩春秋有變周之文從殷之質故也

○秋荊伐鄭○冬十有二月會齊侯宋公陳侯衞侯鄭伯許男滑伯滕子同盟于幽書會魯會之不書其人微者也言同盟服異也陳國小每盟會皆在衞下齊桓始霸楚亦始彊陳侯介於二大國之間而爲三恪之客故齊桓因而進之遂班在衞上終於春秋滑國都費河南緱氏縣幽宋地○介音界爲三恪苦各反本或作爲三恪之客費扶味反又音祕緱古侯反一音苦侯反【疏】注書會至宋地○正義曰公羊傳曰同盟者何同欲也穀梁傳曰同者同尊周也杜云服異者亦是同其欲同尊周也書同盟者當盟之時告神稱同釋例曰盟者假神明以要不信故載辭或稱同以服異爲言也是言載辭稱同也二十七年同盟于幽傳曰陳鄭服也文十四年同盟于新

城傳曰從於楚者服且謀郳也成五年同盟于蟲牢傳曰鄭服也七年同盟于馬陵傳曰尋蟲牢之盟且莒服故也襄三年同盟于雞澤傳曰晉爲鄭服故合諸侯二十五年同盟于重丘傳曰齊成故也昭十三年同盟于平丘傳曰齊服也如此之類皆是服異故稱同也喪服繼父不同居傳曰嘗同居乃爲異居未嘗同居則不爲異居春秋同盟亦猶是也嘗同盟而異乃稱服異未嘗同盟則不爲服異故盟不稱同也僖二年齊侯宋公江人黃人盟于貫傳曰服江黃也定四年陳許頓胡楚之屬國皆來會于召陵其下云公及諸侯盟于皐鼬二盟並不稱同皆爲未嘗同盟非服異故不稱同也應稱同而不稱同者僖五年首止之盟鄭伯逃歸七年盟于寧母鄭伯使大子華聽命於會而不稱同者鄭心未服故傳稱子華請去三族管仲曰君其勿許鄭必受盟是寧母之時鄭未服也八年盟于洮鄭伯乞盟傳稱請服也而洮盟不稱同者鄭伯始請服耳未列于會故不稱同也文十五年夏晉郤缺帥師伐蔡戊申入蔡其冬諸侯盟于扈傳稱晉侯宋公衛侯蔡侯陳侯鄭伯許男曹伯盟于扈則是蔡新來服不稱同者傳稱郤缺入蔡以城下之盟而還是則蔡已先服故不稱同也宣十二年同盟于清丘傳曰恤病討貳十七年同盟于斷道傳曰討貳也成九年同盟于蒲傳曰爲歸汶陽之田故諸侯貳於晉晉人懼會於蒲以尋馬陵之盟十五年同盟于戚傳曰討曹成公也十七年同盟于柯陵傳曰尋戚之盟也十八年同盟于虛朾傳曰謀救宋也此六盟皆非服異稱同盟者清丘斷道與蒲於時諸侯已有二心同心討貳故稱同盟戚與虛朾同心疾惡故稱同盟柯陵之盟鄭人不服欲令諸侯同心伐鄭故稱同盟猶襄十八年諸侯同心疾齊稱同圍齊自此以前陳在衛下今在上知齊桓始進之釋例班序譜自隱至莊十四年四十三歲衛與陳凡四會衛在陳上自莊十五年盡僖十七年三十五歲凡八會陳在衛上故知是齊桓進之遂班在衛上終於春秋也

○郳子克卒無傳克儀父名稱子者蓋齊桓請王命以爲諸侯再同盟

[疏]注克儀至同盟○正義曰北杏之會郳人在焉今而稱子故云蓋齊侯請王命以爲諸侯得爲子爵見經也隱元年盟于蔑桓十七年盟于趡是再同盟也

傳十六年夏諸侯伐鄭宋故也鄭侵宋故○宋故也本或作爲宋故○鄭伯自櫟入在十四年緩告于楚秋楚伐鄭及櫟爲不禮故也鄭伯治與於雍糾之亂者在桓十五年○爲于僞反與音預九月殺公子閼刖強鉏二子祭仲黨斷足曰刖○公子閼安末反案隱十一年鄭有公孫閼距此三十五年不容復有公子閼若非閼字誤則子當爲孫刖音月又五刮反鉏仕魚反斷丁管反【疏】注二子至曰刖○正義曰周禮司刑刖罪五百尚書呂刑剕罰之屬五百孔安國云刖足曰剕釋言云跳刖也李巡曰斷足曰刖也說文云刖絕也則剕刖是斷絕之名斬足之罪故云斷足曰刖公父定叔出奔衛共叔段之孫定謚也○父音甫王音如字共音恭三年而復之曰不可使共叔無後於鄭使以十月入曰良月也就盈數焉數滿於十【疏】注滿於十○正義曰易繫辭云天一地二天三地四天五地六天七地八天九地十至十而止是數滿於十也閔元年傳曰萬盈數也數至十則小盈至萬則大盈傳具載定叔事者服虔云定叔之祖共叔段有伐君之罪宜世不長而云不可使共叔无後於鄭言其刑之偏頗鄭厲公以孽篡適同惡相恤故黨於共叔欲令其後不絕傳所以惡厲公也君子謂強鉏不能衛其足言其不能早辟害○冬同盟于幽鄭成也○王使虢公命曲沃伯以一軍爲晉侯曲沃武公遂并晉國僖王因就命爲晉侯小國故一軍○并如字王必政反【疏】注曲沃至一軍○正義曰桓八年傳稱曲沃武滅翼其年冬王命虢仲立晉哀侯之弟緡于晉至是乃并之也晉世家云曲沃武公伐晉侯緡滅之盡以是寶器賂獻於周僖王僖王命曲沃武公爲晉君列爲諸侯於是盡并晉地而有之曲沃武公已即位二十七年矣自桓叔始封曲沃以至武公滅晉凡六十七歲而卒代晉爲諸侯是僖王命之事也周禮小國一軍晉土地雖大以初并晉國故以小國之禮命之初晉武公

伐夷執夷詭諸夷詭諸周大夫夷采地名○詭九委反采七代反後放此蔿國請而免之蔿國周大夫○蔿于委反既而弗報詭諸不報施於蔿國○施始豉反故子國作亂謂晉人曰與我伐夷而取其地使晉取夷地遂以晉師伐夷殺夷詭諸周公忌父出奔虢周公忌父王卿士辟子國之難○難乃旦反惠王立而復之魯桓十五年經書桓王崩魯莊三年經書葬桓王自此以來周有莊王又有僖王崩葬皆不見於經傳王室微弱不能復自通於諸侯故傳因周公忌父之事而見惠王惠王立在此年之末○不見賢遍反下同復自扶又反

【疏】注魯桓至之末○正義曰史記十二諸侯年表云莊王元年當魯桓十六年即位十五年而崩僖王元年當魯莊十三年即位五年而崩惠王元年當魯莊十八年即位在十八年而此年傳說惠王之立者杜云傳因周公忌父之事而見惠王立在此年之末是杜以周公忌父此年出奔至惠王立而得復與史記不違

經十有七年春齊人執鄭詹齊桓始霸鄭既伐宋又不朝齊詹為鄭執政大臣詣齊見執不稱行人罪之也行人例在襄十一年諸執大夫皆稱人以執之大夫賤故○詹之廉反始伯音霸又如字本又作霸○

【疏】十七年注齊桓至賤故○正義曰僖七年傳曰鄭有叔詹堵叔師叔先言詹是詹最貴也且傳稱鄭不朝也以君不朝而詹被執明詹是執政大臣為不道君使朝故執之也若詹不至齊則無由被執知是詣齊見執蓋聘齊也昭八年楚人執陳行人干徵師殺之傳曰罪不在行人也無罪乃稱行人知不稱行人罪之也襄十一年楚人執鄭行人良霄傳曰書曰行人言使人也言使人者言非使人之罪也書曰者是仲尼新意故指以為例也執諸侯有稱人稱侯之異執大夫者悉皆稱人以執之為大夫賤故也劉炫以此注云詣齊見執釋例曰詹本非出使謂二者自相矛楯今知非者齊以鄭不朝而責於鄭鄭令詹請齊謝罪齊人執之故釋例云元非出聘之使集解云詣齊被執二文雖異事實

同耳劉炫不尋此意乃為規過非也○夏齊人殲于遂。殲盡也齊人戍遂翫而。无備遂人討而盡殺之故時史因以自盡為文○殲子廉反翫五亂反而盡津忍反【疏】注殲盡至為文正義曰殲盡也釋詁文舍人曰殲衆之盡也時史惡其輕敵而以自盡為文罪齊戍也釋例曰齊人殲于遂鄭棄其師亦時史即事以安文或從赴辭故傳亦不顯明義例也○秋鄭詹自齊逃來無傳詹不能伏節守死以解國患而遁逃苟免書逃以賤之○遁徒遜反【疏】注詹不至賤之○正義曰伏節守死以解國患當如昭元年叔孫豹之居位待罪也逃。居匹夫逃竄故云書逃以賤之鄭詹自齊逃來過魯而後歸鄭故書之○冬多麋。無傳麋多則害五稼故以災書○麋亡悲反【疏】注麋多至災書○正義曰麋是澤獸魯所常有是年暴多多則害五稼故言多以災書也

傳十七年春齊人執鄭詹鄭不朝也○夏遂因氏頜氏工婁氏須遂氏饗齊戍醉而殺之齊人殲焉饗酒食也四族遂之彊宗齊滅遂戍之在十三年○頜為納反又苦荅反婁力侯反饗本作享

經十有八年春王三月日有食之無傳不書日官失之【疏】十八年注不書日官失之○正義曰經亦無朔字當云不書朔與日注不言朔脫也○夏公追戎于濟西戎來侵魯公逐之於濟水之西○秋有蜮。蜮短狐也蓋以含沙射人為災○蜮本又作蜮音或本草謂之射工短弧本又作斷同丁管反弧又作狐音胡射人食亦反【疏】注蜮短至為災○正義曰穀梁傳曰蜮射人者也洪範五行傳曰蜮如鼈三足生於南越南越婦人多淫故其地多蜮淫女惑亂之氣所生也陸機毛詩義疏云蜮短狐也一名射景如鼈三足在江淮水中人在岸上景見水中投人景則殺之故曰射景或謂含沙射人入。皮肌其創如疥服虔云偏身濩濩或或故為災沈氏云此有蜮傳重發例者以螟螽與蜚同是害禾稼此蜮則害

人故傳特發之○冬十月

傳十八年春虢公晉侯朝王王饗醴命之宥王之觀羣后始則行饗禮先置醴酒示不忘。故飲宴則命以幣物宥助也所以助。歡敬之意言備設○醴音禮宥音又疏注王之至備設○正義曰王饗醴命之宥者王爲之設饗。禮置醴酒命之以幣物所以助歡也宥助釋詁文周禮掌客王待諸侯之禮上公三饗三食三燕侯伯。三饗再食再燕子男壹饗壹食壹燕三禮先言饗是王之觀羣后始則行饗禮也酒正辨五齊之名一曰泛齊二曰醴齊三曰盎齊四曰。醍齊五曰沈齊鄭注云泛者成而滓浮泛泛然醴猶。體也成而汁滓相將如今恬酒矣盎猶翁也成而翁翁然葱白色緹者成而紅赤沈者成而滓沈如今造清矣自醴以上尤濁然則以其尤濁故先置之示不忘古也知者禮運云燔黍捭豚下即云以燔以炙以爲醴酪是醴酒在先而有故曰先置醴酒云不忘古也詩序曰鹿鳴燕羣臣嘉賓也既飲食之又實幣帛筐篚以將其厚意聘禮云若不親食使大夫朝服致之以有幣致饗以酬幣亦如之是饗禮有酬幣也禮主人酌酒於賓曰獻賓荅主人曰酢主人又酌以酬賓曰酬。幣蓋於酬酒之時賜之幣也所賜之物即下玉馬是也傳稱饗醴命宥言其備設盛禮也此注命之宥者命在下以幣物宥助僖二十八年命晉侯。助以束帛以將厚意皆命不同者以彼有命晉侯之事故也

皆賜玉五瑴。馬三匹非禮也雙玉爲瑴○瑴音角字又作珏疏注雙玉爲瑴○正義曰蒼頡篇瑴作珏雙玉爲瑴故字從兩玉

王命諸侯名位不同禮亦異數不以禮假人侯而與公同賜是借人禮○借子夜反疏注侯而至人禮○正義曰虢君不知何爵稱公謂爲三公也周禮王之三公八命侯伯七命是其名位不同也其禮各以命數爲節是禮亦異數也今侯而與公同賜是借人禮也假借同義取者假爲上聲借爲入聲與者假借皆爲去聲

○虢公晉侯鄭伯使原莊公逆王后于陳陳嬀歸于

京師虢晉朝王鄭伯又以齊執其卿故求王爲援皆在周倡義爲王定昏陳人敬從得同姓宗國之禮故傳詳其事不書不告○爲王于僞反實惠后陳嬀後號惠后寵愛少子亂周室事在傳二十四年故傳於此並正其后稱○夏公追戎于濟西不言其來諱之也戎來侵魯魯人不知去乃追之故諱不言其來疏注戎來至其來○正義曰傳例有鐘鼓曰伐無曰侵戎之來也魯人不知宜無鐘鼓故以侵言之釋例曰戎之入魯魯人不知去而遠追又無其獲邊竟不備侯不在疆所以爲諱諱此君之闕亦所以示戒將來之君也○秋有蜮爲災也

○初楚武王克權使鬭緡尹之權國名南郡當陽縣東南有權城鬭緡楚大夫○緡亡巾反疏。鬭緡尹之○正義曰尹訓正也楚官多以尹爲名此滅權爲邑使緡爲長故曰尹也以叛圍而殺之緡以權叛○以叛絕句本或作畔俗字也遷權於那處那處楚地南郡編縣東南有那口城○那處那又作郍同乃多反下昌呂反又昌慮反編必綿反一音步典反使閻敖尹之閻敖楚大夫及文王即位與巴人伐申而驚其師驚巴師巴人叛楚而伐那處取之遂門于楚攻楚城門閻敖游涌而逸涌水在南郡華容縣閻敖既不能守城又游涌水而走○涌音勇水名楚子殺之其族爲亂冬巴人因之以伐楚

經十有九年春王正月○夏四月○秋公子結媵陳人之婦于鄄遂及齊侯宋公盟無傳公子結魯大夫公羊穀梁皆以爲魯女媵陳侯之婦其稱陳人之婦未入國略言也大夫出竟有可以安社稷利國家者則專之可也結在鄄聞齊宋有會權事之宜去其本職遂與二君爲盟故備書之本非魯公意而又失媵陳之好故冬各來伐○媵以證反又繩證反送也竟音境好呼報反疏

十九年注公子至來伐○正義曰公羊傳曰媵者何諸侯娶一國則二國往媵之媵不書此何以書爲其有遂事書大夫無遂事此其言遂何聘禮大夫受命不受辭出竟有可以安社稷利國家者則專之可也穀梁文雖不明其意亦爲魯女左氏無傳取彼爲說故云公羊穀梁皆以爲魯女媵陳侯之婦穀梁傳曰其曰陳人之婦略之也以未入國略而不言陳侯夫人成九年伯姬歸于宋晉衛齊三國來媵然則爲人媵者皆送至嫁女之國使之從適而行此鄄是衛之東地蓋陳取衛女爲婦魯使公子結送媵向衛至鄄聞齊宋將會謀伐魯故權事之宜去其本職不復送女至衛遂與二君會盟故備書之也送女至鄄停女會盟鄄是盟處故言于鄄非本期送女使至鄄也既盟之後遂不復送女其盟本非公意又失媵陳之好故至冬而三國來伐結之此盟於魯無益故無嘉會之文文八年冬十月壬午公子遂會晉趙盾盟于衡雍乙酉公子遂會雒戎盟于暴四日之閒不容反報亦是專命而盟患難俱解故再稱名氏珍而貴之與此異也宣十二年宋華椒承羣僞之言以誤其國宋人被伐而貶華椒今三國伐魯不貶公子結者結之爲盟本欲安社稷利國家與華椒事異故不貶

○夫人姜氏如莒無傳非父母國而往書姦 疏 注非父至書姦○正義曰此既無傳不知何爲如莒婦人不以禮出爲姦故曰書姦○

冬齊人宋人陳人伐我西鄙無傳幽之盟魯使微者會鄄之盟又使媵臣行所以受敵鄙邊邑

傳十九年春楚子禦之大敗於津禦巴人爲巴人所敗津楚地或曰江陵縣有津鄉還鬻拳弗納遂伐黃鬻拳楚大閽黃嬴姓國今弋陽縣○鬻音育拳求圓反閽音昬守門人也嬴音盈姓也字從女 疏 注黃嬴姓○正義曰世本文敗黃師于踖陵踖陵黃地○踖在亦反一音七略反還及湫有疾南郡鄀縣東南有湫城○湫子小反鄀音若夏六月庚申卒鬻拳葬諸夕室夕室地名○夕朝夕之夕亦自殺也而葬於絰。皇絰皇冢前闕生守門故死不失職○絰田結反絰皇闕也疏注經皇至失職○正義曰鬻拳自殺以殉當是近墓之地宣十四年傳稱楚子聞宋殺申丹投袂而起屨及於窒皇劍及於寢門之外則窒皇近於門外當是寢門闕也知此經皇亦是冢前闕也且此人生爲大閽職掌守門明此亦是守門示死不失職也餘書无經皇之名蓋唯楚有此號也

初鬻拳強諫楚子楚子弗從臨之以兵懼而從之鬻拳曰吾懼君以兵罪莫大焉遂自刖也楚人以爲大閽謂之大伯若今城門校尉官○強其丈反大伯音泰校戶教反字從木

疏以爲大閽謂之大伯○正義曰周禮天官閽人掌守王宮之中門之禁鄭玄云閽人司昏晨以啓閉者刑人墨者使守門秋官掌戮墨者使守門刖者使守囿則閽人不使刖而鬻拳得爲閽者周禮地官之屬有司門下大夫二人掌授管鍵以啓閉國門鄭玄云若今城門校尉主王城十二門此注亦云若今城門校尉官然則鬻拳本是大臣楚人以其賢而使典此職非爲刑而役之其爲大閽者當如地官之司門非天使官之閽人亦主晨昏開閉通以閽爲名焉謂之大伯伯長也爲門官之長也

其後掌之使其子孫常主此官君子曰鬻拳可謂愛君矣諫以自納於刑刑猶不忘納君於善言愛君明非臣法也楚能盡其忠愛所以興

疏注言愛君明非臣法也○正義曰何休膏肓云人臣諫君非有死亡之急而以兵臨君開篡弒之路左氏以爲愛君於義左氏爲短故注言此以釋何休之難

○初王姚嬖于莊王生子頹王姚莊王之妾也姚姓也○姚羊消反嬖必計反頹徒回反子頹有寵蔿國爲之師及惠王卽位周惠王莊王孫取蔿國之圃以爲囿圃園也囿苑也○圃必古反又音布囿音又徐于目反苑於阮反

疏注圃園也囿苑也○正義曰冢宰職云園圃毓草木鄭玄云樹果蓏曰圃園其樊也詩云折柳樊圃成十八年築鹿囿然則圃以蕃爲之所以樹果蓏囿則築牆爲之所以養禽獸二者相類故取圃爲囿

邊伯之宮近於王

宮王取之邊伯周大夫近附近之近○王奪子禽祝跪與詹父田○三子周大夫跪求委反而收膳夫之
秩膳夫石速也秩祿也○收式周反故蔿國邊伯石速詹父子禽祝跪作亂因蘇氏蘇氏周大夫桓王奪
其十二邑以與鄭自此以來遂不和○秋五大夫奉子穨以伐王石速士也故不在五大夫數不克出奔溫溫蘇
氏邑蘇子奉子穨以奔衛衛師燕師伐周燕南燕○冬立子穨
經二十年春王二月夫人姜氏如莒無傳○夏齊大災無傳來告以火故書天火曰災例在宣十六年疏
○二十年注來告至六年○正義曰襄九年三十年宋災昭九年陳災十八年宋衛陳鄭災皆不言大知此來告以大故書大也○秋七月○冬
齊人伐戎無傳
傳二十年春鄭伯和王室不克克能也執燕仲父燕仲父南燕伯爲伐周故○爲伐于僞反下文同疏注燕
仲父南燕伯○正義曰譜亦云南燕伯爵不知所出服虔亦云南燕伯爵夏鄭伯遂以王歸王處于櫟秋王及鄭伯
入于鄔鄔王所取鄭邑○鄔烏苦反遂入成周取其寶器而還冬王子穨享五大夫樂及偏
舞皆舞六代之樂○偏音遍疏注皆舞六代之樂○正義曰言樂及偏舞則業之所有舞悉周偏故知皆舞六代之樂也周禮大司樂以樂舞教國子舞
雲門大卷大咸大磬大夏大濩大武鄭玄云此周所存六代之樂也傳記所說雲門大卷黃帝也大咸堯也大韶舜也大夏禹也大濩湯也大武武王也是
爲六代奏黃鐘歌大呂舞雲門以祀天神奏大蔟歌應鐘舞咸池以祭地示奏姑洗歌南呂舞大磬以祀四望奏蕤賓歌林鐘舞大夏以祭山川奏夷則歌中

呂舞大濩以享先妣奏無射歌夾鍾舞大武以享先祖鄭伯聞之見虢叔。叔。虢公字曰寡人聞之哀樂失時殃咎必至今王子頹歌舞不倦樂禍也夫司寇行戮司寇刑官○樂音洛殃咎上於度反下巨九反君為之不舉去盛饌○去起呂反饌仕眷反疏注去盛饌○正義曰周禮膳夫職曰王日一舉鼎十有二物皆有俎以樂侑食大喪則不舉大荒則不舉大札則不舉天地有災則不舉邦有大故則不舉鄭玄云殺牲盛饌曰舉襄二十六年傳曰古之治民者將刑為之不舉不舉則徹樂是不舉者貶膳食徹聲樂也而況敢樂禍乎奸王之位禍孰大焉臨禍忘憂憂必及之盍納王乎虢公曰寡人之願也○奸音干盍胡獵反何不也

經二十有一年春王正月○夏五月辛酉鄭伯突卒十六年與魯大夫盟于幽○秋七月戊戌夫人姜氏薨無傳薨寢祔姑赴於諸侯故具小君禮書之○祔音附疏二十一年注薨寢至書之正義曰經無所闕禮具可知杜為此注者以先儒之說使莊公絕母子之親故於此明之知母子不絕下葬注亦然○冬十有二月葬鄭厲公無傳八月。葬緩慢也

傳二十一年春胥命于弭夏同伐王城鄭虢相命。弭鄭地○弭面爾反鄭伯將王自圉門入虢叔自北門入殺王子頹及五大夫鄭伯享王于闕西辟樂備闕象魏也樂備備六代之樂○圉魚呂反辟蒲歷反疏。注闕象魏也○正義曰定二年雉門及兩觀災注云兩觀闕也禮運云昔者仲尼與於蜡賓事畢出遊於觀之上鄭玄云觀闕也釋宮云觀謂之闕郭璞云宮門雙闕周禮大宰正月之吉縣治象之法于象魏使萬民觀治象鄭衆云象魏闕也哀三年魯災傳稱季桓子御公立于象魏之外命藏

象魏曰舊章不可亡也由此言之則觀闕象魏其事一也劉熙釋名云闕在門兩旁中央闕然爲道也然則其上縣法象其狀巍巍然高大謂之象魏使人觀之謂之觀也闕西辟者辟是旁側之語也服虔云西辟西偏也當謂兩觀之內道之西也

王與之武公之略自虎牢以東略界也鄭武公傳平王平王賜之自虎牢以東後失其地故惠王今復與之虎牢河南成皐縣○復扶又反疏注略界至皐縣○正義曰孟子云仁政必自經界始昭七年傳曰天子經略諸侯正封封略之內何非君土孟子經界即傳之經略且云封略之內封是竟則知略是界也武公東鄭之始封君也言武公之略則是武公舊竟若其由來不失不須今日復與故知後失其地惠王今復與之隱十一年王取鄔劉蔿邘之田于鄭蓋桓王之世失之也

原伯曰鄭伯效尤其亦將有咎原伯原莊公也言效子頹舞偏樂○效戶教反偏音遍

五月鄭厲公卒王巡虢守。巡守於虢國也天子省方謂之巡守○守音狩本或作狩後放此注同疏注巡守至巡守○正義曰孟子云諸侯朝天子曰述職天子適諸侯曰巡守守者守也言諸侯爲天子守土天子時巡行之易稱后不省方故云天子省方謂之巡守

虢公爲王宮于玤玤虢地玤蒲項反○王與之酒泉酒泉周邑

鄭伯之享王也王以后之鞶鑑予之后王后也鞶帶而以。鑑爲飾也今西方羌胡爲然古之遺服○鞶步干反又蒲官反紳帶也鑑工暫反鏡也疏注后王至遺服○正義曰鞶是帶也鑑是鏡也此與定六年傳皆鞶鑑雙言則鞶鑑一物故知以鏡飾帶舉今羌胡之服以明之

虢公請器王予之爵爵飲酒器鄭伯由是始惡於王爲僖二十四年鄭執王使張本○惡烏路反又如字使所吏反疏虢公至於王○正義曰鄭伯謂厲公子文公也服虔云鞶鑑王后婦人之物非所以賜有功爵飲酒器玉爵也一升曰爵爵人之所貴者言鄭伯以其父得賜不如虢公爲是始惡於王積而成怨僖二十四年遂執王使此爲彼張本

○冬王歸自虢傳言王之偏也

經二十二年春王正月肆大眚無傳赦有罪也易稱赦過宥罪書稱眚災肆赦傳稱肆眚圍鄭皆放赦罪人。蕩滌衆。故以新其心有時而用之非制所常故書○眚所景反盪音蕩本又作蕩滌徒歷反

疏二十二年注赦有至故書○正義曰肆大眚者肆緩也眚過也緩縱大過是赦宥罪也大罪猶赦則小罪亦赦之猶今赦書大辟罪以下悉皆原免也易解卦象云雷雨作解君子以赦過宥罪解卦坎下震上震爲雷坎爲雨雷動雨下而萬物解散故君子以此卦象而放赦有過寬宥罪人也書稱眚災肆赦舜典文孔安國云眚過災害肆緩也過而有害當緩赦之肆眚圍鄭襄九年傳文也此諸言肆眚者皆是放赦罪人蕩滌衆故除其瑕穢以新其心也必其國有大患非赦不解或上有嘉慶須布大恩如是乃行此事故釋例曰天有四時得以成歲雷霆以振之霜雪以齊之春陽以。煖之雲雨以潤之然後能相育也天且弗違而況於人乎物不可終否故受之以同人同人者與人同也解天下之至結成天下之亹亹肆大眚之謂也堯曰咨爾舜有罪不敢赦所以須待革命有時而用之非制所常故書之也杜唯言有時用之亦不知此時何以須赦穀梁傳曰肆大眚爲嫌天子之葬也其意言文姜有罪不合以禮而葬若不赦不復書葬嫌天子許之明須赦而後得葬故爲赦也賈逵以文姜爲有罪故赦而後葬以說臣子也魯大赦國中罪過欲令文姜之過因是得除以葬文姜杜不明說要文姜出奔之日。尚稱夫人夫人之名未嘗有貶何須以赦除之此赦必不爲文姜。但夫人以去年七月薨十一月則當合葬乃至此年正月經七月始葬如此遲緩必是國家有事須赦解之但不知其所由耳

○癸丑葬我小君文姜無傳反哭成喪故稱小君

○陳人殺其公子御。寇宣公太子也陳人惡其殺太子之名故不稱君父以國討公子告○御音禦本亦作禦惡烏路反

疏注宣公至子告○正義曰傳言大子必是大子也僖五年晉侯殺其世子申生稱君稱世子此不然者釋例曰古者討殺其大夫各以罪狀宣告諸侯所以懲不義重刑戮也晉侯使以殺大子申生之故來告衛殺孔達傳載其辭辭雖有臨時之狀其告則常也然則殺大夫

公子當以罪狀告人此傳不說御寇之罪則陳人不以罪告而經書公子是惡殺大子之名故不稱君父以國討公子告○夏五月疏告夏五月〇正義曰釋例曰年之四時雖或無事必空書首月以紀時變以明曆數莊公獨稱夏五月及經四時有不具者丘明無文皆闕繆也○秋七月丙申及齊高傒盟于防無傳高傒齊之貴卿而與魯之微者盟齊桓謙接諸侯以崇霸業○冬公如齊納幣無傳公不使卿而親納幣非禮也母喪未再期而圖昏二傳不見所譏左氏又無傳失禮明故○見賢遍反又如字疏注公不至明故○正義曰釋例曰宋公使華元來聘聘不應使卿故傳但言聘共姬也使公孫壽來納幣應使卿故傳明言其得禮也是納幣當使卿公不使卿親納幣非禮也

傳二十二年春陳人殺其大子御寇傳稱太子以實言陳公子完與顓孫奔齊公子完顓孫皆御寇之黨○顓音專顓孫自齊來奔不書非卿齊侯使敬仲為卿敬仲陳公子完辭曰羈旅之臣羈寄也旅客也幸若獲宥及於寬政宥赦也赦其不閑於教訓而免於罪戾弛於負擔弛去離也○弛失氏反擔丁暫反離力智反君之惠也所獲多矣敢辱高位以速官謗敢不敢也謗布浪反○請以死告以死自誓詩云翹翹車乘招我以弓豈不欲往畏我友朋逸詩也翹翹遠貌古者聘士以弓言雖貪顯命懼為朋友所譏責○翹祁堯反乘繩證反使為工正掌百工之官飲桓公酒樂齊桓賢之故就其家會據主人之辭故言飲桓公酒○飲於鴆反注同樂音洛下注同疏注齊桓至公酒○正義曰春秋之世設享禮以召君者皆大臣擅寵如衛公叔文子宋桓魋之徒始為之耳為之非禮法也敬仲羈旅之臣且知禮者也必不召公臨已知是桓公賢之自就其家會也據敬仲為主人辭故言飲公酒耳公曰以火繼之辭

曰臣卜其晝未卜其夜不敢【疏】臣卜至不敢○正義曰服虔云臣將享君必卜之示戒慎也此桓公自就其家非敬仲發心請享不得言將享必卜也蓋桓公告其往日乃卜之耳言未卜其夜者詩云厭厭夜飲在宗載考鄭玄云考成也夜飲之禮在宗室同姓則成於庶姓讓之則止引此敬仲之事云此之謂不成是言敬仲非齊同姓故不敢也君子曰酒以成禮不繼以淫義也夜飲爲淫樂以君成禮弗納於淫仁也初懿氏卜妻敬仲懿氏陳大夫龜曰卜○妻七計反【疏】注龜曰卜○正義曰曲禮文也周禮大卜掌三兆之法一曰玉兆二曰瓦兆三曰原兆其經兆之體皆百有二十其頌皆千有二百鄭玄云兆者灼龜發於火其形可占者其象似玉瓦原之璺罅是用名之焉原原田也頌謂繇也每體十繇然則卜人所占之語古人謂之爲繇其辭視兆而作出於臨時之占或是舊辭或是新造猶如筮者引周易或別造辭卜之繇辭未必皆在其頌千有二百之中也此傳鳳皇于飛下盡莫之與京襄十年傳稱衛卜禦寇姜氏問繇曰兆如山陵有夫出征而喪其雄哀九年傳稱晉趙鞅卜救鄭遇水適火史龜曰是謂沈陽可以興兵利以伐姜不利子商三者皆是繇辭其辭也韻則繇辭法當韻也郭璞撰自所卜事謂之辭林其辭皆韻習於古也其妻占之曰吉懿氏妻是謂鳳皇于飛和鳴鏘鏘雄曰鳳雌曰皇雄雌俱飛相和而鳴鏘鏘然猶敬仲夫妻相隨適齊有聲譽○和如字又戶臥反注同鏘七羊反本又作將將【疏】注雄曰至聲譽○正義曰釋鳥云鶠鳳其雌皇郭璞云瑞應鳥說文云鳳神鳥也天老曰鳳之象也鴻前麐後蛇頸魚尾鸛顙鴛思龍文龜背燕頷雞喙五色備舉出於東方君子之國翱翔四海之外過崐崘飲砥柱濯羽弱水莫宿丹穴見則天下大安寧從鳥凡聲鳳飛則羣鳥從之以萬數故古文鳳作朋字山海經云丹穴之山有鳥焉其狀如鶴五采而文名曰鳳皇首文曰德翼文曰順背文曰義膺文曰仁腹文曰信是鳥也飲食則自歌自舞是說鳳皇之狀也鳳皇雄雌俱飛喻敬仲夫妻相隨鏘鏘鳴之聲故以喻有聲譽也有

嬀之後將育于姜嬀陳姓姜齊姓五世其昌並于正卿八世之後莫之與京京大也○並于本或
作並爲誤疏五世至與京○正義曰五世其昌言其始昌盛也並于正卿位與卿並得爲上大夫也莫之與京謂無與之比大言其位最高也五世八世當
是卜兆之間有其象傳言其占之辭不言其知之意固非後學所得詳之陳厲公蔡出也姊妹之子曰出疏注姊妹之子曰出○正義曰釋
親云男子謂姊妹之子爲出言姊妹出嫁而生子也故蔡人殺五父而立之五父陳佗也殺陳佗在桓六年○佗大多反生敬
仲其少也周史有以周易見陳侯者周大史也○少詩照反見如字又賢遍反大音泰疏注周大史也○正義曰直
言周史知是大史者周禮大史掌書昭二年傳稱韓宣子觀書於大史氏此以周易見陳侯故知是大史也以周易見者自以知周易見陳侯言。明易能筮
故陳侯使之筮也陳侯使筮之蓍曰筮○筮上制反蓍音尸疏注蓍曰筮○正義曰曲禮文也揲蓍求卦之法則易繫辭具焉其遇
觀䷓坤下巽上觀○觀古亂反注皆同之否䷋坤下乾上否觀六四。爻變而爲否○否備矣反注皆同疏遇觀之否正義曰此
注坤下巽上觀坤下乾上否及六四爻變諸如此輩皆據周易之文知之劉炫規過云觀之否者。爲觀卦之否爻屯之比者屯卦之比爻皆不取後卦之義今
刪定以爲不然何者以閔元年畢萬筮仕遇屯之比云屯固比入僖十五年晉獻公筮嫁伯姬得歸妹之。睽云士刲羊亦無衁歸妹上六爻辭又云歸妹。睽孤
寇張之弧。睽之上九爻辭又云歸妹之。睽猶無相也昭五年明夷之謙云明夷于飛垂其翼又云謙不足飛不翔此之等類皆取前後二卦以占吉凶今人之
筮亦皆如此故賈服及杜並皆同焉劉炫苟異前儒好爲別見以規杜氏非也沈云遇者不期而會之名筮者所得卦之吉凶非有宿契逢遇而已故謂之遇
劉炫云下體坤坤爲地爲衆上體巽巽爲風爲木互體。有艮艮爲門。闕地上有木而爲門。闕宮室之象宮室而可風化使天下之衆觀焉故謂之觀也下體坤

坤爲地上體乾乾爲天天不下降地不上騰天地不通其氣上下否塞故謂之否也

曰是謂觀國之光利用賓于王此周易觀卦六四爻辭易之爲書六爻皆有變象又有互體聖人隨其義而論之○爻戶交反

此其代陳有國乎不在此其在異國非此其身在其子孫

疏是謂至子孫○正義曰觀國之光利用賓于王二句周易文也此先云不在此其在異國後云非此其身在其子孫所以在下覆結先云其在後乎後云在異國者其在異國之下更欲演說異國是大嶽姜姓其言稍多且須以結末故進其在後乎於上先解之也庭實旅百以下方解利用賓于王則上句故曰觀國之下未須賓王之句而再言利用賓于王者蓋以觀國之光即是朝王之事直言觀光以文不足故連言賓王但未解賓王之義故於下更重解之傳稱引詩斷章則引易論事易未必如本此言觀國之光謂所爲筮者觀他人有國之光榮也此有國之人利用爲賓客於王朝也其意言見其子孫有國作賓於王家耳非其身也代陳有國言代陳正適子孫有其國家陳滅此與是代之也○注此周至論之○正義曰易之爲書揲蓍求爻重爻爲卦爻有七八九六其七八者六爻並皆不變卦下總爲之辭名之曰彖彖者才也總論一卦之才德若乾元亨利貞之類皆是也其九六者當爻有變每爻別爲其辭名之曰象象者像也指言一爻所象若乾初九潛龍勿。用之類皆是也不變者聚而爲彖其變者散而爲象計每於一卦當。書兩體但以此爻陰陽既同唯變否有異且每爻異辭不可爻作二畫從上可知故不畫二也傳之筮者指取易義不爲論卦丘明不畫卦也諸爲注者皆言上體下體若其畫卦示人則當不煩此注注亦不畫卦也今。書有畫卦者當是後之學者自恐不識私畫以備忘遂傳之耳每爻各有象辭是六爻皆有變象二至四三至五兩體交互各成一卦先儒謂之互體聖人隨其義而論之。或取互體言其取義爲常也

光遠而自他有耀者也

疏光遠至耀者也正義曰易稱觀國之光故解其光義言光在此處遠照於他物從他物之上而有明耀者也謂光能遠照於他物有明故下云照之以天光是也

坤土也巽風也乾天也風爲天於土上山也巽變爲乾故曰風爲天自二至四有艮象艮爲山○乾其然反

疏於土上山也○正義曰六四之爻位在坤上坤爲土地山是地之高者居於土上是爲土上山也又巽變爲坤六四變爲九四從二至四互體有艮之象艮爲山故言山也

有山之材而照之以天光於是乎居土上山則材之所生上有乾下有坤故言居土上照之以天光

故曰觀國之光利用賓于王四爲諸侯變而之乾有國朝王之象

疏有山至于王○正義曰山則材之所注此人有山之材言其必大富也上天以明臨下照之以天光言天子臨照之也於是乎又居於土上既富矣而彼天照又復居有土地是爲國君之象也易位四爲諸侯變而爲乾乾爲天子是有國朝王之象故曰觀國之光利用賓于王

庭實旅百奉之以玉帛天地之美具焉故曰利用賓于王艮爲門庭乾爲金玉坤爲布帛諸侯朝王陳贄幣之象旅陳也百言物備○摯音至本又作贄同

疏庭實至于王○正義曰覲禮侯氏執圭見王王受圭禮成乃出又入行享禮獻國之所有此說行享禮也旅陳也庭之所實陳有百品言物備也奉之以玉帛謂執玉帛而致享禮彼天之照有地之材天子賜之土田國君獻國所有天地之美備具焉朝王之儀畢足矣故曰利用賓于王○注艮爲至物備○正義曰易說卦艮爲門闕乾爲金玉坤爲布帛杜以門內有庭傳言庭實故改言艮爲門庭耳杜言諸侯朝王陳贄幣之象者謂陳之以行享禮也覲禮侯氏既見王乃云四享皆束帛加璧庭實唯國所有鄭玄云四當爲三大行人職曰諸侯廟中將幣皆三享其禮差又無取於四也初享或用馬或用虎豹之皮其次享三牲魚腊籩豆之實龜也金也丹漆絲纊竹箭也其餘無常貨此物非一國所能有唯國所有分爲三享皆以璧帛致之禮器云大饗其王事與三牲魚腊四海九州之美味也籩豆之薦四時之和氣也內金示和也束帛加璧尊德也龜爲前列先知也金次之見情也丹漆絲纊竹箭與衆共財也其餘無常貨各以其國之所有則致遠物也郊特牲

曰旅幣無方所以別土地之宜而節遠邇之期也龜爲前列先知也以鐘次之以和居參之也虎豹之皮示服猛也束帛加璧往德也鄭玄覲禮之注所言出於彼也也杜言贄幣即鄭所謂璧帛也此奉之以玉帛執以致庭實耳其玉帛不入王也也覲禮侯氏致享執玉致命王撫之而已不受之也又曰侯氏降授宰幣是庭實之幣皆庭受之唯馬受之於門外耳旅陳釋詁文也百者言其物備也猶有觀焉故曰其在後乎因觀文以傳占故言猶有觀非在己之言故知在子孫○觀古亂反【疏】注因觀至子孫○正義曰以卦名觀故因觀文以傳占也觀者視他之辭此賓王之事若所爲筮者身自當有則不應觀他此卦猶有觀焉觀非在己之言其人觀他有之故知在其子孫也風行而著於土【疏】風行而著於土○正義曰服虔云巽在坤上故爲著土也一曰巽爲風復爲木風吹木實落去更生他土而長育是爲在異國故曰其在異國乎若在異國必姜姓也姜大嶽之後也姜姓之先爲堯四嶽○著直略反大嶽音泰下音岳【疏】注姜姓至四嶽○正義曰周語稱堯命禹治水共之從孫四嶽佐之胙四嶽國命爲侯伯賜姓曰姜氏曰有呂賈逵云共共工也從孫同姓。末嗣之孫四岳官名大岳也主四岳之祭焉然則以其主嶽之祀尊之故稱大也山嶽則配天物莫能兩大陳衰此其昌乎變而象艮故知當興於大嶽之後得大嶽之權則有配天之大功故知陳必衰【疏】注變而至必衰○正義曰六四爻變爲九四與二共爲艮象艮爲山故知興於山嶽之國姜姓大岳之後知其將育于姜地之高者莫過於山詩云崧高維嶽駿極于天言其大能至天故山嶽則配天也且乾在上艮在下亦是山嶽配天之象此人子孫養於大嶽之後官尊位貴得大嶽之權則其功德有配天之大然天子其功配天今縱得大嶽之權唯諸侯耳言配天者以其功大故甚言之物莫能兩大此有興兆故名陳必衰也及陳之初亡也昭八年楚滅陳陳桓子始大於齊桓子敬仲五世孫陳無。宇【疏】注桓子至無宇○正義曰史記田完世家完卒謚爲敬仲仲生。穉孟

夷夷生滑孟莊生文子須無文子生桓子無宇是爲敬仲五世孫也

其後亡也哀十七年楚復滅陳○復扶又反成子得政成子陳常也敬仲八世孫陳完有禮於齊子孫世不忘德德協於卜故傳備言其終始卜筮者聖人所以定猶豫決疑似因生義教者也尚書洪範通龜筮以同卿士之數南蒯卜亂而遇元吉惠伯荅以忠信則可臧會卜僭遂獲其應丘明故舉諸縣驗於行事者以示來世而君子志其善者遠者他皆放此○豫音預本亦作預蒯居怪反僭子念反應應對之應縣音玄

疏注成子至放此○正義曰沈氏云世家桓子生武子啓及僖子乞乞卒子常代之是爲田成子是於敬仲爲七世言八世者據其相代在位爲八世也成子弑簡公專齊政是莫之與大也成子生襄子盤盤生莊子白白生大公和和遷齊康公於海上和立爲齊侯和孫威王稱王四世而秦滅之作傳之時宏之子孫已盛故傳備言其終始也世家云敬仲之如齊以陳字爲田氏左傳終始稱陳田必非敬仲所改未知何時改耳左傳之初至此始有卜筮故杜於此通說之曲禮曰卜筮者先聖王之所以使民決嫌疑定猶與也是先王立之本意也因而生義教謂教人以行義行善則德協於卜行惡則遇吉反凶必以行義乃可卜也洪範曰汝則有大疑謀及乃心謀及卿士謀及庶人謀及卜筮謀及卿士而以卜筮同之是通龜筮以同卿士之數也南蒯卜爲亂不信則不可臧會卜爲僭不信乃遂吉二事相反故特引之言卜筮應入行也南蒯在昭十二年臧會在昭二十五年南蒯筮而言卜者卜筮通言耳杜引洪範者欲明龜筮未必神靈故云以同卿士之數言龜筮所見纔與卿士同耳又引南蒯者明吉凶由行不由卜筮欲使人脩德行不可純信卜筮也又引臧會者吉凶亦由卜筮不可專在於行欲使人敬龜筮也故丘明舉縣驗於行事者以示來世脩德行敬龜筮言驗於行事者南蒯則行驗而龜筮不驗臧會則行不驗而龜筮驗言君子志其善者遠者善者謂勸人脩德行敬龜筮是也遠者謂舉其大綱勸人爲善長久遠道非有疏時應驗此遠者即上善者指其事謂之善指其教謂之遠劉炫云計春秋之時卜筮多矣丘明所載唯二十許事舉其縣驗於行事者其不驗者不載之君子

之人當記其忠之善者知之遠者他皆放此

附釋音春秋左傳注疏卷第九

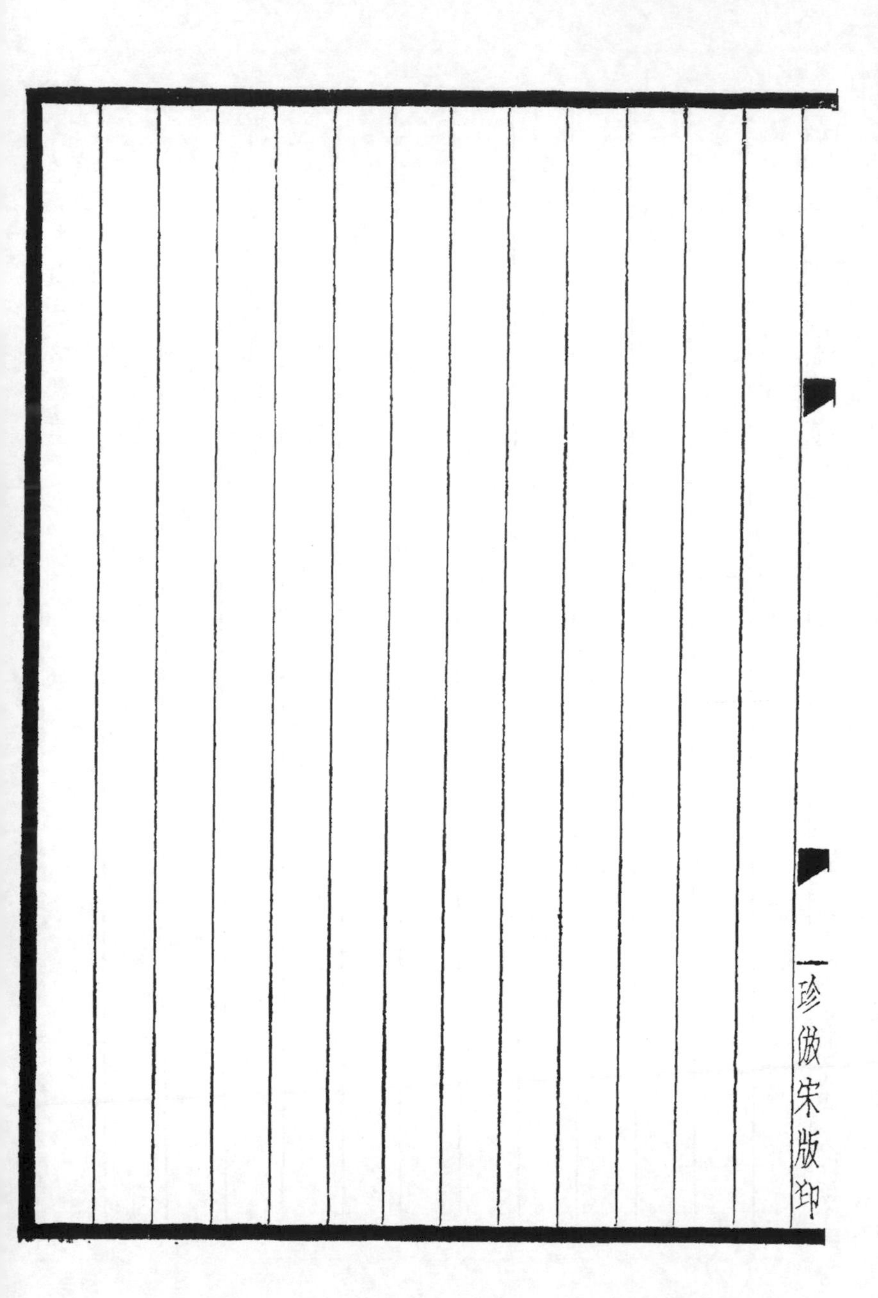
珍倣宋版印

春秋左傳注疏卷九校勘記　阮元撰盧宣旬摘錄

附釋音春秋左傳注疏卷第九 莊十一年盡二十二年

（經十一年）

十一年公敗宋師于鄑 諸本脫十一年三字

故敗于乘丘 毛本敗誤敢

（傳十一年）

注通謂至爲文 宋本以下正義六節揔入京師敗節注下

師徒撓敗 宋本撓作橈正義同釋文亦作橈是也○今訂從宋本

故曰敗績 宋本績字下有諸言敗績者皆云某師敗績十一字

然則績者是大崩之名 閩本監本毛本則作敗宋本作然則敗績者不誤

得儁曰克 淳熙本足利本儁作儁釋文云本或作俊諸本皆作儁案漢書陳湯傳注引作俊玉篇云儁同俊

故具迹叔段之事以充之 浦鏜正誤迹作述

釋例與此盡同 監本此字脫

禹湯罪己其與也悖焉石經宋本岳本作己不誤淳熙本纂圖本閩本監本毛本誤作已甚之已正義同釋文悖一作勃五經文字云悖俗作勃案呂覽當染篇漢書陳蕃傳注引並作勃非爾雅釋詁正義引又作浡然

禹湯罪己桀紂罪人宋本以下正義三節揔入臧孫達曰節之下

公子御說之辭也釋文云御本或作禦與史記漢書古今人表同

搏取也宋本搏作傳誤

注金僕姑矢名宋本以下正義三節揔入曰始吾敬子節注下

安得稱公敗宋師于乘邱宋本安上有經字是也

注戲而相愧曰靳至得還宋本作注戲而至得還

（經十二年）

十二年注紀侯至大歸各本脫十二年三字

夫國喜得其所宋本夫作失與穀梁合

不書葬亂也山井鼎云足利本後人記云亂下有故字非也

公羊書其不畏彊禦宋本閩本監本毛本書作害

〔傳十二年〕

注蒙澤至蒙縣　宋本以下正義四節摠入皆臨之注下

楚弒其君虔于乾谿　宋本楚下有公子比自晉歸于楚八字與昭十三年經合

批而殺之　案今說文作攙無批字玉篇引傳正作攙而殺之

手批之也　宋本淳熙本無也字

蒙縣西北有亳城　案郡國志水經注廿三引作薄城古字通

猛獲其黨一　宋本淳熙本岳本纂圖本無一字此誤衍山井鼎云足利本無其字非也

○冬十月蕭叔大心　宋本岳本冬上無○此本誤衍

南宮萬奔陳　釋文云本或作長萬長衍字也下亦然案下文亦請南宮萬于陳釋文作南宮長萬傳寫之失

斷以賂爲句　宋本斷作繼非

〔經十三年〕

〔傳十三年〕

十三年傳注宋有至霸業　各本脫十三年傳四字宋本此節正義在注戍守也之下

遂人不至○ 案宋本岳本無○此誤衍

(經十四年)

十四年注既伐至大夫 諸本脫十四年三字○補案各本全書正義標起止並不標年皆與此同後不悉出

鄄衛地今東郡鄄城也 淳熙本閩本纂圖本監本毛本鄄城作甄城釋文亦作甄云或作鄄案集韻云鄄地名在衛通作甄

陳世子款盟于洮 監本毛本款作欵俗款字

宋在齊上則魯次宋也 宋本宋在作或在不誤

(傳十四年)

經書人傳諸侯者 宋本淳熙本岳本纂圖本足利本傳下有言字岳本脫者字

注齊欲至之辭 宋本此節正義在夏單伯會之節下

先儒以爲諸如此輩 閩本輩誤輦

非正等差之謂也 宋本正作止是也

初內蛇與外蛇鬬於鄭南門中內蛇死 石經初刻虵後改蛇

六年而厲公入 閩本監本毛本脫而厲公三字宋本以下正義三節揔入乃縊而死句下

○服虔云　宋本監本毛本○下有正義曰三字

其氣𤇍以取之　石經初刻𤇍作炎是也改作𤇍大誤釋文亦作炎案漢書五行志藝文志引傳文並作其氣炎以取之顏師古注炎讀與𤇍同

蓋其畿內之國　宋本其作是不誤

○莊公之子猶有八人傳唯見四人子忽子亹子儀並死獨厲公在八人名字記傳無聞　案卅四字乃釋文自此本誤入正義閩本監本毛本並仍其繆○補案此本不誤

繩息嬀以語楚子　釋文繩說文作譝廣雅云譝譽也

宰役在十年　各本作莘役此本誤作莘役

注繩譽也　宋本此節正義入秋七月節注下

商書盤庚　釋文作般庚云本又作盤庚案周禮司勳注作般庚漢石經尚書殘碑般作股唐元度云石經舟皆作月

（經十五年）

（傳十五年）

（經十六年）　宋本春秋正義卷第九

往年齊桓始霸　宋本始作治非

戚與虛打 宋本閩本監本毛本柯作打是也○今依訂正

〈傳十六年〉

注二子至曰刖 宋本以下正義二節揔入注言其不能早辟害之下

注滿於十 宋本注下有數字是也

傳稱曲沃武滅翼 宋本監本毛本武下有公字不誤

盡以是寶器賂獻於周僖王 宋本閩本監本毛本是作其不誤

〈經十七年〉

齊桓始霸 閩本監本毛本霸作伯釋文亦作伯音霸云本又作霸

鄭令詹請齊謝罪 宋本請作詣不誤

夏齊人殲于遂 漢書地理志注引遂作隧

翫而无備 宋本无作無是

逃居匹夫逃竄 宋本閩本監本毛本居作若不誤

冬多麋 葉抄釋文麋作麇非也案石經此處缺諸本作麋釋文亡悲反則從米是也

〔傳十七年〕

〔經十八年〕

秋有𧌒 釋文𧌒本又作蜮漢書引經文作蜮說文云蜮短狐也

蜮短弧也 盧文弨曰按弧字是也能含沙射人故名之短弧釋文亦作短弧云本又作狐宋本淳熙本岳本並作狐釋文短本又作斷

或謂含沙射人入皮肌 浦鏜正誤云皮當作人盧文弨云穀梁疏作射人入人皮肌

〔傳十八年〕

示不忘故 宋本岳本纂圖本監本毛本作忘古是也案正義作古

所以助歡敬之意 纂圖本閩本監本毛本歡作勸非正義所以助歡也同

注王之至備設 宋本以下正義三節揔入王命諸侯節注下

王爲之設饗禮 毛本禮誤醴

侯伯三饗再食再燕 監本毛本三作二非也

四曰醍齊 宋本醍作緹字周禮作緹按緹正字醍俗字

然醴猶體也 毛本體作躰俗字

主人又酌以酬賓曰酬幣宋本幣上有謂之酬三字是也

所賜之物即下玉馬是也監本玉作王非

命晉侯助以束帛宋本晉侯下有箱注云命晉侯六字與僖廿八年傳注合

皆賜玉五瑴釋文云瑴字又作珏正義引倉頡篇瑴作珏雙玉爲瑴故字從兩玉說文瑴字云珏或從㱿岳本作瑴是也

宜無鐘鼓故以侵言之宋本監本毛本不重故字是也

鬬緡尹之宋本此節正義在以伐楚句下

遷權於那處石經初刻同改刻鄀岳本作鄀與釋文合下並同

〔經十九年〕

〔傳十九年〕

注黃嬴姓宋本以下正義四節揔入君子曰節注下

而葬於經皇惠棟云經與窒通

掌守主宮之中門之禁宋本閩本監本毛本主作王是也

生子頹石經宋本足利本頹作穨案六經正誤云說文作穨臨川與國本並作穨當從之後同

姚姓也　宋本淳熙本無也字

及惠王即位　石經初刻有脫文及惠王即四字改刊時補正

注圃園也囿苑也　宋本此節正義在冬立子頹之下

園其樊也　重修監本樊作焚誤

〔經二十年〕

來告以火　岳本纂圖本閩本監本毛本火作大是也按正義亦作大

二十年注來告至六年　各本脫二十年三字此節正義宋本在齊人伐戎句注下

〔傳二十年〕

注燕仲父南燕伯　宋本以下正義三節總入寡人之願也句下

大磬大夏　閩本監本毛本磬作磬非下舞大磬同

奏黃鍾　閩本監本鍾作鐘下同

奏大蔟　閩本監本蔟作簇非

奏蕤賓　補案蕤周禮作蕤

叔虢公字 淳熙本字誤子纂圖本閩本監本毛本作虢叔公字非也

（經二十一年）

八月葬緩慢也 宋本淳熙本岳本足利本月下有乃字是也

（傳二十一年）

鄭虢相命 岳本命下有也字

闕象魏也 宋本以下正義五節揔入冬王歸自虢注下

王巡虢守 注同 山井鼎引林唐翁直解作王巡守虢非釋文云守本或作狩後放此

玤虢地 纂圖本毛本地作也誤

鞶帶而以鑑爲飾也 宋本淳熙本鑑作鏡定六年傳注同

今西方羌胡爲然古之遺服 宋本淳熙本岳本爲作猶是

（經二十二年）

經二十二年 石經此處殘闕宋本淳熙本岳本足利本十下有有字是也

蕩滌衆故 宋本岳本纂圖本閩本監本毛本蕩作盪釋文亦作盪云本又作蕩案正義作蕩衆下山井鼎云足利本有惡字

春陽以煖之　毛本煖作暖

尙稱夫人　監本毛本尙作常非也

此赦必不爲文姜　宋本姜下有也字

陳人殺其公子御寇　釋文云御本亦作禦案公羊穀梁皆作禦

疏告夏五月　監本毛本疏誤注此本告字衍

使公孫壽來納幣　宋本重納幣二字是也

〔傳二十二年〕

皆御寇之黨　監本寇誤光

使爲工正　毛本正誤政

注齊桓至公酒　宋本以下正義二十二節揔入篇末

敬仲羈旅之臣　宋本羈作羇俗字

據敬仲爲主人辭　宋本人下有之字

其象似玉瓦原之璺鏬　毛本璺作亹非也

頌爲繇也 宋本閩本監本爲作謂

此傳鳳凰于飛 宋本作鳳皇是也

郭璞撰自所卜事謂之辭林 按隋書經籍志有周易新林易洞林皆郭璞撰此作辭誤

是謂鳳皇于飛 監本毛本皇作凰俗字注同

莫宿丹穴 案說文丹作風淮南子作風穴

鳳皇雄雌俱飛 毛本雄雌二字誤倒

言已明易能筮 宋本已作己不誤

觀六四爻變而爲否 宋本無爻字

爲觀卦之否爻 浦鏜正誤爲改作謂

得歸妹之睽云 睽各本作暌非宋本不誤下同

互體有艮 毛本有作爲非

艮爲門闕 監本闕誤闗下同

若乾初九潛龍勿用之類 閩本用誤毋

當書兩體 宋本監本毛本書作畫是也

今書有畫卦者 閩本書作畫非

聖人隨其義而論之 宋本論之下有或取爻象四字是也

諸侯朝王陳贄幣之象 纂圖本閩本監本毛本贄作摯釋文亦作摯云本又作贄同

陳有百品言物備也 毛本陳誤成宋本重百品二字閩本監本毛本亦脫

謂執玉帛而致享禮 宋本禮下有也字

諸侯廟中將幣皆三享 毛本幣誤備

因觀文以傳占 宋本淳熙本岳本纂圖本足利本傳作博是也正義同

姜大嶽之後也 周禮馬質正義引作大岳案說文岳古文嶽

從孫同姓未嗣之孫 宋本作末是也

桓子敬仲五世孫陳無宇 纂圖本閩本監本毛本宇誤字

仲生穉孟夷 閩本監本毛本穉誤稺

臧會卜僭 淳熙本卜作十非

及僖子乞乞卒子常代之 各本作僖此本誤僖今訂正宋本常作恆毛本代誤伐

成子弒簡公 監本毛本弒作殺非

汝則有大疑 閩本監本毛本有大二字誤倒

欲使人敬龜筮也 宋本龜作卜是也

當記其忠之善者 監本毛本忠作志

春秋左傳注疏卷九校勘記

附釋音春秋左傳注疏卷第十 莊二十三年盡三十二年

杜氏注　孔穎達疏

經二十有三年春公至自齊傳無○祭叔來聘無傳穀梁以祭叔爲祭公來聘魯天子內臣不得外交故不言使不與其得使聘○祭側界反爲于僞反疏二十三年注穀梁至使聘○正義曰諸言聘者皆言某侯使某來聘此不言使左氏無傳故取穀梁爲說穀梁傳云其不言使何也天子之內臣也不正其外交故不與使也然則言內臣不得外交必是畿內之國畿內之國非爲祭耳傳不言爲祭公來聘杜言爲祭公來聘者但祭叔連祭爲文必是祭人虞叔。子虞公之弟此祭叔或是祭公之弟故以爲爲祭公來聘天子內臣不得外交諸侯故不言使不與其得使聘也魯受其聘行其禮故書聘耳二十五年陳女叔來聘嘉之故不名此無可嘉亦稱叔者杜意叔爲名爲字無以可知故不明言○夏公如齊觀社齊因祭社蒐軍實故公往觀之疏注齊因至觀之○正義曰魯語說此事云夫齊棄大公之法而觀民於社孔晁云聚民於社觀戎器也襄二十四年傳稱楚子使薳啓。彊如齊齊社蒐軍實使客觀之知此亦然故公往觀之釋例曰凡公出朝聘奔喪會葬皆但書如不言其事此春秋之常然則喪葬常事故不書觀社非常故特書公至自齊傳無○荊人來聘無傳不書荊子使某來聘君臣同辭者蓋楚之始通未成其禮疏注不書至其禮○正義曰釋例曰楚之君臣最多混錯此乃楚之初興未閑周之典禮告命之辭自生同異楚武王熊達始居江漢之間然猶未能自同列國故稱荊敗蔡師荊人來聘從其所居之稱而總其君臣是言楚之始通未成其禮之意言君臣同辭者此云荊人來聘是臣來也僖二十一年楚人使宜申來獻捷言使則是君也而經亦書楚人是君臣同辭○公及齊侯遇于穀無傳○穀音谷○蕭叔朝公無傳蕭附庸國叔名就穀朝公故不言來凡在外朝則禮不得具嘉禮不野合 疏 注蕭附至野合○正義曰無爵而稱朝知是附庸國也郳儀父貴之乃書字此無所貴知叔爲名也公羊傳曰其言朝公何公在外也文連遇于穀是就穀朝公穀是齊地故不言來也定十四年大蒐于比蒲邾子來會公比蒲魯地故言來也穀梁傳曰朝於廟正也於外非正也是言在外行朝則禮不得具定十年傳稱嘉樂不野合知嘉禮亦不野合嘉禮謂善禮非五禮之嘉也朝於五禮屬賓○秋丹桓宮楹（桓公廟也楹柱也○楹音盈）○冬十有一月曹伯射姑卒（無傳未同盟而赴以名○射示亦反又音亦）○十有二月甲寅公會齊侯盟于扈（無傳扈鄭地在滎陽卷縣西北○扈音戶卷音權字林丘權反韋昭丘云反說文丘粉反）

傳二十三年夏公如齊觀社非禮也曹劌諫曰不可夫禮所以整民也故會以訓上下之則制財用之節（貢賦多少）朝以正班爵之義帥長幼之序征伐以討其不然（不然不用命○長丁丈反）疏 夫禮至不然○正義曰夫禮者所以整理天下之民民謂甿庶貴賤者皆是也諸侯會聚所謀皆是尊王室脩臣禮故會以訓上下之則以諸侯事天子訓在下事其君也於會必號令諸國出貢賦多少即是制財用之節度也禮使小國朝大國是朝以正班爵之等義也爵同則小國在下是帥長幼之次序也諸侯之序以爵不以年此言長幼謂國大小也沈氏云爵同者據年之長幼故云帥長幼之序不朝不會則征討之故言征伐以討其不然 諸侯有王（從王事）王有巡守（省四方）以大習之（大習會朝之禮）非是君不舉矣君舉必書（書於策）書而不法後嗣何觀○晉桓莊之族偪（桓叔莊伯之子孫強盛偪迫公室○偪彼力反）獻公患之士蔿曰去富子則羣公子可謀也已（士蔿晉大夫富子二族之富強者○蔿于委反去起呂反下同）公曰

爾試其事士蔿與羣公子謀譖富子而去之以罪狀誣之同族惡其富強故士蔿得因而間之用其所親爲譖則似信離其骨肉則黨弱羣公子終所以見滅○惡烏路反間間廁之間○秋丹桓宮之楹

經二十有四年春王三月刻桓宮桷刻鏤也桷椽也將。逆夫人故爲盛飾○刻音克桷音角字林云齊魯謂榱爲桷椽直專反【疏】二十四年注刻鏤至盛飾○正義曰釋器云金謂之鏤木謂之刻刻木鏤金其事相類故以刻爲鏤也桷謂之榱榱即椽也穀梁傳曰刻桷非正也夫人所以崇宗廟也取非禮與非正而加之於宗廟以飾夫人非正也刻桓宮桷丹桓宮楹斥言桓宮以惡莊也是言丹楹刻桷皆爲將逆夫人故爲盛飾○葬曹莊公無傳○夏公如齊逆女無傳親逆禮也【疏】注親逆禮也○正義曰公羊傳曰何以書親。逆禮也親逆是正禮有故得使卿逆亦無譏也○秋公至自齊無傳八月丁丑夫人姜氏入哀姜也公羊傳以爲姜氏要公不與公俱入蓋以孟任故丁丑入而明日乃朝廟○要於遙反任音壬後孟任皆同【疏】注哀姜至朝廟○正義曰公羊傳曰其言入何難也其難奈何夫人不可使入與公有所約然後入唯言有所要不知要何事故云蓋以孟任故也明日戊寅大夫宗婦覿用幣夫人若未朝廟不得受臣覿禮知明日乃朝廟既朝乃見大夫宗婦杜言朝廟者爲覿用幣發也書入不書至者釋例曰莊公顧割臂之盟崇寵孟任故即位二十三年乃娶元妃雖丹楹刻桷身自納幣而有孟任之嫌故與姜氏俱反而異入經所以不以至禮書也戊寅大夫宗婦覿用幣宗婦同姓大夫之婦禮小君至大夫執贄以見明臣子之道莊公欲奢夸夫人故使大夫宗婦同贄俱見○覿徒歷反見也以見賢遍反下同夸苦瓜反【疏】注宗婦至俱見○正義曰襄二年葬齊姜傳稱齊侯使諸姜宗婦來送葬諸姜是同姓之女知宗婦是同姓大夫之婦也禮小君至大夫執贄以見明臣子之道禮亦無此文士相見禮稱大夫始見於君執贄夫人尊與君同臣始爲臣有見君之禮明小君初至亦當有禮以見也且傳唯譏婦贄不宜用幣不言覿之爲非知其禮當然也大夫當用羔鴈用幣亦爲非禮也莊公欲奢夸夫人故使男女同贄惡其男女無別且譏。僭爲失禮故書之

○大水無傳○冬戎侵曹無傳○曹羈出奔陳無傳羈蓋曹世子也先君既葬而不稱爵者微弱不能自定曹人以名赴【疏】注羈蓋至名赴○正義曰此事左氏穀梁並無傳公羊以曹羈爲曹大夫三諫不從而出奔杜以此經書曹羈出奔陳赤歸于曹與鄭忽出奔衛。突歸于鄭其文相類故附彼爲之說。稱蓋爲疑辭微弱不能自定曹人以名赴亦如鄭忽之出奔

○赤歸于曹無傳赤曹僖公也蓋爲戎所納故曰歸【疏】注赤曹至曰歸○正義曰史記曹世家與年表皆云僖公名夷三家經傳有五而皆言赤杜以鄭突類之知赤是曹君故以赤爲僖公書有姧誤何必史記是而杜說非也傳例曰諸侯納之曰歸以戎侵曹而赤歸故云蓋爲戎所納也賈逵以爲羈是曹君赤是戎之外孫故戎侵曹逐羈而立赤亦以意言之無所據也

○郭公無傳蓋經闕誤也自曹羈以下公羊穀梁之說既不了又不可通之於左氏故不采用【疏】注蓋經至采用○正義曰公羊穀梁並以赤歸于曹郭公連文爲句言郭公名。赤失國而歸于曹是爲說不了故不采用

傳二十四年春刻其桷皆非禮也并非丹楹故言皆【疏】注并非丹楹故言皆○正義曰穀梁傳曰禮楹天子諸侯黝堊大夫。蒼士黈丹楹非禮也注云黝堊黑色黈黃色又曰禮天子之桷斲之礱之加密石焉諸侯之桷斲之礱之大夫斲之士斲本刻桷非正也加密石注云以細石磨之晉語云天子之室斲其椽而礱之加密石焉諸侯礱之大夫斲之士首之言雖小異要知正禮楹不丹桷不刻故云皆非禮也御。孫諫曰臣聞之儉。德之共。也侈惡之大也御孫魯大夫○御魚呂反本亦作禦侈昌紙反又戶氏反先君有共德而君納諸大惡無乃不可乎以不丹楹刻桷爲共

○秋哀姜至公使宗婦覿用幣非禮也傳不

言大夫唯舉非常疏注傳不至非常○正義曰士相見禮云。下大夫相見以鴈上大夫相見以羔如士相見之禮始見於君執。摯鄭玄云士大夫一也如彼禮文大夫始見於君用羔鴈始見夫人亦當然然則大夫用幣亦非常而以大夫為常者禮孤執皮帛則諸侯之臣有執帛者矣大夫執帛唯上僭耳其帛猶是男子所執婦人執幣則全非常事御孫唯諫婦人不宜執幣丘明為諫發傳故唯舉非常也左傳諸為諫者或言諫曰或不言諫意在載辭不為例也

御孫曰男贄大者玉帛公侯伯子男執玉諸侯世子附庸孤卿執帛○贄真二反疏注公侯至執帛○正義曰周禮大宗伯職云公執桓圭侯執信圭伯執躬圭子執穀璧男執蒲璧是公侯伯子男皆執玉也典命職曰凡諸侯之適子誓於天子攝其君則下其君之禮一等未誓則以皮帛繼子男公之孤四命以皮帛眂小國之君是諸侯世子與孤卿執帛也附庸雖則無文而為一國之主來則謂之為朝未有爵命不合執玉明與世子同執帛也且哀七年傳稱禹合諸侯於塗山執玉帛者萬國附庸是國明執帛者附庸也鄭玄周禮注云皮帛者束帛而表以皮為之飾皮虎豹皮帛如今璧色繒也周禮以玉作六瑞以禽作六。摯則瑞。贄有異而此傳玉帛同言贄者鄭玄曲禮注云摯之言至也當謂執之見人以表至誠也典瑞注云瑞。節信也禮天子執冒以見諸侯諸侯執圭璧以朝天子天子以冒冒之以為信故以瑞為名皮帛以下無此合信之事故以贄為名其實皆以表至誠故傳通以贄言之凡贄皆以爵不以命數也

小者禽鳥卿執羔大夫執鴈士執雉疏注卿執至執雉○正義曰周禮大宗伯職文也鄭玄云羔取其羣而不失其類鴈取其候時而行雉取其守介而死不失其節鶩取其不飛遷雞取其守時而動曲禮曰飾羔鴈者以繢言天子之臣飾羔鴈以布又畫之諸侯之臣飾以布不畫之自雉以下無飾

以章物也章所執之物別貴賤○別彼列反

女贄不過榛栗棗脩以告虔也榛小栗脩脯虔敬也皆取其名以示敬○榛側巾反脩鍛脯加薑桂曰脩虔音乾疏注榛小至示敬○正義曰曲禮云婦人之贄椇榛脯脩棗栗鄭玄云婦人無外事見

以羞物也椇椇木名椇枳也有實今邳郯之東食之椇實似栗而小鄭又注周禮腊人云薄析曰脯捶之而施薑桂曰鍛脩然則脩脯大同故以脩爲脯也虔敬釋詁文皆取其名以示敬者先儒以爲栗取其戰栗也棗取其早起也脩取其自脩也唯椇無說蓋以椇聲近虔取其虔於事也今男女同贄是無別也男女之別國之大節也而由夫人亂之無乃不可乎○晉士蔿又與羣公子謀使殺游氏之二子游氏二子亦桓莊之族士蔿告晉侯曰可矣不過二年君必無患

經二十有五年春陳侯使女叔來聘女叔陳卿女氏叔字○女音汝陳大夫氏○夏五月癸丑衞侯朔卒無傳惠公也書名十六年與內大夫盟于幽○六月辛未朔日有食之鼓用牲于社鼓伐鼓也用牲以祭社傳例曰非常也疏注二十五年注伐至常也○正義曰尚書召誥云用牲于郊牛二如此之類言用牲者皆用之以祭知此用牲以祭社也鼓之所用必是伐之伐理可見故不言伐鼓牲不言用則牲無所施於文不足故言用牲傳稱正月之朔慝未作日有食之於是乎用幣于社伐鼓于朝正月謂周六月也此經雖書六月杜以長曆校之此是七月七日用鼓一非常月也鼓當于朝而此鼓于社社非其處也社應用幣而於社用牲非所用也一舉而有三失故譏之○伯姬歸于杞無傳不書逆女逆者微○秋大水鼓用牲于社于門門國門也傳例曰亦非常也疏注門國門也○正義曰祭法云天子立七祀諸侯立五祀其門皆曰國門知此門亦國門國門謂城門也傳稱天災有幣無牲非日月之眚不鼓則鼓與牲二事皆失故譏之○冬公子友如陳無傳報女叔之聘諸魯出朝聘皆書如不果彼國必成其禮故不稱朝聘春秋之常也公子友莊公之母弟稱

公子者史策之通言母弟至親異於他臣其相殺害則稱弟以示義至於嘉好之事兄弟篤睦非例所興或稱弟或稱公子仍舊史之文也母弟例在宣十七年○好呼報反傳同【疏】注報女至七年○正義曰魯出朝聘多有在道復者假令得到彼國尙不知受之以否故皆書如如者往也直言往彼而已不果彼國必成其禮故不稱朝聘爲春秋之常也僖二十八年公朝于王所朝詭乃書故即稱爲朝此公子友莊公之母弟也於莊世稱公子昭元年陳公子招陳哀公母弟也於哀世稱公子故解之稱公子者史策之通言也釋例曰庶弟不得稱弟而母弟得稱公子秦伯之弟鍼適晉女叔齊曰秦公子必歸此公子亦國之常言得兩通之證也是言公子母弟得通言之意也釋例又曰兄而害弟則稱弟以章兄罪弟又害兄則云弟以罪弟身統論其義兄弟二人交相殺害各有曲直○存弟則示兄曲也是言其相殺害則稱弟以示義也釋例又曰若夫朝聘盟會嘉好之事此乃兄弟之篤睦非義例之所興故仍舊史之策或稱弟或稱公子踐土之盟叔武不稱弟此其義也案經桓三年齊侯使其弟年來聘十四年鄭伯使其弟語來盟成十年衛侯之弟黑背帥師侵鄭彼皆稱弟季友陳招並稱公子俱無褒貶所稱不同知是史文之異不爲義例仲尼無所見義故仍舊史耳

傳二十五年春陳女叔來聘始結陳好也嘉之故不名季友相魯原仲相陳二人有舊故女○來聘季友冬亦報聘嘉好接備卿以字爲嘉則稱名其常也○相息亮反下同○夏六月辛未朔日有食之鼓用牲于社非常也非常鼓之月長曆推之辛未實七月朔置閏失所故致月錯○【疏】○注非常至月錯○正義曰此及文十五年昭十七年皆書六月朔日有食之昭十七年傳稱祝史請所用幣昭子許之平子禦之曰止也唯正月朔慝未作日有食之於是乎有伐鼓用幣禮也其餘則否大史曰在此月也經書六月而史言在此月則知傳言正月之朔慝未作者謂此周之六月夏之四月也文十五年傳直說天子諸侯鼓幣異禮不言非常知彼言六月直六月也此亦六

月而云非常下句始言唯正月之朔有用幣伐鼓之禮明此經雖書六月實非六月故云非常鼓之月長曆推此辛未爲七月之朔由置閏失所故致月錯不應置閏而置閏誤使七月爲六月也釋例曰莊二十五年經書六月辛未朔日有食之實是七月朔非六月故傳云非常也唯正月之朔有用幣伐鼓明此食非用幣伐鼓常月因變而起曆誤也文十五年經文皆同而更復發傳曰非禮者明前傳欲以審正陽之月後傳發例欲以明諸侯之禮此乃聖賢之微旨而先儒所未喻也劉炫云知非五月朔者昭二十四年五月日有食之傳云日過分而未至。非。若是五月亦應云過分而未至也今言慝未作則是已作之辭故知非五月案二十四年八月丁丑夫人姜氏入從彼一推之則六月辛未朔非有差錯杜云置閏失所者以二十四年八月以前誤置一閏非是八月以來始錯也○

唯正月之朔慝未作

正月夏之四月周之六月謂正陽之月今書六月而傳云唯者明此月非正陽月也慝陰氣○正音政正月建巳之月慝他得反夏戶雅反○疏注正月至陰氣○正義曰昭十七年傳大史論正月之事云當夏四月是謂孟夏知正月是夏之四月周之六月也詩云正月繁霜鄭玄云夏之四月建巳純陽用事是謂正月爲正陽之月慝惡也人情愛陽而惡陰故。謂陰爲惡故。云慝陰氣也未作謂陰氣未起也○

日有食之於是乎用幣于社伐鼓于朝

日食曆之常也然食於正陽之月則諸侯用幣于社請救於上公伐鼓于朝退而自責以明陰不宜侵陽臣不宜揜君以示大義○疏注日食至大義○正義曰古之曆書亡矣漢興以來草創其術三統以爲五月二十三分月之二十而日月交會近世爲曆者皆以爲一百七十三日有餘而日一食是日食者曆之常也古之聖王因事設戒夫以昭昭大明照臨下土忽爾殲亡俾晝作夜其爲怪異莫斯之甚故立求神請救之禮責躬罪己之法正陽之月陽氣尤盛於此尤盛之月而爲弱陰所侵故尤忌之社是上公之神尊於諸侯故用幣于社請救於上公伐鼓于朝退而自攻責也日食者月揜之也日者陽之精月者陰之精日君道也月臣道也以明陰不宜侵陽臣不宜揜君以示大義也昭二十九年傳曰

故有五行之官是謂五官實列受氏姓封爲上公祀爲貴神社稷五祀是尊是奉故杜以社爲上公之神○秋大水鼓用牲于社于門亦非常也失常禮○凡天災有幣無牲天災日月食大水也祈請而已不用牲也疏注天災至牲也○正義曰傳言亦非常亦上日食也但日食之鼓非常月伐鼓于社非常禮大水用牲亦非常禮俱是非常故亦前也傳既亦前即發凡例知天災之言兼日食大水也天之見異所以譴告人君欲令改過脩善非爲求人飲食既遇天災隨時即告唯當告請而已是故有幣無牲若乃亢旱歷時禜雨不止然後禱祀羣神求弭災沴者設禮以祭祭必有牲詩雲漢之篇美宣王爲旱禱請自郊徂宮無所不祭云靡神不舉靡愛斯牲是其爲旱禱祭皆用牲也祭法曰埋少牢於泰昭祭時也相近於坎壇祭寒暑也王宮祭日也夜明祭月也幽禜祭星也雩禜祭水旱也鄭玄云凡此以下皆祭用少牢寒暑不時則或禳之或祈之是說祈禱之祭皆用牲

非日月之眚不鼓眚猶災也月侵日爲眚陰陽逆順之事賢聖所重故特鼓之○眚所景反疏注眚猶至鼓之○正義曰易稱是謂災眚書稱眚災肆赦是眚災相類故云眚猶災也月侵日爲眚陰犯陽爲逆逆順之事賢聖所重故見其逆事而特鼓之此據日食爲說耳傳稱日月之眚日月並言則月食亦有鼓周禮大僕職云凡軍旅田役贊王鼓救日月亦如之是日食月食皆有鼓也穀梁傳曰天子救日置五麾陳五兵五鼓諸侯置三麾陳三鼓三兵大夫擊門士擊柝左氏雖無傳義或然也○晉士蔿使羣公子盡殺游氏之族乃城聚而處之聚晉邑○聚才喻反冬晉侯圍聚盡殺羣公子卒如士蔿之計

經二十有六年春公伐戎無傳○夏公至自伐戎無傳○曹殺其大夫無傳不稱名非其罪例在文七年疏二十六年注不稱至七年○正義曰文七年傳稱書曰宋人殺其大夫不稱名衆也且言非其罪也是仲尼新意變例也○秋公會

宋人齊人伐徐無傳宋序齊上主兵○冬十有二月癸亥朔日有食之無傳

傳二十六年春晉士蔿爲大司空大司空卿官疏。注大司空卿官○正義曰傳於比年以來說士蔿爲獻公設計晉國以安今又言大司空明任以卿位也直言司空者是大夫即司空亞旅皆受一命之服是也晉自文公以後世爲盟主征伐諸國卿以軍將爲名司空非復卿官故文二年司空士穀非卿也雖則非卿職掌不異成十八年傳曰右行辛爲司空使脩士蔿之法是其典事同也○夏士蔿城絳以深其宮絳晉所都也今平陽絳邑縣○秋虢人侵晉冬虢人又侵晉爲傳明年晉將伐虢張本此年經傳各自言其事者或經是直文或策書雖存而簡牘散落不究其本末故傳不復申解但言傳事而已○牘徒木反究音救復扶又反解居蟹反疏注爲傳至而已○正義曰此年傳不解經經傳各自言事伐戎日食體例已舉或可經是直文不須傳說曹殺大夫宋齊伐徐或須說其所以此去丘明已遠或是簡牘散落不復能知故耳上二十年亦傳不解經彼經皆是直文故就此一說言下以明上

經二十有七年春公會杞伯姬于洮伯姬莊公女洮魯地○洮徒刀反疏二十七年注伯姬莊公女○正義曰上二十五年始歸于杞莊公無母而此來寧知是莊公女也會女非常故於此言女以辯之○夏六月公會齊侯宋公陳侯鄭伯同盟于幽○秋公子友如陳葬原仲原仲陳大夫原氏仲字也禮臣既卒不名故稱字季友違禮會外大夫葬具見其事亦所以知譏○見賢遍反疏注原仲至知譏○正義曰玉藻記云士於君所言大夫沒矣則稱謚若字桓二年穀梁傳曰子既死父不忍稱其名臣既死君不忍稱其名是禮臣卒不名陳人不稱其名故魯史亦書其字○冬杞伯姬來傳例曰歸寧○○莒慶來逆叔姬無傳

慶莒大夫叔姬莊公女卿自爲逆則稱字例在宣五年○爲于僞反○杞伯來朝無傳杞稱伯者蓋爲時王所黜○黜勅律反疏注杞稱至所黜○正義曰桓二年杞侯來朝十二年公會杞侯莒子盟于曲池自爾以來不見經傳從此稱伯終於春秋故云蓋爲時王所黜於時周王當桓莊僖惠不知何王黜之○公會齊侯于城濮無傳城濮衛地將討衛也○濮音卜

傳二十七年春公會杞伯姬于洮非事也非諸侯之事○天子非展義不巡守天子巡守所以宣布德義諸侯非民事不舉卿非君命不越竟○竟音境○夏同盟于幽陳鄭服也二十二年陳亂而齊納敬仲二十五年鄭文公之四年獲成於楚皆有二心於齊今始服也疏注二十至服也○正義曰比年以來陳鄭無不服之狀此言其服故注者原之二十一年鄭厲公卒二十五年是鄭文公之四年也文十七年傳稱鄭子家與趙宣子書云文公四年二月壬戌爲齊侵蔡亦獲成於楚是二十五年既與楚平故至此始服也○秋公子友如陳葬原仲非禮也原仲季友之舊也○冬杞伯姬來歸寧也寧問父母安否凡諸侯之女歸寧曰來出曰來歸歸不反之辭夫人歸寧曰如某出曰歸于某疏凡諸至于某○正義曰釋例曰歸寧者女子既嫁有時而歸問父母之寧否父母沒則使卿歸問兄弟也出者謂犯七出而見絶者也歸者有所往之稱來者有所反之言故嫁謂之歸而寧謂之來見絶而出則以來歸爲辭來而不反也如某者非終安之稱歸于某者亦不反之辭是解其文異之意也此杞伯姬。寧也宣十六年郯伯姬來歸出也文九年夫人姜氏如齊歸寧也魯之夫人無被出者文十八年夫人姜氏歸于齊雖子死自去歸而不反亦出之類故與出同。文○晉侯將伐虢士蔿曰不可虢公驕若驟得勝於我必弃其民弃民不養之○無衆而後伐之欲禦我誰與夫禮樂慈愛戰所畜也夫民讓事樂和愛親哀喪而後可用也上之使民以義讓哀樂爲本言不可力強○畜勑六反下及注皆同哀樂音洛強其丈反疏夫禮至用也○正義曰禮樂慈愛謂國君教民民間有此四者畜聚此事然後可與人戰故云戰所畜也士蔿既言其目更以其義覆之禮尙謙讓讓事謂禮也樂以和親樂和謂樂也慈謂愛之深也愛親謂慈也愛極然後哀喪哀喪謂愛也民間有此四事然後可用以戰虢弗畜也亟戰將饑言虢不畜義讓而力戰○亟欺冀反饑居疑反又音機○王使召伯廖賜齊侯命召伯廖王卿士賜命爲侯伯○召音邵廖力彫反疏注召伯至侯伯○正義曰召伯稱爵知是王之卿士召康公之封召也當在西都畿內釋例曰扶風雍縣東南有召亭也春秋時召伯猶是召公之後西都既已賜秦則東都別有召地不復知其所在僖二十八年傳稱王命尹氏王子虎策命晉侯爲侯伯則知此賜齊侯命者亦賜命爲侯伯也彼注云周禮九命作伯則此亦九命之伯謂九州之長爲二伯也僖元年傳曰凡侯伯救患分災討罪禮也注云侯伯州長也彼主說齊桓之事亦謂九州之長非州牧也言州長者兼見州牧之事耳且請伐衛以其立子頹也立子頹在十九年○

經二十有八年春王三月甲寅齊人伐衛衛人及齊人戰衛人敗績齊侯稱人者諱取賂而還以賂者告不地者史失之疏二十八年注齊侯至失之○正義曰傳稱齊侯而經書人知其諱取賂以賂者告也詩美僖公之伐淮夷得其元龜象齒大賂南金襄十一年傳稱晉侯伐鄭受鄭之賂告於諸侯皆不以爲諱而此諱之者彼服罪致賂乃以得賂爲榮此舍罪受賂故以受之爲恥會于稷舍宋督取郜鼎亦此之類也戰皆書地此獨不地知是史失之也莊十年公羊傳曰戰不言伐圍不言戰入不言圍滅不言入書其重者左氏無此義而泓韓鞌邲令狐

河曲鄬陵城濮大棘彭衙長岸柏舉之屬皆書戰不書伐此書伐又書戰襄十八年諸侯同圍齊言圍不言伐文十五年晉郤缺伐蔡戊申入蔡書伐又書入丘明無文杜不為說皆是從告而書史有詳略無義例也此經既言齊人伐衛不言齊及衛戰而言衛人及齊人戰者公羊以為伐人者為客被伐者為主以主及客故使衛人主齊尋案經傳令狐河曲大棘彭衙長岸泓韓之屬皆以主及客也乾時升陘及葦皆魯與人戰以魯為主城濮鄢陵與邲外楚而內晉也柏舉內蔡而外楚也被伐為主或如公羊之說

○夏四月丁未邾子瑣卒無傳未同盟而赴以名○瑣素果反○秋荊伐鄭公會齊人宋人救鄭○冬築郿郿魯下邑傳例曰邑曰築○郿亡悲反

疏注郿魯至曰築○正義曰國都為上邑為下故云魯下邑成十八年築鹿囿傳曰書不時也此傳唯發城築之例不言時與不時者春秋重土功無備而興作者傳每事各言時與不時以別有所備禦如書旱雩之別過雩也其有所畏懼而興作者唯一發而已襄十九年城西郛傳曰懼齊也是其事也此年大無麥禾時歲饑虛恐或侵伐故築之以備難從西郛之例故不發傳也

○大無麥禾書於冬者五穀畢入計食不足而後書也

疏注書於至書也○正義曰麥。孰於夏禾成在秋而書於冬者計食不足而後總書之此年不言水旱而得無麥禾者服虔曰陰陽不和土氣不養故禾麥不成也傳言饑而經不書者得齊之糴救民之急不至於饑也傳言饑者指未糴之前說告糴之意故言饑也

臧孫辰告糴于齊臧孫辰魯大夫臧文仲○糴徒歷反

疏臧孫至于齊○正義曰何休云買穀曰糴告糴者將貨財告齊以買穀魯語云文仲以鬯圭與玉磬如齊告糴曰不腆先君之敝器敢告滯積以紓執事齊人歸其玉而與之糴公羊傳曰何以不稱使以為臧孫辰之私行也君子之為國也必有三年之委一年不熟告糴饑也穀梁亦然據經魯臣出使例不言使何以當怪此也傳言告糴禮也必不得如二傳之說服虔云不言如重穀急辭以其情急於糴故不言如齊告糴乞師則情緩於穀故云如楚乞師○注臧孫至文仲○正義曰世本孝公生僖

伯彊彊生哀伯達達生伯氏缾缾生文仲辰辰是臧僖伯曾孫

傳二十八年春齊侯伐衛戰敗衛師數之以王命取賂而還○晉獻公娶于賈無子賈姬姓國也○烝於齊姜齊姜武公妾○烝之承反生秦穆夫人及太子申生又娶二女於戎大戎狐姬生重耳。大戎唐叔子孫別在戎狄者○重直龍反疏注大戎至狄者○正義曰晉語云狐氏出自唐叔狐伯行之子實生重耳又曰狐偃其舅也小戎子生夷吾小戎允姓之戎子女也○疏注小戎至女也○正義曰昭九年傳稱晉率陰戎伐潁王使辭於晉曰先王居檮杌于四裔故允姓之姦居于瓜州知戎為允姓也凡言子者通男女也知子謂女也二戎相對為大小也晉伐驪戎驪戎男女以驪姬驪戎在京兆新豐縣其君姬姓其爵男也納女於人曰女○驪力知反女以昵據反注曰女同歸生奚齊其娣生卓子驪姬嬖欲立其子賂外嬖梁五與東關嬖五姓梁名五在閨闥之外者東關嬖五別在關塞者亦名五皆大夫為獻公所嬖幸視聽外事○卓勑角反閨音圭闥吐達反塞素代反使言於公曰曲沃君之宗也曲沃桓叔所封先君宗廟所在蒲與二屈君之疆也蒲今平陽蒲子縣二屈今平陽北屈縣或云二當為北○屈勿反一音居勿反疆居良反下同不可以無主宗邑無主則民不威疆埸無主則啓戎心戎之生心民慢其政國之患也若使大子主曲沃而重耳夷吾主蒲與屈則可以威民而懼戎且旌君伐旌章也伐功也○埸音亦使俱曰狄之廣莫於晉為都晉之啓土不亦宜乎廣莫狄地之曠絕也即謂蒲。子。北屈也言遣二公子出都之則晉方當大開土界獻公未決故復使二五俱說此美○復扶又反晉侯說之夏使大子居曲沃重耳居蒲城夷吾居屈羣公子皆鄙鄙邊邑說音悅○唯二姬之子在絳二五卒與驪姬譖羣公子而立奚齊晉人謂之二耦。二耜相耦廣一尺共起一伐言二人俱共墾傷晉室若此○譖責鴆反耜音似廣古曠反墾苦狠反○楚令尹子元欲蠱文夫人文王夫人息嬀也子元文王弟蠱惑以淫事○蠱音古惑也疏蠱文夫人○正義曰昭元年傳稱周易女惑男謂之蠱知蠱謂惑以淫事爲館於其宮側而振萬焉振動也萬舞也夫人聞之泣曰先君以是舞也習戎備也今令尹不尋諸仇讎而於未亡人之側不亦異乎尋用也婦人既寡自稱未亡人御人以告子元御人夫人之侍人子元曰婦人不忘襲讎我反忘之秋子元以車六百乘伐鄭入于桔柣之門桔柣鄭遠郊之門也○乘繩證反桔戶結反柣待結反疏○注桔柣至門也○正義曰此已入一門矣又云入自純門又是入一門矣復言縣門不發則更有一門矣不發是城門則知純門外郭門桔柣遠郊門也尚書費誓序云東郊弗開是郊有門也○子元鬬御彊鬬梧耿之不比爲旆。子元自與三子特建旆以居前。廣充幅長尋曰旐繼旐曰旆○御魚呂反本亦作禦下注反禦同彊其良反又居良反梧音吾比并里反旆蒲貝反長直亮反旐音兆疏注子元至曰旆○正義曰軍行之次旆最在先故宣十二年傳稱令尹南轅反旆是旆居前而殿在後也釋文云緇廣充幅長尋曰旐繼旐曰旆郭璞云旐帛全幅長八尺旆帛續旐末爲燕尾者鬬班王孫游王孫喜殿三子在後爲反禦○殿丁見反衆車入自純門及逵市純門鄭外郭門也逵市郭內縣道上市○純如字逵求龜反門不發楚言而出子元曰鄭有人焉縣門施於內城門鄭示楚以閑暇故不閉城門出兵而效楚言故子元畏之不敢進○縣音玄注同諸侯救鄭楚師夜遁鄭人將奔桐丘許昌縣東北有桐丘城○遁徒困反諜告曰楚幕有烏乃止諜間也幕帳也○諜音牒幕音莫間間廁之間○冬饑臧孫辰告糴于齊禮也經書大無麥禾傳言饑又先書饑在築郿上者說始糴經在下須得糴嫌或諱饑故曰禮○築郿非都也凡邑有宗廟先君之主曰都無曰邑邑曰築都曰城周禮四縣為都四井為邑然宗廟所在則雖邑曰都尊之也言凡邑則他築非例疏注周禮至非例○正義曰周禮小司徒職云九夫為井四井為邑四邑為丘四丘為甸四甸為縣四縣為都注引此者以證都大邑小耳經傳之言都邑者非是都則四縣邑皆四井此傳所發乃為小邑發例大者皆名都都則悉書曰城小邑有宗廟則雖小曰都無乃為邑邑則曰築都則曰城為尊宗廟故小邑與大都同名釋例曰若邑有先君宗廟雖小曰都尊其所居而大之也然則都而無廟固宜稱城城漆是也而穎氏唯繫於有無君之廟患漆本非魯邑因說曰漆有邾之舊廟是使魯人尊邾之廢廟與先君同非經傳意也又解傳言凡邑則主為邑言則他築非例也若築臺築囿築王姬之館則皆稱為築無大小之異○

經二十有九年春新延廄傳例曰書不時言新者皆舊物不可用更造之辭○廄居又反疏二十九年注傳例至之辭○正義曰馬之所處謂之廄廄延是廄之名名之曰延其義不可知也公羊傳曰新延廄者何脩舊也謂舊廄敝壞不可因而補治故言新為更造之辭也傳言新作延廄而經無作字僖二十年新作南門定二年新作雉門及兩觀皆言新作而此獨無作是作傳之後轉寫闕文也釋例曰言新意所起言作以興事通謂興起功役之事也總而言之不復分別因舊而與造新也經書延廄稱新而不言作傳言新作延廄書不時也此稱經文而以不時為譏義不在作也然尋傳足以知

經闕作字也而劉賈云言新有故木言作有新木言廄不書作所用之木非公命也凡諸興造固當有新固當有因今爲春秋微義直記別此門此觀有新木故木既已鄙近且材木者立廄之具也公命立廄則衆用皆隨之矣焉有所用之木非公命也此爲匠人受命立廄而盜共其用豈然乎哉○夏鄭人侵許傳例曰無鍾鼓曰侵○秋有蜚傳例曰爲災○蜚扶味反○冬十有二月紀叔姬卒無傳紀國雖滅叔姬執節守義故繫之紀賢而錄之○城諸及防諸防皆魯邑傳例曰書時也諸非備難而興作傳皆重云時以釋之他皆放此諸今城陽縣○難乃旦反重直用反疏城諸及防○正義曰此言城諸及防文十二年城諸及鄆定十四年城莒父及霄襄十年傳晉師城梧及制同時城二邑者皆言及穀梁傳曰以大及小也何休云諸君邑防臣邑言及別君臣之義賈逵云言及先後之辭杜不爲注先後之辭是也

傳二十九年春新作延廄書不時也經無作字蓋闕凡馬日中而出日中而入日中春秋分也治廄當以秋分因馬向入而脩之今以春作故曰不時○向許亮反本或作鄉疏注日中至不時○正義曰中者謂日之長短與夜中分故春秋二節謂之春分秋分也釋例曰春秋分而晝夜等謂之日中凡馬春分百草始繁則牧於坰野秋分農功始藏水寒草枯則皆還廄此周典之制也今春而作廄已失民務又違馬節故曰書不時也○夏鄭人侵許凡師有鍾鼓曰伐聲其罪無曰侵鍾鼓無聲輕曰襲掩其不備○輕遣政反疏凡師至曰襲○正義曰釋例曰侵伐襲者師旅討罪之名也鳴鐘鼓以聲其過曰伐寢鐘鼓以入其竟曰侵掩其不備曰襲此所以別興師用兵之狀也然則春秋之世兵加於人唯此三名擊鼓斬木俱名爲伐鳴鐘鼓聲其罪往討伐之若擊鼓斬木然侵者加陵之意寢其鐘鼓潛入其竟往侵陵之襲者重衣之名倍道輕行掩其不備忽然而至若披衣然立此三名制討罪之等級也周禮大司馬掌九伐之法賊賢害民則伐之負固不服則侵

之天子討罪無掩襲之事唯侵伐二名名與禮合而禮更有七名馮弱犯寡則眚之暴內陵外則壇之野荒民散則削之賊殺其親則正之放弒其君則殘之犯令陵政則杜之內外亂鳥獸行則滅之彼謂王者行兵此據當時實事時無其事則傳不爲例其滅與入爲例故不列於此○秋有蜚爲災

也凡物不爲災不書○冬十二月城諸及防書時也凡土功龍見而畢務戒事

也謂今九月周十一月龍星角亢晨見東方三務始畢戒民以土功事○見賢遍反注下皆同亢苦浪反又音剛疏凡土至而畢○正義曰釋例曰都邑者人之聚也國家之藩衛百姓之保障不固則敗不脩則壞故雖不臨寇必於農隙備其守禦無妨民務傳曰龍見而畢務戒事也謂夏之九月周之十一月龍星角亢晨見東方於是納其禾稼三務始畢而戒民以土功事也火見而致用大火星次角亢而晨見於是致其用也水昏正而栽謂夏之十月定星昏而中於是樹板榦而興作焉日至而畢謂日既南至微陽始動故土功息傳既顯稱凡例而書時書不時各重發者皆以別無備而興作如書旱雩之別過雩也若城西郛傳特曰懼齊此其意也然則此發例者止謂預脩備禦非有當時之急故擇閑月而爲之若當時有急則不拘此制畢者竟也畢務謂農務竟而民閑也日至而畢謂土功竟也冬至之後當更脩來年農事不得復興土功也○注謂今至功事○正義曰今之九月則季秋也月令季秋之月日在房漢書律曆志論星之度數云角十二亢九氐十五自角之初至房初三十六度晨謂夜之將旦於晨之時日體在房故角亢見在東方也東方之宿盡爲龍星角即蒼龍角也故角亢專得龍名戒謂令語之也春夏秋三時之務始畢民將閑暇故預令語民將有土功之事使自備也火見而致用大火心星次角亢見者致築作之物疏注大火至之物○正義曰襄九年傳曰心爲大火星度心五尾十八月令孟冬之月日在尾自心初至於尾末二十三度十月之初心星次角亢之後而晨見東方也致築作之物謂板榦畚楨諸是城之所用皆致之於作所也水昏正而栽謂今十月定星昏而中於是樹板榦

而興作〇栽，字林才代反，一音再；說文云築牆長板。定，多佞反。【疏】注謂今至興作〇正義曰：五行北方水，故北方之宿為水星。言水昏正者，夜之初昏水星昏正中者耳，非北方七宿皆正中也。詩云定之方中，作于楚宮。釋文云營室謂之定。孫炎云定正也，天下作宮室者皆以營室為正。周語云營室之中，土功其始。是定星昏而正為土功之大候，故知水昏正謂十月定星昏而正中時也。鄭玄詩箋云定星昏中而正，謂小雪時。小雪，十月之中氣。月令仲冬之月昏東壁中。室十六度，日行一度，是十月半而室中，十一月初而壁中。禮記中庸云栽者培之，栽者樹立之語，故知樹板幹而起首興作也。釋詁云楨翰幹也。舍人曰楨正也，築牆所立兩木也；翰所以當牆之兩邊鄣土者也。然則幹在牆之兩端，樹立之，卽楨是也；幹則在兩邊鄣土，卽板是也。板幹既異，而云樹板幹者，因類連言耳。

日至而畢。日南至，微陽始動，故土功息。〇樊皮叛王。樊皮，周大夫。樊，其采地；皮，名。

經三十年春王正月。〇夏，次于成。無傳。將卑師少，故直言次。齊將降鄣，故設備。〇將卑，子匠反；降，戶江反，下文注同；鄣音章，下同。【疏】三十年注將卑至設備〇正義曰：於例將卑師少稱人，人謂大夫身也。大夫卑，名氏不見，故稱人。他國可言某人，魯事不得自稱魯人，故魯之大夫使出者，皆言其所為之事而已。此大夫帥師而次于成，故直言次也。穀梁傳曰次止也，有畏也，欲救鄣而不能，是為降鄣，故設備也。〇秋七月，齊人降鄣。無傳。鄣，紀附庸國。東平無鹽縣東北有鄣城。小國孤危，不能自固，蓋齊遙以兵威脅使降附。【疏】注鄣紀至降附〇正義曰：公羊、穀梁傳並云鄣紀之遺邑也。釋例曰：劉、賈依二傳，以為鄣，紀之遺邑。計紀侯去國至此二十七年，紀侯猶不堪齊而去，則邑不得獨存。此蓋附庸小國，若邿、鄣者也。是言鄣為附庸之意。不言鄣降于齊而云齊人降鄣，又不言侵伐，故云蓋以兵威脅使降附。〇八月癸亥，葬紀叔姬。無傳。以賢錄也。無臣子，故不作謚。〇九月庚午朔，日有食之，鼓，用牲于社。無傳。〇冬，公及齊侯遇于魯濟。濟水歷齊魯界在齊界爲齊濟在魯疏注濟水至魯地○正義曰釋例曰濟水自滎界爲魯濟蓋魯地○濟子禮反湯卷縣東經陳留至濟陰北經高平東平至濟北東北經濟南至樂安博昌縣入海案高平東平魯西界也濟南樂安齊竟內也指言魯濟故疑魯地謂于魯地濟水之邊○齊人伐山戎山戎北狄

傳三十年春王命虢公討樊皮夏四月丙辰虢公入樊執樊仲皮歸于京師○

楚公子元歸自伐鄭而處王宮欲逐蠱文夫人鬬射師諫則執而梏之射師鬬廉也足曰桎手曰梏○射食亦反又食夜反疏注射師至曰梏正義曰杜此注與譜並以射師與鬬廉梏古毒反桎之實反爲一人不知何據也服虔云射師若敖子鬬班也射師被梏不言名之何以得殺子元也知射師與班必非一人也杜譜以爲鬬射師若敖子鬬班若敖孫周禮掌囚上罪梏拲而桎中罪桎梏下罪梏。梏拲。兵文拲施於手知梏亦手也鄭玄亦云在手曰梏在足曰桎是先儒同此說也易大畜六四童牛之梏牛云梏者牛雖無手謂梏前足也○秋申公鬬班殺子元申縣。楚僭號縣尹皆稱公○僭子念反鬬穀於菟爲令尹自毀其家以紓楚國之難鬬穀於菟令尹子文也毀。減紓緩也○穀奴走反楚人謂乳曰穀漢書作穀。音同於音烏菟音徒紓音舒一音直汝反難乃旦反下注同○冬遇于魯濟。謀山戎也以其病燕故也齊桓行霸故欲爲燕謀難燕國今薊縣○爲于僞反薊音計

經三十有一年春築臺于郎無傳刺奢且非土功之時○刺七賜反○夏四月薛伯卒無傳未同盟○

築臺于薛無傳薛魯地○六月齊侯。來獻戎捷傳例曰諸侯不相遺俘捷獲也獻奉上之辭齊侯以獻捷禮來故書以示

過○捷在妾反遺唯季反傳同俘音孚疏三十一年注傳例至示過○正義曰捷勝也戰勝而有獲獻其獲故以捷爲獲也釋例曰歸者遺也獻者自下奉上之稱遺者敵體相與之辭傳曰諸侯不相遺俘齊侯楚大夫辭稱獻失禮遺俘故因其來辭見自卑也以其大卑故書以示過此經言獻捷傳言遺俘則是獻捷獻因俘也襄八年邢丘之會傳稱鄭伯獻捷于會又曰獲司馬燮獻于邢丘是獻俘謂之捷也襄二十五年鄭公孫舍之帥師入陳傳稱司空致地司徒致民是不以俘因歸也亦云子產獻捷于晉然則無因而獻其功空有器物亦稱捷也○秋築臺于秦無傳東平范縣西北有秦亭○冬不雨無傳不書旱不爲災例在僖三年

傳三十一年夏六月齊侯來獻戎捷非禮也凡諸侯有四夷之功則獻于王王以警于夷以警懼夷狄○警音景懼戒懼也中國則否諸侯不相遺俘雖夷狄俘猶不以相遺

經三十有二年春城小穀小穀齊邑濟北穀城縣城中有管仲井大都以名通者則不繫國疏三十二年注小穀至繫國○正義曰傳稱爲管仲知是齊邑管仲所食采邑也吳滅州來晉滅下陽如此之類皆不繫國知大都以名通者則不繫國也華亥向寧入于宋南里以叛南里非大都不得以名通故繫之宋耳賈逵云不繫齊者世其祿然則彼不繫者豈皆世其祿乎○夏宋公齊侯遇于梁丘齊善宋之請見故進其班梁丘在高平昌邑縣西南○秋七月癸巳公子牙卒牙慶父同母弟僖叔也飲酖而死不以罪告故得書卒書日者公有疾不責公不與小斂○酖音鴆本亦作鴆與音預斂力豔反○八月癸亥公薨于路寢路寢正寢也公薨皆書其所詳凶變疏注路寢至凶變○正義曰公羊傳曰路寢者何正寢也喪大記曰男子不死於婦人之手婦人不死於男子之手君夫人卒於路寢鄭玄云言死必於正處也

是葬于路寢得其正也言詳凶變者釋例云詳內事謹凶變○冬十月己未子般卒子般莊公大子先君未葬故不稱爵不。書殺諱之也○般音班殺音試一音如字下同

疏注子般至諱之也○正義曰傳稱公疾問後於叔牙若已有大子則不應須問當問之時似未有大子也季友以死奉般酖殺叔牙蓋於爾時始命為大子公薨而般立知其為大子也子惡之死也直書子卒不書名此子般及子野皆書名者釋例曰公子惡魯之正適嗣位免喪則魯君也襄仲倚齊而弒之國以為諱故不稱君若言君之子也及子般子野或見殺或不勝喪言罪則不足成貶為孝而滅性故直略而書卒也又曰未成君而卒若君未葬則嗣子書名在喪之禮也既。葬則嗣君諒闇羣臣復吉免喪則成君也文公既葬襄仲殺惡及視書曰子卒與未成君同文所以為諱也如杜此言未葬之前生則直稱為子死則書曰子某卒猶外諸侯生稱其爵死書其名以為禮之常也既葬則嗣子成君以。理而卒當稱公薨全成君稱也子惡父既葬魯人諱其弒不得稱君其實已葬不得從子般子野未葬之例故書子卒而不稱名以示似未成君其實已成為君上不得同閔公下不得同般野故直書為子繫之於父若言君之子也公羊以為君存稱世子君薨稱子某既葬稱子踰年稱公據子般子野卒似欲當然但左氏稱宋桓公卒未葬而襄公會諸侯故曰子即發例曰凡在喪公侯曰子是未葬稱子傳之明文不得如公羊說也○公子慶父如齊無傳慶父既殺子般季友出奔國人不與故懼而適齊欲以求援時無君假赴告之禮而行○狄伐邢無傳邢國在廣平襄國縣

疏狄伐邢注無傳○正義曰明年有傳而言無者明年自為管仲之言發端耳非說此年伐邢之事故言無傳

傳三十二年春城小穀為管仲也公感齊桓之德故為管仲城私邑○為于偽反注及下同○齊侯為楚伐鄭之故請會于諸侯楚伐鄭在二十八年謀為鄭報楚宋公請先見于齊侯夏遇于梁丘○見賢遍

反又如字○秋七月有神降于莘有神聲以接人。莘，虢地○莘所巾反【疏】。注有神至虢地○正義曰：易稱神也者妙萬物而爲言者也，雖復鬼神之神，亦無形象可見。今言神降，則人皆聞知，故知有神，謂有神聲以接人也。吳孫權時有神自稱王表，言語與人無異，而形不可見。今此神降于莘，蓋亦王表之類。神者氣也，當在人上，今下接人，故稱降也。國語說此事，稱內史過對王云：昔昭王娶於房，曰房后，實有爽德，協於丹朱，丹朱馮身以儀之，生穆王焉。若由是觀之，其丹朱之神乎？下說神居莘，而虢公請土，內史過往聞虢請命，知莘是虢地。

惠王問諸內史過曰：是何故也？內史過，周大夫○過古禾反對曰：國之將興，明神降之，監其德也；將亡，神又降之，觀其惡也。故有得神以興，亦有以亡，虞夏商周皆有之。亦有神異○監本又作鑑，古暫反【疏】虞夏商周皆有之○正義曰：國語內史過曰：夏之興也，祝融降於崇山；其亡也，回祿信於耹隧。商之興也，檮杌次於丕山；其亡也，夷羊在牧。周之興也，鸑鷟鳴於岐山；其衰也，杜伯射宣王於鄗。是夏商周之所有也。其虞則國語不言焉，未知其所謂也。服虔云：虞舜祖考來格，鳳皇來儀，百獸率舞。案虞書，夔說舜樂所致，非神降也。必其傳會尚書，以爲得神以興，則虞舜得神以亡者，又安在也？

王曰：若之何？對曰：以其物享焉，其至之日，亦其物也。享祭也。若以甲乙日至，祭先脾，玉用蒼，服上青，以此類祭之○脾婢支反【疏】注享祭至祭之○正義曰：此降莘之神，非祀典所載，神必須祭，故內史過令以其物享之。其物不知所謂，更以至日釋之，謂此神初降之日，以其至日之物也。月令春其日甲乙，夏其日丙丁，中央土其日戊己，秋其日庚辛，冬其日壬癸，所用之物，月令具有其文。注引甲乙所用，舉一隅也。丙丁日至，祭用肺，玉服皆赤也。戊己日至，祭用心，玉服皆黃也。庚辛日至，祭用肝，玉服皆白也。壬癸日至，祭用腎，玉服皆玄也。

王從之。內史過往，聞虢請命，聞虢請於神，求賜土田之命反曰：虢必亡矣，虐而聽於神神居莘六月疏神居莘六月○正義曰國語稱惠王十五年神降于莘年表惠王五年是魯莊公之十八年則此年惠王十五年也上云七月神降則今年七月降也居莘六月虢公使祝史享焉則今年十二月也內史過往已聞虢請命則過至虢亦十二月也傳先說王事使了後論虢事以終內史之言故文倒耳虢公使祝應宗區史嚚享焉神賜之土田祝大祝宗宗人史大史應區嚚皆名○區丘于反嚚五巾反大祝音泰下同史嚚曰虢其亡乎吾聞之國將興聽於民政順民心將亡聽於神求福於神神聰明正直而壹者也依人而行唯德是與虢多涼德其何土之能得涼薄也爲傳二年晉滅下陽傳○涼音良疏神聰至能得○正義曰國語曰耳目心之樞機也故必聽和而視正聽和則聽視正則明然則所謂聰明者不聽淫辭不視邪人之謂也襄七年傳曰正直爲正正曲爲直言正者能自正直者能正人曲而壹者言其一心不二意也依人而行謂善則就之惡則去之虢多薄德神所不依其何土之能得言賜之土田必虛妄也若神所不依則不應賜土而言神賜之土田者神厭其人不告以實猶晉獻公筮以驪姬爲夫人亦云吉耳○

初公築臺臨黨氏黨氏魯大夫築臺不書不告廟○黨音掌見孟任從之閟孟任黨氏女閟不從公○閟音秘疏從之閟○正義曰服虔云從之言欲與通也而以夫人言許之許以爲夫人割臂盟公生子般焉雩講于梁氏女公子觀之雩祭天也講肄也梁氏魯大夫女公子子般妹○肄音四又以二反疏注雩祭至肄也○正義曰魯以周公之故得郊祀上天故雩亦祭天也文四年傳曰臣以爲肄業及之也肄謂習業故講爲肄圉人犖自牆外與之戲圉人掌養馬者以慢言戲之○犖音洛又力角反疏注圉人掌養馬者○正義曰周禮圉人掌養馬芻牧之事昭七年傳曰馬有圉牛有牧子般怒使鞭之公曰不

如殺之是不可鞭犖有力焉能投蓋于稷門蓋覆也稷門魯南城門走而自投接其屋之桷反覆門上○覆芳服反疏注蓋覆至門上○正義曰稷門爲魯南城門蓋時人猶以名之故知也投蓋者謂自投其身以蓋物故以爲走而自投反覆門上劉炫規過云公言犖有力焉如杜此說勁捷耳非有力也當謂投車蓋過於稷門今知不然者周禮車蓋以物帛爲之輕而抗風非可投之物且傳直云投蓋于稷門不云過稷門明知自投反覆稷門之上今時猶然且游楚超乘而出女曰子南夫也則勁捷之人亦是勇力之事劉君以勁捷非力而規杜氏非也公疾問後於叔牙對曰慶父材蓋欲進其同母兄問於季友對曰臣以死奉般季友莊公母弟故欲立般公曰鄉者牙曰慶父材成季使以君命命僖叔待于鍼巫氏成季季友也鍼巫氏魯大夫○鄉許亮反鍼其廉反使鍼季酖之酖鳥名其羽有毒以畫酒飲之則死○畫音獲疏注酖鳥至則死○正義曰說文云酖毒鳥也一名運日廣雅云鴆鳥雄曰運日雌曰陰諧廣志曰鴆鳥形似鷹大如鶚毛黑喙長七八寸黃赤如金食蛇及橡實常居高山巔晉語諸公讚云鴆鳥食蝮以羽翮擽酒水中飲之則殺人舊制鴆不得渡江有重法石崇爲南中郎得鴆以與王愷養之大如鵝喙長尺餘純食蛇虺司隸傅祗於愷家得此鳥奏之宣示百官燒於都街是說鴆鳥之狀也以其因酒毒人故字或爲酖曰飲此則有後於魯國不然死且無後飲之歸及逵泉而卒立叔孫氏逵泉魯地不以罪誅故得立後世其祿○八月癸亥公薨于路寢子般卽位次于黨氏卽喪位次舍也○冬十月己未共仲使圉人犖賊子般于黨氏共仲慶父○共音恭成季奔陳出奔不書國亂史失之立閔公閔公莊公庶子於是年八歲○閔亡謹反疏注閔公至八歲○正義曰傳稱閔公哀姜之娣叔姜之子哀姜以二十四

年八月始入娣必與適俱行當以二十五年生子故云八歲

附釋音春秋左傳注疏卷第十

春秋左傳注疏卷十校勘記　阮元撰盧宣旬摘錄

附釋音春秋左傳注疏卷第十 莊二十三年盡三十二年

（經二十三年）

虞叔子虞公之弟 宋本子作是不誤

傳稱楚子使薳啓疆如齊 宋本疆作彊案傳文作彊

扈鄭地在滎陽 纂圖本閩本監本毛本滎誤滎淳熙本作熒亦俗字足利本作熒从火是也說詳隱元年○後凡誤从水並改定校不悉出

（傳二十三年）

夫禮至不然 宋本此節正義在後嗣何觀之下

王有巡守 纂圖本毛本守作狩

（經二十四年）

將逆夫人故爲威飾 纂圖本閩本監本毛本逆作迎非

何以書親迎禮也 案公羊作迎閩本監本毛本誤逆

且譏僭爲失禮故書之 閩本毛本僭作譖非

侯歸于鄭 補各本侯作突此本侯字誤○今訂正

稱蓋爲疑辭 閩本監本毛本脫稱字

言郭公名赤 毛本赤誤亦

（傳二十四年）

注幷非丹楹故言皆 宋本此節正義在注文以不丹楹刻桷爲共下

大夫蒼 案穀梁傳蒼作倉

御孫諫曰 釋文御本亦作禦漢書古今人表同

儉德之共也 案弘明集引作儉者德之恭

注傳不至非常 宋本以下正義四節總入無乃不可乎之下

天下大夫相見以鴈 閩本監本毛本天作夫並衍文

始見於君執摯 閩本監本毛本摯作贄下節正義以禽作六摯則瑞摯同

典瑞注云瑞節信也 浦鏜正誤節作符案周禮注亦作符然說文云卪瑞信也瑞以玉爲信也古瑞卪二字互訓正義所據鄭

注爲古本而今本作符不必從也

凡贄皆以爵不以命數　閩本監本毛本命作名

今郲郯之東食之榛實似栗而小　案禮記注亦作郯宋本作剡非也毛本栗誤力

捶之而施薑桂曰鍛脩　閩本監本毛本捶作棰非也

（經二十五年）

二十五年注伐至常也　各本脫二十五年四字宋本伐上有鼓字是也

七日用鼓非常月也　宋本作七月是也

而母弟得稱公子　閩本監本毛本得作獨非

存弟則示兄曲也　襄廿七年正義引作書弟非

（傳二十五年）

故女來聘　宋本淳熙本岳本閩本監本毛本女下有叔字此本脫

注非常至月錯　宋本以下正義三節揔入日有食之節注下

非若是五月　宋本監本毛本非作此是也若毛本誤日

故謂陰爲惡故云慝陰氣也 宋本謂誤爲云字毛本作日

皆以爲一百七十三日有餘而日一食 宋本監本毛本三作二元和李銳云作三是也宋書景初術會通七十九萬一百一十以日法四千五百五十九除之得一百七十三日餘一千四百三之類

凡天災有幣無牲 監本天誤大

注天災至牲也 宋本以下正義二節揔入非日月之眚不鼓注下

幽禜祭星也雩禜祭水旱也 禮記禜作宗鄭注云宗當爲禜之誤正義遂改爲禜

非日月之眚不鼓 閩本監本毛本眚作倩非注及正義同

〈經二十六年〉

例在文七年 監本文作支非也

二十六年注不稱至七年 各本脫二十六年四字宋本此節正義在日有食之注下

〈傳二十六年〉

注大司空卿官 宋本此節正義在以深其宮注下

〈經二十七年〉

夏六月公會齊侯宋公陳侯鄭伯同盟于幽 纂圖本閩本監本毛本六月下脫公字

注杞稱至所黜 宋本此節正義在公會齊侯于城濮注下

（傳二十七年）

此杞伯姬寧也 宋本姬下有來字

故與出同文 閩本監本毛本同文誤倒

夫禮至用也 宋本此節正義在虢弗畜也節注下

士蔿既言其目更以其義覆之 宋本目作自字按目字是也目謂禮樂慈愛四者下以讓事樂和愛親哀喪分釋之

注召伯至侯伯 宋本此節正義在且請伐衞節注下

稱王命尹氏王子虎策命晉侯爲侯伯 宋本氏下有及字與傳文合

此舍罪受賂故以受之爲恥 重脩監本舍作會非也

（經二十八年）

左無此義 宋本左下有氏字

麥孰於夏 閩本監本毛本孰作熟下不熟同

（傳二十八年）

大戎狐姬生重耳 毛本重作仲誤

注大戎至狄者 宋本以下正義二節揔入晉人謂之二五耦注下

卽謂蒲子北屈也 浦鏜正誤子作與是也北毛本誤比

鄗邊邑 山井鼎云足利本邊上後人補在字

晉人謂之二耦 補各本二耦作二五耦此本誤脫五字

蠱文夫人 宋本以下正義三節揔入諜告曰節注下

子元鬬御彊鬬梧耿之不比爲旆 釋文云御本亦作禦纂圖本閩本監本毛本彊誤疆閩本監本毛本旆作旆非也

廣充幅 宋本淳熙本岳本足利本同閩本明監本毛本廣上有緇字與正義合

釋文云緇廣充幅 宋本文作天是也

旆帛續旐末爲燕尾者 閩本監本旐作旇非也

許昌縣東北有桐邱城 足利本桐作同非案水經注廿二引注許昌上有潁川二字

而潁氏唯繫於有無君之廟 宋本監本毛本無作先不誤

是使魯人尊邾之廢廟宋本是作㠑

非經傳意也毛本意改義

（經二十九年）

新延廄石經宋本岳本毛本廄作廏釋文亦作廏後同

更造之辭淳熙本辭下有廏字案廏字當在○下因釋文而誤衍於此

通謂興起功役之事也宋本無也字

無鍾鼓曰侵宋本岳本閩本鍾作鐘

傳例曰爲災毛本脫曰字

諸今城陽縣宋本淳熙本岳本足利本城陽下有諸字是也按上諸謂經文諸之諸下諸謂晉時縣名之諸

定十四年城莒父及宵監本毛本宵作齊非也

以及小也宋本毛本以下有大字不誤監本及字闕

（傳二十九年）

凡師有鍾鼓曰伐石經宋本岳本閩本鍾作鐘下注同

若披衣然 閩本監本毛本披作被

內外亂鳥獸行則滅之 案周禮作外內亂

凡土至而畢 毛本而畢作畢務宋本以下正義四節揔入日至而畢注下

於是樹板榦而興作焉 宋本閩本榦作幹監本毛本作幹並非

謂板榦畚梮 閩本監本毛本榦作幹宋本作榦下同梮宋本作挶字按梮字說文所無乃周禮輂字之俗體此處當用梮

水昏正而栽 蔡氏月令章句引傳栽下有築字

周語云 宋本云作曰

然則榦在牆之兩端樹立之 宋本端下有當字

因親連言耳 補各本親作類此親字誤也今訂正

〔經三十年〕

秋七月齊人降鄣 淳熙本鄣誤彰

以爲鄣紀之遺邑 宋本監本毛本紀作杞非也

〔傳三十年〕

注射師至梏宋本此節正義在注紓緩也之下

下罪梏梏拲兵文監本毛本梏梏作梏牿非也宋本兵作共不誤毛本作異亦非監本初作異後改兵

申楚縣宋本淳熙本足利本縣下有也字

毀滅案毀訓滅與說文缺也壞也義合閩本監本毛本滅作滅非也

冬遇于魯濟謀山戎也石經初刻謀下無伐字重刻增入非是

（經三十一年）

齊侯來獻戎捷說文引作齊人

三十一年注傳例至示過各本脫三十一年四字宋本此節正義在冬不兩注之下

獻其獲宋本其下有所字

鄭公孫舍之帥師入陳監本帥師二字誤倒

（傳三十一年）

（經三十二年）

濟地穀城縣城中有管仲井各本地作北

飲酖而死 釋文酖本亦作鴆正義云以其因酒毒人故字或爲酖字按據說文酖樂酒也丁含切然則於六書爲同音假借

君夫人卒于露寢 毛本于作於非

冬十月己未 閩本監本毛本己作巳非

不書殺諱之也 閩本監本毛本書作言非也

既葬則嗣君諒闇 閩本監本毛本葬作喪非也

既葬則嗣子成君以理而卒 閩本監本毛本理作禮

〔傳三十二年〕

春城小穀爲管仲也 顧炎武日知錄據范甯穀梁解以小穀爲魯邑而疑左氏之誤孫志祖云春秋之言穀者除炎武所引外尚有宣十四年公孫歸父會齊侯于穀襄十九年晉士匄侵齊至穀又成十七年傳齊國殺慶克以穀叛則齊地之名穀而不名小穀灼然矣小穀應屬魯邑左氏不應謬誤若此後讀公羊疏云二傳作小穀與左氏異始悟左氏經本作城穀此與申無宇所言齊桓公城穀而寘管仲焉誤正合故杜注以爲齊邑又引濟北穀城縣中有管仲井以實之今經傳及注俱作小穀者乃後人據二傳之文而誤加之左氏也惜杜氏手定本已亡無從是正

注有神至虢地 宋本以下正義五節揔入號多涼德注下

監其德也 釋文監本又作鑑案古鑑字多作監

其亡也回祿信於黔隧案後漢書楊賜傳注引作黔今國語周語作聆與說文同回毛本誤向

年表惠王五年是魯莊公之十八年宋本五作元與年表合

上云七月神降閩本監本毛本神降二字誤倒

從之闕宋本以下正義六節揔入立閔公注下

講肆也案肆當爲肄字之誤宋本纂圖本閩本監本毛本作肄正義同閩本正義故講爲肄仍作肆

接其屋之桷閩本監本桷誤捔毛本作𢱧亦非

說文云酖毒鳥也段玉裁校改酖作鴆

廣志曰監本毛本曰作云

司隸傅祗於愷家得此鳥奏之閩本監本傅誤傳

春秋左傳注疏卷十校勘記

珍倣宋版印

附釋音春秋左傳注疏卷第十一 閔元年盡二年

杜氏注　孔穎達疏

閔公 ○陸曰閔公名啓方莊公之子母叔姜史記云名開諡法在國遭難曰閔 疏 正義曰魯世家閔公名開莊公之子惠王十六年即位杜世族譜云名啓方漢景帝諱啓啓開因是而亂杜譜云啓方從世本文諡法在國逢難曰閔是歲歲在大梁

經元年春王正月○齊人救邢○夏六月辛酉葬我君莊公○秋八月公及齊侯盟于落姑 落姑齊地 季子來歸 季子公子友之字季子忠於社稷爲國人所思故賢而字之齊侯許納故曰歸 疏 ○元年注季子至曰歸○正義曰季是友之字也子者男子之美稱國人賢而思之得其還魯喜而呼曰季子來歸史因其言而書之傳稱請復季友齊侯許之是得齊之力齊侯許納故曰歸也 ○冬齊仲孫來 仲孫齊大夫以事出疆因來省魯難非齊侯命故不稱使也還使齊侯務寧魯難故嘉而字之來者事實省難其志也故經但書仲孫之來而傳尋仲孫之志○疆居良反難乃旦反下及傳同 疏 注仲孫至之志○正義曰傳稱仲孫湫則名湫而字仲孫也杜言以事出疆或使向他國因來省魯難非齊侯命之使來來而不稱君命故不言齊侯使也諸侯之卿例當書名此人還國使齊侯務寧魯難明年即有高子來盟是齊侯用其言魯人知其事不書其名嘉而字之杜云稱字嘉之則仲孫是字猶楚之孫伯或亦以孫爲字也來者身來至魯是事實也省難心自省之是其志也雖志在省難不告魯人云己省其難故經據實事但書仲孫之來傳尋仲孫之志言其來省難也

傳元年春不書即位亂故也 國亂不得成禮 ○狄人伐邢 狄伐邢在往年冬 管敬仲言於齊侯

曰戎狄豺狼不可厭也敬仲管夷吾○豺士皆反狼音郎厭一鹽反諸夏親暱不可弃也諸夏中國也暱近也○夏戶雅反暱女一反宴安酖毒不可懷也以宴安比之酖毒○宴於見反本又作晏音同一音烏諫反酖直蔭反詩云豈不懷歸畏此簡書詩小雅。美文王爲西伯勞來諸侯之詩○勞來力報反下力代反

疏。戎狄至簡書○正義曰戎狄之心若豺狼之獸不可厭足也言其當伐戎狄也諸夏之國皆親近之人不可遺棄也言其當救邢也宴安自逸若酖毒之藥不可懷戀也言其當自勞也詩小雅出車之篇美文王勞來諸侯令賢臣出使此臣在外思歸而以王事自勉言我豈不思歸乎誠思歸也但畏此簡書來告急耳諸侯有事則書之於簡遣使執簡以告命告則須救故畏而不歸也此簡書者同有所惡則相憂之謂也請救邢以從簡書傳稱勤則不匱安則敗名齊侯縱心宴安不欲征伐安則自損其身故言酖毒以勸之釋獸云豺狗足郭璞云腳似狗說文云豺狼屬狗聲釋獸又云狼牡貛。牝狼舍人曰牡名貛。牝名狼陸機毛詩義疏云狼鳴能小能大善爲小兒啼聲以誘人去數十步其猛。健者雖善用兵者不能免也二者皆貪殘之獸故比戎狄也○注敬仲管夷吾○正義曰敬諡諡法夙夜勤事曰敬仲字管氏夷吾名。○注諸夏至近也○正義曰此言諸夏襄四年傳魏絳云諸華必叛華夏皆謂中國也中國而謂之華夏者夏大也言有禮儀之大有文章之華也暱近釋詁文舍人曰暱戚之近也言中國諸侯情親而路近

簡書同惡相恤之謂也同恤所惡請救邢以從簡書齊人救邢○夏六月葬莊公亂故是以緩十一月乃葬○秋八月公及齊侯盟于落姑請復季友也閔公初立國家多難以季子忠賢故請霸主而復之齊侯許之使召諸陳公次于郎以待之非師旅之事故不書次季子來歸嘉之也○冬齊仲孫湫來省難湫仲孫名○湫子小反書曰仲孫亦

嘉之也仲孫歸曰不去慶父魯難未已時慶父亦還魯○去起呂反下同○公曰若之何而去之對曰難不已將自斃斃踣也○斃婢世反踣蒲北反君其待之公曰魯可取乎對曰不可猶秉周禮周禮所以本也臣聞之國將亡本必先顛而後枝葉從之魯不弃周禮未可動也君其務寧魯難而親之親有禮因重固能重能固則當就成之【疏】注能重至成之○正義曰服虔云重不可動因其不可動而堅固之杜以此傳四句相類間攜貳皆間之覆昏亂昏亂皆敗之知此重固皆因之則非因重而固之間攜貳離而相疑者則當因而間之○間間廁之間注同覆昏亂覆敗也○覆芳服反注同霸王之器也霸王所用故以器爲喻○王于況反注同

○晉侯作二軍晉本一軍見莊十六年○見賢遍反公將上軍大子申生將下軍趙夙御戎畢萬爲右爲公御右也夙趙衰兄畢萬魏犨祖父○將子匠反下及注同衰初危反犨尺由反【疏】注爲公至祖父○正義曰史記趙世家夙生共孟孟生趙衰晉語云趙衰先君之戎御趙夙之弟也杜以夙爲衰兄從晉語也魏世家畢萬生武子世本畢萬生芒季季生武仲州州卽犨也杜以萬爲犨之祖父依世本也以滅耿滅霍滅魏平陽皮氏縣東南有耿鄉永安縣東北有霍大山三國皆姬姓○耿古幸反國名還爲大子城曲沃賜趙夙耿賜畢萬魏以爲大夫士蔿曰大子不得立矣分之都城而位以卿先爲之極又焉得立位以卿謂將下軍○爲于僞反焉於虔反不如逃之無使罪至爲吳大伯不亦可乎大伯周大王之適子知其父欲立季歷故讓位而適吳○大音泰注同適丁歷反本又作嫡【疏】注大伯至適吳○正義曰史記吳世家云

吳大伯弟仲雍皆周大王之子而王季歷之兄也季歷賢而有聖子昌大王欲立季歷以及昌於是大伯仲雍二人乃奔荊蠻以辟季歷季歷果立是為王季

是大伯讓位適吳之事 猶有令名與其及也 言雖去猶有令名勝於留而及禍 【疏】猶有至及也○正義曰言逃雖失國猶有善名

與其留而及禍也何者為勝勸之使逃 且諺曰心苟無瑕何恤乎無家天若祚大子其無晉乎 為晉

殺申生傳○諺音彥祚在路反 卜偃曰畢萬之後必大 卜偃晉掌卜大夫 萬盈數也魏大名也 【疏】萬盈至名

也○正義曰以筭法從一至萬每十則改名至萬以後稱一萬十萬百萬千萬萬萬始名億從是以往皆以萬為極是至萬則數滿也論語云巍巍乎其有成

功是巍為高大之名 以是始賞天啓之矣天子曰兆民諸侯曰萬民今名之大以從盈數

其必有衆 以魏從萬有衆象 初畢萬筮仕於晉遇屯䷂ 震下坎上屯○屯張倫反 之比䷇ 坤下坎上

比屯初九變而為比○比毗志反注及下同○【疏】遇屯之比○正義曰震下坎上為屯說卦云震動也坎象云坎險也動而遇險有屯難之象坤下坎上為

比說卦坎為水坤為地水潤下而地受之相親比之象也 辛廖占之曰吉 辛廖晉大夫○廖力彫反 【疏】注辛廖晉大夫○正義曰杜云辛廖

晉大夫則以畢萬筮仕在晉國而筮劉炫云若在晉國而筮何得云筮仕於晉又辛甲辛有並是周人何故辛廖獨為晉大夫今知不然者傳以畢萬是畢國

子孫今乃筮仕於晉言於晉以對畢耳非謂筮時在他國也案昭十五年傳云及辛有之二子董之晉於是乎有董史注云辛有周人二子適晉為大史則辛

氏雖出於周枝流於晉劉炫用服氏之說以為畢萬在周筮仕於晉又以晉國不得有姓辛而規杜過其義非也 屯固比入吉孰大焉

其必蕃昌 屯險難所以為堅固比親密所以得入○蕃音煩 震為土 震變為坤 車從馬 震為車坤為馬 【疏】注震為車坤為馬正

義曰晉語云司空季子占公子重耳之筮云震車也坤象云利牝馬之貞是坤爲馬也下注震爲足震爲長男坤爲母坤爲衆皆說卦文也

足居之震爲足兄長之震爲長男○長丁丈反母覆之坤爲母衆歸之坤爲衆六體不易初一爻變有此六義不可易也合而能固安而能殺公侯之卦也比合屯固坤安震殺故曰公侯之卦

【疏】注比合至之卦正義曰震之爲殺傳無明文晉語云震車也車有威武昭二十五年傳云爲刑罰威獄以類其震震曜殺戮是震爲威武殺戮之意故震爲殺也

公侯之子孫必復其始畢。萬。公高之後傳爲魏之子孫衆多張本

【疏】必復其始○正義曰萬是畢公之後公侯之子孫必當復其初始言此人子孫又將爲公侯也及春秋之後三家分晉而魏爲諸侯是其筮之驗也

經二年春王正月齊人遷陽無傳陽國名蓋齊人偪徙之

【疏】注陽國至徙之○正義曰世本無有陽國不知何姓杜世族譜土地名闕不知所在與宋人遷宿文同知陽是國名蓋齊人偪遷之

○夏五月乙酉吉禘于莊公三年喪畢致新死者之主於廟廟之遠主當遷入祧因是大祭以審昭穆謂之禘莊公喪制未闋時別立廟廟成而。吉祭又不於大廟故詳書以示譏○禘大計反祧他彫反昭上饒反闋苦穴反大廟音泰

【疏】注三年至示譏○正義曰僖三十三年傳曰凡君薨卒哭而祔祔而作主特祀於主烝嘗禘於廟禘祀爲吉祭說喪事而言禘知禘是喪終而吉祭也襄十五年晉悼公卒十六年傳稱晉人荅穆叔云以寡君之未禘祀知三年喪畢乃爲禘也喪畢而爲禘祭知致新死之主於廟也新主入廟則遠主當遷知其遷入祧者祭法云天子七廟有二祧則祧是遠祖廟也周禮守祧掌守先王先公之廟祧其遺衣服藏焉廟之遠主其廟既遷主無所處固當遷入祧也鄭玄以二祧爲文王武王之廟遷主入廟當各從其班穆入文祧昭入武祧禮諸侯五廟更無別祧則當謂太祖之廟爲祧也遠主初始入祧新死

之主又當與先君相接故禮因是而為大祭以審序昭穆故謂之禘禘者諦也言使昭穆之次審諦而不亂也莊公以其三十二年八月薨至此年五月唯二十二月故喪制未闋也公羊傳曰其言于莊公何未可以稱宮廟也曷為未可以稱宮廟在三年之中矣三年之中未得以禮遷廟而特云莊公知為莊公別立廟廟成而吉祭也僖八年禘于大廟文二年大事于大廟宣八年有事于大廟彼言大事有事亦禘祭也則禘禮必于大廟今未可以吉祭而為吉祭又不于大廟故詳書以示譏也既云吉禘又云于莊公是其詳也

○秋八月辛丑公薨實弒書薨又不地者皆史策諱之

○九月夫人姜氏孫于邾哀姜外淫故孫稱姜氏○孫音遜注同

疏注哀姜至姜氏正義曰此決莊元年夫人孫于齊不稱姜氏也賈服之說皆以為文姜殺夫罪重故去姜氏哀姜殺子罪輕故不去姜氏故杜為此言以異之言外淫者謂以外姓為淫

○公子慶父出奔莒弒閔公故

○冬齊高子來盟無傳蓋高傒也齊侯使來平魯亂僖公新立因遂結盟故不稱使也魯人貴之故不書名子男子之美稱○美稱尺證反

疏注蓋高至美稱○正義曰莊二十二年及齊高傒盟于防自爾以來不見經傳故云蓋高傒也往年仲孫湫勸齊侯使寧魯難今而高子適魯知齊侯使來平魯亂也當齊侯初命高子之時慶父未出僖公未立及其至魯值僖公新立因遂與魯結盟而立之不云齊侯使者盟非齊侯之命故不稱使也齊侯不使之盟而高子輒為盟者齊侯使之來平魯亂新君既立遂盟而安之亦足稱齊侯之意其盟非專擅也魯人不能自安高子盟以安之魯人貴之故不書其名子者男子之美稱故呼之曰高子穀梁傳曰其曰來喜之也其曰高子貴之也盟立僖公也然則盟立僖公必僖公共盟不言公及齊高子盟者桓十四年鄭伯使其弟語來盟文十五年宋華孫來盟皆不言公及則不書公者春秋之常也晉荀庚衛孫良夫並為來聘既行聘禮更與公盟非是直為盟來故聘後別言及耳

○十有二月狄入衛書入不能有其地例在襄十三年

○鄭棄其師高克見惡久不得還師潰而克奔陳

故克狀其事以告魯也 疏 注高克至魯也正義曰此事詩序具爲大夫出奔多○惡烏路反潰戶內反 是本國來告傳稱晉侯使以殺大子申生之故來告又衛殺孔達告於諸侯是其本國告也宣十年傳例曰凡諸侯之大夫違告於諸侯曰某氏之守臣某失守宗廟敢告是大夫私家之告辭昭二十六年王子朝奔楚傳稱告于諸侯是奔者自告也此鄭文公心惡高克而欲得遠之克既奔陳無罪可告故杜以爲高克自狀其事以告魯魯史以爲克若將師出奔是爲棄師之道不書高克出奔而書鄭棄其師者案詩序云公子素惡高克進之不以禮文公退之不以道危國亡師之本是棄其師也穀梁傳曰鄭棄其師惡其長也兼不反其衆則是棄其師也

傳二年春虢公敗犬戎于渭汭 犬戎西戎別在中國者渭水出隴西東入河水之隈曲曰汭○汭如銳反隈烏回反 疏 注犬戎至曰汭○正義曰西方曰戎知犬戎是西戎別在中國者也釋例曰渭水出隴西狄道縣烏鼠同穴山東經南安天水洛陽扶風始平京兆至弘農華陰縣入河釋丘云隩隈厓內爲隩外爲隈李巡曰厓內近水爲隩孫炎云內隈曲裏也彼雖不言汭汭即隩也而汭字以內爲聲明是水之隈曲之內也 舟之僑曰無德而祿殃也殃將至矣遂奔晉 舟之僑虢大夫○僑音喬注同 ○夏吉禘于莊公速也

○初公傅奪卜齮田公不禁 卜齮魯大夫也公即位年八歲知愛其傅而遂成其意以奪齮田齮忿其傅并及公故慶父因之○成齮魚綺反 疏 注卜齮至因之○正義曰莊公三十二年注云閔公於是年八歲此云即位年八歲者閔公之年歲傳文不明服虔於莊三十二年注云閔公於是年九歲於此注云公即位時年九歲僖二年注云閔公死時年九歲杜知其不可故於莊公之末注言年八歲以異之嗣子位定於初喪言即位者亦謂初立之年也 秋八月辛丑共仲使卜齮賊公于武闈 宮中小門謂之闈○共音恭闈音韋一音暉 疏 注宮中小

門謂之闈○正義曰釋宮云宮中之門謂之闈其小者謂之閨小閨謂之閤彼就小門之內更別以爲二名大率宮中之門皆小故云宮中小門也名之曰武

則其義未聞○成季以僖公適邾僖公閔公庶兄成風之子共仲奔莒乃入立之以賂求共仲于莒

莒人歸之及密使公子魚請密魯地琅邪費縣北有密如亭公子魚奚斯也○費音祕又扶未反不許哭而往共

仲曰奚斯之聲也乃縊慶父之罪雖重季子推親親之恩欲同之叔牙存孟氏之族故略其罪不書殺又不書卒○縊一賜反

疏注慶父至書卒○正義曰叔牙云慶父材者始有黨慶父之心本其惡未顯見故季子隱之而書其卒若自死然慶父弒二君其罪已彰著討當書其誅殺季子推親親之恩欲同之叔牙存孟氏之族故略其罪不書殺也又不可全同叔牙故又不書卒慶父子孫終爲孟氏是季子推親親之恩枉正法耳閔公

哀姜之娣叔姜之子也故齊人立之共仲通於哀姜哀姜欲立之閔公之死也

哀姜與知之故孫于邾齊人取而殺之于夷以其尸歸爲僖元年齊人殺哀姜傳夷魯地○與音預孫音遜僖公請而葬之。哀姜之罪已重而僖公請其喪還者外欲固齊以居厚內存母子不絕之義爲國家之大計○成季之將

生也桓公使卜楚丘之父卜之卜楚丘魯掌卜大夫曰男也其名曰友在公之右在右言用事

間于兩社爲公室輔兩社周社亳社兩社之間朝廷執政所在○亳步各反

疏注兩社至所在○正義曰王者取五色之土封以爲社若封諸侯隨方劃其土包之以白茅賜之使立國社魯是周之諸侯故國社謂之周社哀四年亳社災是魯國有亳社穀梁傳曰亳社者亳之社也亳亡國也亡國之社以爲廟屏戒也則亳社在宗廟之前也周禮大宗伯建掌國之神位右社稷左宗廟則諸侯亦當然定二年雉門及兩觀災則兩觀在雉門外也禮

運云昔者仲尼與於蜡賓事畢出遊於觀之上蜡祭在廟故出廟而遊於觀也由此言之宗廟社稷在雉門之外分左右。廟也鄭玄考校禮文以爲魯制三門庫雉路天子諸侯皆三朝圖宗人之嘉事則有路寢庭朝日出視朝則在路門之外其詢國危詢國遷詢立君周禮朝士所掌外朝之位者乃在雉門之外耳雉門之外左有亳社右有周社間於兩社是在兩社之間朝廷詢謀大事則在此處是執政之所在也季氏亡則魯不昌疏季。氏。亡。則。魯。不。昌。○正義曰服虔云謂季友出奔魯弑二君案傳子般既死乃云成季奔陳閔公既死乃云成季適邾皆君死乃出奔非由出奔乃致君死杜雖無注義必不然當謂季友子孫與魯升降從此以後季氏世爲上卿終於春秋禮記稱悼公之喪季昭子問爲君何食以後雖則無文當是與魯俱滅也又筮之遇大有䷍乾下離上大有之乾䷀乾下乾上乾大有六五變而爲乾曰同復于父敬如君所筮者之辭也乾爲君父離變爲乾故曰同復于父見敬與君同疏注筮者至君同○正義曰此離六五爻變不取周易之文筮者推演卦意自爲其辭也離是乾子遷變爲乾故云同復于父言其尊與父同也國人敬之其敬如君之處所言其貴與君同也說卦乾爲君父言其身之尊則云同復于父言其爲人所敬則云敬如君所屬意異故分爲二也及生有文在其手曰友遂以命之遂以爲名○冬十二月狄人伐衛衛懿公好鶴疏衛。懿。公。好。鶴。○正義曰陸機毛詩義疏云鶴形狀大如鵝長腳青翼高三尺餘赤目赤頰喙長四寸餘多純白或有蒼色蒼色者今人謂之赤頰常夜半鳴故淮南子曰雞知將旦鶴知夜半其鳴高亮聞八九里雌者聲差下今吳人園囿中及士大夫家皆養之鶴有乘軒者軒大夫車○好鶴呼報反下戶各反軒許元反疏注軒大夫車○正義曰定十三年傳稱齊侯斂諸大夫之軒故杜云軒大夫車也服虔云車有藩軒曰將戰國人受甲者皆曰使鶴鶴實有祿位余焉能戰公與石祁子玦與甯莊子矢使守莊子甯速也玦玉玦○焉於虔反玦古穴反守手又反下告守及注同曰以此贊國擇利而為之贊助也玦示以當決斷矢示以禦難○斷丁亂反難乃旦反與夫人繡衣曰聽於二子取其文章順序渠孔御戎子伯為右黃夷前驅孔嬰齊殿傳言衛侯失民有素雖臨事而戒猶無所及○殿丁練反及狄人戰于熒澤衛師敗績遂滅衛此熒澤當在河北君死國散經不書滅者狄不能赴衛之君臣皆盡無復文告齊桓為之告諸侯言狄已去言衛之存故但以人為文○熒戶扃反無復扶又反下復逐同為之于僞反下文為衛同疏注此熒澤當在河北○正義曰禹貢豫州熒波既豬導沇水入于河溢為熒是熒在河南此時衛都河北為狄所敗乃東徙渡河故知此熒澤當在河北但沇水入河乃泆被河南多故專得熒名其北雖少亦稱熒也衛侯不去其旗是以甚敗狄人囚史華龍滑與禮孔以逐衛人二人曰我大史也實掌其祭不先國不可得也夷狄畏鬼故恐言當先白神○去起呂反藏也一云除也華胡化反大音泰恐丘勇反乃先之至則告守曰不可待也守石甯二大夫夜與國人出狄入衛遂從之又敗諸河衛將東走渡河狄復逐而敗之

初惠公之即位也少蓋年十五六○少詩照反疏注蓋年十五六正義曰衛宣公以隱四年立桓十二年卒終始二十年耳即位之後乃納急子之妻生壽及朔朔既有兄知其蓋年十五六耳齊人使昭伯烝於宣姜不可強之昭伯惠公庶兄宣公子頑也昭伯不可○烝之承反強其丈反生齊子戴公文公宋桓夫人許穆夫人文公為衛之多患也先適齊及敗宋桓公逆諸河迎衛敗衆宵濟夜渡畏狄衛之遺民男女七百有三十人益之

以共滕之民爲五千人共及滕衛別邑○共音恭立戴公以廬于曹。廬舍也曹衛下邑戴公名。申。立。其年卒而立文公○廬力居反于曹詩作漕音同疏注廬舍至文公○正義曰周禮秋官野廬氏掌道。路宿息地官遺人云凡國野之道十里有廬廬有飲食是廬爲舍也廬于曹者言隨宜寄舍耳曹邑雖闕不知其處當在河東近楚丘戴公名申世本世家文經傳皆云十二月狄入衛衛人東徙渡河收集離散乃立戴公此年之末文公即位計戴公爲君不過十數日耳言。立一年卒者滅而復興不是嗣位故成喪爲謚文公繼世而立明年始爲元年故戴公雖復日少亦稱一年年表亦以此年爲戴公元年今定本云以其年卒許穆夫人賦載馳載馳詩衛風也許穆夫人痛衛之亡思歸唁之不可故作詩以言志○唁音彥齊侯使公子無虧帥車三百乘甲士三千人以戍曹無虧齊桓公子武孟也車甲之賦異於常故傳別見之○虧去危反乘繩證反下及注同見賢遍反歸公乘馬祭服五稱牛羊豕雞狗皆三百與門材歸遺也四馬曰乘衣。單複具曰稱門材使先立門戶○稱尺證反反狗音苟遺于乘反單複音丹下方服反疏注歸遺至門戶○正義曰歸者不反之辭故爲遺也周禮校人云乘馬一師四圉圉養一馬故云四馬曰乘以乘車幷師五人必駕四馬故也喪大記曰袍必有表不。禪衣必有裳謂之一稱是衣。禪複具曰稱歸夫人魚軒魚軒夫人車以魚皮爲飾疏注魚軒至爲飾○正義曰詩云象弭魚服此云魚軒則用魚爲飾其皮可以飾器物者唯魚獸耳故云以魚皮爲飾陸機毛詩義疏云魚獸似。猪東海有之其皮背上有班文腹下有純青今人以爲弓鞬步叉者也其皮。雖乾燥。爲弓鞬矢服經年海水將潮及天陰毛皆起水潮還及晴則毛復如故雖在數千里外可以知海水之潮。自相感也重錦三十兩重錦錦之熟細者以二丈雙行故曰兩三十兩三十匹也疏注重錦至匹也○正義曰服虔云重牢也杜以其遺夫人貴美不貴牢故以爲錦之。熟細者雜記曰納幣一束束五兩兩五尋八尺

曰尋則五尋四丈謂之兩兩者分爲兩段故也謂之匹者兩兩合卷若匹偶然也○鄭人惡高克使帥師次于河上久而
弗召師潰而歸高克奔陳高克鄭大夫也好利而不顧其君文公惡之而不能遠故使帥師而不召○惡烏路反注同好呼報反遠
于萬反鄭人爲之賦清人清人詩鄭風也刺文公退臣不以道危國亡師之本○爲于僞反○晉侯使大子申生
伐東山皐落氏赤狄別種也皐落其氏族○皐古刀反種章勇反疏注赤狄至氏族○正義曰狄有赤狄白狄成十三年傳晉侯使呂相
絶秦云白狄及君同州則白狄與秦相近當在晉西此云東山當在晉東宣十五年晉師滅赤狄潞氏潞則上黨潞縣在晉之東此云伐東山皐落氏知此亦
在晉東是赤狄別種也皐落其氏族也此族之人狄之渠帥也里克諫曰大子奉冢祀社稷之粢盛里克晉大夫冢大也
○粢盛上音咨下音成以朝夕視君膳者也膳廚膳○朝如字又張遙反膳市戰反疏注膳廚膳○正義曰鄭玄膳夫注云膳之
言善也今時美物曰珍膳是膳者美食之名廚者造食之處故云膳廚膳也禮記云文王之爲世子食上必在視寒煖之節食下問所膳命膳宰然後退是太
子朝夕視君膳者也故曰冢子君行則守有守則從從曰撫軍守曰監國古之制也夫帥
師專行謀帥師者必專謀軍事○則守手又反下同從才用反下同監古銜反誓軍旅宣號令也君與國政之所圖也
非大子之事也國政正卿師在制命而已命將軍所制稟命則不威專命則不孝故君之
嗣適不可以帥師君失其官帥師不威將焉用之大子統帥是失其官也專命則不孝是爲帥必不威也○
適丁歷反本又作嫡下配適同焉於虔反且臣聞皐落氏將戰君其舍之公曰寡人有子未知其誰

立焉不對而退見大子大子曰吾其廢乎對曰告之以臨民謂居曲沃教之以軍旅謂將下軍○謂將子匠反下將上軍並同不共是懼何故廢乎【疏】對曰告之至廢乎○正義曰克謂大子還曲沃告百姓以臨示下民之事弁教之軍旅之法不共是二事爲懼矣何故憂其廢乎且子懼不孝無懼弗得立脩己。而不責人。則免於難大子帥師公衣之偏衣偏衣左右異色其半似公服○共音恭本又作供難乃旦反下同公衣之偏於既反下衣身之偏衣之純衣之尨服注衣之同【疏】注偏衣至公服○正義曰下云服其身則衣之純言此偏衣不純知其左右異色也又云衣身之偏言公以身衣之偏半衣大子知其半似公服也佩之金玦以金爲玦狐突御戎先友爲右狐突伯行重耳外祖父也爲中生御申生以大子將上軍梁餘子養御罕夷先丹木爲右罕夷晉下軍卿也梁餘子養爲罕夷御羊舌大夫爲尉羊舌大夫叔向祖父也尉軍尉○向許丈反先友曰衣身之偏偏半也握兵之要謂佩金玦將上軍在此行也子其勉之偏躬無慝分身衣之半非惡意也○慝他得反兵要遠災威權在己可以遠害遠于萬反注及下同○親以無災又何患焉狐突歎曰時事之徵也歎以先友爲不知君心衣身之章也章貴賤佩衷之旗也旗表也所以表明其中心○衷音忠旗音其故敬其事則命以始賞以春夏服其身則衣之純必以純色爲服用其衷則佩之度衷中也佩玉者士君子常度今命以時卒閟其事也冬十二月閟盡之時○閟音祕衣之尨服遠其躬也尨雜色○尨莫江反佩以金玦弃其衷也服以遠之時以閟之。尨涼冬殺金寒玦離

胡可恃也寒涼殺離言無溫潤玦如環而缺不連雖欲勉之狄可盡乎梁餘子養曰帥師者受命
於廟受脤。於社脤宜社之肉盛以。脤器○脤市軫反祭社之肉盛音成有常服矣不獲而尨命可知也。韋弁
服軍之常也尨偏衣死而不孝不如逃之罕夷曰尨奇無常雜色奇怪非常之服金玦不復雖復何
爲君有心矣有害大子之心先丹木曰是服也狂夫阻之阻疑也言雖狂夫猶知有疑○阻莊呂反曰盡敵
而反曰公辭○盡子忍反下盡敵同敵可盡乎雖盡敵。猶有內讒不如違之違去也狐突欲行行亦
去也羊舌大夫曰不可違命不孝弃事不忠雖知其寒惡不可取子其死之寒薄也
疏狐突至死之○正義曰傳之上下諸言某御戎某爲右者謂國君自將太子
亦然者攝君之事故與君同文也傳歷言將帥御右者以下各有言故此舉
其目先友不知君有害太子之心故推此衣佩以爲善事勸之狐突歎先友不
知君意乃極言時衣佩三者反覆以荅之罕夷唯舉服佩二事故云尨奇無常
金玦不復也其梁餘子養先丹木唯言服舉其重者故子養云不獲而尨命可
知也先丹木云是服也狂夫阻之是皆勸太子之行也狐突以衆言同己故決
意欲行羊舌大夫乃以忠孝之事勸之使留各以意之所見故其言或深或淺
○注羊舌至軍尉○正義曰羊舌氏也爵爲大夫號曰羊舌大夫不知其。如何
也此人生羊舌職職生叔向故爲叔向祖父譜云羊舌氏晉之公族羊舌其所
食邑也或曰羊舌氏姓李名果有人盜羊而遺其頭不敢不受受而埋之後盜
羊事發辭連李氏李氏掘羊頭而示之以明己不食。唯識其舌舌存得免號曰
羊舌。氏也或曰者不知誰爲此言杜所不從記異聞耳○服以至時也○正義
曰服以遠之覆上衣之尨服也時以閟之覆上命以時卒也上先時後服此先
服後時者以下連尨涼冬殺之文又欲使冬殺與金寒相近冬殺是時故退之

在下言尨涼則申上衣之尨服也冬殺則申上命以時卒也尨涼據服冬殺據時耳金寒玦離申上佩以金玦也金是秋之寒氣故言金寒也○注服宜至脤器○正義曰釋天云起大事動大衆必先有事乎社而後出謂之宜知出兵必祭社祭社名爲宜周禮大宗伯以脤膰之禮親兄弟之國定十四年天王使石尚來歸脤知脤是器物可執之以賜人也今言受脤於社明是祭社之肉盛以脤器賜元帥也地官掌蜃祭祀共蜃器之蜃鄭玄云蜃大蛤。蜃之器以。蜃飾因名焉○注阻疑也○正義曰劉炫云阻疑以意訓耳今言猶云阻疑是阻得爲疑也言雖狂夫猶知於此服有疑也服虔云阻止也方相之士蒙玄衣朱裳主索室中毆疫號之爲狂夫止此服言君與大子以狂夫所止之服衣之晉語云且是之衣也狂夫阻之衣也韋昭云狂夫方相氏之士也阻古詛字也將服是衣必先詛之是由無正訓各以意解劉以爲方相氏狂夫所服玄衣朱裳左右同色不得爲偏衣也當服此衣非是意所止也詛乃服之之文無所出故杜别爲此解○注曰公辭○正義曰言公辭者當以公賜之偏衣金玦推其義理原公之意而爲之作辭非公出言作此辭也

大子將戰狐突諫曰不可昔辛伯諗周桓公諗告也事在桓十八年○諗音審說文云深諫云內寵並后外寵二。政嬖子配適。大都耦國亂之本也周公弗從故及於難今亂本成矣驪姬爲內寵二五爲外寵奚齊爲嬖子曲沃爲大都故曰亂本成。矣

疏。注驪姬至成矣○正義曰辛伯之語先有成文其內寵之徒不爲晉發故劉炫云二五嬖賤不得爲二政大子不以曲沃作亂不得爲大都而杜云驪姬爲內寵二五爲外寵奚齊爲嬖子曲沃爲大都者今删定以爲辛伯之言雖不爲晉要晉國之亂事理相當故且以事託之二五爲耦墾傷晉室曲沃彊大太子奔之又築屈與蒲終爲禍難但此據太子故以曲沃爲文劉君不達此時而爲規過違傳意也

立可必乎孝而安民子其圖之奉身爲孝不戰爲安民與其危身以速罪也有功益見害故言孰與危身以召罪

疏孝而至罪

也○正義曰去則孝而安民留則危身召罪等與其危身以召罪也豈若孝而安民乎勸使逃也○成風聞成季之繇乃事之成風莊公之妾僖公之母也繇卦兆之占辭○繇直救反而屬僖公焉故成季立之○屬章欲反○僖之元年齊桓公遷邢于夷儀二年封衛于楚丘邢遷如歸衛國忘亡忘其滅亡之困○衛文公大布之衣大帛之冠大布麤布大帛厚繒蓋用諸侯諒闇之服○衛文公大布之衣本或作衣大布之衣誤○繒疾陵反諒音良又音亮務材訓農通商惠工加惠於百工賞其利器用敬教勸學授方任能方百事之宜也疏務材至任能○正義曰務材務在植材用也訓農訓民勸農業也通商通商販之路令貨利往來也惠工加恩惠於百工賞其利器用也敬教敬民五教也勸學勸民學問也授方授民以事皆有方法也任能其所委任信能用人也元年革車三十乘季年乃三百乘衛文公以此年冬立齊桓公始平魯亂故傳因言齊之所以霸衛之所由興革車兵車季年在僖二十五年蓋招懷迸散故能致十倍之衆○乘繩證反下同迸必諍反

附釋音春秋左傳注疏卷第十一

春秋左傳注疏卷十一校勘記　阮元撰盧宣旬摘錄

附釋音春秋左傳注疏卷第十一　閔元年盡二年宋本春秋正義卷十後並同石經春秋經傳集解閔公第四盡二年

（閔公）

（經元年）

元年注季子至曰歸　宋本無元年二字

（傳元年）

詩小雅矣　宋本淳熙本岳本足利本矣作也

戎狄至簡書　宋本以下正義三節總入齊人救邢句下

狠牡貛牝狠　山井鼎云宋板牝作牡下同按作牡狠非也

善爲小兒喑聲　閩本監本毛本作喑宋本作啼是也

其猛健者　宋本作健閩本監本毛本作揵

夷吾名　宋本名下有也字

時慶父亦還魯　宋本淳熙本足利本亦下有已字

大伯周大王之適子 釋文云適本又作嫡淳熙本作嫡

乃奔荆蠻以辟季歷 宋本辟作辟不誤○今訂正

是魏爲高大之名 宋本作是魏巍魏二字一正一俗今人分別其音古人則字形字音皆不別

畢萬公高之後 宋本淳熙本足利本作萬畢是也

（經二年）

廟成而吉祭 纂圖本毛本吉作言誤

（傳二年）

言即位者亦謂初立之年也 監本毛本年誤命

宮中之門謂之衞 宋本監本毛本衞作闈不誤○今訂正

小闈謂之閤 毛本閤作閣非也

外欲固齊以居厚 淳熙本以作巳按以巳古通用

分左右廟也 宋本廟作廂不誤

季氏亡則魯不昌 宋本無此七字

衞懿公好鶴 宋本無此五字

及狄人戰于熒澤 監本毛本熒作滎非案宋監本毛本注文作熒正義誤滎

故但以人爲文 宋本淳熙本岳本足利本人作入是也

是熒在河南 宋本無是熒二字非也

立戴公以廬于曹 釋文云曹詩作漕音同案詩鄘箋引亦作漕惠棟云詩序曹字從水旁曹傳作曹古文省也按說文漕者水轉轂也地名字不必从水今本毛詩鄭箋恐非

戴公名申 宋本申作甲案史記衞世家作申

立其年卒 正義云今定本作以其年卒按其年卒據正義則孔本作一年卒故發明之今本作其誤

掌道路宿息 監本毛本重掌字脫路字

言立一年卒者 宋本無立字

衣單複具曰稱 案儀禮士喪禮釋文引單作襌正義本作襌

袍必有表不禪 監本毛本禪誤襌下同

魚獸似豬 閩本監本毛本豬改猪

其皮雖乾燥爲弓鞬矢服 浦鏜據詩正義雖改雖爲上增以字

自相感也 浦鏜據詩正義自上增氣字

故以爲錦之熟細者 宋本熟作孰

晉侯使大子申生 纂圖本毛本侯誤人

從曰撫軍 顧炎武云石經軍誤國案石經此處闕炎武所據乃繆刻也

故君之嗣適 釋文適本又作嫡下配適同

脩己而不責人 石經宋本岳本已作己不誤石經人字上有於字似後人所增

時以閟之 淳熙本閎誤也

尨涼 案惠棟云說文引作牻椋云牻白黑雜毛牛椋牻牛也古文省少或借涼爲椋沈彤云案廣韻椋牻牛駁色蓋說文脫駁色二字牻椋謂牻服色駁也否則冬與金玦皆有義而牻獨無乎上文偏衣卽牻服蓋分織牻牛白黑毛爲之下所謂奇無常也

受脤於社 詩大明緜緜箋云春秋傳曰蜃宜社之肉正義曰左傳無此文而言傳曰衍字也閔二年左傳曰帥師者受命於廟受蜃於社也按據說文祳社肉也以蜃爲器盛之則亦可謂肉爲脤故左傳直云受蜃於社也此云受脤於社脤乃祳之俗字耳其古本必作祳或作蜃也

盛以脤器 段玉裁校本脤作蜃是也

命可知也足利本也作矣非也

雖盡敵石經敵字上後人旁增外字非也

不知其名何也宋本如作名不誤

唯識其舌舌存得免號曰羊舌氏也毛本唯誤誰氏誤是

蜃之器以蜃飾因名焉監本毛本蜃作脤不誤案周禮注作蜃

外寵二政案惠棟云二讀爲王貳于虢之貳韓非子引此正作貳

故曰亂本成矣宋本足利本無矣字

注驪姬至本成此節正義宋本在立可必乎之下

大帛之冠案鄭氏注雜記引春秋傳曰衞文公大布之衣大白之冠正義引傳亦作大白

勸農業也宋本勸作勸是也

令貨利往來也閩本監本毛本令作合非也

蓋招懷迸散監本毛本迸作逃非也

春秋左傳注疏卷十一校勘記

附釋音春秋左傳注疏卷第十二 僖元年盡五年

杜氏注　孔穎達疏

僖公○陸曰僖公名申莊公之子閔公之兄母成風謚法小心畏忌曰僖疏正義曰魯世家僖公名申莊公之子閔公庶兄其母成風所生也惠王十八年即位謚法小心畏忌曰僖是歲歲在鶉首

經元年春王正月○齊師宋師曹伯次于聶北救邢齊師諸侯之師救邢次于聶北者案兵觀釁以待事也次例在莊三年聶北邢地○聶女輒反釁許覲反疏齊師至邢地○正義曰公羊穀梁皆以爲齊師宋師曹師皆是侯伯之身公羊稱不與諸侯專封故變稱師耳此時方始救邢邢本不滅何以言其封也左氏無此義將卑師衆稱師此三國皆師多而大夫將故名氏不見並稱師公羊以爲此言次于聶北救邢與襄二十三年叔孫豹救晉次于雍榆二事相反爲之作說言此是君也進止自由彼是臣也先通君命買服取以爲說杜以傳無此事故不用其言釋例曰所記或次在事前次以成事也或次在事後事成而次也皆隨事實無義例也此時狄人尚強未可即擊案兵觀釁以待其事須可擊乃擊之故次在事前

○夏六月邢遷于夷儀邢遷如歸故以自遷爲辭夷儀邢地疏注邢遷至邢地○正義曰傳稱師逐狄人具邢器用而遷之則是諸侯遷邢也而文作邢自遷者以邢遷如歸故以自遷爲文公羊傳曰遷者何其意也遷之者何非其意也言邢遷于夷儀許遷于白羽者皆是其國之意自欲遷之宋人遷宿齊人遷陽者他人強遷其國之意不欲遷也

齊師宋師曹師城邢傳例曰救患分災禮也一事而再列三國於文不可言諸侯師故疏注傳例至師故○正義曰春秋之例先會而後盟者會則具序諸國盟則總稱諸侯公羊謂之前目而後凡此上文已列三國之師救邢

救邢與城邢猶是一事相連耳而再列三國之師不依前目後凡者於文不可言諸侯師故也案此十五年歷序諸侯盟于牡丘下書諸侯之大夫救徐襄二十七年歷序諸國大夫會于宋下云諸侯大夫盟于宋此不言諸侯之師城邢者此與會盟小異十四年諸侯城緣陵爲其事有闕故總稱諸侯此若云諸侯之師城邢似爲其事有闕總書爲貶故雖則煩文而再列三國

○秋七月戊辰夫人姜氏薨于夷齊人以。歸傳在閔二年不言齊人殺諱之書地者明在外薨

【疏】注傳在至外薨○正義曰傳在閔二年者彼因孫于邾遂終言之實齊人殺之諱故不言殺也夫人之薨例不書地書地者明其在外而薨若言夫人自行至夷遇疾而薨齊人乃以其喪歸耳

○楚人伐鄭荊始改號曰楚

【疏】注荊始改號曰楚○正義曰此前常呼爲荊此後遂稱爲楚據其見經爲言故云荊始改號莊二十八年仍書荊伐鄭自爾至今不知何年改

○八月公會齊侯宋公鄭伯曹伯邾人于檉檉宋地陳國陳縣西北有檉城公及其會而不書盟還不以盟告○檉勅呈反

【疏】注檉宋至盟告○正義曰經書會于檉傳言盟于犖犖即檉也而經不書盟釋例曰盟于鄧盟于犖盟于戚公既在會而不書其盟以理推之會在盟前知。非後盟也蓋公還告會而不告盟也

○九月公敗邾師于偃。偃。邾地

○冬十月壬午公子友帥師敗莒師于酈獲莒挐。酈魯地。挐莒子之弟不書弟者非卿非卿則不應書嘉季友之功故特書其所獲大夫生死皆曰獲獲例在昭二十三年○酈力知反挐女居反又女加反

【疏】注酈魯至三年正義曰傳言莒子之弟而經不書弟者諸侯之臣爲卿乃見經見經則備書名氏若言莒子之弟挐則是爲卿之備文此不書弟見其非卿也傳曰非卿也嘉獲之也以非卿不應書經嘉季友之功能獲莒之大將故特書所獲以美季子公羊亦云此何以書大季子之獲也釋例曰莒。挐非卿非卿則不應書今嘉獲故特書之特書猶不稱弟明諸書弟者皆卿也

○十有二月丁巳夫人氏之喪至自

齊僖公請而葬之故告於廟而書喪至也齊侯。既殺哀姜以其尸歸絕之於魯僖公請其喪而還不稱姜闕。文

疏注僖公至闕文○正義曰齊人治哀姜之罪取而殺之則位絕於魯非復魯之夫人其死不合書之於策以僖公請而葬之外欲固齊以居厚內存母子不絕之義故具書於經薨葬備禮諱之若言無罪而自死然既諱其殺不宜有貶公羊傳曰夫人何以不稱姜氏貶曷為貶與弒公也穀梁傳曰其不言姜以其弒二子貶之也或曰為齊桓諱殺同姓也賈逵云殺子輕故但貶姜然則姜氏者夫人之姓二字共為一義不得去姜存氏去氏存姜若其必有所貶自可替其尊號去一姜字復何所明於薨於葬未嘗有貶何故喪至獨去一姜公羊傳又曰曷為不於弒焉貶貶必於其重者莫重乎其以喪至也案禮之成否在於薨葬何以喪至獨得為重喪至已加貶責於葬不應備文何故葬我小君復得成禮正以薨葬備禮知其無所貶責故。杜以經無姜字直是闕文公羊穀梁見其文闕妄為之說耳

傳元年春不稱即位公出故也國亂身出復入故即位之禮有闕○復扶又反下文同公出復入不書諱之也諱國惡禮也掩惡揚善義。存君親故通有諱例皆當時臣子率意而隱故無深淺常準聖賢從之以通人理有時而聽之可也○準之尹反

疏元年至禮也○正義曰去年八月閔公死僖公出奔邾九月慶父出奔莒公即歸魯言公出故者公出而復歸即位之禮有闕為往年公出奔之故非言應即位之時公在外也齊小白陽生之徒皆出而復入經書其入僖公類之亦應書入往年公出復入不書諱之國內有亂致令公出不書公出復入諱國亂也國亂國之惡事諱國惡是禮也時史諱而不書仲尼因而不改嫌諱非禮故以禮居之○注掩惡至可也○正義曰坊記曰善則稱君過則稱己則民作忠善則稱親過則稱己則民作孝是掩惡揚善之義義存君與親也君親之惡務欲掩之是故聖賢作法通有諱例諱雖有例而事無定體或諱大不諱小或諱小不諱大皆當時臣子率己之意而為之隱故無。深。淺。常準隱十年公羊傳曰於外大惡書小惡不書於內大惡諱小惡書必如彼言是有常準歷檢春

秋都無定例納鼎惡於易田諱田而不諱鼎公入小於公出諱入而不諱孫是其無常準也既無常準隨諱深淺舊史有所辟諱聖賢因而從之以通人事之理故容有揜惡之法釋例曰有時而聽之則可也正以為後法則不經故不奪其所諱亦不為之定制言若正為後法每事皆諱則為惡者無復忌憚居上者不知所懲不可盡令諱也人之所極唯君與親纔有小惡即發其短非復臣子之心全無愛敬之義是故不抑不勸有時聽之以為諱惡者禮也無隱者直也二者俱通以為世教也

○諸侯救邢實大夫而曰諸侯總衆國之辭疏注實大至之辭○正義曰於例將卑師衆稱師三國並稱為師是皆大夫將也實大夫也而曰諸侯總衆國之辭也桓五年蔡人衛人陳人從王伐鄭傳曰王以諸侯伐鄭彼亦大夫將總衆國而稱諸侯也先儒以為此役諸侯身行故言此以異之

邢人潰出奔師奔犇北之師也邢潰不書不告也○潰戶內反

師遂逐狄人具邢器用而還之師無私焉皆撰具還之無所私取○撰仕眷反又仕轉反疏注皆撰至私取○正義曰邢人潰而奔師奔其家之器物師逐狄人為之斂聚皆撰具以還邢人師人無所私取善齊桓委任得人用兵嚴整也

○夏邢遷于夷儀諸侯城之救患也凡侯伯救患分災討罪禮也侯伯州長也分穀帛○分甫問反又如字長丁丈反疏注侯伯至穀帛○正義曰此因齊侯發例齊侯之為侯伯當是王之二伯此言州長必是九州之長但州牧。於是竟內亦當救患討罪以州牧亦掌此事故言州長以包之有災害者分之財物知分者分穀帛也○

秋楚人伐鄭鄭即齊故也盟于犖謀救鄭也犖即檉也地有二名○犖音洛又力角反

○九月公敗邾師于偃虛丘之戍將歸者也虛丘邾地邾人既送哀姜還齊人殺之因戍虛丘欲以侵魯公以義求齊齊送姜氏之喪邾人懼乃歸故。公要而敗之○虛起居反要於遙反疏注虛丘至敗之○正義曰犖之盟也邾人在焉公既盟而敗其師傳不明言其故直云虛丘之戍不知虛丘誰地何故戍之服虔云虛丘魯邑魯有亂邾使兵戍虛丘與邾無怨因兵將還要而敗之所以惡傳公也邾之。於魯本無怨惡傳公奔邾則爲之外主國亂則戍其內邑無故而敗其師亡信背義莫斯之甚非傳公作頌之主所當行也杜以爲不然故別爲此說此說亦無所據要其理當然也案十二月夫人之喪始至此九月敗邾師而云以義求齊齊送姜氏之喪者夫人以七月薨公卽求齊齊既許之邾聞許而將歸魯得許而敗邾師耳○冬莒人來求賂求還慶父之賂公子友敗諸酈獲莒子之弟挐非卿也嘉獲之也莒既不能爲魯討慶父受魯之賂而又重來其求無厭故嘉季友之獲而書之○爲魯于僞反重來直用反厭於鹽反公賜季友汶陽之田及費汶陽田汶水北地汶水出泰山萊蕪縣西入濟○汶音問費音祕萊音來疏汶陽至入濟○正義曰水北曰陽故知汶水北地釋例曰汶水出泰山萊蕪縣西南經濟北至東平須昌縣入濟○夫人氏之喪至自齊。君子以齊人殺哀姜也爲已甚矣女子從人者也言女子有三從之義在夫家有罪非父母家所宜討也

經二年春王正月城楚丘楚丘衛邑不言城衛衛未遷疏注楚丘至未遷○正義曰此決城邢也彼既遷訖乃爲城之不言城夷儀而言城邢邢已遷也此則先城楚丘將以封衛言城楚丘不言城衛衛未遷也○夏五月辛巳葬我小君哀姜無傳反哭成喪故稱小君例在定十五年○虞師晉師滅下陽下陽虢邑在河東大陽縣晉於此始赴見經滅例在襄十三年○大音泰一音如字見賢遍反○秋九月齊侯宋公江人黃人盟于貫。貫宋地梁國蒙縣西北有貫城。貫與貫字相似江國在汝南安陽縣○貫古亂反貫市夜反又音世疏江人黃人○正義曰公羊穀梁皆云江人黃人遠國之辭言其實是君也以其遠國降而稱人賈云江黃稱人刺不度德

善鄭特齊背楚終爲楚所滅其意雖異皆以江人黃人爲國君親來杜以諸侯之貶不至稱人則。稱人者皆是其國之大夫耳齊桓威德稍盛遠國來服齊桓謙以接遠故與宋公會之○冬十月不雨傳在三年○楚人侵鄭

傳二年春諸侯城楚丘而封衞焉君死國滅故傳言封疏注君死至言封○正義曰封者聚土之名也天子之建諸侯必分之土地立其疆界聚土爲封以記之故建國謂之封國衞是舊國今云封者以其君死國滅更封建之故云封也不書所會後也諸侯既罷而會後至諱不及期故以獨城爲文○晉荀息請以屈產之乘與垂棘之璧假道於虞疏假道於虞○正義曰聘禮云若過他邦至于竟使次介假道束帛將命于朝下大夫取以入告出許是禮過他國必假道也聘尙假道況乎伐國故請以璧馬假借也穀梁傳曰借道乎虞以伐虢荀息荀叔也屈地生良馬垂棘出美玉故以爲名四馬曰乘自晉適虢途出於虞故。借道○屈求勿反又居勿反注同乘繩證反注同公曰是吾寶也對曰若得道於虞猶外府也公曰宮之奇存焉宮之奇虞忠臣○奇其宜反對曰宮之奇之爲人也懦。而不能強。諫懦弱也○懦本又作糯乃亂反又乃貨反字林作愞音乃亂反強其良反又其丈反且少長於君君暱之雖諫將不聽親而狎之必輕其言○少詩照反長丁丈反暱女乙反乃使荀息假道於虞曰冀爲不道入自顛。軨伐鄍三門前是冀伐虞至鄍鄍虞邑河東大陽縣東北有顛軨坂○軨音零鄍亡丁反坂音反疏注前是至軨坂○正義曰服虔以爲冀爲不道伐鄍三門謂冀伐晉也冀之既病亦唯君故謂虞助晉也將欲假道稱前恩以誘之穀傳荀息以寶假道公尙慮虞不許則晉之於虞舊非與國若其嘗經助晉則是昔來通好何憂乎不許而請進國之美寶尙畏宮之奇諫乎故杜以爲冀自

伐虞虞自報冀以虞能報冀晉不能報虢言己弱以示其恥言虞彊以說其心此雖無文理必然也冀之旣病則亦唯君故言虞報伐

冀使病將欲假道故稱虞彊以說其心冀國名平陽皮氏縣東北有冀亭○說音悅今虢爲不道保於逆。旅逆旅客舍也虢稍遣人分

依客舍以聚。衆抄晉邊邑○抄初教反又楚稍反強取物疏注逆旅至邊邑○正義曰晉語云陽處父過甯舍於逆旅甯。嬴氏知逆旅是客舍也逆迎也旅

客也迎止賓客之處也保者固守之語知其分依客舍伺候抄晉邊邑既又入而保之觀其此語則虢晉接鄰但向其都邑須過虞竟當以從彼詣虢路遙山

險易來難往故也以侵敝邑之南鄙敢請假道以請罪于虢問虢伐己以何罪虞公許之且請

先伐虢喜於厚賂而欲求媚宮之奇諫不聽遂起師夏晉里克荀息帥師會虞師伐虢滅

下陽晉猶主兵不信虞疏注晉猶至信虞○正義曰如傳之言直云會虞伐虢未知誰爲兵主但下云先書虞賄故也若虞爲兵主自當。在先不須

云先書虞也明晉實爲主而仲尼先書虞故知晉猶。主。兵不信虞也先書虞賄故也虞非倡兵之首而先書之惡貪賄也○賄呼罪反惡烏路

反○秋盟于貫服江黃也江黃楚與國也始來服齊故爲合諸侯○爲于僞反下同○齊寺人貂始漏師于

多魚寺人。內奄官。豎貂也多魚地名闕齊桓多嬖寵內則如夫人者六人外則幸。豎貂易牙之等終以此亂國傳言貂於此始擅貴寵漏洩桓公軍事爲

齊亂張本○寺如字又音侍寺人奄官名貂音彫豎上主反擅時戰反洩息列反又以制反疏注寺人至張本○正義曰周禮內宰之屬有內小臣奄上

士四人寺人王之正內五人內豎倍寺人之數寺人掌王之內人及女宮之戒令內豎掌內外之通令皆掌婦人之事是自內小臣以下皆用奄人爲官也鄭

玄云豎未冠者之官名然則此人名貂幼童爲內豎之官以爲齊侯所寵後雖年長遂呼爲豎貂焉此時爲寺人之官故稱寺人貂也言漏師者漏泄師之密

謀也漏師已是大罪此云始者言其終又甚焉故言始以爲齊亂張本○虢公敗戎于桑田桑田虢地在弘農陜縣東北晉卜

偃曰虢必亡矣亡下陽不懼而又有功是天奪之鑒鑒所以自照而益其疾也驕則生疾

必易晉而不撫其民矣不可以五稔稔熟也爲下五年晉滅虢張本○易以豉反稔入甚反○冬楚人伐

鄭鬬章囚鄭聃伯經書侵傳言伐本以伐興權行侵掠爲後年楚伐鄭鄭伯欲成張本○聃乃甘反掠音亮

經三年春王正月不雨夏四月不雨一時不雨則書首月傳例曰不曰旱不爲災傳[疏]三年注一時至爲災○正義曰

一時不雨則書首月者解去冬今春也書首月者皆竟時不雨次月不雨不復書也故夏四月不雨五月不雨不復書六月得雨乃書之此由不雨日久方始

追。書其事每時一書所以詳其文也不於去年冬十月及今年正月不雨注必於夏四月不雨注者以下有六月雨既備書則五月不雨亦應備書今唯云夏

四月不雨故注云一時不雨則書首月以解五月不書不雨之意文二年自十有二月不雨至于秋七月十三年自正月不雨至于秋七月二者皆總書不雨

又不書得雨之月與此年書不雨文異者穀梁傳曰一時言不雨者閔雨者有志乎民者也六月雨雨云者喜雨也喜雨者有志乎民者也文二年傳閔

曰歷時而言不雨文不憂雨也不憂雨者無志乎民也言僖有憂民之志故每時一書文無憂民之志是以歷時總書賈逵取以爲說杜既不注或亦史異辭

也○徐人取舒無傳徐國在下邳僮縣東南舒國今廬江舒縣勝國而不用大師亦曰取例在襄十三年○邳皮悲反僮音童廬力居反[疏]

注徐國至三年○正義曰諸侯相滅亡者多是土壤鄰接思啓封疆今檢杜注徐在下邳舒在廬江相去甚遠而越竟滅國無傳無注不知所以襄十三年傳

例曰凡書取言易也用大師焉曰滅然則滅之與取俱是絕其國家有其土地難則稱滅易則爲取釋例曰用大師起大衆重力以陷敵因而有之故。曰勝國

通以滅爲文也取者乘其衰亂或受其潰叛或用。小師而不。頓兵勢力則直言取如取如攜言其易也是勝國而不用大師亦爲取也〇六月雨

示旱不竟夏〇秋齊。侯宋公江人黃人會于陽穀陽穀齊地在東平須昌縣北〇冬公子友如齊

涖。盟涖臨也〇涖音利又音類[疏]注涖臨也〇正義曰公羊傳曰涖盟者何往盟。乎彼也來盟者何來盟于我也盟者殺牲歃血告誓神明人臨其上從我去者出我之意故言往彼臨視從外至者我共臨視故直舉其來〇楚人伐鄭

傳三年春不雨夏六。月雨自十月不雨至于五月不曰旱不爲災也周六月夏四月於播。種五穀無損〇夏戶雅反〇秋會于陽穀謀伐楚也。二年楚侵鄭故〇齊侯爲陽穀之會來尋盟冬公子友如齊涖盟公時不會陽穀故齊侯自陽穀遣人詣魯求尋盟魯使上卿詣齊受盟謙也〇爲于僞反〇楚人伐鄭鄭伯欲成孔叔不可曰齊方勤我孔叔鄭大夫勤恤鄭難〇難乃旦反弃德不祥也祥善〇齊侯與蔡姬乘舟于囿蕩公蔡姬齊侯夫人蕩搖也囿苑也蓋魚池在苑中〇囿音又公懼變色禁之不可公怒歸之未絕。之。也蔡人嫁之爲明年齊侵蔡傳

經四年春王正月公會齊侯宋公陳侯衛侯鄭伯許男曹伯侵蔡蔡潰民逃其上曰潰例在文三年遂伐楚次于陘遂兩事之辭楚強齊欲綏之以德故不速進而次陘陘楚地潁川召陵縣南有陘亭〇陘音邢召上照反傳皆同[疏]注遂兩事之辭〇正義曰桓八年祭公來遂逆王后于紀公羊傳曰遂者何生事也謂本無向紀之心至魯始生意也穀梁傳曰遂繼事之辭也此

云兩事之辭謂既有上事復爲下事不以本謀有心無心爲異也此齊侯先有伐楚之心因行而侵蔡耳三十年襄仲將聘于周遂初聘于晉桓十八年公將有行遂與姜氏如齊如此之類本謀爲二事也六年諸侯伐鄭楚人圍許諸侯遂救許莊十九年公子結媵陳人之婦于鄄遂及齊侯宋公盟如此之類本無謀而因事便行也但是兩事皆稱爲遂故曰兩事之辭不別本謀與否

○夏許男新臣卒。未同盟而赴以名

疏許男新臣卒○正義曰成十三年曹伯盧卒于師此不言于師者穀梁傳曰諸侯死於國不地死於外地死於師何爲不地內桓師也注云齊桓威德洽著諸侯安之雖卒於外與其在國同賈逵云不言於師善會主加禮若卒於國左氏無此義釋例曰若卒于朝會或書師或書地者史之成文非義所存然則或言于師或不言于師亦是史有詳略無義例也注稱赴以名者公雖在軍死須相赴史得赴乃書耳

○楚屈完來盟于師盟于召陵屈完楚大夫也楚子遣完。如師以觀齊屈完覩齊之盛因而求盟故不稱使以完來盟爲文齊桓退舍以禮楚故盟召陵召陵潁川縣也

疏○注屈完至縣也○正義曰公羊傳曰屈完者何楚大夫也何以不稱使尊屈完也曷爲尊屈完以當桓公也其意言屈完楚之貴者尊之以敵齊侯若屈完足以自專無假君命不爲楚子所使故作自來之文服虔取以爲說案孔子曰君使臣以禮臣事君以忠此聖人之明訓也今乃尊人之臣許其不爲君使輕人之主以爲不合使臣是乃縱羣下以覲。覲教。強臣以專恣約之以禮豈當然乎故杜別爲此解楚子本使屈完如師以觀齊師之強弱強則欲服弱則欲拒屈完覩齊之盛因。而求盟盟非楚子之意故不稱使以屈完自來盟爲文穀梁傳曰其不言使權在屈完也是其權。時之。便自。來與齊盟也完之本意欲即盟於軍齊桓喜其來服退舍以禮楚言來盟于師書屈完之意也盟于召陵書實盟之所也成二年齊侯使國佐如師不言來而此言來者彼既云如師不須稱來此不言如師故云來耳此既云來盟不復須言及屈完盟彼無來盟之文故別言及國佐盟意異於此故文不同服虔云言來者外楚也嫌楚無罪言來以外之來者。自外之文非別罪之所

在。若以言來卽爲罪楚則仲孫高子之來也復外齊而罪之乎且惡楚者當惡其辟在蠻夷負固不服不服之日容可外之服而又外欲何爲也○齊
人執陳轅。濤塗轅濤塗陳大夫○袁陳大夫氏也本多作轅濤音桃○秋及江人黃人伐陳受齊命討陳之罪而以與
謀爲文者時齊不行使魯爲主與謀例在宣七年○與音預下同【疏】注受齊至七年○正義曰直言及江黃者將卑師少故不言主。師言微者及之宣七
年傳例曰凡師出與謀曰及不與謀曰會而春秋征伐受命於盟主者實是與謀皆不言及釋例曰盟主之令則上行乎下非匹敵和成之類故雖或先謀皆
從不與謀之例然則此伐陳者受齊之命討陳之罪亦是上行乎下而經書及者於時齊師不行使魯爲主魯與江黃謀之然後共伐故以與謀爲文○
八月公至自伐楚無傳告于廟○葬許穆公○冬十有二月公孫茲帥師會齊人宋
人衛人鄭人許人曹人侵陳公孫茲叔牙子叔孫戴伯
傳四年春齊侯以諸侯之師侵蔡蔡潰遂伐楚楚子使與師言曰君處北海寡
人處南海唯是風馬牛不相及也楚界猶未至南海因齊處北海遂稱所近牛馬風逸蓋末界之微事故以取喻○近附近
之近【疏】注楚界至取喻○正義曰襄十。三年傳稱楚子囊述共王之德撫有蠻夷奄征南海唯言征南海耳其竟未必至南海也因齊實處北海遂稱所近
言其相去遠也服虔云風放也牝牡相誘謂之風尚書稱馬牛其風此言風馬牛謂馬牛風逸牝牡相誘蓋是末界之微事言此事不相及故以取喻不相干
也不虞君之涉吾地也何故管仲對曰昔召康公命我先君大公召康公周大保召公奭也
○大音泰同奭音釋【疏】注。召康公○正義曰謚法安樂撫民曰康曰五侯九伯女實征之以夾輔周室五等諸侯

九州之伯皆得征討其罪齊桓因此命以夸楚○女音汝夾古洽反舊古協反夸苦瓜反

疏注五等至夸楚○正義曰大公爲王官之伯得以王命征討天下隨罪所在各致其罰故五等諸侯九州之伯皆得征討其罪齊桓因大公有此王命言己上世先公得征討有罪所以夸楚也鄭玄以爲周之制每州以一侯爲牧二伯佐之九州有九侯十八伯大公爲東西大伯中分天下者當各統四侯半一侯不可分故言五侯其伯則各有九耳侯爲牧伯佐之言是周制其事無所出也且征者征其所統之國非征侯伯之身何當校計人數以充五九之言卽如其言使伯佐牧二伯共佐治而已非是分州之半復安得征九伯也校數煩碎非復人情故先儒無同之者

賜我先君履東至于海西至于河

疏東至于海西至于河○正義曰釋例曰海自遼西北平漁陽章武渤海樂陵樂安北海東萊城陽東海廣陵吳郡會稽十四郡之東界以東河出西平西南二千里從西平東北經金城故北地朔方五原至故雲中南經平陽河東之西界東經河東河內之南界東北經汲郡頓丘陽平平原樂陵之東南入海杜之此言據其當時之河耳禹貢導河積石至于龍門南至于華陰東至于底柱又東至于孟津東過洛汭至于大伾北過降水至于大陸又北播爲九河同爲逆河入于海案驗其地自大伾以上河道不改大伾以下卽是汲郡以東河水東流秦漢以來始然也古之河道自大伾而北過降水故迹不可復知其大陸則趙地之廣澤也大陸以北播爲九河九河故道河間成平以南平原鬲縣以北其九河者徒駭一大史二馬頰三覆釜四胡蘇五簡六絜七鉤盤八鬲津九徒駭最西以次而東故鄭注禹貢河間弓高縣往往有其處中候云齊桓霸遏八流以自廣計桓公之時齊之西竟當在九河之最西徒駭蓋是齊之西界其東至于海當盡樂安北海之東界也

南至于穆陵北至于無棣穆陵無棣皆齊竟也履所踐履之界齊桓又因以自言其盛○棣大計反竟音境下皆同**爾貢包茅不入王祭不共無以縮酒寡人是徵**包裹束也茅菁茅也束茅而灌之以酒爲縮酒尚書包匭菁茅茅之爲異未審○共音恭

本亦作供下及注同縮所六反裹音果菁子丁反苞或作包匭音軌本或作軌【疏】注包裹至未審○正義曰禹貢荊州包匭菁茅孔安國云其所包裹而致者匭匣也菁以為葅茅以縮酒郊特牲云縮酌用茅鄭玄云泲之以茅縮去滓也周禮甸師祭祀共蕭茅鄭興云蕭字或為茜茜讀為縮束茅立之祭前沃酒其上酒滲下去若神飲之故謂之縮縮滲也故齊桓公責楚不貢包茅王祭不共無以縮酒杜用彼鄭興之說也孔安國以菁與茅別杜云茅菁茅則以菁茅為一特令荊州貢茅必當異於餘處但更無傳說故云茅之為異未審也沈氏云太史公封禪書云江淮之間一茅三脊杜云未審者以三脊之茅比目之魚比翼之鳥皆是靈物不可常貢故杜云未審也

昭王南征而不復寡人是問

昭王成王之孫南巡守涉漢船壞而溺周人諱而不赴諸侯不知其故故問之○守手又反溺乃歷反【疏】注昭王至問之○正義曰昭王成王之孫周本紀文也呂氏春秋季夏紀云周昭王親將征荊蠻辛餘靡長且多力為王右還反涉漢梁敗王及祭公隕于漢中辛餘靡振王北濟反振祭公高誘注引此傳云昭王之不復君其問諸水濱由此言之昭王為沒於漢辛餘靡焉得振王北濟也振王為虛誠如高誘之注又稱梁敗復非舩壞舊說皆言漢濱之人以膠膠舩故得水而壞昭王溺焉不知本出何書

對曰貢之不入寡君之罪也敢不共給昭王之不復君其問諸水濱。

昭王時漢非楚竟故不受罪○濱音賓【疏】注昭王至受罪○正義曰楚世家成王封熊繹於楚以子男之田國居丹陽宋仲子云丹陽南郡枝江縣也枝江去漢其路甚遠昭王時漢非楚竟不受罪也

故師進次于陘

楚不服罪故復進師○復扶又反

夏楚子使屈完如師

如陘之師觀強弱

師退次于召陵

完請盟故

齊侯陳諸侯之師與屈完乘而觀之

乘共載○乘繩證反注同

齊侯曰豈不穀是為先君之好是繼與不穀同好如何

言諸侯之附從非為己乃尋先君之好謙而自廣因求與楚同好孤

寡不穀諸侯謙稱○是爲于僞反注同好呼報反下及注同稱尺證反【疏】言諸至謙稱○正義曰諸侯之交必稱先君以相接此時諸侯有魯宋陳衛鄭許曹桓公以前皆嘗與齊交接故齊侯稱繼先君之好謙以自廣也老子曰孤寡不穀王侯之謙稱也曲禮云諸侯與民言自稱寡人庶方小侯自稱曰孤其在四夷雖大曰子於內自稱不穀禮記雖爲定例事在臨時所稱此齊侯自稱不穀襄王出奔亦稱不穀皆出自當時之意耳爾雅訓穀爲善穀是養人之物言我不似穀之養人是謙也對曰君惠徼福於敝邑之社稷辱收寡君寡君之願也齊侯曰以此衆戰誰能禦之以此攻城何城不克對曰君若以德綏諸侯誰敢不服君若以力楚國方城以爲城漢水。以爲池方城山在南陽葉縣南以言竟土之遠漢水出武都至江夏南入江言其險固以當城池○徼古堯反要也漢以爲池本或作漢水以爲池水衍字葉始涉反當丁浪反雖衆無所用之屈完及諸侯盟○

陳轅濤塗謂鄭申侯曰師出於陳鄭之閒國必甚病申侯鄭大夫當有。共給之費故○費芳味反若出於東方觀兵於東夷循海而歸其可也東夷郯莒徐夷也觀兵示威○郯音談申侯曰善濤塗以告齊侯許之許出東方申侯見曰師老矣若出於東方而遇敵懼不可用也若出於陳鄭之閒共其資糧屝屨其可也屝草屨○見賢遍反糧音良屝符費反【疏】資糧屝屨○正義曰少儀云君將適他臣如致金玉貨貝於君則曰致馬資於有司鄭玄云資猶用也然則諸所費用之物皆爲資也糧謂米粟行道之食也屝屨俱是在足之物善惡異名耳楊雄方言云屝。麤屨也絲作之曰履麻作之曰屝。不。借粗者謂之屨喪服傳曰疏屨者藨蒯之菲也是。屝用草爲之也注云草。屨者履屨通言耳相形以曉人也定本爲草屨齊侯說與之虎牢之還以鄭邑賜○說音悅執轅濤塗○秋伐陳討不忠也以濤塗爲誤軍道○許穆公卒于師葬之以侯禮也男而以侯禮加一等凡諸侯薨于朝會加一等諸侯命有三等公爲上等侯伯中等子男爲下等死王事加二等謂以死勤事疏諸侯薨至二等○正義曰沈氏云朝會亦王事而別言死王事者謂因王事或戰陳而死故別其文也於是有以袞斂袞衣公服也謂加二等○袞古本反袞冕上公服斂力驗反○冬叔孫戴伯帥師會諸侯之師侵陳陳成歸轅濤塗陳服罪故歸其大夫戴謚也○初晉獻公欲以驪姬爲夫人卜之不吉筮之吉疏卜之不吉筮之吉○正義曰曲禮云卜筮不相襲鄭玄云卜不吉則又筮筮不吉則又卜是瀆龜筮也晉獻公卜娶驪姬不吉公曰筮之是也如彼記文卜之不吉不合更筮但獻公既愛驪姬欲必尊其位故卜既不吉更令筮之冀乎筮而得吉所以遂己心也詩云我龜既厭不我告猶鄭玄云卜筮數而瀆龜龜靈厭之不復告其所圖之吉凶由是貴瀆龜筮不復告之以實故終實不吉而筮稱其吉是筮非不知而不以實告也周禮筮人云凡國之大事先筮而後卜鄭玄云當用卜者先筮之卽事漸也於筮之凶則止不卜而傳稱桓公卜季友晉獻公卜驪姬晉文公卜納王趙鞅卜救鄭皆先卜而後筮者周禮言其正法耳春秋之世臨時請問者或卜或筮出自當時之心不必皆先筮後卜崔靈恩以爲國之大事先筮而後卜筮凶則止不卜者筮必以三代之法若三法皆凶則止不卜若兩法是凶一法爲吉名爲筮逆猶是疑限故更卜以決之則洪範筮逆龜從是也故大卜掌三兆三易儀禮特牲少牢筮皆旅占是筮有衆占之法則靈恩之說義亦可通公曰從筮卜人曰筮短龜長不如從長物生而後有象象而後有滋滋而後有數龜象筮數故象長數短○不如依字讀或音而據反疏注物生至數短○正義曰筮數以上皆十

五年傳。文象者物初生之形數者物滋見之狀凡物皆先有形象乃有滋息是數從象生也龜以本象金木水火土之兆以示人故爲長筮以末數七八九六之策以示人故爲短周禮占人掌占龜鄭玄云占人亦占筮言掌占龜者筮短龜長主於長者亦用此傳爲說案易繫辭云蓍之德圓而神卦之德方以知神以知來知以藏往然則知來藏往是爲極妙雖龜之長無以加此聖人演筮以爲易所知豈短於卜卜人欲令公舍筮從卜故云筮短龜長非是龜能實長杜欲成筮短龜長之意故引傳文以證之若至理而言卜筮實無長短

且其繇曰專之渝攘公之羭繇卜兆辭渝變也攘除也羭美也言變乃除公之美〇繇直救反渝羊朱反下羭同音攘如羊反一薰一蕕。十年尚猶有臭薰香草蕕臭草十年有臭言善易消惡難除〇薰許云反猶音由易以豉反

疏專之至有臭〇正義曰言公若專心愛之公心必將改變變乃除公之美公先有美此人將除去之薰是香草蕕是臭草一薰一蕕言分數正等使之相和雖積十年尚猶有臭氣香氣盡而臭氣存言善惡聚而多少敵善不能止惡而惡能消善〇注繇卜至之美〇正義曰筮卦之辭亦名爲繇但此是卜人之言知是卜兆辭也卜人舉此辭以止公則兆頌舊有此辭非卜人始爲之也卜人言其辭而不言其意不知得何兆此義何所出也渝變攘除皆釋言文也釋畜云夏羊牡羭牝羖則羭是羊之名美善之字皆從羊故羭爲美也變乃除公之美言公心必變而除公美也〇注薰香至難除〇正義曰此傳之意言善惡相雜二字皆從草知是香草臭草也月令五時各言其臭中央土云其臭香易繫辭云其臭如蘭傳稱在君之臭味則臭是氣之總名元非善惡之稱但既謂善氣爲香故專以惡氣爲臭耳十是數之小成故舉以爲言焉十年香氣盡矣惡氣尚存言善易消而惡難滅也杜知蕕是臭者內則云牛夜鳴則庮彼庮亦是臭義其字雖異其意亦同尚猶有臭猶則尚之義重言之耳猶尚書云弗遑暇食遑則暇也

必不可弗聽立之生奚齊其娣生卓子及將立奚齊既與中大夫成謀姬謂大子曰君夢

齊姜必速祭之齊姜大子母言求食○卓吐濁反大子祭于曲沃歸胙于公。胙祭之酒肉○胙才故反公田

姬寘諸宮。六日公至毒而獻之毒酒經宿輒敗而經六日明公之惑○寘之豉反公祭之地地墳與犬

犬斃。與小臣小臣亦斃疏公田至亦斃○正義曰晉語說此事云公田驪姬受胙乃寘酖於酒寘堇於肉公至召申生獻公祭地地墳申生恐而出驪姬與犬肉犬斃飲小臣酒亦斃此傳既略。元空當如國語也賈逵云堇烏頭也穀梁傳曰以酖為酒藥脯以毒○注毒酒至之惑○正義曰毒酒經宿便敗而公不怪其六日仍得如故明公之惑於驪姬不以六日為怪也姬泣曰賊由大子大子奔新城新城曲沃○墳扶粉反斃婢世反

公殺其傅杜原款。或謂大子子辭君必辯焉以六日之狀自理○款苦管反辯兵免反大子曰君非姬氏居不安食不飽我辭姬必有罪君老矣吾又不樂吾自理則姬死姬死則君必不樂不樂為由吾也○樂音洛注同曰子其行乎大子曰君實不察其罪被此名也以出人誰納我十二月戊申縊于新城姬遂譖二公子曰皆知之重耳奔蒲夷吾奔屈二子時在朝為明年晉殺申生傳○被皮寄反又皮綺反縊一賜反譖側鴆反

經五年春晉侯殺其世子申生稱晉侯惡用讒書春從告○惡烏路反疏注稱晉至從告○正義曰公羊傳曰曷為直稱晉侯以殺殺世子母弟直稱君者甚之也言父子相殘惡之甚者是惡其用讒殺大子故斥言晉侯以罪之罪晉侯則申生無罪也傳稱晉侯使以殺大子申生之故來告實以去年死告稱今年殺故以今年書也釋例曰晉魯久不交使而告殺申生則所告不必嘗有玉帛之使但欲廣聲其罪耳言廣聲其罪則晉

侯謂譏言爲實誣加大子以罪時史知其實改告而書之此傳不言書曰則是舊史然也○杞伯姬來朝其子無傳伯姬來寧寧成風也朝其子者時子年在十歲左右因有諸侯子得行朝義而卒不成朝禮故繫於母而曰朝其子○杞伯姬來絕句來歸寧朝其子猶言其子朝疏注伯姬至其子○正義曰伯姬未必是成風所生但哀姜既死成風得爲夫人縱非其母亦得歸寧也沈氏云伯姬以莊二十五年六月歸于杞假令後年生子則其年十四矣杜云十歲左右者以其從母言朝故云十歲左右也桓九年曹伯使世子射姑來朝是諸侯之子得有攝君之禮行朝之義但此子幼弱而卒不成朝故繫於母而曰朝其子也若其能行朝禮則世子當如射姑伯姬別言來耳○夏公孫茲如牟叔孫戴伯娶於牟卿非君命不越竟故奉公命聘於牟因自爲逆○竟音境爲于僞反疏注叔孫至爲逆○正義曰牟是附庸之國唯桓十五年邾人牟人葛人來朝自爾以來更不朝聘於魯魯不應使卿聘此小國當是叔孫聘妻已定但卿非君命不得越竟故諸公請使奉君命以聘因自爲逆婦故傳稱娶焉明其因娶而聘○公及齊侯宋公陳侯衛侯鄭伯許男曹伯會王世子于首止惠王大子鄭也不名而殊會尊之也首止衛地陳留襄邑縣東南有首鄉○秋八月諸侯盟于首止間無異事復稱諸侯者王世子不盟故也王之世子尊與王同齊桓行霸翼戴天子尊崇王室故殊貴世子○復扶又反疏注間無至世子○正義曰公羊傳曰諸侯何以不序一事而再見者前目而後凡也言此諸侯還是上會之諸侯故從省文不復序也昭十三年秋公會劉子晉侯云云于平丘八月甲戌同盟于平丘不言諸侯者爲間無異事故也九年夏公會宰周公齊侯云云于葵丘九月諸侯盟于葵丘言諸侯者爲其間有伯姬卒故也此會盟之間無他異事復稱諸侯者爲王世子不盟故也穀梁傳曰復舉諸侯何也尊王世子而不敢與盟也釋例曰未有臣而盟君臣而盟君是子可盟父故春秋王世子以下會諸侯者皆同會而不同盟是解復言諸侯者見王世子不與盟也王世子者王之

儲副周禮膳夫掌養王及后世子歲終則會唯王及后世子之膳不會是其尊與王同也齊桓行霸翼戴天子尊崇王室故殊貴王之世子於會則歷序諸侯言會王世子則王世子不序諸侯之列也盟則諸侯自盟世子不與是殊貴世子也

鄭伯逃歸不盟逃其師而歸。之逃例在文三年疏注逃其。三年○正義曰禮君行師從卿行旅從雖則會盟必有師旅鄭伯棄其師衆輕身逃歸釋例曰國君而逃師棄盟違其典儀棄其章服羣臣不知其謀社稷不保其安此與匹夫逃竄無異故例在上曰逃是言稱逃之意也逃在盟前辟盟而逃故云逃歸不盟公還先告會盟故後書鄭伯

○楚人滅弦弦子奔黃弦國在弋陽。軑縣東南○軑音大

○九月戊申朔日有食之無傳

○冬晉人執虞公虞公貪璧馬之寶距絕忠諫稱人以執同於無道於其民之例例在成十五年所以罪虞且言易也晉侯脩虞之祀而歸其職貢於王故不以滅同姓爲譏○易以豉反疏注虞公至爲譏○正義曰書晉人執虞公則從無道於民之例虞公於傳未有不道之狀但虞公貪璧馬之寶拒絕忠諫諫者所以安存社稷保祐下民志在貪寶無恤民之意即爲不道於民是故稱人以執之也實是滅其國而言執其君者所以罪虞公且言執之易釋例曰虞公昧於貨賄貪以自亡國非其國臣非其臣晉人取之若執一夫故稱人以執而不言滅罪虞且言易也二十五年衛侯燬滅邢傳曰同姓也故名虞亦晉之同姓不言晉侯名者傳稱晉侯脩虞祀且歸其職貢於王以是之故不以滅同姓爲譏謂不書晉侯名也

傳五年春王正月辛亥朔日南至周正月今十一月冬至之日日南極公既視朔遂登觀臺以望而書禮也視朔親告朔也觀臺臺上構屋可以遠觀者也朔旦冬至曆數之所始治曆者因此則可以明其術數審別陰陽敘事訓民魯君不能常脩此禮故善公之得禮○登觀古亂反注同臺以望絕句而書本或作而書雲物非也別彼列反凡分至啓閉必書雲物分春秋分

也至冬夏至也啓立春立夏閉立秋立冬○雲物氣色災變也傳重申周典不言公者日官掌其職○重直用反爲備故也素察妖祥逆爲之備疏辛亥至備故也○正義曰辛亥朔者月一日也日南至者冬至日也天子班朔於諸侯諸侯受而藏之於大祖廟每月之朔告廟受而行之諸侯有觀臺所以望氣祥也公既親自行此視朔之禮遂以其日往登觀臺之上以瞻望雲及物之氣色而書其所見之物是禮也凡春秋分冬夏至立春立夏爲啓立秋立冬爲閉用此八節之日必登觀臺書其所見雲物氣色若有雲物變異則是歲之妖祥既見其事後必有驗書之者爲豫備故也視朔者月朔之禮也登臺者至日之禮也公常以一日視朔至日登臺但此朔即是至日故視朔而遂登臺也○注周正至南極○正義曰日之行天有南有北常立八尺之表以候晷之短長夏至之景尺有五寸日最長而景最短是謂日北至也自是以後日稍近南冬至之景一丈三尺日最短而景最長是謂日南至也冬至者十一月之中氣中氣者月半之氣也月朔而已得中氣是必前月閏閏前之月則中氣在晦閏後之月則中氣在朔閏者聚殘餘分之月其月無中氣半屬前月半屬後月是去年閏十二月十六日已得此年正月朔大雪節故此正月朔得冬至也而杜長曆僖元年閏十一月此年閏十二月又閏之相去曆家大率三十二月耳杜於此閏相去凡五十月不與曆數同者杜推勘春秋日月上下置閏或稀或概自準春秋時法故不與常曆同○注視朔至得禮○正義曰視朔者公既告廟受朔即聽視此朔之政是其親告朔也禮天子曰靈臺諸侯曰觀臺釋宫云四方而高曰臺臺上構屋可以遠觀望故謂之觀臺也古之爲曆者皆舉其大數周年有三百六十五日四分日之一分爲十二月則一月各有三十日十六分日之七是故從前月初節至後月初節必三十日有餘也其日月之行天也日行遲月行疾每二十九日過半而月及日謂之一月故從朔至朔唯二十九日過半耳計一歲則有餘十一日而不得周年故作閏月以補之計十九年而有七閏古曆十九年爲一章以其閏餘盡故也步曆之始以朔旦冬至爲首曆之上元其年是十一月朔旦冬至至十九年閏餘盡復得十一月朔旦冬至故以

十九年爲一章積章成部積部成紀治曆者以此章部爲法因此可以明其術數推之而知氣朔也審別陰陽寒暑不失其時也所以陳敘時事教訓下民魯君不能常脩此事故善公之得禮也○注分至啓閉○正義曰一年分爲四時時皆九十餘日春之半秋之半晝夜長短等晝夜中分百刻故春秋之半稱春秋分也冬之半夏之半晝夜長短極極訓爲至故冬夏之半稱冬夏至也四時之氣寒暑不同春夏生物秋冬殺物生物則當啓殺物則當閉故立春立夏爲啓立秋立冬爲閉。言物謂氣色。者謂非雲而別有氣色杜恐與雲相亂故別云氣色也周禮保章氏以五雲之物辯吉凶水旱降豐荒之祲象鄭玄云物色也視日旁雲氣之色降下也知水旱所下之國鄭衆云以二至二分觀雲色青爲蟲白爲喪赤爲兵荒黑爲水黃爲豐衆之此言蓋出占候之書計雲氣之占不啻盡此而已但世絕其學故莫能知焉左傳諸所發凡皆是周之舊典既言禮也更復發凡是重申周典也直言必書雲物不更云公是日官掌其職非公所當親也劉炫規云書雲物亦是公親爲之但上文有公既視朔故下文去公字耳今刪定知不然者上言公既視朔是傳家之語下。云必書雲物是周公舊凡舊凡之文包諸侯天子若諸侯稱公書雲物則天子當稱王書雲物是知舊凡元無王公之文日官掌其事若以上文有公既視朔故知公字然則周公舊凡豈豫知自公既視朔沒去公字乎苟生異見妄規杜氏非也○釋經必須告乃書

初晉侯使士蔿爲二公子築蒲與屈不愼寘薪焉不謹愼○爲于僞反下乃爲同寘之豉反疏注不謹愼○正義曰不謹愼所爲多寘薪於中焉若今椎木夷吾訴之公使讓之譴讓之○譴弃戰反○士蔿稽首而對曰疏

士蔿稽首○正義曰周禮大祝辨九拜一曰稽首二曰頓首三曰空首鄭玄云稽首拜頭至地也頓首拜頭叩地也空首拜頭至手所謂拜手也鄭唯解此三者拜之形容所以爲異也稽首頭至地頭下緩至地也頓首頭不至地暫一叩之而已尙書每稱拜手稽首者初爲拜頭至手乃復。叩頭以至地至手是爲拜

手至地乃為稽首然則凡為稽首者皆先為拜手乃成稽首故尚書拜手稽首連言之傳雖不言拜手當亦先為拜手乃為稽首稽首拜手共成一拜之禮此其為敬之極故臣於君乃然孔安國以為盡禮致敬知此是禮之極盡也大祝九拜又云四曰振動五曰吉拜六曰凶拜七曰奇拜八曰褒拜九曰肅拜鄭玄云振動戰栗變動之拜。拜而後稽顙謂齊衰不杖以下者凶拜稽顙而後拜謂三年服者奇拜謂一拜荅臣下拜褒拜再拜拜神與尸肅拜今時撎也介者不拜說者又以為稽首臣拜君也頓首謂敵者相拜也空手謂君荅臣拜也

臣聞之無喪而感憂必讎焉讎猶對也無戎而城讎必保焉保而守之寇讎之保又何慎焉守官廢命不敬固讎之保不忠失忠與敬何以事君詩云懷德惟寧宗子惟城詩大雅懷德以安則宗子之固若城疏詩云至惟城○正義曰詩大雅板之七章懷和也寧安也和其德以撫民則其國惟安矣但能以德安國則宗子之固若城君其脩德而固宗子何城如之言城不如固宗子三年將尋師焉焉用慎尋用也○焉用於虔反退而賦曰狐裘尨茸一國三公吾誰適從士蔿自作詩也尨茸亂貌公與二公子為三言城不堅則為公子所訴為公所讓堅之則為固讎不忠無以事君故不知所從○尨莫江反又音蒙茸如容反又音戎適從丁歷反及難公使寺人披伐蒲重耳曰君父之命不校乃徇曰校者吾讎也踰垣而走披斬其袪遂出奔翟袪袂也○難乃旦反披普皮反校音教徇似浚反垣音袁袪起魚反翟音狄袂面世反疏注袪袂也○正義曰禮深衣記云袂之長短反詘之及肘喪服云袂屬幅袪尺二寸幅謂衣之身也袂屬於幅長於手反屈至肘則從幅盡於袖口總名為袂其袂近口又別名為袪此斬其袪斬其袖之末也詩唐風羔裘傳云袪袂末鄭玄玉藻注云袪袂口也但袂是總名得以袂表袪故云袪袂

○夏公孫茲如牟娶焉。○因聘而娶故傳實其事○娶七喻反本又作取○會于首止會王大子鄭謀寧周也惠王以惠后故將廢大子鄭而立王子帶故齊桓帥諸侯會王大子以定其位

疏注惠王至其位○正義曰二十四年傳曰不穀不德得罪于母氏之寵子帶書曰天王出居于鄭辟母弟之難也如彼傳文則襄王與子帶俱是惠后所生但其母鍾愛其少子故欲廢大子而立之周本紀云襄王母早死後母曰惠后生叔帶與傳不同史記繆也七年惠王崩襄王畏子帶不敢發喪知此時有廢大子之意故齊桓帥諸侯會大子定其位安王國也

○陳轅宣仲怨鄭申侯之反已。於召陵宣仲轅濤塗故勸之城其賜邑齊桓所賜虎牢曰美城之大名也子孫不忘吾助子請乃為之請於諸侯而城之美樓櫓之備美設○美城之絕句櫓音魯遂譖諸鄭伯曰美城其賜邑將以叛也申侯由是得罪為七年鄭殺申侯傳○秋諸侯盟王使周公召鄭伯曰吾撫女以從楚輔之以晉可以少安周公宰孔也王恨齊桓定大子之位故召鄭伯使叛齊也晉楚不服於齊故以鎮安鄭○秋諸侯盟本或此下更有于首止三字非女音汝鄭伯喜於王命而懼其不朝於齊也故逃歸不盟孔叔止之曰國君不可以輕輕則失親孔叔鄭大夫親黨援也○輕遣正反下同失親患必至病而乞盟所喪多矣君必悔之弗聽逃其師而歸喪息浪反○楚鬬穀於菟滅弦弦子奔黃於是江黃道柏方睦於齊皆弦姻也姻外親也道國在汝南安陽縣南柏國名汝南西平縣有柏亭弦子恃之而不事楚又不設備故亡○晉侯復假道於虞以伐虢

宮之奇諫曰虢虞之表也虢亡虞必從之晉不可啓寇不可翫翫習也○復扶又反下六年經
注同一之謂甚。其可再乎。為二年假晉道滅下陽諺所謂輔車相依脣亡齒寒者其虞虢之
謂也輔頰輔車牙車○車尺奢反疏注輔頰輔車牙車○正義曰易咸卦上九咸其輔頰舌三者並言則各為一物廣雅云輔頰也則輔頰為一釋
名曰頤或曰輔車其骨彊可以輔持其口或謂牙車牙所載也或謂頷車也衞風碩人云巧笑倩兮毛傳云好口輔也如此諸文牙車頷車牙下骨之名也頰
之與輔口旁。肌之名也蓋輔車一處分為二名耳輔為外表車是內骨故云相依也公曰晉吾宗也豈害我哉對曰大伯
虞仲大王之昭也大伯不從是以不嗣大伯虞仲皆大王之子不從父命俱讓適吳仲雍支子別封西吳虞公其後也
穆生昭昭生穆以世次計故大伯虞仲於周為昭○大音泰下及注同昭上饒反注同後昭穆放此虢仲虢叔王季之穆也王季者大
伯虞仲之母弟也虢仲虢叔王季之子文王之母弟也仲叔皆虢君字疏注王季至君字○正義曰大伯虞仲辟季歷適荊蠻若有適庶不須相辟知其
皆同母也周本紀云古公有長子曰大伯次曰虞仲大姜生季歷如史記之文似王季與大伯別母馬遷之言疏繆耳此言虢仲虢叔王季之穆國語稱文王
敬友二虢故亦以為文王母弟母弟之言事無所出仲叔皆文王之時虢君字也據傳文鄭滅一虢晉滅一虢不知誰是仲後誰是叔後賈逵云虢仲封東虢
制是也虢叔封西虢虢公是也馬融云虢叔同母弟虢仲異母弟虢仲封下陽虢叔封上陽案傳上陽下陽同是虢國之邑不得分封二人也若二虢共處鄭
復安得虢國而滅之雖賈之言亦無明證各以意。斷不可審知為文王卿士勳在王室藏於盟府盟府司盟之官疏注盟
府司盟之官○正義曰周禮司盟掌盟載之法會同則掌其盟約之載既盟則貳之鄭玄云貳之者寫副當以授六官唯言會同之盟不掌勳功之事而得有

二號之勳藏在盟府者凡諸侯初受封爵必有盟誓之言檀弓云衞大史柳莊死公與之邑裘氏與縣潘氏書而納諸棺曰世世萬子孫毋變也其言卽盟誓之辭也漢書功臣侯表記高祖卽位八載天下乃平始論功而定封侯者一百四十三人封爵之誓曰使黃河如帶泰山若礪國以永存爰及苗裔其誓卽盟之類事必有因於古明知以勳受封必有盟要其辭當藏於司盟之府也將虢是滅何愛於虞且虞能親於桓莊乎其愛之也疏其愛之也○正義曰愛之謂愛虞也虞豈能親於桓莊乎其當愛此虞也服虔其作甚注云愛之甚當謂愛桓莊之族甚也愛之若甚何以誅之且文勢不順又改字失真繆之甚也桓莊之族何罪而以為戮不唯偪乎桓叔莊伯之族晉獻公之從祖昆弟獻公患其偪盡殺之事在莊二十五年○偪彼力反疏注桓叔至五年○正義曰莊伯之族從父昆弟也桓叔之族從祖昆弟也唯言從祖昆弟舉疏者而略言耳親以寵偪猶尚害之況以國乎公曰吾享祀豐絜神必據我據猶安也○享[illegible]兩反對曰臣聞之鬼神非人實親惟德是依故周書曰皇天無親惟德是輔周書逸書又曰黍稷非馨明德惟馨馨香之遠聞○聞音問又如字又曰民不易物惟德繄物黍稷牲玉無德則不見饗有德則見饗言物一而異用○繄烏兮反是也疏注周書至繄物○正義曰皇天無親惟德是輔蔡仲之命文也黍稷非馨明德惟馨君陳文也人不易物惟德其物旅獒文也杜不見古文故以為逸書此傳與書異者其作繄師授不同字改其易耳其意亦不異也民不易物者設有二人俱以物祭其祭相似不改易此物唯有德者繄此乃是物無德而薦神所不享則此物不是物也如是則非德民不和神不享矣神所馮依將在德矣若晉取虞而明德以薦馨香神其吐之乎弗聽許晉使宮之奇以其

族行行去也○馮皮冰反下注同使所吏反【疏】以其族行○正義曰晉語云宮之奇諫而不聽出謂其子曰將亡矣吾不去懼及焉以其帑適西山韋昭云西山國西界也曰虞不臘矣臘歲終祭衆神之名○臘力盍反【疏】虞不臘矣○正義曰月令孟冬臘門閭及先祖五祀臘之見於傳記者唯月令與此二文而已秦本紀惠王十二年初臘始皇三十一年更改臘曰嘉平蔡邕獨斷云臘者歲終大祭縱吏民宴飲非迎氣故但送不迎應劭風俗通云案禮傳曰嘉平殷曰清祀周曰大蜡漢鶩臘臘者獵也田獵取獸祭先祖也此言虞不臘矣明當時有臘祭周時獵與大蜡各為一祭秦漢改曰臘不蜡而給臘矣在此行也晉不更舉矣不更舉兵八月甲午晉侯圍上陽上陽虢國都在弘農陝縣東南問於卜偃曰吾其濟乎對曰克之公曰何時對曰童謠云丙之晨龍尾伏辰龍尾尾星也日月之會曰辰日在尾故尾星伏不見○謠音遙見賢遍反均服振振取虢之旂戎事上下同服振振盛貌旂軍之旌旗○均如字同也字書作袀音同振音真注同鶉之賁賁天策焞焞火中成軍虢公其奔鶉鶉火星也賁賁鳥星之體也天策傅說星時近日星微焞焞無光耀也言丙子平旦鶉火中軍事有成功也此已上皆童謠言也童齓之子未有念慮之感而會成嬉戲之言似若有馮者其言或中或否博覽之士能懼思之人兼而志之以為鑒戒以為將來之驗有益於世教○鶉述春反又常倫反賁音奔焞他門反說音悅近附近之近上時掌反齓初問反又恥問反毀齒也嬉戲許宜反中丁仲反其九月十月之交乎以星驗推之知九月十月之交謂夏之九月十月也交晦朔交會○夏戶雅反下同丙子旦日在尾月在策是夜日月合朔於尾月行疾故至旦而過在策鶉火中必是時也【疏】童謠至時也○正義曰釋樂云徒歌謂之謠言無樂而空歌其聲逍遙然也於時有童謠之子為此謠歌之辭故卜偃取以對公也夜之向明為晨日月聚會為辰

星宿不見爲伏言乙日夜半之後丙日將旦之時龍尾之星伏在合辰之下當是之時軍人上下均同其服振振然而盛旅者晉軍旅也而往取虢故云取虢之旂南方鶉鳥之星其體賁賁然見於南方天策之星近日焞焞然無光耀甚微也鶉火之次正中於南方爾時其當成軍事也虢公其當奔走也既引童謠之言乃復指其時日在夏之九月十月之交乎謂九月十月晦朔之交也十月朔丙子之日平旦時日體在尾星月在天策星鶉火正中於南方必是時克之○注龍尾至不見○正義曰東方七宿皆爲蒼龍之宿其龍南首北尾角是龍角尾卽龍尾故云龍尾尾星也日月之會爲辰昭七年傳文於時日體在尾尾星與日同處共日俱出入故常伏不見也丙之晨者說文云晨早昧爽也謂夜將旦雞鳴時也○注戎事上下同服○正義曰周禮司服職云凡兵事韋弁服鄭玄云韋弁以韎韋爲弁又以爲衣裳今時。伍伯緹衣古兵服之遺色然則在兵之服皆韋弁均服者謂兵戎之事貴賤上下均同此服也○注鶉鶉至世教○正義曰南方七宿皆爲朱鳥之宿其鳥西首東尾故未爲鶉首午爲鶉火巳爲鶉尾鶉火星者謂柳星張也天策傅說星史記天官書之文莊子云傅說得之以騎箕尾傳說殷高宗之相死而託神於此星故名爲傳說星也傳說之星在尾之末合朔在尾故其星近日星微焞焞然無光耀也說文云齔毁齒也男八月齒生八歲而齔女七月齒生七歲而齔童齔之子未有念慮之感不解自爲文辭而羣聚集會成此嬉遊遨戲之言其言韻而有理似若有神馮之者其言或中或否不可常用博覽之士及能懼思之人兼而志之以爲鑒戒以爲將來之驗有益於世教故書傳時有采用之者文三年傳曰孟明之臣也其不解也能懼思也能懼思之人謂孟明之類也○注是夜至在策○正義曰以三統曆推之此夜是月小餘盡夜半合朔在尾十四度從乙夜半至平旦日行四分度之一月行三度有餘故丙子旦日在尾星月在天策鶉火之次正中也月令孟冬之月日在尾昬危中旦七星中七星則鶉火次之星也

冬十二月丙子朔晉滅虢虢公醜奔京師不書不告也周十二月夏之十月師還館于虞遂襲虞滅之

執虞公及其大夫井伯以媵秦穆姬秦穆姬晉獻公女送女曰媵以屈辱之而脩虞祀且歸其職貢於王虞所命祀疏。虞所命祀○正義曰虞受王所命之祀謂天子命虞使祀其竟內山川之神也既滅其國故代虞祭之○故書曰晉人執虞公罪虞且言易也。易以豉反

附釋音春秋左傳注疏卷第十二

春秋左傳注疏卷十二校勘記　　阮元撰盧宣旬摘錄

附釋音春秋左傳注疏卷第十二 僖元年盡五年宋本春秋正義卷第十一石經春秋經傳集解僖上第五岳本纂圖本僖下有公字釋文同並盡十五年

〔僖公〕史記漢書五行志律曆志僖並作釐案史漢多作釐

〔經元年〕

齊師宋師曹伯次于聶北救邢 石經曹伯作曹師不誤案莊三年經冬公次于滑正義襄廿三年傳八月叔孫豹帥師救晉次于雍榆正義並作曹師

齊人以歸 石經以下有尸字似後人依閔二年傳增入不足爲據

知非後盟也 閩本監本毛本非作其案隱十年襄五年正義並作非是也

偃邾地 此三字監本毛本並脫

公子友帥師敗莒師于酈獲莒拏 石經宋本淳熙本岳本足利本拏作挐是也釋文亦作挐傳同

拏莒子之弟 纂圖本閩本監本毛本拏作挐非此本正義不誤

莒釋非卿 補 案釋當作拏各本皆不誤今訂正

齊侯既殺哀姜 淳熙本既誤旺

不稱姜闕文 淳熙本脫文字

故其以經無姜字 宋本閩本監本毛本其作杜不誤○今依訂正

〔傳元年〕

義存君親 淳熙本存誤有

故無深淺常準 閩本監本毛本深淺誤倒

但州牧於是竟內 宋本監本毛本是作其盧文弨校云於是作是其非也

故公要而敗之 纂圖本閩本監本毛本脫公字

邾之於魯 宋本毛本於作與

君子以齊人殺哀姜也 石經宋本淳熙本岳本足利本人下有之字

非父母家所宜討也 閩本監本毛本脫家字

〔經二年〕

梁國蒙縣西北有貫城貫與貰字相似 宋本纂圖本閩本監本毛本作貫城貫與不誤岳本作貫與貰字形相近

而誤水經注引無與字郡國志注引與上有字字

則稱人者 宋本則下有此字是也

（傳二年）

假道於虞 宋本此節正義在以伐虢注下

途出於虞故借道 宋本閩本纂圖本監本毛本借作假

懦而不能強諫 釋文云懦本又作㦝強宋本作彊

入自顛軨 水經注四引作巔軨

保於逆旅 荀子作御旅御與迓通尚書迓字皆作御

虢稍遣人分依客舍以聚衆抄晉邊邑 釋文無衆字

舍於逆旅甯嬴氏 閩本監本毛本嬴作羸非也

自當有先 宋本有作在不誤○今訂正

故知晉猶主兵 閩本監本毛本主兵誤倒

寺人內奄官豎貂也 淳熙本內誤多豎誤豎宋本作腎亦非下同

〔經三年〕

方始追事其事 閩本監本毛本作追敘宋本作追書不誤○今訂作書

故曰勝國通以滅爲文也 浦鏜正誤曰下疑脫滅故二字案浦鏜非釋例曰作名

或用小師而不頓兵勞力 浦鏜正誤小作少頓閩本監本毛本作煩非也襄十三年正義引亦作頓

秋齊侯宋公江人黃人會于陽穀 淳熙本齊誤徐

冬公子友如齊涖盟 顧炎武云石經涖誤泣案石經不誤炎武所據乃謬刻也

注盟乎彼也 閩本監本毛本乎作于非也

〔傳三年〕

夏六月雨 石經六作四是也

於播種五稼無損 足利本無種字

三年楚侵鄭故 淳熙本岳本三作二不誤○今訂作二

祥喜也 補各本喜作善此本誤喜今訂正

未絕之也 石經宋本淳熙本作未之絕也

〔經四年〕

夏許男新臣卒　毛本臣誤城

楚子遣完如師以觀齊　閩本監本毛本如誤于

是乃縱羣下以覬覦　宋本覦誤覬

教強臣以專恣　宋本強作彊下同〇案此本強宋本皆作彊後不悉出

因而求盟　宋本而作則非

是其權時之便　宋本時作盟便作宜

自來與齊盟也　宋本來作求

來者自外之文　宋本自作目非也

若以言來卽爲罪楚　宋本若作君

齊人執陳轅濤塗　釋文轅作袁云本多作轅案公羊穀梁作袁宋王應麟云轅與袁同

〔傳四年〕

故不言主師　監本師作帥非

襄十三年傳 閩本監本毛本三誤二

召康公 宋本以下正義二節總入曰五侯九伯注下

何當校計人數 監本毛本校計誤作計較閩本亦作較

西至于河 各本有至字此本脫今補正

東至于海西至于河 宋本此節正義在無棣注下

其大陸則趙地之廣澤也 閩本監本毛本脫地字

絜七 宋本絜作潔俗字

當盡樂安北海之東界也 宋本海作界非也

爾貢包茅不入 詩伐木正義後漢書公孫瓚傳注李善注藉田賦冊魏公九錫文並作苞茅不入文選六代論作苞茅不貢高誘注淮南子同茅作茆案作苞是也史記樂書苞之以虎皮字從艸自石經始去艸頭後人往往仍之

王祭不共 釋文共本亦作供下及注同案詩伐木篇正義李善注冊魏公九錫文高誘注淮南子顏師古注漢書刑法志作供說文引傳亦作供

無以縮酒 正義曰郊特牲云縮酌用茅鄭玄云泲之以茅縮去滓也周禮甸師祭祀共蕭茅鄭興云蕭字或爲莤莤讀爲縮臧琳云說文引春秋作無以莤酒又詩伐木有酒湑我傳湑莤之也箋云王有酒則泲莤之據說文知左傳作無以莤酒據甸師注知周禮作祭祀供莤茅蓋毛詩周禮左傳皆古文

故與六書之旨合

包裹束也 宋本岳本裹作褁非

尙書包匭菁茅 釋文匭本或作軌包作苞云或作包段玉裁云穀梁傳疏文選吳都賦劉注引書亦作苞匭菁茅匭訓纏結讀爲糾古音同在第三部也古音簋軌字皆讀如九匭从匚軌聲古文簋字簋黍稷方器也故從匚鄭君於其同音得其義也

泲之以茅縮去滓也 閩本監本毛本泲作涑誤

昭王南征而不復 石經征下旁增沒字非唐刻不足據陳樹華云高誘注呂氏春秋音初引作沒而不復似本有沒字也按高誘注或自以意增未可爲典要

王及祭公隕于漢中 各本作王此本誤三今訂正浦鏜正誤據呂氏春秋音初篇隕作抎

君其問諸水濱 說文瀕字注云水厓人所賓附瀕蹙不前而止從頁從涉案陳樹華云廣雅濱厓也頻比也徐鉉曰今俗別作水濱非是又案大雅不云自頻傳頻厓也鄭氏云頻當作濱正義曰以水厓之濱其字不應作頻故破之也傳作頻者蓋以古多假借或通用故也

君惠徼福於敝邑之社稷 釋文徼作儌是

漢水以爲池 釋文無水字云或作漢水以爲池水字衍案臧琳云杜注云方城山在南陽葉縣南漢水出武都至江夏南入江則方城者山名漢者水名傳文漢不云水猶之方城不言山也

當有共給之費故監本毛本共作供非

君將適也各本也作他與少儀合此本也字誤今訂正

屝麄屨也宋本麄作麤不誤閩本監本毛本作粗○今訂作麤

不借粗者謂之屨閩本監本毛本不借二字脫案不借字詳方言釋名儀禮注

是屝用草爲之也閩本監本屝誤菲毛本作非亦誤

注云草屨者案屨當作履故下云履屨通言耳今注文作屨從定本也

侯伯中等宋本淳熙本纂圖本中上有爲字

謂以死勤事宋本勤下有王字

諸侯薨至二等宋本此節正義在注謂加二等之下

是瀆龜筮也宋本筮作筴與鄭注曲禮合

龜靈厭之閩本監本毛本靈誤虛

筮數以上皆十五年傳文云浦鏜正誤筮作有不誤文閩本監本毛本誤作

一薰一蕕案鄭注內則引作一薫一莤字雖異而音義並同也

歸胙于公 顧炎武云石經脫胙字案石經此處闕炎武所據

姬寘諸宮六日 顧炎武云石經宮誤作公案石經此處剜闕乃謬刻也

與犬犬斃 說文引傳斃作獘頓仆也从犬敝聲或作斃五經文字云獘字注云見春秋傳又作斃同說詳隱元年釋文校勘記

當如國語也 閩此本當上空一字各本直接上文不空

公殺其傅杜原款 顧炎武云石經傅誤傳案石經此處闕

〔經五年〕

逃其師而歸之 宋本淳熙本岳本足利本之作也

注逃其三年 宋本閩本監本毛本其下有至字是也

弦國在弋陽軑縣東南 宋本岳本軑作軟葉抄釋文亦作軟是也案漢書地里志江夏郡有軑縣後漢書王霸傳子符徙封軑侯即是地也

〔傳五年〕

曆家大率三十二月耳 毛本二作三

言物謂氣色者 浦鏜正誤言作雲色下有災變也三字依注增補也

下云必書雲物閩本監本毛本云作文非

若今椎木宋本監本毛本椎作榜是也

乃復叩頭以至地宋本叩作申

拜而後稽顙宋本拜上有吉拜二字與周禮大祝注合

喻垣而走石經宋本淳熙本岳本足利本喻作踰不誤○今依訂正

夏公孫茲如牟娶焉釋文娶作取云本又作娶○案此娶取互誤

陳轅宣仲怨鄭申侯之反已於召陵石經宋本岳本已作己不誤

於是江黃道栢方睦於齊岳本足利本栢作柏案六經正誤云與國本作柏

一之謂甚纂圖本閩本監本毛本謂誤爲

爲二年假晉道滅下陽齊召南云爲字訛當作謂

諺所謂輔車相依案玉篇引作酺車相依

口旁朋之名也宋本監本毛本朋作肌不誤○今依訂正

各以意斷閩本監本毛本斷作解

注桓叔至五年 宋本此節正義在況以國乎之下

以其族行 宋本以下正義二節總入虞不臘矣注下

案禮夏曰嘉平 宋本夏上有傳字

漢巤臘 監本作獵亦非宋本作漢改曰臘不誤

言漢改曰臘 浦鏜云秦誤言

不蜡而爲臘矣 宋本矣作耳

均服振振 釋文均如字同也字書均作袀周禮司几筵疏引傳文作均段玉裁云賈服杜君等皆爲袀袀同也今本疏袀字譌均

振振盛貌 段玉裁云李善注閑居賦盛作威

焞焞無光耀也 陳樹華云耀當作燿

童齔之子 岳本纂圖本作童齔釋文同也按今說文作齔从七段玉裁云當从𠤎𠤎音化

以爲鑒戒以爲將來之驗 纂圖本閩本監本毛本脫以爲鑒戒四字

今時伍伯緹衣 宋本伍作五按段玉裁校周禮司服注云玉海引作伍伯賈疏訓伍爲行疑與宰夫注五伯本異

注虞所命祀 宋本此節正義在且言易也之下

公言易也石經宋本淳熙本岳本足利本公作且不誤

春秋左傳注疏卷十二校勘記

附釋音春秋左傳注疏卷第十三 僖六年盡十四年

杜氏注　孔穎達疏

經六年春王正月○夏公會齊侯宋公陳侯衛侯曹伯伐鄭圍新城新城鄭新密今滎陽密縣○秋楚人圍許以救鄭楚子不親圍以圍者告諸侯遂救許皆伐鄭之諸侯故不復更敘○冬公至自伐鄭無傳【疏】公至自伐鄭○正義曰二十八年公會晉侯云云于溫諸侯遂圍許二十九年公至自圍許此年會伐鄭遂救許不稱至自救許而云至自伐鄭與溫會反者釋例曰諸若此類事勢相接或以始致或以終致蓋時史之異也此事當由公至自告廟所告不同史依告而書不爲義例

傳六年春晉侯使賈華伐屈夷吾不能守盟而行賈華晉大夫非不欲校力將不能守言不如重耳之賢將奔狄郤芮曰後出同走罪也嫌與重耳同謀而相隨○郤去逆反芮如銳反不如之梁梁近秦而幸焉乃之梁以梁爲秦所親幸秦既大國且穆姬在焉故欲因以求入○近附近之近○夏諸侯伐鄭以其逃首止之盟故也首止盟在五年圍新密鄭所以不時城也實新密而經言新城者鄭以非時興土功齊桓聲其罪以告諸侯【疏】注實新至諸侯○正義曰密是邑名鄭人新築密邑故傳稱新密經不稱圍新密言圍新城傳云鄭所以不時城也解經言新城之意鄭以非時築城違禮害民齊桓聲其罪以告諸侯故書新城以新城爲鄭之罪狀劉炫云先王之制諸侯無故不造城造城則攻其所造司馬法曰產城攻其所產是也○秋楚子圍許以救鄭諸侯救許乃還○冬蔡穆侯將許僖公以見楚子於武城楚子退舍

武城猶有忿志而諸侯各罷兵故蔡將許君歸楚武城楚地在南陽宛縣北○見賢遍反罷皮罵反又皮買反宛於阮反許男面縛銜璧大
夫衰絰士輿櫬縛手於後唯見其面以璧爲贄手縛故銜之櫬棺也將受死故衰絰○衰七雷反絰直結反注同櫬初覲反贄音至一音置如
字縛如字舊扶臥反楚子問諸逢伯逢伯楚大夫對曰昔武王克殷微子啓如是微子啓紂庶兄宋之祖也
【疏】注微子至祖也○正義曰案宋世家云微子開者殷帝乙之首子而帝紂之庶兄周武王克殷微子乃持其祭器造於軍門肉袒面縛左牽羊右把茅膝
行而前以告於是武王乃釋微子復其位成王誅武庚乃命微子代殷之後國於宋史記之言多有錯謬微子手縛於後故以口銜璧又焉得牽羊把茅也此
皆馬遷之妄耳武王親釋其縛受其璧而祓之祓除凶之禮○祓芳弗反徐音廢說文云除惡之祭也【疏】注祓除凶之禮
○正義曰周禮女巫掌歲時祓除謂之祓除明是除凶之禮也襄二十九年稱公臨楚喪使巫以桃茢先祓殯此亦當以桃茢祓之焚其櫬禮而
命之使復其所楚子從之

經七年春齊人伐鄭○夏小邾子來朝無傳郳犂來始得王命而來朝也邾之別封故曰小邾○鄭殺其
大夫申侯申侯鄭卿專利而不厭故稱名以殺罪之也例在文六年○厭於鹽反傳同○秋七月公會齊侯宋公陳
世子款鄭世子華盟于甯母高平方與縣東有泥母亭音如甯○母如字又音無注同方音房與音預泥乃麗反又音甯王奴兮
反○曹伯班卒無傳五年同盟于首止○公子友如齊無傳罷盟而聘謝不敏也○冬葬曹昭公無傳

傳七年春齊人伐鄭孔叔言於鄭伯曰諺有之曰心則不競何憚於病競強也憚難也

○悍徒旦反難乃旦反下及八年經傳並同 疏 七年傳心則至於病○正義曰競彊也言心則不能彊盛則當須屈服於人何得難於屈弱之病而不下齊

既不能彊又不能弱所以斃也國危矣請下齊以救國公曰吾知其所由來矣 疏 吾知其所由來矣○正義曰孔叔既請鄭伯下齊公初欲下齊不知何事而來得說於齊後更云吾知其說齊所由來矣謂由殺申侯說齊之事得來矣

姑少待我欲以申侯說○下戶嫁反對曰朝不及夕何以待君朝如字○夏鄭殺申侯以說于齊且用陳轅濤塗之譖也濤塗譖在五年初申侯申出也姊妹之子為出有寵於楚文王文王將死與之璧使行曰唯我知女女專利而不厭予取予求不女疵瑕也從我取從我求我不以女為罪釁○女音汝下皆同疵似斯反又疾移反釁許靳反下文同後之人將求多於女謂嗣君也求多以禮義大望責之女必不免我死女必速行無適小國將不女容焉政狹法峻○狹音洽既葬出奔鄭又有寵於厲公子文聞其死也曰古人有言曰知臣莫若君弗可改也已○秋盟于甯母謀鄭故也管仲言於齊侯曰臣聞之招攜以禮懷遠以德攜離也德禮不易無人不懷齊侯脩禮於諸侯諸侯官受方物諸侯官司各於齊受其方所當貢天子之物 疏 注諸侯至之物○正義曰周禮大行人云侯服貢祀物甸服貢嬪物男服貢器物采服貢服物衛服貢材物要服貢貨物鄭玄云祀貢者犧牲之屬嬪物絲枲也器物尊彝之屬服物玄纁絺纊也材物八材也貨物龜貝也如彼禮文諸侯所貢之物皆以服數為差尚書禹貢任土作貢皆貢土地所生不計路之遠近然則周禮

雖依服數亦貢土地所生不宜遠求他方之物以貢王也王室威明之時每國貢有常職天子既衰諸侯惰慢貢賦之事無復定準故霸主總帥諸侯尊崇天子量其國之大小號令所出之物傳言諸侯各使官司取齊約束受其方所當貢天子之物言其一聽齊令矣齊侯能以禮服諸侯鄭伯使大子華聽命於會言於齊侯曰洩氏孔氏子人氏三族實違君命三族鄭大夫○洩息列反若君去之以為成我以鄭為內臣君亦無所不利焉以鄭事齊如封內臣○去起呂反齊侯將許之管仲曰君以禮與信屬諸侯而以姦終之無乃不可乎子父不奸之謂禮守命共時之謂信守君命共時事○奸音干共音恭注同違此二者姦莫大焉公曰諸侯有討於鄭未捷今苟有釁從之不亦可乎子華犯父命是其釁隙○隙去逆反對曰君若綏之以德加之以訓辭而帥諸侯以討鄭鄭將覆亡之不暇豈敢不懼若總其罪人以臨之總將領也子華奸父之命即罪人○覆芳服反鄭有辭矣何懼以大義為辭且夫合諸侯以崇德也會而列姦何以示後嗣列姦用子華

【疏】注列姦用子華○正義曰經書齊侯宋公陳世子款鄭世子華盟于甯母則已列於會矣管仲方云會而列姦何以示後嗣者桓公列之於會直是列其身耳管仲言列姦者謂將用其姦謀故杜云列姦用子華也不受子華之請即是會不列姦他國無事可記齊史無所不隱故下句言他國記姦則廢君盟齊史隱諱則損盛德也

夫諸侯之會其德刑禮義無國不記記姦之位位會位也子華為姦人而列在會位將為諸侯所記君盟替矣替廢也○替他計反作而不記非盛德也君舉必書雖後齊史隱諱亦損

弑德○復扶又反君其勿許鄭必受盟夫子華既爲大子而求介於大國以弱其國亦必不免介因也介音界鄭有叔詹堵叔師叔三良爲政未可間也齊侯辭焉子華由是得罪於鄭○冬鄭伯使請盟于齊以齊侯不聽子華故○堵丁古反又音者間間廁之間○閏月惠王崩襄王惡大叔帶之難襄王惠王大子鄭也大叔帶襄王弟惠后之子也有寵於惠后惠后欲立之未及而卒○惡烏路反大音泰叔又作卅懼不立不發喪而告難于齊爲八年盟洮傳○洮他刀反

經八年春王正月公會王人齊侯宋公衛侯許男曹伯陳世子款盟于洮王人與諸侯盟不譏者王室有難故洮曹地

疏注王人至曹地○正義曰公羊傳曰王人微者曷爲序乎諸侯之上先王命也穀梁傳曰王人之先諸侯何也貴王命也弁冕雖舊必加於首周室雖衰必先諸侯釋例以爲中士稱名下士稱人此言王人是天子之下士也諸侯相與爲盟所以同獎王室天子之臣不與諸侯同盟釋例曰未有臣而盟君臣而盟君是子可盟父故春秋王世子以下會諸侯者皆同會而不同盟是言王臣正法不與諸侯盟也二十八年踐土之盟傳稱王子虎盟諸侯于王庭杜云王子虎臨盟不同歃故不書宣七年傳曰諸侯盟于黑壤王叔桓公臨之以謀不睦杜云王叔桓公銜天子之命以監臨諸侯不同歃尊卑之別也哀十三年傳曰公會單平公晉定公吳夫差于黃池杜云平公周卿士也不書尊之不與會此三者王臣皆不與盟是其正法然也若天子初立王室不安命臣使結盟諸侯以安王室雖非正法事勢宜然既無褒美亦無貶責此王人與諸侯盟不譏者王室有難王勑使來盟故也文十年及蘇子盟于女栗傳曰頃王立故也襄三年公會單子晉侯云云盟于雞澤杜云周靈王新卽位使王官伯出與諸侯盟以安王室皆事與此同以情義可許故

都無貶責二十九年翟泉之盟於時諸侯。輯睦王室無虞而王子虎下盟列國以瀆大典故貶稱王人是依禮不合故據法貶之春秋王臣與諸侯會盟凡十有餘事譏與不譏皆從此例

鄭伯乞盟新服未與會故不序列別言乞盟○與音預下同

疏注新服至乞盟○正義曰鄭伯往年使子華聽命心猶未服齊桓拒子華之請故今始服從齊桓以其新服尚未與之會故不序列而別言乞盟止言。乞盟不知與盟以否傳稱鄭伯乞盟請服也既言請服義無不受當是既盟之後而別與之盟諸言乞師皆乞得其師知此乞盟亦乞得其盟但盟理可見不復別言盟耳

○夏狄伐晉○秋七月禘于大廟用致夫人禘三年大祭之名大廟周公廟致者致新死之主於廟而列之昭穆夫人淫而與殺不薨於寢於禮不應致故僖公疑其禮歷三禘今果行之嫌異常故書之○大音泰殺音試

疏注禘三至書之○正義曰釋天云禘大祭也言其大於四時之祭故爲三年大祭之名言每積三年而一爲此祭也大廟廟之大者故爲周公廟釋例曰三年喪畢致新死之主以進於廟廟之遠主當遷入祧於是乃大祭於大廟以審定昭穆謂之禘是說致者致新死之主於廟而列之昭穆也此致致哀姜也哀姜薨已多年非復新死而於今始致者傳發凡例夫人不薨于寢則不致哀姜例不應致故僖公疑其禮喪畢之日不作禘祭之禮以致之既不爲哀姜作喪畢禘祭其禘自從閔公數之二年除閔喪爲禘至五年復禘今八年復禘姜死以來已歷三禘今因禘祭果復行之三年一禘禘自是常不爲夫人禘祭因禘而致夫人嫌其異於常禮故史官書之若其不致夫人則此禘得常不書爲用致夫人而書之耳

○冬十有二月丁未天王崩實以前年閏月崩以今年十二月丁未告

傳八年春盟于洮謀王室也鄭伯乞盟請服也襄王定位而後發喪王人會洮還而後王定位

○晉里克帥師梁由靡御虢射爲右以敗狄于采桑傳言前年事也平陽北屈縣西南有采桑津○

射食亦反梁由靡曰狄無恥從之必大克（不恥走故可逐）里克曰懼之而已無速衆狄（恐怨深而羣黨來報）號射曰期年狄必至示之弱矣（○期音基本或作朞注同）○夏狄伐晉報采桑之役也復期月（明期年之言。驗）○秋禘而致哀姜焉非禮也凡夫人不薨于寢不殯于廟不赴于同不祔于姑則弗致也（寢小寢同同盟將葬又不以殯過廟據經哀姜薨葬之文。則爲殯廟赴同祔姑今當以不薨于寢不得致也○祔音附）

【疏】凡夫至致也○正義曰夫人薨葬之禮有赴同祔姑反哭三事而已此說致之禮加以薨寢殯廟而不言反哭者蓋以致於廟者終始成其尊死生之禮畢不薨于寢死不得其所也不殯于廟葬之不以禮也死葬非禮則先神恥之故不具四事皆不合致反哭者直爲書葬以否假使不書其葬夫人之禮亦成自是生者之可譏非爲死者之有失雖不反哭亦得致之故於此不言反哭也○注寢小至致也○正義曰喪大記云男子不死於婦人之手婦人不死於男子之手君夫人卒於路寢既言婦人不死於男子之手必不得死於君之路寢言夫人卒於路寢謂卒於夫人之大寢對君路寢爲小故云小寢也○同者同盟之國也檀弓曰喪之朝也順死者之孝心也其哀離其室也故至於祖考之廟而後行殷朝而殯於祖周朝而遂葬士喪禮朝而遂葬與記正同知周法不殯於廟而此傳及襄四年皆云不殯于廟以爲失禮知其將葬之時不以殯過廟耳殯過廟者將葬之時從殯宮出告廟乃葬非是殯尸於廟中也據經哀姜薨葬之文知其赴同祔姑可矣亦知其殯於廟者以元年十二月喪至二年五月始葬明至則殯於寢也既殯於寢自然葬當朝廟故據葬文亦知殯廟唯當以不薨於寢不得致耳

○冬王人來告喪難故也是以緩（有大叔帶之難）○宋公疾大子茲父固請曰目夷長且仁君其立之（茲父襄公也目夷茲父庶兄子魚也○父音甫長丁丈反）公命子魚子魚

辭曰能以國讓仁孰大焉臣不及也且又不順立庶不順禮遂走而退

經九年春王三月丁丑宋公御說卒四同盟○御魚呂反說音悅

疏注四同盟○正義曰御說以莊十三年卽位十六年盟于幽十九年于鄄二十七年于幽傳元年于檉四年于召陵五年于首止七年于甯母八年于洮皆魯宋俱在是爲八同盟不數莊公之盟檉盟經不書亦不數故云四同盟劉君乃數莊公之盟又不數召陵以爲六同盟而規杜非也

○夏公會宰周公齊侯宋子衛侯鄭伯許男曹伯于葵丘周公宰孔也宰官周采地天子三公不字宋子襄公也傳例曰在喪公侯曰子陳留外黃縣東有葵丘

疏注周公至葵丘○正義曰傳稱王使宰孔賜齊侯胙知周公卽宰孔也其官爲大宰采地名爲周天子三公故稱公孔則其名也穀梁傳曰天子之宰通於四海其意言宰者六官之長官名通於海內是故書其官名也通于四海者當謂大宰之長官耳其屬官不應得通而宰咺宰渠伯糾則必非長官亦稱爲宰者蓋自宰夫以上皆通也釋例曰今案春秋以考之其稱公者皆三公非五等之公也是言祭公周公皆三公也釋例又曰王之公卿皆書爵則卿亦不字杜云三公不字者以入春秋以來家父南季皆大夫稱字宰周公文承其後故云不字不於祭公逆王后注者因歷序諸國而言之莊八年傳曰連稱管至父戍葵丘杜云齊地臨淄縣西有地名葵丘知此葵丘與彼異者傳稱齊侯不務德而勤遠略西爲此會則此地遠處齊西不得近在臨淄故釋例以爲宋地陳留外黃縣東有葵丘或曰河東汾陰縣爲葵丘非也經書夏會葵丘九月乃盟晉爲地主無緣欲會而不及盟也是說不同之意

○秋七月乙酉伯姬卒無傳公羊穀梁曰未適人故不稱國已許嫁則以成人之禮書不復殤也婦人許嫁而笄猶丈夫之冠○復扶又反殤式羊反笄古兮反冠古喚反

疏注公羊至之冠○正義曰公羊傳曰此未適人何以卒許嫁矣婦人許嫁字而笄之死則以成人之喪治之穀梁傳意亦與之同嫁於大夫死不書卒此

許嫁者嫁於國君也但未往彼國不成彼國之婦故不稱國也喪服小記曰男子冠而婦人笄其義一也是許嫁而笄猶丈夫之冠也禮男子冠而不爲殤婦
人笄而不爲殤故以成人之喪治之爲之服成人之服禮姊妹在室期出嫁大功檀弓曰姑姊妹之薄也蓋有受我而厚之者爲夫厚之故我降之也曾子問
云取女有吉日而女死如之何孔子曰壻齊衰而弔既葬而。除之其夫不爲服則兄弟不爲降禮諸侯絕旁期此爲將嫁於諸侯故書其卒既書其卒當服其
本服爲之齊衰期也但於時服否不可知耳

○九月戊辰諸侯盟于葵丘夏會葵丘次伯姬卒文不相比故重言諸侯宰孔先歸不與盟○比毗志反重直用反與音預

疏注夏會至與盟○正義曰平丘會後即盟不言諸侯爲閒無異事故也此亦會後爲盟閒有伯姬卒盟會文不相比故重言諸侯又傳稱宰孔先歸則宰孔不盟杜云宰孔先歸不與盟者欲見縱無伯姬之卒亦當重言諸侯

○甲子晉侯佹。諸卒未同盟而赴以名甲子九月十一日戊辰十五日也書在盟後從赴○佹九委反

疏注未同至從赴○正義曰甲子在戊辰之前而書在盟後從赴從赴者赴在盟後也春秋之世史失其守赴告之文多違禮制計諸侯之薨當具以薨之月日告於鄰國隱三年傳曰壬戌平王崩赴以庚戌故書之是赴者妄稱日也襄二十八年傳曰王人來告喪問崩日以甲。寅告故書之是元赴不以日被問乃稱日也文十四年傳曰七月乙卯夜齊商人弒舍齊人定懿公使來告難故書以九月是赴者不言死月魯史不復審問即書以來告之月也此甲子晉侯卒蓋赴以日而不以月魯史不復審問書其來告之日唯稱甲子而已不知甲子是何月之日故在戊辰後也若赴以九月告魯魯史當推其日之先後不得甲子在戊辰後也明告不以月故書其日耳

○冬晉里奚。克殺其君之子奚齊獻公未葬奚齊未成君故稱君之子奚齊受命繼位無罪故里克稱名○殺如字傳同公羊音試

傳九年春宋桓公卒未葬而襄公會諸侯故曰子凡在喪王曰小童公侯曰子

在喪未葬也小童者童蒙幼。末之稱子者。繼父之辭公侯位尊上連王者下絕
伯子男周康王在喪稱予一人釗禮稱稱亦不言小童或所稱之辭各有所施此
謂王自稱之辭非諸。下所得書故經無其事傳通取
舊典之文以事相接〇稱尺證反釗古堯反又音昭
【疏】注在喪至相接〇正義
曰既言桓公未葬卽發
在喪之例知其在喪謂未葬也童者未冠之名童而又小故爲童蒙幼末之稱
易蒙卦云匪我求童蒙童蒙求我蒙謂闇。昧也幼童於事多闇昧是以謂之童
蒙焉曲禮曰夫人自稱於其君曰小童鄭玄云小童若云未成人也王崩未葬
嗣王自稱亦言己未成人也子者對父之名故云繫父之辭以未成君故繫於
父不忍絕之稱也諸侯爵有五等唯言公侯曰子以公侯尊也傳稱在禮卿不
會公侯會伯子男可也又子産云鄭伯男也使從公侯之貢懼弗給也是公侯
之尊絕於伯子男也此既言王卽云公侯是其與王相連特爲公侯立稱伯子
男之不得同之也春秋無伯子男在喪之事既不爲立稱又不得成君不知其當
何所稱也然案桓十一年鄭忽出奔衛莊二十四年曹。羈出奔陳杜云先君既
葬不稱爵者國人賤之以名赴則既葬稱爵未葬稱名也周康王在喪稱予一
人釗尙書康王之誥也曲禮云君天下者曰天子朝諸侯分職授政曰余一人
天子未除喪曰余小子是禮天子自稱亦不言小童也此言王曰小童必有稱
之時或所稱之辭各有所施但不知施何處耳如曲禮之文天子未除喪曰余
小子則是未得稱一人而康王在喪稱予一人釗者當以諸侯列土之君將欲
各歸其國故正其成君之稱以答諸侯也此小童者王謙自稱之辭非諸。下所
得書故經無其事其公侯曰子乃是史書之文二者非相類之事而幷爲一凡
是傳通取舊典之文以事類相接耳非言小童是策書之例也釋例郊雩烝嘗
例不云地。祇及礿祠者經無其事故傳略而不言此王曰小童亦經無其事所
以言之者郊雩例多故經無者略之此王曰小童與公侯相接其文簡約經雖
無事亦。連而言之釋例曰位彌高者事彌重重慮周於經遠故儀制異於凡人
存其實篤其志足以敘親疎之情通萬事之理而已故諸列國之君在喪或不
得已而脩會盟之事唯公侯特稱子以別尊卑是言獨爲公侯立稱之意春秋

公侯稱子皆是其父未葬唯二十五年公會衛子莒慶盟于洮於時衛文公已葬而成公稱子釋例曰衛文公欲平莒於魯未終而薨故衛子尋父之志魯人由此亦脩文公之好此孝子之至感人情之所篤故成公雖已免喪至於此盟降從在喪之名故經隨而書子傳從而釋之云脩文公之好也○夏會于葵丘尋盟且脩好禮也○好呼報反下干好弁注同王使宰孔賜齊侯胙胙祭肉尊之比二王後○胙才素反疏注胙祭至王後○正義曰傳稱大子祭于曲沃歸胙于公此天子有事于文武賜齊侯以胙知胙是祭肉也周禮大宗伯以脤膰之禮親兄弟之國鄭玄云脤膰社稷宗廟之肉以賜同姓之國同福祿也脤膰即胙肉也言親兄弟之國則異姓不合賜也二十四年傳曰宋先代之後也於周為客天子有事膰焉是言二王之後禮合得之今賜齊侯是尊之比二王後也曰天子有事于文武有祭事也使孔賜伯舅胙天子謂異姓諸侯曰伯舅疏注天子至伯舅○正義曰曲禮曰五官之長曰伯天子同姓謂之伯父異姓謂之伯舅鄭玄云謂為三公者周禮九命作伯齊桓是九命之伯故以伯舅呼之齊侯將下拜孔曰且有後命天子使孔曰以伯舅耋老加勞賜一級無下拜七十曰耋級等也○耋田節反一音他結反勞力報反級音急疏注七十曰耋級等也○正義曰釋言云耋老也舍人云年六十稱也郭璞云八十為耋釋名云八十曰耋耋鐵也皮黑如鐵彼說或云六十或云八十杜云七十曰耋者耋之年齒既無明文曲禮云七十曰老爾雅以耋為老故以為七十曲禮升階之法云涉級聚足是級為等也法當下拜賜之勿下是進一等對曰天威不違顏咫尺言天鑒察不遠威嚴常在顏面之前八寸曰咫○咫之氏反疏注言天至曰咫○正義曰顏謂額也楊雄方言云顏額謂顙也中夏謂之額東齊謂之顙河潁淮泗之間謂之顏魯語云肅慎氏貢楛矢長尺有咫賈逵亦云八寸曰咫說文云周制寸尺咫尋皆以人之體為法中婦人手長八寸謂之咫周尺也小白余敢貪天子

之命無下拜小白齊侯名余身也疏注小白至身也○正義曰諸自稱余者當稱名之處耳齊侯既稱小白而復言余故解之余身釋詁文舍人曰余卑謙之身也孫炎曰余舒遲之身也郭璞曰今人亦自呼為身恐隕越于下隕越顛墜也據天王居上故言恐顛墜于下○墜直類反下同以遺天子羞敢不下拜下拜登受。拜堂下受胙於堂上○遺于季反疏下拜登受○正義曰覲禮天子賜侯氏以車服諸公奉篋服加命書于其上升自西階東面大史氏右侯氏升西面立大史述命侯氏降兩階之閒北面再拜稽首升成拜彼侯氏降階再拜是此下拜也升成拜是此登受。○秋齊侯盟諸侯于葵丘曰凡我同盟之人既盟之後言歸于好義取脩好故傳顯其盟辭宰孔先歸既會先諸侯去○先悉薦反○遇晉侯曰可無會也。晉侯欲。來會葵丘齊侯不務德而勤遠略故北伐山戎在莊三十一年南伐楚在四年西為此會也東略之不知西則否矣言。或向東必不能復西略○復扶又反下不復會同其在亂乎君務靖亂無勤於行。在存也微戒獻公言晉將有亂晉侯乃還不復會齊○九月晉獻公卒里克丕鄭欲納文公故以三公子之徒作亂丕鄭晉大夫三公子申生重耳夷吾○丕普悲反初獻公使荀息傅奚齊公疾召之曰以是藐諸孤言其幼賤與諸子縣藐○藐妙小反又亡角反縣音玄疏注言其至縣藐○正義曰藐者縣遠之言諸子皆長而奚齊獨幼是小大相去縣藐也藐諸孤者言年既幼稚縣藐於諸子之孤辱在大夫其若之何欲屈辱荀息使保護之稽首而對曰臣竭其股肱之力加之以忠貞其濟君之靈也不濟則以死繼之公曰何謂忠貞對曰公家之利知無不爲忠也送往事居耦俱無猜貞也往死者居生者耦兩也送死事生兩無疑恨所謂正也○猜七才反疑也及里克將殺奚齊先告荀息曰三怨將作三公子之徒秦晉輔之子將何如荀息曰將死之里克曰無益也荀叔曰吾與先君言矣不可以貳能欲復言而愛身乎荀叔荀息也復言言可復也疏能欲復言而愛身乎○正義曰意能欲使前言可反復而行之得愛惜身命不死乎雖無益也將焉辟之且人之欲善誰不如我我欲無貳而能謂人已乎言不能止里克使不忠於申生等○焉於虔反下文焉能克同○冬十月里克殺奚齊于次次喪寢書曰殺其君之子未葬也荀息將死之人曰不如立卓子而輔之荀息立公子卓以葬十一月里克殺公子卓于朝荀息死之君子曰詩所謂白圭之玷尚可磨也斯言之玷不可爲也詩大雅言此言之。缺難治甚於白圭○玷丁簟反又丁念反缺也荀息有焉有此詩人重言之義○齊侯以諸侯之師伐晉及高梁而還討晉亂也高梁晉地在平陽。縣西南令不及魯故不書前已發不書例今復重發嫌霸者異於凡諸侯○令力政反本又作命復扶又反重直用反○晉郤芮使夷吾重賂秦以求入郤芮郤克祖父從夷吾者○從才用反曰人實有國我何愛焉言國非己之有何愛而不以賂秦入而能民土於何有從之能得民不患無土齊隰朋帥師會秦師納晉惠公隰朋齊大夫惠公夷吾○隰音習秦伯謂郤芮曰公子誰恃對曰臣聞亡人無黨有黨必有讎言夷吾無黨無黨則無讎易出易入以微勸秦○易並以豉反疏注言夷至勸秦○正義曰秦伯問公子誰恃問公子於晉國之臣倚恃誰爲內主也對言夷吾無黨無讎者由無黨故往前易出無讎故此時易入言易出易入以微勸秦使納之夷吾弱不好弄弄戲也○好呼報反能鬭不過有節制長亦不改不識其他公謂公孫枝曰夷吾其定乎公孫枝秦大夫子桑也○長丁丈反對曰臣聞之唯則定國詩曰不識不知順帝之則文王之謂也詩大雅帝天也則法也言文王闇行自然合天之法又曰不僭不賊鮮不爲則僭過差也賊傷害也皆忌克也能不然則可爲人法則○僭子念反下注同鮮息淺反無好無惡不忌不克之謂也今其言多忌克既僭而賊○好呼報反又如字惡烏路反難哉言能自定難公曰忌則多怨又焉能克是吾利也其言雖多忌適足以自害不能勝人也秦伯慮其還害己故曰是吾利疏唯則至利也○正義曰唯身有則者乃能定國也詩美文王之德不記識古事不學知今事常順天之法則而行之爲此行者文王之謂也又曰人行不僭差不賊害能如此者少不爲人所法則言必爲人所法則也此二詩所云者無所偏好無所私惡不爲忌差不好勝人之謂也今其此夷吾之言多有所忌多欲陵人以此而求安定難哉今其言多忌克覆上不忌不克上既有無好無惡不覆之者以身行忌克則有私好私惡之心舉忌克足以包好惡也公曰多忌於人則多爲人怨又焉能勝人此乃是吾之利也無好無惡言文王之行也不忌不克述抑篇之義也引二詩於前以此言結之○注詩大至之法○正義曰詩大雅皇矣之篇也則法釋詁文彼鄭箋云其爲人不識古不知今順天之法而行之是言闇行自然合天地之法也禮記稱天無私覆地無私載合天地法者即無偏好無私惡之謂也○注僭過至法則○正義曰詩大雅抑之篇也彼毛傳云僭差也鄭玄云不殘賊是

賊爲害也心有所忌則多過差志在陵人必多爲賊害下云不忌不克覆述此文故言僭賊者皆忌克也○注其言至吾利○正義曰心忌前人則人亦忌己志在陵人則人亦陵己若使人皆忌之人皆陵之是適足以自害不能勝人也秦伯聞其忌克慮其還來害己故以不能勝人爲是吾利也○宋襄公卽位以公子目夷爲仁使爲左師以聽政於是宋治故魚氏世爲左師○治直吏反

經十年春王正月公如齊無傳○狄滅温温子奔衛蓋中國之狄滅而居其土地○晉里克弒其君卓及其大夫荀息弒卓在前年而以今春書者從赴也獻公既葬卓以免喪故稱君也荀息稱名者雖欲復言本無遠謀從君於昏【疏】注弒卓至於昏○正義曰傳於前年甚詳經以今年書之明赴以今年弒也傳稱立公子卓以葬是免喪始死故稱君也文七年宋人殺其大夫傳曰不稱名衆也且言非其罪也死者不稱名非其罪故知稱名者皆有罪也荀息稱名者不知奚齊卓子之不可立又不能誅里克以存君是其雖欲復言本無遠謀也襄十九年齊殺其大夫高厚傳稱從君於昏獻公惑於驪姬殺適立庶荀息知其事而爲之傳奚齊是其從君於昏也○夏齊侯許男伐北戎無傳北戎山戎○晉殺其大夫里克奚齊者先君所命卓子又以在國嗣位罪未爲無道而里克親爲三怨之主累弒二君故稱名以罪之【疏】注奚齊至罪之正義曰宣四年傳例曰弒君稱君君無道也稱臣臣之罪也里克殺奚齊弒卓子皆書里克之名是奚齊與卓子未爲無道也殺大夫傳言不稱名者爲無罪則稱名爲有罪故今稱里克之名以罪之○秋七月○冬大雨雪無傳平地尺爲大雪○雨于付反

傳十年春狄滅溫蘇子無信也蘇子叛王即狄又不能於狄狄人伐之王不救

故滅蘇子奔衞（蘇子周司寇蘇公之後也國於溫故曰溫子叛王事在莊十九年）疏（注蘇子至九年○正義曰尚書立政云司寇蘇公成十一年傳曰昔周克商蘇忿生以溫爲司寇以此知蘇子司寇蘇公之後也國名爲蘇所都之邑名爲溫故溫蘇遞見於經是得兩稱故也）○夏四

月周公忌父王子黨會齊隰朋立晉侯（周公忌父周卿士王子黨周大夫）晉侯殺里克以說（自解說不篡○篡初患反）將殺里克公使謂之曰微子則不及此雖然子弑二君與一大夫爲

子君者不亦難乎對曰不有廢也君何以興欲加之罪其無辭乎（言欲加己罪不患無辭）

疏（欲加至辭乎○正義曰言君今欲加臣之罪其畏無辭以罪臣乎言必方便有辭耳）臣聞命矣伏劍而死於是丕鄭聘

于秦且謝緩賂故不及（丕鄭里克黨以在秦故不及里克俱死）○晉侯改葬共大子（共大子申生也○共音恭本亦作恭大音泰）

秋狐突適下國（下國曲沃新城）疏（注下國曲沃新城○正義曰曲沃邑也而稱國者晉昭侯嘗以此邑封桓叔桓叔國之三世武公始并晉國還居而就之此曲沃晉之舊國故謂之爲下國也）遇大子大子使登僕（忽如夢而相見狐突本爲申生御故復使登車爲僕○復扶又反下文及注同）

而告之曰夷吾無禮疏（夷吾無禮○正義曰賈逵云烝於獻公夫人賈君故曰無禮馬融云申生不自明而死夷吾改葬之章父之過故曰無禮杜不爲注當以鬼神之意難得而知夷吾無禮或非一事不可指言故不說也）

余得請於帝矣（請罰夷吾）將以晉畀秦秦將祀余對曰臣聞之神不歆非類民不祀非族疏（神不至非族○

正義曰傳稱非我族類其心必異則類族一也皆謂非其子孫妄祀他人父祖則鬼神不歆享之耳祭法云聖王之制祭祀也法施於民則祀之以死勤事則祀之以勞定國則祀之能禦大菑則祀之能捍大患則祀之若農棄爲稷后土爲社社稷功被天下乃令率土報功如此之徒非獨歆己之族若功不被於下民名不載於祀典唯其子孫祀之神亦不歆他族然則秦非晉類而使祀申生祀之大失也晉無罪而滅以畀秦刑之濫也天豈不違此事而待狐突之言方改圖者民之與神不相雜擾雖理有大歸非曲爲小惠豈有一人寃枉即能訴天天受人訴驟便將滅國此事本是妖夢假託上天非天實爲之人能改易傳言鬼神所馮有時而信非言此事實是天心不可執其言而以人事爲難也君祀無乃殄乎歆饗也殄絕也○畀必利反下注同歆許金反

且民何罪失刑乏祀君其圖之。君曰諾吾將復請七日新城西偏將有巫者而見我焉新城曲沃也將因巫而見○偏匹綿反疏七日至我焉○正義曰申生謂狐突云更經七日於新城西偏將有巫者而與之俱見我焉故杜云將因巫而見許之遂不見狐突許其言申生之象亦沒○見賢遍反又如字及期而往告之曰帝許我罰有罪矣敝於韓敝敗也韓晉地獨敝惠公故言罰有罪明不復以晉畀秦夷吾忌克多怨終於失國雖改葬加諡申生猶忿傳言鬼神所馮有時而信○馮皮冰反疏注敝敗至而信○正義曰晉語云惠公即位出共世子而改葬之臭徹於外國人誦之曰貞之不報孰是人斯而有是臭也貞爲不聽信爲不誠不更厥正大命其傾猗兮違兮心之哀兮歲之二七其靡有徵兮郭偃曰甚哉善之難也君改葬其君以爲榮也而惡滋章十四年君之冢祀其替乎亦是申生猶忿之事丕鄭之如秦也言於秦伯曰呂甥郤稱冀芮實爲不從若重問以召之三子晉大夫不從不與秦賂問聘問之幣○稱尺證反又如字疏注三子至之幣○正義曰曲禮云凡以弓劍苞苴簞笥問人者鄭玄云問猶遺也重問謂多以財貨遺之也下云幣重而言甘故云問聘問之幣也臣出晉君君納重耳蔑不濟矣蔑無也○冬秦伯使泠至報問且召三子。泠至秦大夫○泠力丁反郤芮曰幣重而言甘誘我也遂殺丕鄭祁舉祁舉晉大夫及七輿大夫侯伯七命副車七乘○乘繩證反【疏】七輿大夫○正義曰周禮大行人云侯伯七命貳車七乘貳卽副也每車一大夫主之謂之七輿大夫服虔云。上軍之輿帥七人屬申生者襄二十三年下軍輿帥七人往前申生將上軍今七輿大夫為申生報怨欒盈將下軍故七輿大夫與欒氏炫謂服言是左行共華右行賈華叔堅騅歂纍虎特宮山祁皆里丕之黨也七子七輿大夫○行戶剛反下同共音恭騅音隹歂音市專反纍力追反祁巨之反字林上尸反丕豹奔秦丕豹丕鄭之子言於秦伯曰晉侯背大主而忌小怨民弗與也伐之必出大主秦也小怨里丕○背音佩公曰失衆焉能殺謂殺里丕之黨○焉於虔反違禍誰能出君謂豹辟禍也爲明年晉殺丕鄭傳

經十有一年春晉殺其大夫丕鄭父。以私怨謀亂國書名罪之書春從告○夏公及夫人姜氏會齊侯于陽穀無傳婦人送迎不出門見兄弟不踰閾與公俱會齊侯非禮○閾音域門限也一音況域反○秋八月大雩無傳過時故書○冬楚人伐黃

傳十一年春晉侯使以丕鄭之亂來告釋經書在今年○天王使召武公內史過賜晉侯命天王周襄王召武公周卿士內史過周大夫。諸侯卽位天子賜之命圭爲瑞○過古禾反受玉惰。過歸告王曰晉侯其

無後乎王賜之命而惰於受瑞先自弃也已其何繼之有禮國之幹也敬禮之輿也不敬則禮不行禮不行則上下昏何以長世爲惠公不終張本○惰徒臥反長直亮反又丁丈反

疏天王至長世○正義曰召武公亦名過周語云襄王使召公過及內史過賜晉惠公命晉侯執玉卑拜不稽首內史過歸以告王曰晉不亡其君必無後不敬王命棄其禮也執玉卑替其贄也拜不稽首無其王也替贄無鎮無王無人晉侯無王人亦將無之欲替其鎮人亦將替之其言多而小異孔晁云左丘明集其典雅令辭與經相發明者以爲春秋傳其高論善言別爲國語凡左傳國語有事同而辭異者以其詳於左傳而略於國語詳於國語而略於左傳○

夏揚拒泉皐伊雒之戎

疏○伊雒之戎○正義曰釋例曰諸雜戎居伊水雒水之間者河南雒陽縣西南有戎城伊水出上雒盧氏縣熊耳山東北至河南雒陽縣入雒雒水出上雒縣冢領山東北經弘農至河南鞏縣入河

同伐京師入王城焚東門揚拒泉皐皆戎邑及諸雜戎居伊水雒水之間者今伊闕北有泉亭○拒俱字反皐古刀反王子帶召之也王子帶甘昭公也召戎欲因以篡位秦晉伐戎以救周秋晉侯平戎于王爲二十四年天王出居鄭傳○黃人不歸楚貢冬楚人伐黃黃人恃齊故

經十有二年春王三月庚午日有食之無傳不書朔官失之○夏楚人滅黃○秋七月○冬十有二月丁丑陳侯杵臼卒無傳遣世子與僖公同盟甯母及洮○杵昌呂反臼其九反

傳十二年春諸侯城衛楚丘之郛懼狄難也楚丘衛國都郛郭也爲明年春狄侵衛傳○郛芳夫反難乃旦反下

同疏注楚丘至衞傳○正義曰衞以二年遷於楚丘諸侯爲之築其城至此爲之築其郛公羊傳曰郛者何郭也不單言衞楚丘者見楚丘未有郛也諸侯不告魯不與故不書無經而爲傳者其言必有所爲故云爲狄侵衞傳

○黃人恃諸侯之睦于齊也不共楚職曰自郢及我九百里焉能害我○共音恭焉於虔反

夏楚滅黃郢楚都

○王以戎難故討王子帶子帶前年召戎伐周

秋王子帶奔齊○冬齊侯使管夷吾平戎于王使隰朋平戎于晉平和也前年晉救周伐戎故戎與周晉不和

王以上卿之禮饗管仲管仲辭曰臣賤有司也有天子之二守國高在國子高子天子所命爲齊守臣皆上卿也莊二十二年高傒始見經僖二十八年國歸父乃見傳歸父之父曰懿仲高傒之子

曰莊子不知今當誰世○守手又反注同見賢遍反下同

若節春秋來承王命何以禮焉節時也

陪臣敢辭諸侯之臣曰陪臣○陪步回反

王曰舅氏伯舅之使故曰舅氏○使所吏反

余嘉乃勳應乃懿德謂督不忘往踐乃職無逆朕命功勳美德可謂正而不可忘者不言位而言職者管仲位卑而執齊政故欲以職尊之○督音篤

疏余嘉至朕命○正義曰余朕皆我也乃女也應當也懿美也督正也言我善女功勳當女美德謂女功德正而不可忘宜受此禮往居女職無得逆我之命欲令受上卿之禮

管仲受下卿之禮而還管仲不敢以職自高卒受本位之禮

君子曰管氏之世祀也宜哉疏君子至宜哉○正義曰丘明之意假稱君子論管氏應合世祀也宜哉而遂不世祀子孫絕滅是行善無驗故杜注云傳亦舉其無驗是也

讓不忘其上詩曰愷悌君子神所勞矣詩大雅愷樂也悌易也言樂易君子爲神所勞來故世祀也管仲之後於齊沒不復見傳亦舉其無驗○愷本

亦作凱開在反愷音弟本亦作弟勞力報反注同樂音洛下同易以豉反下同來力代反復扶又反【疏】注詩大至無驗○正義曰詩大雅旱麓之篇愷樂悌易皆釋詁文樂易言志度弘簡忻樂而和易也世族譜管氏出自周穆王成十一年傳有齊管于奚譜以爲雜人則非管仲之子孫也哀十六年傳稱楚。白公殺齊管脩杜云管脩楚賢大夫故齊管仲之後是管仲之後於齊沒不復見也

經十有三年春狄侵衞傳在前年春○夏四月葬陳宣公無傳○公會齊侯宋公陳侯衞侯鄭伯許男曹伯于鹹鹹衞地東郡濮陽縣東南有鹹城○濮音卜○秋九月大雩無傳書過○冬公子友如齊無傳

傳十三年春齊侯使仲孫湫聘于周且言王子帶前年王子帶奔齊言欲復之事畢不與王言不言子帶事歸復命曰未可王怒未怠其十年乎不十年王弗召也○夏會于鹹淮夷病杞故且謀王室也。○秋爲戎難故。諸侯戍周齊仲孫湫致之戍守也致諸侯。戍卒于周○爲于僞反下注欲爲同難乃旦反卒子忽反○冬晉薦饑麥禾皆不熟○薦在薦反重也饑音飢【疏】。晉薦饑○正義曰釋天云穀不熟爲饑仍饑爲薦李巡曰穀不成熟曰饑連歲不熟曰薦使乞糴于秦秦伯謂子桑與諸乎對曰重施而報君將何求言不損秦○糴直歷反施式豉反下同重施而不報其民必攜攜而討焉無衆必敗不義故民離謂百里與諸乎百里秦大夫對曰天災流行國家代有救災恤鄰道也行道有

福平鄭之子豹在秦請伐晉欲為父報怨秦伯曰其君是惡其民何罪秦於是乎輸粟于晉自雍及絳相繼雍秦國都絳晉國都○雍於用反絳古巷反○命之曰汎舟之役從渭水運入河汾○汎芳劒反汾扶云反疏注從。水運入河汾○正義曰秦都雍雍臨渭晉都絳絳臨汾渭水從雍而東至弘農華陰縣入河從河逆流而北上至河東汾陰縣乃東入汾逆流東行而通絳故杜云從渭水運入河汾也

經十有四年春諸侯城緣陵緣陵杞邑辟淮夷遷都於緣陵○夏六月季姬及鄫。子遇于防使鄫子來朝季姬魯女鄫夫人也鄫子本無朝志為季姬所召而來故言使鄫子來朝鄫國今琅。邪鄫縣○鄫似綾反本或作繒○秋八月辛卯沙鹿崩沙鹿山名。平。陽元城縣東有沙鹿土山在晉地災害繫於所災所害故不繫國疏注沙鹿至繫國○正義曰公羊傳曰沙鹿者何河上之邑也穀梁傳曰林屬於山為。鹿。沙山名也服虔云沙山名鹿山足林屬於山曰鹿取穀梁為說也漢書元后傳稱后祖翁孺自東平陵徙魏郡元城委粟里元城建公曰昔春秋沙鹿崩晉史卜之曰陰為陽雄土火相乘故有沙麓崩後六百四十五年宜有聖女興今王翁孺徙正值其地日月當之元城郭東有五鹿之虛即沙鹿地計爾時去聖猶近所言當得其實故以沙鹿為山名依漢書為義也沙鹿實是晉地不言晉沙鹿者凡有災害繫於所災所害之處不繫於所屬之國故不繫晉也釋例曰陳既已滅降為楚縣而書陳災者猶晉之梁山沙鹿崩不書晉也災害繫於所災所害故以所在為名災為陳災成周宣榭火害為梁山沙鹿崩山崩必有所害故所災所害別言之○狄侵鄭無傳○冬蔡侯肸卒無傳未同盟而赴以名○肸許乙反

傳十四年春諸侯城緣陵而遷杞焉不書其人有闕也闕謂器用不具城池未固而去為惠不終也澶

淵之會既而無歸大夫不書而國別稱人今此總曰諸侯君臣之辭不言城杞杞未遷也○澶市然反

【疏】注闕謂至還也○正義曰元年齊師宋師曹師城邢傳稱具邢器用而遷之師無私焉是器用具而城池固故具列三國之師詳其文以美之也今此總云諸侯城緣陵不言某侯某侯與城邢文異不具書其所城之人為其有闕也知闕為器用不具城池不固而去為惠不終故總言諸侯以譏之凡諸侯盟會不歷序其人總言諸侯者皆是譏之辭文十五年諸侯盟于扈傳曰書曰諸侯無能為也十七年諸侯會于扈傳曰書曰諸侯無功也是其總言諸侯皆譏辭也十六年會于淮傳稱城鄫役人病不果城而還亦是為惠不終而淮會具書其人者淮之會為謀鄫且東略非為城鄫而聚會既會之後乃欲城鄫而不果本意不城鄫無可貶也先儒以為諸侯有過貶而稱人杜據澶淵之會與此傳文知諸侯之貶不至稱人故釋例曰傳滅入例衞侯燬滅邢同姓故名又云穀伯綏鄧侯吾離來朝名賤之也又云不書蔡許之君乘楚車也謂之失位此皆諸侯貶之例例不稱人也諸侯在事傳有明文而經稱人者凡十一條丘明不示其義而諸儒皆據案生意原無所出貶諸侯而去爵稱人是為君臣同文非正等差之謂也又澶淵大夫之會傳曰不書其人案經皆去名稱人至諸侯親城緣陵傳亦曰不書其人而經總稱諸侯此大夫及諸侯經傳所以為別也通校春秋自宣公五年以下百數十年諸侯之咎甚多而皆無貶稱人者益明此蓋當時告命注記之異非仲尼所以為例故也○

鄫季姬來寧公怒止之以鄫子之不朝也來寧不書而後年書歸鄫更嫁之文也明公絕鄫昏既來朝而還○還戶關反夏遇于防而使來朝○秋八月辛卯沙鹿崩晉卜偃曰期年將有大咎幾亡國國主山川山崩川竭亡國之徵○期音基咎其九反幾音祈又音機

【疏】注國主至之徵○正義曰成五年傳曰國主山川故山崩川竭君為之不舉周語幽王二年西周三川皆震伯陽父曰昔伊雒竭而夏亡河竭而商亡國必依山川山崩川竭亡國之徵也卜偃明達災異以山崩為亡國之徵知其將有大

咎不言知之意非末學者所得詳也釋例曰天人之際或異而無感或感而不可知沙鹿崩因謂期年將有大咎梁山崩則云山有朽壤而自崩此皆聖賢之讜言達者所宜先識是說卜偃之言非後人所能測○冬秦饑使乞糴于晉晉人弗與慶鄭曰背施無親慶鄭晉大夫○背音佩後皆同施式豉反注及下而施毛十五年皆同幸災不仁貪愛不祥怒鄰不義四德皆失何以守國虢射曰皮之不存毛將安傅虢射惠公舅也皮以喻所許秦城毛以喻糴言既背秦施為怨以深雖與之糴猶無皮而施毛○傅音附疏注虢射惠公舅正義曰晉語云秦饑惠公命輸之粟虢射請勿與慶鄭請與之公曰非鄭之所知也遂不與秦侵晉至于韓公謂慶鄭曰寇深矣柰何慶鄭曰非鄭之所知也君其訊射也公曰舅所病也是虢射為惠公之舅也慶鄭曰弃信背鄰患孰恤之無信患作失援必斃是則然矣虢射曰無損於怨而厚於寇不如勿與言與秦粟不足解怨適足使秦強慶鄭曰背施幸災民所弃也近猶讎之況怨敵乎弗聽退曰君其悔是哉

附釋音春秋左傳注疏卷第十三

春秋左傳注疏卷十三校勘記　阮元撰盧宣旬摘錄

附釋音春秋左傳注疏卷第十三 僖六年盡十四年

〔經六年〕

今滎陽密縣 淳熙本足利本滎作熒是也

〔傳六年〕

非不欲校 閩本校作效誤

故欲因以求入 岳本入誤作之

故傳稱新密 閩本監本毛本脫新字

諸侯救許 石經救作[illegible]誤案石經自楚子圍許至諸侯救許十一字皆重刻

故蔡將許君歸楚 宋本將上有侯字

許男面縛銜璧 閩本作縛面誤倒

以璧爲贄 釋文贄作質云本又作贄

注祓除凶之禮 宋本此節正義在楚子從之之下

稱公臨楚喪閩本監本毛本脫楚字

（經七年）

盟于甯母葉抄釋文亦作母石經宋本岳本纂圖本監本毛本皆作毋

（傳七年）

競強也宋本強作彊正義同此正義亦作彊

七年傳心則至於病各本脫七年傳三字宋本正義入姑少待我注下

既不能彊足利本彊作強

吾知其所由來矣宋本此節正義在心則至於病疏後

我不以女爲罪釁宋本纂圖本閩本監本毛本無我字

弗可改也已顧炎武云石經改誤故案石經此處闕炎武所據乃謬刻也

若君去之以爲成石經宋本作君若不誤

卽罪人淳熙本卽誤其

齊史無所不隱宋本不作可

雖復齊史隱諱　監本復誤後淳熙本史作更亦非

〔經八年〕

所以同獎王室　閩本監本毛本獎作奬

天子之臣不與諸侯同盟　宋本同作共

亦無貶責　閩本監本毛本亦作又

於時諸侯輯睦　閩本監本毛本輯作新按廿九年杜注作輯

止言乞盟　閩本乞作與非也

〔傳八年〕

而後王定位　宋本淳熙本岳本足利本作位定不誤

期年狄必至　北宋刻釋文云期本或作基注同也按基古文假借字亦見儀禮

明期年之言驗　纂圖本閩本監本毛本脫驗字

不祔于姑　釋文亦作祔閩本監本毛本作祔非也

則爲殯廟赴同祔姑　淳熙本則誤前

（經九年）

十九年于郢　宋本郢作鄟不誤○今訂作鄟

宰周公文承其後　監本毛本文作又

知此葵邱與彼異者　閩本監本毛本脫知此葵邱四字

既葬而除之　宋本除作降非也

甲子晉侯佹諸卒　纂圖本監本閩本毛本佹作詭案穀梁釋文云左氏作佹諸則作佹爲是

問崩曰以甲寅告　監本毛本寅誤子

冬晉里奚克殺其君之子奚齊　各本無上奚字是也山井鼎引足利本里下有其字即奚字之誤

（傳九年）

小童者童蒙幼末之稱　纂圖本閩本監本毛本末作穉非正義同

子者繼父之辭　各本作繼按正義作繫

非諸夏所得書　宋本岳本足利本夏作下不誤

蒙謂闇昧也　毛本昧作暗非也

曹羇出奔陳　監本毛本羇作羈按莊廿四年經作羈閩本作奇非也

非諸下所得書　閩本毛本下作王誤也

不云地祗及礿祠者　宋本祗作祇是也○今正

亦言而言之　宋本監本毛本上言字作連不誤○今依訂正

胙祭肉　案周禮大宗伯職疏引作膰肉

注天子至伯舅　宋本以下正義五節總入下拜登受注下

以伯舅耋老　石經宋本淳熙本岳本纂圖本毛本耋作耋是也釋文同

涉級聚足　案禮記曲禮涉作拾鄭注拾當爲涉聲之誤孔氏因改爲涉

是進一等　閩本監本毛本等作級非

中婦人手長八寸謂之咫　重修監本中改申非也

隕越顛墜也　宋本淳熙本足利本墜作隊是正字釋文亦作隊下同

月堂下受胙於堂上　纂圖本閩本監本毛本月作自亦非宋本淳熙本岳本足利本作拜不誤

○秋齊侯盟諸侯于葵邱　監本○誤注字毛本誤傳字

諸侯欲求會葵邱 宋本岳本纂圖本監本毛本諸作晉求會宋本淳熙本監本毛本作來會不誤

言或向東 纂圖本監本毛本或作復非

君務靖亂無勤於行 李注文選三國名臣序贊引靖作靜勤作懃

送死事生兩無疑恨 纂圖本閩本監本毛本疑作猜

能欲復言而愛身乎 宋本此節正義在將焉辟之句下

言此言之缺 宋本缺作闕陳樹華云史記正義引作玷字按說文玷缺也引詩白圭之玷

高粱晉地在平陽縣西南 案二十四年注縣上有楊氏二字案釋地作楊縣、氏亦衍又晉書地里志楊縣屬平陽郡可證也

〔經十年〕

卓以免喪 宋本淳熙本岳本足利本以作已

北伐山戎 宋本淳熙本纂圖本監本毛本伐作戎不誤〇今依訂正

〔傳十年〕

子弒二君 宋本纂圖本弒作殺字按宋本是也實舉其事故曰殺二君與一大夫

言欲加己罪 宋本岳本已作己淳熙本作以非也

欲加至辭乎 宋本此節正義在臣聞命矣節注下

注下國曲沃新城 宋本以下正義五節總入及期而往注下

天豈不達此事 閩本監本毛本天作夫非也

乏祀爲無主祭也 考文引足利本有此七字在君其圖之句下盧文弨校本爲疑謂

十四年君之冢祀其替乎 閩本監本毛本冢作家誤也

三子至之幣 宋本以下正義二節總入後出君注下

冬秦伯使泠至報問 毛本泠作冷誤注同

上軍之輿帥七人 陳樹華云上字當作下前申生將上軍句上亦當作下也按閔二年傳云公將上軍大子申生將下軍陳樹華所訂是也

(經十一年)

晉殺其大夫丕鄭父 公羊疏云左氏經無父字然則今諸本有父者衍文也

(傳十一年)

受玉惰 案說文憜字下云不敬引春秋傳曰執玉憜

其何繼之有 纂圖本閩本監本毛本其誤而

孔晁云 毛本晁作鼂亦非

伊雒之戎 宋本此節正義在同伐京師句下

（經十二年）

（傳十二年）

不單言衛楚邱者 宋本楚上有而言衛三字

夏楚滅黃 石經初刻楚人滅黃後刊去人字

應乃懿德 惠棟云應讀曰膺言膺受女匡輔之美德也古人皆以應爲膺

君子至宜哉 宋本以下正義二節總入管氏之世祀也注下

詩曰愷悌君子 釋文愷作凱注同云本亦作愷悌本亦作弟

傳稱楚曰公殺齊管脩 宋本曰作白是也

（經十三年）

（傳十三年）

秋爲戎難故 監本秋上〇誤注淳熙本故誤致

致諸侯戍卒于周 葉抄釋文戍作戎

晉荐饑 宋本以下正義二節總入篇末

注從水運入河汾 宋本閩本監本毛本水上有渭字是也

〔經十四年〕

季姬及鄫子遇于防 釋文云鄫本或作繒案公羊穀梁作繒

鄫國今琅邪鄫縣 毛本邪改琊非

平陽元城縣東有沙鹿土山在晉地 案晉書地里志元城屬陽平郡此本及諸本並誤作平陽二十三年傳出於五鹿注亦云陽平元城縣

林屬於山爲鹿沙山名也 閩本監本毛本鹿沙誤倒

〔傳十四年〕

公怒止之 顧炎武云石經止誤上案石經此處闕炎武所據乃謬刻閩本亦誤作上

則云山有杇壞而自崩 宋本閩本監本毛本杇作朽不誤壞閩本監本毛本誤作壞

猶無皮而施毛宋本毛本下有也字

春秋左傳注疏卷十三校勘記

附釋音春秋左傳注疏卷第十四 僖十五年盡二十一年

杜氏注　孔穎達疏

經十有五年春王正月公如齊無傳諸侯五年再相朝禮也例在文十五年 疏 注諸侯至五年○正義曰文十五年曹伯來朝傳曰禮也諸侯五年再相朝以脩王命古之制也杜云十一年曹伯來朝雖至此乃來亦五年也此十年公如齊至此則六年非五年再朝之事杜引之者以去朝歲亦五年故引證之劉炫云杜云禮者謂文十五年傳爲禮此仍。非禮也○楚人伐徐○三月公會齊侯宋公陳侯衛侯鄭伯許男曹伯盟于牡丘牡丘地名闕○牡茂后反遂次于匡匡衛地在陳留長垣縣西南公孫敖帥師及諸侯之大夫救徐公孫敖慶父之子諸侯既盟次匡皆遣大夫將兵救徐故不復具列國別也○復扶又反○夏五月日有食之○秋七月齊師曹師伐厲厲楚與國義陽隨縣北有厲鄉八月螽。無傳爲災○螽音終本亦作蝝○九月公至自會無傳○季姬歸于鄫無傳來寧不書此書者以明中絕○中丁仲反又如字○己卯晦震夷伯之廟夷伯魯大夫展氏之祖父夷謚伯字震者雷電擊之大夫既卒書字○晦音悔 疏 注夷伯至書字○正義曰公羊穀梁傳皆以晦爲冥謂晝日闇冥也杜以長曆推己卯晦九月三十日春秋值朔書朔值晦書晦無義例也傳稱於是展氏有隱慝焉知此夷伯展氏之祖父也大夫之謚多連字稱之不知夷伯其名爲何又不知今之展氏其人是誰故漫言祖父耳謚法安人好靜曰夷是夷爲謚也伯是其字也說文云震。霹。靂振物者電陰陽激曜也然則震是霹靂而言雷電擊之者。霹。靂有聲有光雷電之大者耳故言雷電以明之玉藻云士於君所言大夫沒矣則稱謚若字是大夫既沒禮。書其字也○冬宋人伐曹楚人敗徐于婁林婁林徐地下邳僮縣東南有婁亭○婁力侯反邳蒲悲反○十有一月壬戌晉侯及秦伯戰于韓獲晉侯例得大夫曰獲晉侯背施無親愎諫違卜故貶絕下從衆臣之例而不言以歸不書敗績晉師不大崩○愎皮逼反

疏注例得至大崩○正義曰諸侯與大夫因戰而被殺者昭二十三年傳例君死曰滅大夫死曰獲其被囚虜者大夫生死同名皆稱為獲國君生獲則曰以歸蔡侯獻舞沈子嘉胡子豹之類皆是也今此晉侯稱獲故解之不書敗績晉侯之車還濘而被執耳其師不大崩也

傳十五年春楚人伐徐徐即諸夏故也三月盟于牡丘尋葵丘之盟且救徐也葵丘盟在九年○夏戶雅反下注同○孟穆伯帥師及諸侯之師救徐諸侯次于匡以待之○夏五月日有食之不書朔與日官失之也

疏夏五月至失之○正義曰桓十七年已有例此重發者沈氏云彼直不書日今朔日皆不書故重發之

○秋伐厲以救徐也○晉侯之入也秦穆姬屬賈君焉晉侯入在九年穆姬申生姊秦穆夫人賈君晉獻公次妃賈女也○屬音燭

疏注晉侯至女也○正義曰莊二十八年傳曰晉獻公娶于賈無子烝於齊姜生秦穆夫人及大子申生先言穆姬後言申生知是申生姊也言娶于賈則是正妃杜言次妃者蓋杜別有所見也晉世家云申生母齊桓女也同母女弟為秦穆夫人夷吾母重耳母女弟也案傳申生之母本是武公之妾武公末年齊桓始立不得為齊桓女也號射惠公之舅狐偃文公之舅二母不得為姊妹也皆馬遷之妄耳

且曰盡納羣公子羣公子晉武獻之族宣二年傳曰驪姬之亂詛無畜羣公子○詛莊據反晉侯烝於賈君又不納羣公子是以穆姬怨之晉侯許賂中大夫中大夫國內執政里丕等○烝之承反

疏注中大至丕等○正義曰

晉語稱夷吾謂秦公子縶曰中大夫里克與我矣吾命之以汾陽之田百萬丕鄭與我矣吾命之以負蔡之田七十萬此外猶應更有賂也既而皆背之賂秦伯以河外列城五東盡虢略南及華山內及解梁城既而不與河外河南也東盡虢略從河南而東盡虢界也解梁城今河東解縣也華山在弘農華陰縣西南○解音蟹注及下注同。【疏】注河外至西南○正義曰河自龍門而南至華陰而東晉在西河之東南河之北以河北為內河南為外虢略虢之竟界也獻公滅虢而有之今許以賂秦列城五者自華山而東盡虢之東界其間有五城也傳稱許君焦瑕蓋。焦。瑕是其二其餘三城不可知也列城猶列國言。是城之大者解梁城則在河北非此河外五城之數也晉饑秦輸之粟在十三年秦饑晉閉之糴在十四年故秦伯伐晉卜徒父筮之吉徒父秦之掌龜卜者卜人而用筮不能通三易之占故據其所見雜占而言之【疏】注徒父至言之○正義曰徒父以卜冠名知是掌龜卜者卜人當卜而今用筮知其本非所掌不能通三易之占其卦遇蠱不引易文是據其所見雜占而言之劉炫云案成十六年筮卦遇復云南國蹙射其元王中厥目亦是雜占則筮法亦用雜占不必皆取易辭而云不能通三易之占者今刪定以為此云涉河侯車敗又云千乘三去獲其雄狐了无周易片意又云卜徒父筮之是卜人掌筮故杜云不能通三易而成十六年非卜人為筮且南國蹙雖非是辭還是周易之象不與此同劉君以彼難此而規杜過非也涉河侯車敗詰之秦伯之軍涉河則晉侯車敗也秦伯不解謂敗在己故詰之○詰起吉反【疏】注秦伯至詰之○正義曰如杜此意則下千乘三去謂晉侯之乘車三度敗壞而去三去之後而獲晉君也劉炫以為侯者五等總名國君大號以涉河侯車敗為秦伯車敗又云韓戰之前秦晉未有交兵何得言晉侯車有三敗以為秦伯車三敗也今刪定知不然者以秦是伯爵晉實是侯爵既云侯車敗故知是晉侯車敗秦伯乍聞車敗謂敗在己不達其旨故致詰問也又以韓戰之前秦晉未有交兵何得言晉侯

車有三敗者此謂車有敗壞非兵敗也劉君數生異見以規杜非也 對曰乃大吉也三敗必獲晉君其卦遇蠱䷑

巽下艮上蠱 ○蠱音古 【疏】注巽下艮上蠱○正義曰艮剛巽柔剛上而柔下巽順艮止既順而止無所爭競可以有事故曰蠱序卦曰蠱者事也

曰千乘三去三去之餘獲其雄狐夫狐蠱必其君也 於周易利涉大川往有事也亦秦勝晉之卦也今此所言蓋卜筮書雜辭以狐蠱為君其義欲以喻晉惠公其象未聞○乘繩證反去起居反又起據反一音起呂反下同 【疏】注於周至未聞○正義曰筮者若取周易則其事可推此不引易意不可知故杜舍此傳文而以周易言之蠱卦彖云利涉大川往有事也秦晉隔河往而有事亦是秦勝晉之卦也今此所言不出於易蓋卜筮之書別有雜辭此雜辭不出周易無可據而推求故云其象未聞

蠱之貞風也其悔山也 內卦為貞外卦為悔巽為風秦象艮為山晉象 【疏】注內卦至晉象○正義曰筮之畫卦從下而始故以下為內上為外此言貞風悔山知內為貞外為悔洪範論筮云曰貞曰悔是筮之二體有貞悔之名也貞正也筮者先為下體而以上卦重之是內為正也乾之上九稱亢龍有悔從下而上物極則悔是外為悔也凡筮者先為其內後為其外內卦為己身外卦為他人故巽為秦象艮為晉象

歲云秋矣我落其實而取其材所以克也 周九月夏之七月孟秋也艮為山山有木今歲已秋風吹落山木之實則材為人所取

實落材亡不敗何待三敗及韓 晉侯車三壞 【疏】注晉侯車三壞○正義曰謂晉之車乘三度與秦戰而敗壞非謂晉侯親乘之車也杜言晉侯車壞者成上侯車敗之文故也且晉之車總屬晉侯亦得云晉侯車也劉炫云此一句是史家序事充卜人之語言秦伯之車三經敗壞乃至於韓而晉始懼

晉侯謂慶鄭曰寇深矣若之何對曰君實深之可若何公曰不孫卜右慶鄭吉弗使 惡其不孫不以為車右此夷吾之多忌○孫音

遜注同惡烏路反步揚御戎家僕徒爲右步揚郤犨之父乘小駟鄭入也鄭所獻馬名小駟〇駟音士慶鄭

曰古者大事必乘其產生其水土而知其人心安其教訓而服習其道唯所納

之無不如志今乘異產以從戎事及懼而變將與人易變。易人意亂氣狡憤陰血周

作張脈僨與外彊中乾狡戾也憤動也氣狡憤於外則血脈必周身而作隨氣張動外雖有彊形而內實乾竭〇狡古卯反憤扶粉反

張中亮反注同脈音麥僨方問反疏亂氣至中乾〇正義曰言馬之亂氣狡戾而憤懣陰血偏身而動作張脈動起外雖有彊形內實乾竭外爲陽內爲

陰血在膚內故稱陰血血既動作脈必張起故言張脈也氣憤於外內乾燥內血爲力故內潤則彊內乾則弱言乾竭者竭盡也內乾則力盡必進退

不可周旋不能君必悔之弗聽九月晉侯逆秦師使韓簡視師韓簡晉大夫韓萬之孫復

曰師少於我鬭士倍我公曰何故對曰出因其資謂奔梁求秦入用其寵爲秦所納饑食

其粟三施而無報是以來也今又擊之我怠秦奮倍猶未也公曰一夫不可狃

況國乎狃。忕也言辟秦則使忕來〇施式氏反年未注同狃女九反忕時世反又時設反遂使請戰曰寡人不佞能合

其衆而不能離也君若不還無所逃命秦伯使公孫枝對曰君之未入寡人懼

之入而未定列猶吾憂也列位也苟列定矣敢不承命韓簡退曰吾幸而得囚得囚

。爲幸言必敗壬戌戰于韓原九月十三日疏。注九月十三日〇正義曰以經書十一月壬戌恐與經壬戌相亂故顯言之下注云十一

月壬戌十四日是也晉戎馬還濘而止濘泥也還便旋也小駟不調故隋泥中○濘乃定反隋大果反公號慶鄭慶鄭曰愎諫違卜愎戾也○號戶刀反王戶報反固敗是求又何逃焉遂去之梁由靡御韓簡號射爲右輅。秦伯將止之輅迎也止獲也○輅五嫁反鄭以救公誤之遂失秦伯秦獲晉侯以歸經書十一月壬戌十四日經從赴晉大夫反首拔舍從之反首亂頭髮。下垂也拔草舍止壞形毀服○拔蒲末反注皆同秦伯使辭焉曰二三子何其慼也寡人之從君而西也亦晉之妖夢是踐豈敢以至狐突不寐而與神言故謂之妖夢申生言帝許罰有罪今將晉君而西以厭息此語踐厭也○厭於冉反一音於甲反又於輒反下同晉大夫三拜稽首曰君履后土而戴皇天皇天后土實聞君之言羣臣敢在下風穆姬聞晉侯將至以大子罃弘與女簡璧登臺而履薪焉。罃康公名弘其母弟也簡璧罃弘姊妹古之宮閉者皆居之臺以抗絕之穆姬欲自罪故登臺而荐之以薪左右上下者皆履柴乃得通○罃於耕反履如字徐本作屨九具反抗苦浪反荐在薦反上時掌反【疏】注。罃康至得通○正義曰文十八年秦伯罃卒即此康公也罃弘連文即言與女簡璧知弘是罃弟簡璧是其姊妹也劉向列女傳說此事云與大子罃公子弘與女簡璧亦以簡璧爲女也此言登臺履薪是自囚之事哀八年傳稱邾子又無道吳子囚諸樓臺栫之以棘以此二文知古之宮閉者皆居之於臺以抗絕之俗本作屨者屨是在足之服故踐者亦稱屨是以誤焉定本作履薪使以免。服衰絰逆且告免衰絰遭喪之服令行人服此服迎秦伯且告將以恥辱自殺○免音問又作絻音同衰七雷反絰大結反令力呈反下同【疏】注免衰至自殺○正義曰初死則有免服成則衰絰皆爲遭喪之服傳文於此或有曰上天降災使我兩君相見不以玉帛而以興戎若晉君朝以入則婢子夕以死夕以入則朝以死唯君裁之左傳本無此言後人妄增之耳何以知其然二十二年傳曰寡君之使婢子侍執巾櫛杜云婢子婦人之卑稱若此有婢子不當舍此而注彼也又此注云且告夫人將以恥辱自殺若有此辭不煩彼注服虔解誼其文甚煩傳本若有此文服虔必應多解何由四十餘字不解一言亦至二十二年始解婢子明是本無之也今定本亦無曰上天降災使我兩君匪以玉帛相見而以興戎若晉君朝以入則婢子夕以死夕以入則朝以死唯君裁之乃舍諸靈臺在京兆鄠縣周之故臺亦所以抗絕令不得通外內。自曰上天降災此凡四十七字檢古本皆無晁杜注亦不得有有是後人加也鄠音戶大夫請以入公曰獲晉侯以厚歸也既而喪歸焉用之若將晉侯入則夫人或自殺○焉於虔反大夫其何有焉何有猶何得且晉人慼憂以重我謂反首拔舍天地以要我不圖晉憂重其怒也我食吾言背天地也食消也○要於遙反重直用反下同重怒難任背天不祥必歸晉君任當也○任音壬注及下同公子縶曰不如殺之無聚慝焉公子縶秦大夫恐夷吾歸復相聚為惡○縶張執反又丁立反慝他得反後同復扶又反子桑曰歸之而質其大子必得大成晉未可滅而殺其君祇以成惡祇適也○質音置下注質秦同祇音支且史佚有言曰無始禍史佚周武王時大史名佚○佚音逸大音泰無怙亂特人亂為己利○怙音戶無重怒重怒難任陵人不祥乃許晉平晉侯使郤乞告瑕呂飴甥且召之郤乞晉大夫也瑕呂飴甥即呂甥也蓋姓瑕呂名飴甥字子金晉侯聞秦將許之平

故告呂甥召使迎己○飴音怡子金教之言曰朝國人而以君命賞恐國人不從故先賞之於朝且告之曰
孤雖歸辱社稷矣其卜貳圉也貳代也圉惠公大子懷公衆皆哭哀君不還國晉於是乎作爰田
分公田之稅應入公者爰之於所賞之衆○爰于元反【疏】○作爰田○正義曰服虔孔晁皆云爰易也賞衆以田易其疆畔杜言爰之於所賞之衆則亦以
爰爲易謂舊入公者今改易與所賞之衆呂甥曰君亡之不恤而羣臣是憂惠之至也將若君何衆
曰何爲而可對曰征繕以輔孺子征賦也繕治也孺子大子圉○孺如喻反諸侯聞之喪君有君羣
臣輯睦甲兵益多好我者勸惡我者懼庶有益乎衆說晉於是乎作州兵五黨爲州
州二千五百家也因此又使州長各繕甲兵○喪息浪反後同輯音集又七入反好呼報反惡烏路反說音悅長丁丈反下長男同【疏】○作州兵○正義曰周
禮鄉大夫以歲時登其夫家之衆寡辨其可任者州長則否今以州長管人既少督察易精故使州長治之初晉獻公筮嫁伯姬於
秦遇歸妹䷵兌下震上歸妹之睽䷥兌下離上睽歸妹上六變而爲睽○睽苦圭反徐音圭【疏】○遇歸妹之睽○正義曰兌
下震上爲歸妹震爲長男兌爲少女兌說也震動也少陰而承長陽說以動是嫁妹之象婦人謂嫁爲歸故名此卦爲歸妹兌下離上爲睽兌爲澤離爲火火
動而上澤動而下乖離之象故名此卦爲睽睽乖也史蘇占之曰不吉史蘇晉卜筮之史【疏】○史蘇至之史○正義曰易歸妹上六爻辭
女承筐無實士刲羊無血無攸利此引彼文而以血爲衁實爲貺唯倒其句改兩字而加二亦耳其意亦不異也二句以外皆史蘇自衍卦意而爲之辭非易
文也易之爻辭亦名爲繇故云其繇曰刲刺也貺賜也刺所以求血士刲羊亦無血筐所以承賜女承筐亦無賜皆所求無獲是不吉之象西方鄰國有責讓

之言不可報償也嫁妹者欲其與夫和親而其爻變爲睽歸妹之值睽爻既嫁而更乖張猶如無助者也言夫不助妻故乖離也震變爲離離還變爲震震爲雷離爲火震變爲離是雷變爲火以其雷爲火爲此嬴敗姬言秦將敗晉也震爲車上六爻在震體則無其應是爲車則脫其輹離爲火上九爻在離體則失其位是爲火則焚其旗車敗旗焚是不利於行師若其行師敗於宗族之丘邑也以其變爲睽卦復就睽卦求之睽卦則上九孤絕失位是乖離而孤獨也孤獨無助遇寇難則張之弧弧弓也遇寇張弓怖懼警備亦是不吉之象姪其從姑言兄子其當從至姑家與同處也在姑家六年其將逋亡逃歸其本國而棄遺其家室言將棄妻而獨歸也歸家之明年其將死於高梁之虛筮嫁女而得此卦是不吉之象

其繇曰士刲羊亦無衁也女承筐亦無貺也

周易歸妹上六爻辭也衁血也貺賜也刲羊士之功承筐女之職上六無應所求不獲故下刲無血上承無實不吉之象也離爲中女震爲長男故稱士女○繇直救反刲苦圭反刺也衁音荒筐曲方反貺音況本亦作況應應對之應下無應同中丁仲反

【疏】注周易至士女○正義曰易之爻辭無二亦字傳文加之言男亦猶女女亦猶男其意同也易言血而此言衁知衁是血也貺賜釋詁文刲刺也廚宰男子之事故刲羊士之功也筐篚婦人所掌故承筐女之職也上爻與二其位相值一陰一陽乃爲相應上三俱是陰爻是爲無應動而無人應之所求無獲故下刺無血上承無實是不吉之象上爻變則是震爲離離爲中女故稱女承筐震爲長男男稱士故爲士刲羊王弼以兌爲羊羊謂三也上六處卦之窮仰無所承下又無應爲女而上承則虛筐而莫之與爲士而下命則刲羊而無血不應所命也言士發命而莫之應女承筐而莫之與是不吉之象服虔以離爲戈兵兌爲羊震變爲離是用兵刺羊之象也三至五有坎象坎爲血血在羊上故刺無血也震爲竹竹爲筐震變爲離離爲火火動而上其施不下故筐無實也此士刲羊女承筐是歸妹上六爻辭直據上六之一爻故杜云上六無應所求不獲故下刲無血上承無實與王輔嗣同則不須變爲離卦自有士女之義今杜云離爲中女便是據變

之後始有女承筐之象既爲離卦則上九有應所以與易說卦不同者但易之所論當卦爲義此既用筮法震變爲離故以離震雜說其理與易不同故服虔亦稱離爲戈兵用變爲說也

西鄰責言不可償也將嫁女於西而遇不吉之卦故知有責讓之言不可報償○責側介反又如字償市亮反又音常【疏】注將嫁至報償○正義曰如杜此言直以遇卦不吉則知吉不可償不知其象何所出也服虔以爲三至五爲坎坎爲月月生西方故爲西鄰坎爲水兌爲澤澤聚水故坎責之澤澤償水則竭故責言不可償此取象甚迂杜言虛而不經謂此類也

歸妹之睽猶無相也歸妹女嫁之卦睽乖離之象故曰無相相助也○相息亮反注同【疏】注歸妹至助也○正義曰杜意嫁女而遇睽離之爻卽是無相助也不知其象所出服虔云兌爲金離爲火金火相遇而相害故無助也

震之離亦離之震二卦變而氣相通【疏】注二卦至相通○正義曰爲震與離通也震既與離通則離亦與震通言此二卦相通者與下張本震爲雷雷是動離爲火震之離是動來適火離之震是火往適動欲明火之動熾之意

爲雷爲火爲嬴敗姬嬴秦姓姬晉姓震爲雷離爲火火動熾而害其母女嫁反害其家之象故曰爲嬴敗姬○嬴音盈【疏】注嬴秦至敗姬○正義曰震爲雷離爲火說卦文服虔云離爲日爲火秦嬴姓水位三至五有坎象水勝火故爲嬴敗姬

車說其輹火焚其旗不利行師敗于宗丘輹車下縛也丘猶邑也震爲車離爲火上六爻在震則無應故車。脫輹在離則失位故火焚旗言皆失車火之用也車敗旗焚故不利行師火還害母故敗不出國近在宗邑○說吐活反注同輹音福又音服案車旁著畐音福老子所云三十輻共一轂是也車旁著复音服是車下伏兔縛如字又扶卧反【疏】注輹車至宗邑○正義曰子夏易傳云輹車下伏兔也今人謂之車屐形如伏兔以繩縛於軸因名縛也土之高者曰丘衆之所聚爲邑故丘猶邑也晉語震爲車也說卦離爲火。上爻在震則無應故車脫輹三亦陰爻是無應也在離則失位故火焚其旗初三五奇爲陽位二四上耦爲陰位在離則變爲陽而居陰位是失位也師行必乘車而建旗車敗旗焚故不利行師也火還害母故敗不出國近在宗邑也服虔云五至三有坎爲水象震爲車車得水而脫其輹也震爲龍龍爲諸侯旗離之震故火焚其旗也震東方木兌西方金木遇金必敗韓有先君之宗廟故曰宗丘

歸妹睽孤寇張之弧此睽上九爻辭也處睽之極故曰睽孤失位孤絕故遇寇難而有弓矢之警皆不吉之象○睽難乃旦反警音景

疏注此睽至之象○正義曰睽卦上九云上九睽孤見豕負塗載鬼一車先張之弧後說之弧匪寇昏媾往遇雨則吉彼文甚多此略取之先張之弧謂見寇而張弓故曰遇寇難而有弓矢之警皆不吉之象服虔云坎爲弧寇爲弓故曰寇張之弧

姪其從姑震爲木離爲火火從木生離爲震妹於火爲姑謂我姪者我謂之姑謂子圉質秦○姪待結反字林文一反

疏注震爲至質秦○正義曰釋親云父之姊妹爲姑女子謂晜弟之子爲姪是謂我姪者我謂之姑

六年其逋逃歸其國而弃其家逋亡也家謂子圉婦懷嬴○逋補吾反

疏注逋亡至懷嬴○正義曰桓十八年傳曰女有家男有室室家通言耳夫謂妻爲家棄其家謂棄其妻故爲懷嬴也子圉以十七年質于秦二十二年逃歸是六年乃逋也

明年其死於高梁之虛惠公死之明年文公入殺懷公于高梁高梁晉地在平陽楊氏縣西南凡筮者用周易則其象可推非此而往則臨時占者或取於象或取於氣或取於時日旺相以成其占若盡附會以爻象則構虛而不經故略言其歸趣他皆放此○虛去魚反王于況反相息亮反構本又作講各依字讀

疏注惠公至放此正義曰圉以二十二年歸二十三年惠公死二十四年二月殺懷公于高梁是爲惠公死之明年也此筮之意言六年逋明年死則是逃歸之明年而云惠公死之明年者以二月即死據夏正言之猶是逃歸之明年也但周正已改故以惠公證之耳春秋筮事既多此占最少其象故杜因而明之云用周易則其象可推非周易則不可得知本意所取不在周易若盡皆附會爻象以求其事則象非其類事非其實全構虛而不經故略言歸趣而已不能盡得其象也陰陽書以爲春則爲

木王火相土死金囚水休時日王相謂此也及惠公在秦曰先君若從史蘇之占吾不及此夫韓簡侍曰龜象也筮數也物生而後有象象而後有滋滋而後有數先君之敗德及可數乎史蘇是占勿從何益言龜以象示筮以數告象數相因而生然後有占占所以知吉凶不能變吉凶故先君敗德非筮數所生雖復不從史蘇不能益禍○夫音扶先君之敗德及絕句可數乎一讀及可數乎數色主反復扶又反

疏○韓簡至何益○正義曰卜之用龜灼以出兆是龜以金木水火土之象而告人筮之用蓍揲以為卦是筮以陰陽蓍策之數而告人也凡是動植飛走之物物既生而後有其形象既為形象而後滋多滋多而後始有頭數其意言龜以象而示人筮以數而告人惠公之意以先君若從史蘇之占不嫁伯姬於秦己便不及此禍尤先君不從卜筮也韓簡之意以為惠公及禍自由先君獻公廢適立庶之敗德不由卜筮故云先君之敗德既定致公今及此禍可由筮數始生之乎敗德有其象數。龜。筮從後而知因嫁女於秦見於筮兆故云史蘇是占縱使當時不從何能加益此禍明禍敗既定龜筮知之從之不能損不從不能益也○注言龜至益禍○正義曰謂象生而後有數是數因象而生也若易之卦象則因數而生故先揲蓍而後得卦是象從數生也上云龜象筮數下直言數不言象者上總論卜筮故龜筮並言當時唯筮伯姬故下直舉數耳

詩曰下民之孽匪降自天僔沓背憎職競由人詩小雅言民之有邪惡非天所降僔沓面語背相憎疾皆人競所主作因以諷諫惠公有以召此禍也○孽魚列反僔尊本反沓徒合反邪似嗟反諷方鳳反

疏○詩曰至由人○正義曰詩小雅十月之交篇也下民之有邪惡妖孽非是下自上天今小人僔僔沓沓相對譚語背則相。憎主於競逐為惡者由人耳因以諷諫惠公言善惡由公耳

○震夷伯之廟罪之也於是展氏有隱慝焉隱惡非法所得尊貴罪所不加是以聖人因天地之變自然之妖以

感動之知達之主則識先聖之情以自厲中下之主亦信妖祥以不妄神道助教。唯此爲深○知音智疏注隱惡至爲深○正義曰隱訓惡也隱蔽之惡不見於外非法令所得繩也其人尊貴非刑罰所能加也忽有震破其廟乃是幽冥加罪聖人因天地之變自然之妖故章其事以感動識行之人使自懲肅也知達之主則識先聖之情知此欲以懼愚人也中下之主亦信此妖祥之事謂身爲惡行神必加禍以此不妄動作易稱聖人以神道設教故云神道助教唯此事爲深因此遂汎解春秋諸有妖祥之事皆爲此也○冬宋人伐曹討舊怨也莊十四年曹與諸侯伐宋○楚敗徐于婁林徐恃救也特齊救○十月晉陰飴甥會秦伯盟于王城陰飴甥卽呂甥也食采於陰故曰陰飴甥王城秦地馮翊臨晉縣東有三城今名武鄉秦伯曰晉國和乎對曰不和小人恥失其君而悼喪其親痛其親爲秦所殺不憚征繕以立圉也曰必報讎寧事戎狄君子愛其君而知其罪不憚征繕以待秦命曰必報德有死無二以此不和秦伯曰國謂君何對曰小人慼謂之不免君子恕以爲必歸小人曰我毒秦秦豈歸君毒謂三施不報○憚徒旦反君子曰我知罪矣秦必歸君貳而執之服而舍之德莫厚焉刑莫威焉服者懷德貳者畏刑此一役也言還惠公使諸侯威服復可當一事之功○舍如字又音捨還音環疏注言還至之功○正義曰服虔云一役者謂韓戰之役知不然者呂甥之言勸秦伯而納晉侯假稱君子之意若納晉君可以更當一役之功欲深勸秦伯若直論韓戰之役於秦未有深利何肯納也故杜別爲其說劉炫以服義規之雖於理亦通未爲殊絕秦可以霸納而不定廢而不立以德爲怨秦不其然秦伯曰是吾心也改館晉侯饋七牢焉牛羊豕各一爲一牢○饋其位反蛾析。謂慶鄭曰盍行乎蛾析晉大夫也○蛾魚綺反本或作蟻一音五何反析星曆反本或作晳盍戶臘反對曰陷君於敗謂呼不往誤晉師失秦伯敗而不死又使失刑非人臣也臣而不臣行將焉入十一月晉侯歸丁丑殺慶鄭而後入丁丑月二十九日○焉於虔反是歲晉又饑秦伯又餼之粟曰吾怨其君而矜其民且吾聞唐叔之封也箕子曰其後必大晉其庸可冀乎唐叔晉始封之君武王之子箕子殷王帝乙之子紂之庶兄○餼許氣反疏。注唐叔至庶兄○正義曰唐叔晉始封之君晉世家文也宋世家云箕子者紂親戚也止云親戚不知爲父也兄也鄭玄王肅皆以箕子爲紂之諸父服杜以爲紂之庶兄既無正文各以其意言耳歷檢諸書不見箕子之名唯司馬彪注莊子云胥餘箕子名不知其然否姑樹德焉以待能者於是秦始征晉河東置官司焉征賦也

經。十有六年春王正月戊申朔隕。石于宋五隕落也聞其隕視之石數之五各隨其聞見先後而記之莊七年星隕如雨見星之隕而。隊於四遠若山若水不見在地之驗此則見在地之驗而不見始隕之星史各據事而書○隕丁敏反數色主反隊直類反疏注隕落至而書○正義曰隕落釋詁文公羊傳曰曷爲先言。霣而後言石霣石記聞聞其磌然視之則石察之則五是隨聞見先後而記之也傳稱隕星也則石亦是星而與星隕文倒故解之彼見星之隕不見在地之驗此見在地之石不見始隕之星史各據事而書故文異也三十三年書隕霜者亦見在地之霜不見在天之驗故霜上言隕與此同也星石霜言隕雪雹螽言雨者其狀似雨者稱雨不似雨者卽稱隕。也是月。六鷁。退飛過宋都是月

隕石之月重言是月嫌同日。鷁水鳥高飛遇風而退宋人以爲災告於諸侯故書○是月本或作是日鷁五歷反本或作鶂音同六其數也過古禾反重直用反傳注同疏注是月至故書○正義曰月令諸言是月皆是前事之月知此是隕石之月也石隕鷁退俱是宋事事相類而同時告故重言是月嫌同日也告者不以鷁退之日告故言是月以異之鷁水鳥者相傳爲然春秋考異郵云鷁者毛羽之蟲生陰而屬於陽洪範五行傳曰鷁者陽禽鷁字或作鶂廣志云鷁古退飛者今以其首爲舩頭莊子云鷁之相視眸子不運而風化博物志云雄雌相視則孕或曰雄鳴上風雌承下風則亦孕是也爲飛不能自退傳言風也是爲高飛遇風而退却也公羊傳曰視之則六察之則鷁徐而察之則退飛是亦隨見先後而書之魯史而記宋事知其宋人以爲災告於諸侯故書○

三月壬申公子季友卒無傳稱字者貴之公與小斂故書日○與音預斂力驗反公與小斂本亦公與斂疏注稱字至書日○正義曰季是其字友是其名猶如仲遂叔肸之類皆名字雙舉劉炫以季爲氏而規杜過非也炫云季友仲遂皆生賜族非字也○夏四月丙申

鄫季姬卒無傳○鄫似陵反○秋七月甲子公孫茲卒無傳○冬十有二月公會齊侯宋公陳侯衛侯鄭伯許男邢侯曹伯于淮臨淮郡左右○邢音刑淮音懷疏注臨淮郡左右○正義曰淮水發源入海其路甚長會于淮者必是會于水旁不得會于水內杜欲指其處無以可明故云臨淮郡左右

傳十六年春隕石于宋五隕星也但言星則嫌星使石隕故重言隕星疏注但言至隕星○正義曰下云風也是風使鷁退此若直言星也則嫌是星使石隕故重言隕星以明所隕之石即是星也易稱在天成象在地成形則星之在上其形不可知也古今之說星隕至地皆言爲石經書在地之驗故言隕石傳本在天之時故言隕星不知星之在上其形本是石也爲當既隕始變爲石聖賢不說難得而知六鷁退飛過

宋都風也六鷁遇迅風而退飛風高不爲物害故不記風之異○迅音信又音峻疾也周內史叔興聘于宋宋襄公問焉曰是何祥也吉凶焉在祥吉凶之先見者襄公以爲石隕鷁退能爲禍福之始故問其所在○焉於虔反見賢遍反又如字

疏注祥吉至所在○正義曰中庸云國家將興必有禎祥國家將亡必有妖孼則事之先見善惡異名吉之先見謂之祥凶之先見謂之妖此總云祥者彼對文耳書序云亳有祥桑穀共生于朝五行傳云青祥白祥之類惡事亦稱爲祥祥是總名公問是何祥也吉凶焉在故杜并以吉凶解之言吉凶先見皆爲祥也襄公以爲石隕鷁退能爲禍福之始故問其所在蓋當慮其在己故問之

對曰今茲魯多大喪今茲此歲明年齊有亂君將得諸侯而不終魯喪齊亂○宋襄公不終別以政刑吉凶他占知之

疏注魯喪至知之○正義曰此三者叔興止言其事不說知之所由或覬政教刑法或他事別有占驗故云別以政刑他占知之言知之不由石鷁也劉炫云政者若周大夫入陳竟見官職不脩君臣南冠如夏氏知簡夷將亂子貢見公執玉卑知其替死也刑者若夷吾忌克多怨君子知其不終也吉凶有二陰陽調序四海玉燭時吉也陰陽錯逆寒暑失度民多癘疫五穀不登時凶也父慈子孝君義臣忠人吉也父不父子不子君不君臣不臣人凶也

退而告人曰君失問是陰陽之事非吉凶所生也言石隕鷁退陰陽錯逆所爲非人所生襄公不知陰陽而問人事故曰君失問叔興自以對非其實恐爲有識所譏故退而告人○錯七落反

疏注言石至告人○正義曰劉炫云言是陰陽之事也則知事由陰陽若陰陽順序則物皆得性必無妖異故云陰陽錯逆所爲非人吉凶所生也傳稱天反時爲災地反物爲妖人反德爲亂亂則妖災生洪範咎徵曰狂恆雨若之類皆言人有愆失乃致陰陽錯逆而云陰陽錯逆非人所生者石隕鷁飛事由陰陽錯逆陰陽錯逆乃是人行所致襄公不問己行何失致有此異乃謂既有此異將來始有吉凶故荅云是乃陰陽之事非將來吉凶所生言將來

若有吉凶協此石鷁之異耳非始從石鷁而出也襄公不知陰陽錯逆爲既往之咎乃謂將來吉凶出石鷁之間是不知陰陽而空問人事故云君失問也叔興若以實對當云由君德失致有此異今乃別以政刑他占橫說齊亂會喪自以對非其實恐爲有識所譏故退而告人以此言也服虔云鷁退風咎君行所致非吉凶所從生襄公不問己行何失而致此變但問吉凶焉在以爲石隕鷁退吉凶何從而生故云君失問是劉炫用服義爲說也今刪定以杜注云石隕鷁陰陽錯逆所爲非人所生則陰陽錯逆自然有此非由人事之失致此錯逆又吉凶不由石鷁所生故傳云是陰陽之事非吉凶所生是吉凶不由石鷁石鷁不由於人則吉凶之來別由人行得失耳故釋例云或異而無感或感而不可知知此之類是也其傳云亂則妖災生洪範曰狂恆雨若此皆假之陰陽以爲勸戒神道助教非實辭也但聖賢之說未知孰是故兩載其義以俟後賢

吉凶由人吾不敢逆君故也積善餘慶積惡餘殃故曰積吉凶由人君問吉凶不敢逆之故假他占以對○殃於良反

疏注積善至以對○正義曰積善餘慶積惡餘殃易文言文也言將來吉凶由人行所致行善則有吉行惡則有凶吉凶自由於君不從石鷁而出吾不敢逆君之心故假他占以告之

○夏齊伐厲不克救徐而還十五年齊伐厲以救徐

○秋狄侵晉取狐廚受鐸涉汾及昆都因晉敗也狐廚受鐸昆都晉三邑平陽臨汾縣西北有狐谷亭汾水出大原南入河○狐音胡廚直誅反鐸徒各反汾扶云反水名大原音泰

疏注狐廚至入河○正義曰汾水從平陽南流折而西入于河臨汾縣在汾水北狐谷疑是狐廚乃在縣之西北則狐廚受鐸皆在汾北狄自北而侵南涉汾水至于昆都昆都在汾南也

○王以戎難告于齊齊徵諸侯而戍周十一年戎伐京師以來遂爲王室難○難乃旦反注同

○冬十一月乙卯鄭殺子華終管仲之言事在七年

○十二月會于淮謀鄫且東略也鄫爲淮夷所病故○爲于僞反城鄫役人病

有夜登丘而呼曰齊有亂不果城而還 役人遇厲氣不堪久駐故作妖言○呼火故反還音旋

經十有七年春齊人徐人伐英氏 ○英於京反 ○夏滅項 項國今汝陰項縣公在會別遣師滅項不言師諱之○項胡講反國名魯滅之也二傳以爲齊滅 疏 注項國至諱之○正義曰知非師少不言師而言諱之者沈云襄十三年傳云用大師焉曰滅此既稱滅故知用大師劉炫云案傳齊人以爲討討其滅國非討用師既不諱滅何以諱師炫謂將卑師少稱人不可自言魯人故不稱師炫不達此旨以爲將卑師少以規杜過非也 ○秋夫人姜氏會齊侯于卞 卞今魯國卞縣○卞皮彥反 疏 夫人至于卞○正義曰婦人送迎不出門見兄弟不踰閾今出會齊侯無譏文者凡夫人之行得禮失禮直書其事善惡自明故於文悉無褒貶此時公爲齊人所止夫人會以釋之縱使違禮不合貶責 ○九月公至自會 公既見執于齊猶以會致者諱之 ○冬十有二月乙亥齊侯小白卒 與僖公八同盟赴以名 疏 注與僖至以名○正義曰元年盟于犖三年公子友如齊涖盟五年于首止七年于寧母八年于洮九年于葵丘十五年于牡丘四年與屈完盟于召陵諸侯皆在公亦與焉故爲八也同盟相赴以名主謂當時兩君但與其父盟亦得以名赴其子耳與僖盟既多故不復通數莊閔也

傳十七年春齊人爲徐伐英氏以報婁林之役也 英氏楚與國婁林役在十五年○爲于僞反 ○夏晉大子圉爲質於秦秦歸河東而妻之 秦征河東置官司在十五年○圉魚呂反質音致下同妻七計反下同 惠公之在梁也梁伯妻之梁嬴孕過期 過十月不產懷子曰孕○嬴音盈下同孕以證反過古禾反 疏 注過十至曰孕○正義曰十月而產婦人大期又家語云人十月而生故知過期過十月也易稱婦孕不育說文云孕懷子也 卜招父與其子卜之 卜招

父梁大卜○招上遙反大音泰其子曰將生一男一女招曰然男爲人臣女爲人妾故名男曰圉女曰妾圉養馬者不聘曰妾疏注圉養至曰妾○正義曰昭七年傳曰馬有圉牛有牧內則云聘則爲妻奔則爲妾是也及子圉西質妾爲宦女焉宦事秦爲妾○宦音患○師滅項師魯師淮之會公有諸侯之事未歸而取項淮會在前年冬諸侯之事會同講禮之事齊人以爲討而止公內諱執皆言止○秋聲姜以公故會齊侯于卞聲姜僖公夫人齊女九月公至書曰至自會猶有諸侯之事焉且諱之也恥見執故託會以告廟疏猶有至諱之也○正義曰實無諸侯之事而言至自會者尚似有諸侯之事焉○齊侯之夫人三王姬徐嬴蔡姬皆無子齊侯好內多內寵內嬖如夫人者六人長衛姬生武孟武孟公子無虧○好呼報反嬖必計反長丁丈反下注同少衛姬生惠公公子元○鄭姬生孝公公子昭葛嬴生昭公公子潘○潘判丹反密姬生懿公公子商人宋華子生公子雍華氏之女子姓○華戶化反公與管仲屬孝公於宋襄公以爲大子雍巫有寵於衛共姬因寺人貂以薦羞於公雍巫雍人名巫即易牙○屬音燭共音恭本亦作恭貂音彫易音亦疏注雍巫至易牙○正義曰周禮掌食之官有內雍外雍此人爲雍官名巫而字易牙也亦有寵公許之立武孟易牙既有寵於公爲長衛姬請立武孟○爲于僞反管仲卒五公子皆求立冬十月乙亥齊桓公卒乙亥十月八日易牙入與寺人貂因內寵以殺羣吏內寵內官之有權寵者而立公子無虧孝

公奔宋十二月乙亥赴辛巳夜殯○六十七日乃殯殯必刃反

經十有八年春王正月宋公曹伯衛人邾人伐齊納孝公○夏師救齊無傳○五月戊寅宋師及齊師戰于甗齊師敗績無虧既死曹衛邾先去魯亦罷歸故宋師獨與齊戰不稱宋公不親戰也大崩曰敗績甗齊地○甗魚免反又魚偃反又音言一音彥○狄救齊無傳救四公子之徒○秋八月丁亥葬齊桓公十一月而葬亂故八月無丁亥日誤○冬邢人狄人伐衛狄稱人者史異辭傳無義例疏注狄稱至義例○正義曰決上狄救齊不稱人也於例將卑師衆稱師將卑師少稱人謂中夏諸侯之例此稱邢人是將卑師少者夷狄既無爵命非有君臣之別文多稱戎稱狄今君臣同文或單稱狄或稱狄人是時史異辭非褒貶也穀梁傳曰狄其稱人何也善累而後進之伐衛所以救齊也其意以爲上已救齊今復伐衛救齊故進之稱人左氏無此義故爲史異辭

傳十八年春宋襄公以諸侯伐齊三月齊人殺無虧以說宋○說音悅又如字○鄭伯始朝于楚中國無霸故楚子賜之金既而悔之與之盟曰無以鑄兵楚金利故○鑄之樹反疏注楚金利○正義曰考工記云吳越之劍是也故以鑄三鍾古者以銅爲兵傳言楚無霸者遠略○齊人將立孝公不勝四公子之徒遂與宋人戰無虧已死故曰四公子○勝音升又升證反夏五月宋敗齊師于甗立孝公而還○秋八月葬齊桓公孝公立而後得葬○冬邢人狄人伐衛圍菟圃衛侯以國讓父

兄子弟及朝衆曰苟能治之燬請從焉燬衞文公名○菟音徒圃布古反又音布燬吁委反衆不可不聽衞侯讓而從。師于訾婁陳師訾婁衞邑○訾子斯反婁郎句反又郎鉤反狄師還獨言狄還則邢留距衞言邢所以終爲衞所滅

○梁伯益其國而不能實也多築城邑而無民以實之命曰新里秦取之

經十有九年春王三月宋人執滕子嬰齊稱人以執宋以罪及民告例在成十五年傳例不以名爲義書名及不書名皆從赴○嬰於盈反疏注稱人至從赴○正義曰此云宋人執滕子下云邾人執鄫子二君於傳無不道之狀而皆稱人以執是宋公欲重其罪以罪及民告故史從而書之以示虛實釋例曰凡諸侯無加民之惡而稱人以執皆時之赴告欲重其罪以加民爲辭國史承之書之於策而簡牘之記具存夫子因示虛實故傳隨而著其本狀以明得失也滕子鄫子皆稱人見執宋欲重二國之罪故以不道赴或名或不名從所告之文也傳具載子魚之辭以虐二國之君見義明非罪也杜言書名從赴者諸侯被執其罪與不罪直以執者稱人稱侯爲異傳例不以書名爲義釋例曰諸見執者已在罪賤之地書名與否非例所加故但言執某侯也其意言被執已是罪賤書名更無可加故不復以名爲義既不以爲義而被執者有名與不名知其皆從赴也○夏六月

宋公曹人邾人盟于曹南無傳曹雖與盟而猶不服不肯致餼無地主之禮故不以國地而曰曹南所以及秋而見圍○與音預下亦與同餼許氣反疏注曹雖至見圍○正義曰哀十二年傳曰諸侯之會侯伯致禮地主歸餼桓十四年公會鄭伯于曹傳曰曹人致餼禮也春秋諸會於國都者卽以國都名爲會地地主不序於列此會地於曹南則在曹之都也在曹之都而曹人在列是曹雖與盟而心猶不服秋宋人圍曹傳曰討不服也以不服而被圍知此地以曹南卽是不服之狀明是不肯致餼無地主之禮以此故不以國地而曰曹南所以及秋而見圍以秋見圍知此時不服故注言之

鄫子會盟于邾不及曹南之盟諸侯既罷鄫乃會之於邾故不言如會疏注不及至如會○正義曰諸侯盟于曹南鄫子欲往會之未至諸侯於曹諸侯既罷以邾既盟訖故如邾會之本意欲往會盟未至於曹諸侯已去其實至於邾國故書會盟于邾言其意欲盟也二十八年踐土盟下云陳侯如會彼謂往至會所此不至會所故書其所至而不言如會襄七年鄬之會下鄭伯髡頑如會未見諸侯丙戌卒于鄬亦不至會所而云如會者其意欲會而在道身喪故亦書其所至義與此同但卒執事異故文異耳鄫子不及曹南而至於邾國蓋宋公知其在邾故使邾子執之

己酉邾人執鄫子用之稱人以執宋以罪及民告也鄫雖失大國會盟之信然宋用之為罰已虐故直書用之言若用畜產也不書社赴不及也不書宋使邾而以邾自用為文南面之君善惡自專不得託之於他命○善惡許又反疏注稱人至他命○正義曰昭十一年楚執蔡世子友用之與此執鄫子用之皆惡其無道直書用之言其若用畜牲所以惡楚宋也惡宋而以邾自用為文者南面之君善惡自專不得託之他命事實惡宋亦所以惡邾也傳稱用之于社而經不書于社故云赴不及也劉炫規過云執蔡世子友用之不言岡山此何須云于社今刪定知不然者以莊二十五年鼓用牲于社今鄫子既同畜牲而用當云鄫人用鄫子于社今不云于社故知赴不及則昭十一年執蔡世子友用之亦赴不及也

○秋宋人圍曹衛人伐邢伐邢在圍曹前經書在後從赴

○冬會陳人蔡人楚人鄭人盟于齊地於齊齊亦與盟疏注地於至與盟○正義曰地於齊者言即以齊為所盟之地也傳稱陳穆公請脩桓公之好而為此盟明是齊亦與盟地於齊而齊不序諸盟會以國都而地主不列於序者地主亦與盟會皆以此而知之耳

○梁亡以自亡為文非取者之罪所以惡梁○惡烏路反疏注以自至惡梁○正義曰諸侯受命天子分地建國無相滅之理此以自亡為文不書所取之國以為梁國自亡非復取者之罪所以深惡梁耳非言秦得滅人國也釋例曰作事不時則怨讟動於民彼梁伯者虛輿無虞之功詐稱無害

之寇遂溝其宮以盪百姓之心開大國之志是妖釁之先徵自亡之實應故不言秦滅梁而以自亡爲文

傳十九年春遂城而居之承前年傳取新里故不復言秦也爲此冬梁亡傳○復扶又反○宋人執滕宣公○

夏宋。公使邾文公用鄫子于次睢。之社欲以屬東夷睢水受汴東經陳留梁譙沛彭城縣入泗此水次有妖神東夷皆社。祠之蓋殺人而用祭○睢音雖屬朱欲反譙在消反沛音貝泗音四祠音辭或音祀【疏】傳欲以屬東夷○正義曰屬訓聚也殺鄫子以懼東夷使東夷聚來歸己也齊桓以德屬諸侯諸侯聚歸齊桓○注睢水至用祭○正義曰釋例曰汴水自熒陽受河睢水受汴東經陳留梁國譙郡沛國至彭城縣入泗凡水首從水出謂之受流歸他水謂之入漢書之例爲然言汴從河出睢從汴出也次謂水旁也下云用諸淫昏之鬼則此祀不在祀典故云此水次有妖神妖神而謂之社傳言以屬東夷則此是東夷之神故言東夷皆社祠之劉炫云案昭十年季平子伐莒獻俘始用人於亳社彼亳社舊不用人杜何以知此社殺人而用祭乎今知不然者彼傳云始用人於亳社故知舊來不用此云使邾文公用鄫子于次睢之社既不言始明知舊俗用之劉取彼而規杜過非也

司馬子魚曰古者六畜不相爲用司馬子魚公子目夷也六畜不相爲用謂若祭馬先不用馬○畜許又反注同爲于僞反下爲人同又如字注放此【疏】司馬至用馬○正義曰爾雅釋畜馬牛羊豕犬雞謂之六畜周禮謂之六牲養之曰畜用之曰牲其實一物也此云六畜不相爲用昭十一年傳曰五牲不相爲用彼注不云馬而以其餘當之明其俱爲祭祀所用彼此同也周禮校人春祭馬祖鄭玄云馬祖天駟也孝經說曰房爲龍馬六畜之言先祖者唯此一文而已以外牛羊之等其祖不知爲何神也謂若祭馬先不用馬略舉一隅據有文者言之耳沈氏云春秋說天苑主牛又有天雞天狗天豕以馬祖類之此等各有其祖

小事不用大牲【疏】小事不用大牲○正義曰雜。記言釁廟用羊門夾室皆用雞隱十一年傳

稱鄭伯之詛使卒出豭行出犬雞如此之類皆是。不用大牲也而況敢用人乎祭祀以為人也民神之主也用人其誰饗之。齊桓公存三亡國以屬諸侯三亡國魯衛邢疏注三亡國魯衛邢○正義曰齊語云魯有夫人慶父之亂二君弒死國絕無嗣桓公使高子存之狄人攻邢桓公築夷儀以封之狄人攻衛衛人出廬于曹桓公城楚丘以封之是也衛則狄滅之矣魯邢不滅而言亡者美大齊桓之功耳義士猶曰薄德謂欲因亂取魯緩救邢衛今一會而虐二國之君宋公三月以會召諸侯執滕子六月而會盟其月二十二日執鄫子故云一會而虐二國之君又用諸淫昏之鬼非周社故將以求霸不亦難乎得死為幸恐其亡國○秋衛人伐邢以報菟圃之役邢不速退所以獨見伐於是衛大旱卜有事於山川不吉有事祭也甯莊子曰昔周饑克殷而年豐今邢方無道諸侯無伯伯長也○長丁丈反天其或者欲使衛討邢乎從之師興而雨○宋人圍曹討不服也曹南盟不脩地主之禮故子魚言於宋公曰文王聞崇德亂而伐之軍三旬而不降崇崇侯虎降戶江反下同退脩教而復伐之因壘而降復往攻之備不改前而崇自服○復扶又反注同一本作而復伐之伐衍字也壘力軌反軍壘詩曰刑于寡妻至于兄弟以御于家邦詩大雅言文王之教自近及遠寡妻嫡妻謂大姒也刑法也○御如字治也詩音五嫁反迎也嫡或作適丁歷反大姒音泰姒音似今君德無乃猶有所闕而以伐人若之何盍姑內省德乎無闕而後動○盍胡臘反○陳穆公請脩好於諸侯以無忘齊桓之德冬盟于

齊脩桓公之好也宋襄暴虐故思齊桓○好呼報反下同○梁亡不書其主自取之也不書取梁者主名

初梁伯好土功亟城而弗處民罷而弗堪則曰某寇將至乃溝公宮溝塹○亟欺冀反罷音皮塹七豔反曰秦將襲我民懼而潰秦遂取梁○潰戶外反

經二十年春新作南門魯城南門也本名稷門僖公更高大之今猶不與諸門同。改名。高門也言新以易舊言作以興事皆更造之文也疏注魯城至文也○正義曰魯城南門本名稷門今新作者新脩彼稷門更令高大因改名高門此事非有所據魯人相傳云然今時魯人其言猶如此也新者易舊之意作者興事之辭皆是更造之文也劉賈先儒皆云言新有故。不言作有新。不故爲此言以異之釋例曰言新意所起言作以興事通謂與起功役之事總而言之不復分別因舊與造新也○夏郜子來朝無傳郜姬姓國○郜古報反字林工竺反疏注郜姬姓國○正義曰二十四年傳富辰所云郜之初封文王之子耕季之弟以後更無所聞唯此年一見而已無時君謚號不知誰滅之○五月乙巳西宮災無傳西宮公別宮也天火曰災例在宣十六年疏注西宮至六年○正義曰穀梁以西宮爲閔公之廟禮宗廟在左不得稱西宮也公羊傳曰西宮者何小寢也小寢則曷爲謂之西宮有西宮則有東宮矣此注取公羊爲說故云公別宮也○鄭人入滑入例在襄十三年○滑于八反○秋齊人狄人盟于邢○冬楚人伐隨

傳二十年春新作南門書不時也失土功之時凡啓塞從時門戶道橋謂之啓城郭牆塹謂之塞皆官民之開閉不可一日而闕故特隨壞時而治之今僖公脩飾城門非開閉之急故以土功之制譏之傳嫌啓塞皆從土功之時故別起從時之例○塞素則反疏

注門戶至之例〇正義曰傳唯言啓塞從時不知啓塞之言意何所謂服虔云闔扇所以開鍵閉所以塞月令仲春脩闔扇孟冬脩鍵閉從時從此時也傳既云作門不時更發從時之例則啓塞之事當是城門之類安得以爲闔扇鍵閉細小之物乎若是仲春孟冬傳何以不言春冬而直云從時知從何時豈丘明作傳不了待月令而後明哉故杜更爲別說雖杜之言亦無明證正以門戶道橋所以開人行路故以爲啓城郭牆塹所以障蔽往來故以爲塞雖言無所據而理在可通此二事者皆官民之所開閉終當須之不可一日而闕言從時者特從壞時而脩之不得拘以土功時月也此新作南門者當時不是傾壞僖公欲脩飾使高大耳非開閉之急得待土功間月今以日至之後興造此門故以土功之制譏之云書不時也傳既譏僖公作門不時嫌門戶牆塹之類交急之事亦待土功之月故別起從時之例言啓塞不須待時其新作門須待時耳杜云城郭謂之塞亦得從壞時而治之所以春秋築城每云書不時者謂非因破壞而輒脩理故謂之不時釋例曰門戶道橋城郭牆塹官民之開閉不可一日闕者也故特隨壞時而脩之皆當其時而訖不必用土功之常時也故傳既曰書不時又曰啓塞從時重發以明二義其他急事亦包之也魯城南面三門隱公元年閉一門故今南有四門僖公意更繕治高大稷門非啓塞之義而以日至之後興功故經書春傳曰書不時言失土功之時也啓塞之事猶得從宜而脩之〇滑人叛鄭而服於衛夏鄭公子士洩堵寇帥師入滑〇公子士鄭文公子洩堵寇鄭大夫洩息列反堵丁古反王又音者〇秋齊狄盟于邢爲邢謀衛難也於是衛方病邢〇爲于僞反難乃旦反〇隨以漢東諸侯叛楚冬楚鬭穀於菟帥師伐隨取成而還君子曰隨之見伐不量力也量力而動其過鮮矣善敗由己而由人乎哉詩曰豈不夙夜謂行多露詩召南言豈不欲早暮而行懼多露之濡己以喻違禮而行必有汙辱是亦量

宜相時而動之義○轂奴口反於音烏菟音徒鮮息淺反下同召上照反暮本亦作莫音暮汙汙穢之汙一音烏路反相息亮反○宋襄公欲合諸侯臧文仲聞之曰以欲從人則可屈己之欲從衆之善以人從欲鮮濟為明年鹿上盟傳

經二十有一年春狄侵衛無傳為邢故○為于僞反下為邾同○宋人齊人楚人盟于鹿上鹿上宋地汝陰有原鹿縣宋為盟主故在齊人上○夏大旱雩不獲雨故書旱自夏及秋五稼皆不收

疏注雩不至不收○正義曰春秋之例旱則脩雩雩必為旱而經或書雩或書旱者雩而得雨喜雩有益書雩不書旱雩不得雨則書旱明災成此時雩不獲雨故書旱也周之夏即今之二月三月四月也於時方欲下種此月不雨未能成災而書夏大旱者此後雖得少雨而終是不堪生殖從夏及秋五稼悉皆不收不收之後擇最旱之月而書之故書夏大旱也劉炫云大旱而不書饑者傳云是歲也饑而不害故不書饑

○秋宋公楚子陳侯蔡侯鄭伯許男曹伯會于盂盂宋地楚始與中國行會禮故稱爵○盂音于執宋公以伐宋不言楚執宋公者宋無德而爭盟為諸侯所疾故揔見衆國共執之文○見賢遍反○冬公伐邾無傳為邾滅須句故○句其俱反傳同○楚人使宜申來獻捷無傳獻宋捷也不言宋者秋伐宋冬來獻捷事不異年從可知不稱楚子使來不稱君命行禮○獻軒建反捷在接反○十有二月癸丑公會諸侯盟于薄釋宋公諸侯既與楚共伐宋宋服故為薄盟以釋之公本無會期聞盟而往故書公會諸侯○薄如字

疏注諸侯至諸侯○正義曰諸侯之被執者皆不書其釋釋而公不與又不告故魯史不得書之此由公往與盟見其得釋故書之耳文七年公會諸侯。晉大夫盟于扈傳曰公後至故不書所會凡會諸侯不書所會後也後至不書其國辟不敏也此盟亦總言諸侯不書其國似是公之後期故解之魯先不屬楚公本無會期聞盟而往故書公會諸侯非

後期也公非後期而總書諸侯者此則會盂之諸侯也一事而再見者前目而後凡自謂前已歷序故後總言耳非為魯公變文也

傳二十一年春宋人為鹿上之盟以求諸侯於楚楚人許之公子目夷曰小國爭盟禍也宋其亡乎幸而後敗敗謂軍敗○夏大旱公欲焚巫尪。巫尪女巫也主祈禱請雨者或以為尪非巫也瘠病之人其面上向俗謂天哀其病恐雨入其鼻故為之旱是以公欲焚之○尪烏黃反禱丁老反或丁報反瘠在亦反向本亦作嚮許亮反故為于僞反疏注巫尪至焚之○正義曰周禮女巫職云旱暵則舞雩此以為旱欲焚之故知巫尪女巫也并以巫尪為女巫則尪是劣弱之稱當以女巫尪弱故稱尪也或以為尪非巫也巫是禱神之人尪是瘠病之人二者非一物也尪是病人天恐雨入其鼻俗有此說不出傳記義或當然故兩解之也檀弓云歲旱穆公召縣子而問焉曰天久不雨吾欲暴尪而奚若曰天則不雨而暴人之疾子虐無乃不可與鄭玄云尪者面鄉天覬天哀而雨之又曰然則吾欲暴巫而奚若鄭玄云巫主接神亦覬天哀而雨之彼欲暴人疾而求雨故鄭玄以為覬天哀而下雨此欲燒殺以求雨故杜以為天哀之而不雨意異故解異也禮記既言暴尪又別言暴巫巫尪非一物記言暴人之疾則尪是病人或說是也臧文仲曰非旱備也脩城郭貶食省用務穡勸分。穡儉也勸分有無相濟○貶彼檢反省所景反疏注穡儉也○正義曰穡是愛惜之義故為儉也襄二十四年穀梁傳曰五穀不升謂之大侵大侵之禮君食不兼味臺榭不塗弛侯廷道不除百官布而不制鬼神禱而不祀曲禮云歲凶年穀不登君膳不祭肺馬不食穀如此之類皆是務為儉也務為儉穡而脩城郭者服虔云國家凶荒則無道之國乘而加兵故脩城郭為守備也此其務也巫尪何為天欲殺之則如勿生若能為旱焚之滋甚公從之是歲也饑而不害不傷害民○秋諸侯會

宋公于盂子魚曰禍其在此乎君欲已甚其何以堪之於是楚執宋公以伐宋

冬會于薄以釋之子魚曰禍猶未也未足以懲君爲二十二年戰泓傳○任宿懲直升反泓烏宏反

須句顓臾風姓也實司大皡。與有濟之祀司主也大皡伏羲四國伏羲之後故主其祀任今任城縣也顓臾在泰山南武陽縣東北須句在東平須昌縣西北四國封近於濟故世祀之○任音壬注同顓音專臾羊朱反風姓也本或作皆風姓大音泰皡胡老反濟子禮反注及下注同義本或作戲許宜反近附近之近以服事諸夏與諸夏同服王事○夏戶雅反注及下同邾人滅須句須句子

來奔因成風也須句成風家成風爲之言於公曰崇明祀保小寡周禮也明祀大皡有濟之祀保安也○爲于僞反蠻夷猾夏周禍也此邾滅須句而曰蠻夷昭二十三年叔孫。豹曰邾又夷也然則邾雖曹姓之國迫近諸戎雜用夷禮故極言之猾夏亂諸夏○猾于八反叔孫豹百敎反案杜注所引是叔孫婼語今傳本多作豹恐是傳寫誤也宜爲婼婼音勑若反疏注此邾至諸夏○正義曰蠻夷猾夏舜典文猾訓爲亂故云亂諸夏也此注引昭二十三年傳當云叔孫婼曰偪檢古本皆作豹字蓋注後即寫誤若封須句是崇

皡濟而脩祀紓禍也紓解也爲明年伐邾傳○紓音舒

附釋音春秋左傳注疏卷第十四

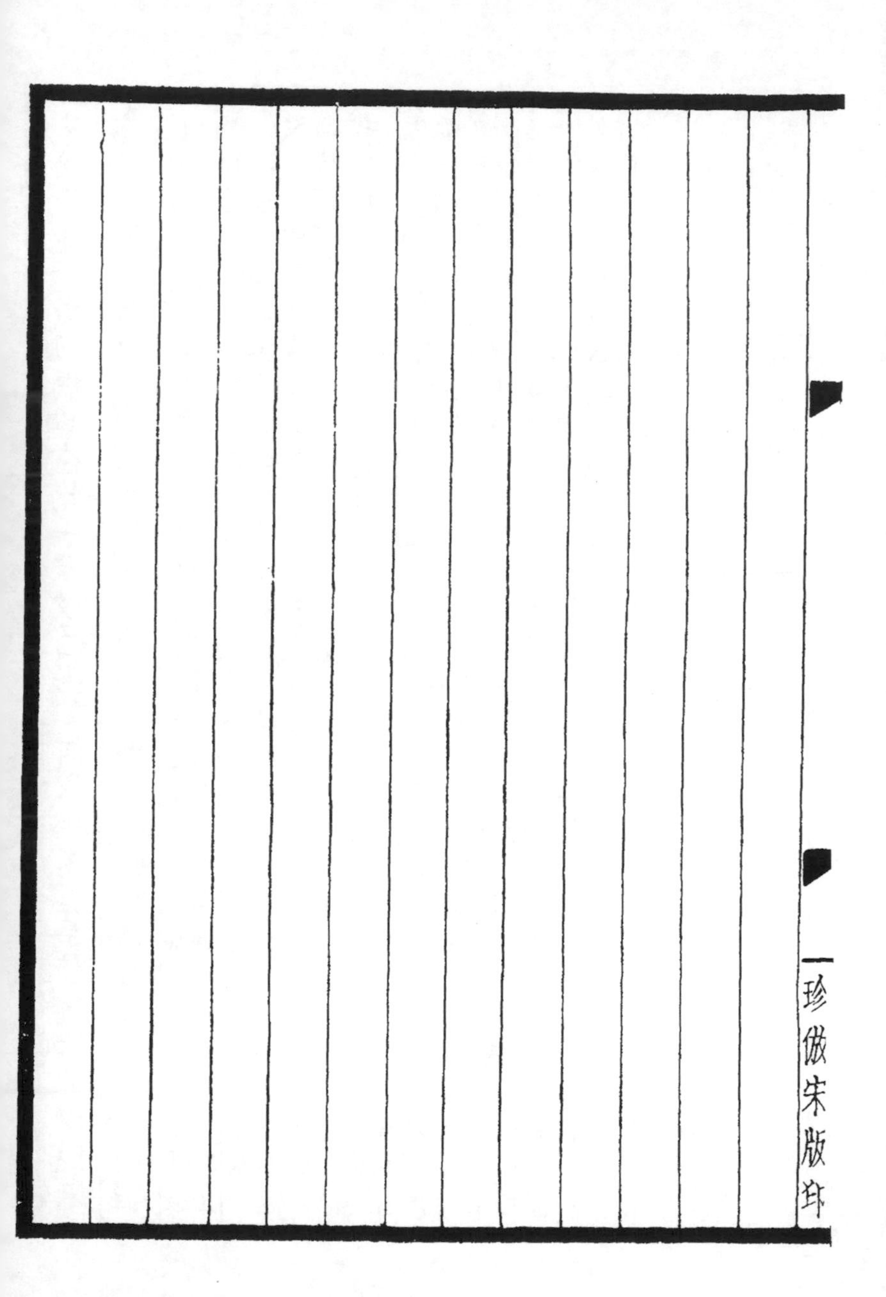

春秋左傳注疏卷十四校勘記　阮元撰盧宣旬摘錄

附釋音春秋左傳注疏卷第十四 僖十五年盡廿一年

（經十五年）

此仍非禮也 閩本監本毛本非誤爲

八月螽 釋文螽本亦作蝝案公羊作蝝

說文云震劈歷振物者 宋本亦作劈歷下同閩本監本毛本作霹靂非也

禮書其字也 宋本禮下有當字

今此晉侯稱獲 監本毛本稱作生非也

注晉侯至女也 宋本以下正義三節總入既而皆背之節注下

（傳十五年）

皆馬遷之妄耳 閩本監本毛本耳作也非

晉侯烝於賈君 纂圖本閩本監本毛本於改于非也

蓋焦瑕是其二 閩本監本毛本脫焦瑕二字

言是城之大者 閩本監本毛本是作其非

注秦伯至詰之 宋本以下正義五節入注文晉侯車三壞之下

千乘三去 惠士奇云上林賦江河爲阹注云遮禽獸爲阹阹即去實一字

變化人意 宋本岳本化作易不誤○今依訂正

狃忕也 淳熙本岳本纂圖本閩本忕作忲非釋文亦作忲案毛氏六經正誤云忕从大小之大非从犬㹜之犬也按字从心大聲說文本有此字見詩釋文正義今說文作愧非也

得因爲幸言必敗 纂圖本閩本監本毛本爲作謂非也

九月十三日 宋本此節正義在注文故隋泥中之下

輅秦伯 顧炎武云石經輅誤轄案石經不誤

反首亂頭髮下垂也 宋本淳熙本足利本下上有反字

登臺而履薪焉 釋文履云徐本作屨正義云俗本作屨定本作履

注罃康至得通 宋本以下正義二節總入注文將以恥辱自殺之下

使以免服衰絰逆 釋文免作絻云又作免案當作免

不當舍此而注彼也 閩本監本毛本注作往非

不煩彼注 宋本彼作此

曰上天降災使我兩君匪以玉帛相見而以興戎若晉君朝以入則婢子夕以死夕以入則朝以死惟君裁之 案正義云左傳本無此言後人妄增之今定本亦無葉抄釋文云此凡四十二字檢古本皆無尋杜注亦不得有有是後人加也正義作使我兩君兩見不以玉帛與諸本亦異

亦所以杜絶 宋本淳熙本岳本纂圖本足利本杜作抗不誤

自曰上天降災 案自曰以下三十字乃釋文閩本監本毛本誤入注宋本淳熙本岳本所無

若將晉侯入 岳本若誤君翻岳本仍改作若

祇以成惡 釋文亦作祇石經宋本淳熙本監本毛本作祇是也纂圖本誤祇段玉裁云凡古祇適也如詩亦祇以異祇攪我心之類皆从衣从氏石經廣韻不誤○今訂正

且召之 顧炎武云且誤國案石經此處闕炎武所據非唐刻也

作爰田 宋本以下正義二節總入注文又使州長各繕甲兵之下

乃改易與所賞之衆 宋本乃作今不誤○今依作乃

羣臣輯睦 案郭璞爾雅注引作百姓輯睦邢昺云案僖十五年及成十六年皆云羣臣輯睦其是乎

辨其可任者 閩本監本毛本辨作辯按周禮作辨

遇歸妹之睽 宋本以下正義十二節總入明年其死于高梁之虛注下

是嫁妹之象 閩本監本毛本嫁作歸非

而以血爲衁 宋本衁作衁不誤○今依訂正

以其雷爲火爲此羸敗姬 監本毛本其下衍爲字此上脫爲字

上爻與二 宋本二作三不誤

始有女承筐之象 監本毛本始誤如宋本女作此

故車脫輹 案傳文脫作說釋文同又云注同則此亦當作說也

說卦離爲火 宋本火下有也字

後說之弧 閩本監本毛本說作脫非也

匪寇昬媾 閩本監本毛本昬作婚

於火爲姑 諸本作火沈彤云當作兌

家謂子圉婦懷嬴　宋本婦作歸非

明年其死於高梁之虛　宋本纂圖本閩本監本毛本於作于非

或取于時日旺相　補各本旺作王案釋文出王于況反是讀作旺字當作王

則搆虛而不經　宋本構作搆乃慶元合刻時避宋高宗諱釋文作講云本亦作構依字讀

他皆放此　監本毛本放改倣正義至放此同

若盡皆附會爻象以求其事　閩本監本毛本若誤者

全構虛而不經　監本毛本全誤今宋本構作搆

陰陽書以爲春則爲木王　宋本則下無爲字

韓簡至何益　宋本以下正義三節總入詩曰節注下

龜筮從後而知　閩本監本毛本龜筮誤倒

背則相憎　重修監本憎誤僧

唯此爲深　纂圖本閩本監本毛本唯改惟〇案此本唯閩監毛本皆改作惟

蛾析謂慶鄭曰　釋文蛾本或作蟻析作哲本或作析案惠棟云婁壽曰古蛾與蟻通漢書白蛾羣飛扶服蛾伏陳球後碑蜂聚蛾動仲秋下旬

碑蛾附皆與蟻同陳樹華云禮記蛾子時術之蛾音蟻後漢書皇甫嵩傳時人謂之黃巾亦名爲蛾賊注云蛾音魚綺反卽蟻字也

注唐叔至庶兄 宋本此節正義在姑樹德焉節注下

（經十六年） 宋本春秋正義卷第十二石經春秋經傳集解僖中第六岳本中上有公字並盡廿六年

隕石于宋五 案周禮大司樂正義引左傳作霣石說文引作磒石

見星之隕而隊於四遠 淳熙本纂圖本閩本監本毛本隊作墜俗字

曷爲先言霣而後言石霣石記聞 宋本毛本霣作霣按公羊作霣

不似兩者卽稱隕也 宋本無也字

是月六鷁退飛過宋都 石經月下旁增也字是後人妄加案公羊穀梁六鷁作六鶂釋文云本或作鶂說文引傳亦作鶂史記宋微子世家索隱引同然則三傳經文本皆作鶂字按說文作鶃引六鶃退飛無鷁字

鷁水鳥 李善注文選西都賦引作鶂水鳥也

公與小斂 釋文無小字云本亦作公與小斂

（傳十六年）

魯喪齊亂宋襄公不終 淳熙本脫宋字襄誤喪宋本足利本無公字

齊徵諸侯而戍周石經無而字

〔經十七年〕

〔傳十七年〕

多內寵䇿漢書五行志注李善注文選范蔚宗後漢書皇后紀論引無內字陳樹華云上有齊侯好內下有內嬖如夫人者六人之文則此句內字似贅疑涉後因內寵之文而衍且杜氏不應舍此句而注下句也

此人爲雍官閩本監本毛本官作宜非也按作雍者饔之省

乙亥月八日閩本監本毛本亥下衍十字

〔經十八年〕

〔傳十八年〕

注楚金利宋本此節正義在故以鑄三鐘注下

故以鑄三鍾石經宋本淳熙本岳本纂圖本閩本監本毛本鍾作鐘

而從師于訾婁石經宋本淳熙本岳本足利本從作後是也

〔經十九年〕

注地於至與盟　毛本於下衍齊齊亦三字

〔傳十九年〕

夏宋公使邾文公　石經宋下有襄字乃後人所增非原刊也

用鄫子于次睢之社　淳熙本纂圖本監本毛本睢作睢非也

東夷皆社祠之　閩本纂圖本監本毛本作祀之非也

雜記言釁廟用羊　毛本記作紀非也

皆是不用大牲也　監本毛本不作以誤也

用人其誰饗之　案風俗通義引作用人其誰享之

退脩教而復伐之　釋文云一本作而復伐之伐衍字也宋本無案襄十一年注引此文有伐字詩皇矣篇正義引同李善注文選陳琳爲曹洪與魏文帝書引作退而脩德復伐之蓋以意增損也

溝壍　岳本壍作塹釋文亦作塹按玉篇引注作塹

〔經二十年〕

改名高門也　案水經泗水注引作故名南門也

言新有故木 監本毛本木誤在

言作有新在 宋本在作木不誤

（傳二十年）

城郭牆壍謂之塞 宋本淳熙本岳本壍作塹是也○今訂正

城郭牆塹 閩本毛本塹作壍非下同

（經二十一年）

故總見衆國共執之文 淳熙本見作○非也

公會諸侯晉大夫盟于扈 監本毛本晉作及非也

（傳二十一年）

公欲焚巫尫 石經宋本岳本尫作尪葉抄釋文亦作尪下準此

穆公召縣子而問焉 宋本焉作然案檀弓作然

尪者面鄉天 閩本監本毛本鄉作嚮檀弓注作鄉

又曰然則吾欲暴巫而奚若 宋本閩本監本毛本脫然則二字

務稽 案論衡明雩篇李善注册魏公九錫文並作務畜

實司大皞與有濟之祀 案玉篇日部皞字注云大皞蒼精之君伏羲氏也廣韻亦作大皞五經文字云皞古帝號皆從日月之日從白者誤石經宋本作皞下同釋文同

叔孫豹曰 釋文云豹宜爲婼今傳本多作豹恐是傳寫誤也案正義亦云當云叔孫婼曰徧檢古本皆作豹字

春秋左傳注疏卷十四校勘記

西元二〇二四年三月一日重製一版

春秋左傳正義

冊一（唐孔穎達撰）

平裝四冊基本定價參仟參佰元正

（郵運匯費另加）

發行人：張敏君

發行處：中華書局

臺北市內湖區舊宗路二段一八一巷八號五樓（5FL., No. 8, Lane 181, JIOU-TZUNG Rd., Sec 2, NEI HU, TAIPEI, 11494, TAIWAN）

客服電話：886-8797-8396

公司傳真：886-8797-8909

匯款帳戶：華南商業銀行西湖分行 179100026931

印刷：維中科技有限公司 海瑞印刷品有限公司

No. N0017-1

國家圖書館出版品預行編目(CIP)資料

春秋左傳正義/(唐)孔穎達撰. -- 重製一版. -- 臺北市 : 中華書局, 2024.03

冊 ; 公分

ISBN 978-626-7349-11-3(全套 : 平裝)

1.CST: 左傳 2.CST: 注釋

621.732 113001481